suhrkamp taschenbuch
wissenschaft 253

Als Ernst Bloch von Leipzig nach Tübingen übergesiedelt war, hielt er dort im Wintersemester 1960/61 eine Vorlesung »Einleitung in die Philosophie«. Sie erschien 1963 und 1964 in der edition suhrkamp. Die vorliegende Ausgabe ist identisch mit der neuen, erweiterten Ausgabe von 1970, dem Band 13 der Gesamtausgabe der Werke Ernst Blochs.

»Einleitung« meint hier nicht einen Leitfaden oder ein Lehrbuch, aus dem man erfahren kann, was andere gedacht haben; es meint vielmehr eine Einübung ins (eigene) Denken.

Ernst Bloch: »Im Titel dieser Einleitung steht das Wort Tübingen übrigens nicht etwa aus Lokalpatriotismus, sondern wegen der Erinnerung an Hölderlin, Schelling und Hegel, die zwar im Tübinger Stift nicht gewirkt haben, die dort keine Assistenten wurden und die es mit ihrer Karriere in Tübingen, wie üblich, keineswegs weit gebracht haben, deren Namen aber immerhin sehr eng mit Tübingen verbunden sind. Mir ging es vor allem darum zu betonen, daß das Vermächtnis von Hölderlin, Schelling, Hegel in die Philosophie kommt und daß es nicht bei der bloßen Aufnahme von Schulmeistervorlesungen über bereits abgestempelte, längst behandelte und scheinbar erledigte Themen – vor allem erkenntnistheoretischer Art – bleibt.«

»Der Mensch ist immer ein Lernender, die Welt ist ein Versuch, und der Mensch hat ihm zu leuchten.«

Ernst Bloch
Tübinger Einleitung
in die Philosophie

Suhrkamp

Dieser Band ist text- und seitenidentisch mit
Ernst Bloch Gesamtausgabe Band 13
Tübinger Einleitung in die Philosophie
© Suhrkamp Verlag Frankfurt am Main 1970
Neue, erweiterte Ausgabe 1970
Erste Ausgabe: Frankfurt am Main 1963 und 1964
edition suhrkamp

suhrkamp taschenbuch wissenschaft 253
Erste Auflage 1977
© dieser Ausgabe Suhrkamp Verlag Frankfurt am Main 1970
Alle Rechte vorbehalten, insbesondere das
des öffentlichen Vortrags, der Übertragung
durch Rundfunk oder Fernsehen
und der Übersetzung, auch einzelner Teile.
Druck: Nomos Verlagsgesellschaft, Baden-Baden
Printed in Germany
Umschlag nach Entwürfen von
Willy Fleckhaus und Rolf Staudt.

CIP-Kurztitelaufnahme der Deutschen Bibliothek
Bloch, Ernst
Tübinger Einleitung in die Philosophie.
– 1. Aufl. – Frankfurt am Main:
Suhrkamp. 1977. (Suhrkamp-Taschenbücher Wissenschaft; 253)
ISBN 3-518-07853-4

MEINEM MAJOR TELLHEIM GEWIDMET

INHALT

WEISUNGEN UTOPISCHEN INHALTS

SUBSTRAT AUF DIALEKTISCHEM FEUER

LOGIKUM/ZUR ONTOLOGIE DES NOCH-NICHT-SEINS

SELBSTPROBLEM DES SINNS

VORBEMERKUNG

Mitten hinein versetzt zu werden, ist am besten. Das hilft genau dort zu folgen, wo eine Rede nicht nachspricht, sondern vorspricht. So daß Auffassen nicht stockt, wenn es das Seine bewegt sieht.

Vorliegende Schrift kommt, großenteils, aus Vorlesungen her. Ist der Atem des gesprochenen Worts noch merkbar, wo er hingehört, dann wäre das dem Hinführenden, Einleitenden besonders dienlich. Doch hütet erst der gedruckte Buchstabe die Sache selber; – vita brevis, ars longa.

Einleitendes, das wurde auch fürs Nachdenken mannigfach bestellt. Vorschule zur Höhe, Gradus ad Parnassum, es ist so alt, wo nicht älter als die Höhe. Von Herbart bis Külpe und weiter gibt es auch im Buchtitel Einleitungen in die Philosophie. Davon ist die vorliegend versuchte freilich durch einen weniger indirekten als direkten Prolog verschieden, sowie durch geringere Vollständigkeit und Aufzählung. Da liegt hier manches im argen, ebenso könnte der ersten Liebe zur Weisheit mit mehr Geduld gepflegt werden. Aber es gibt viele Leitbücher, die nur zum herabgesetzten Preis einführen, auch dem Verfasser allzu oft nur als Ersatz dafür dienten, daß ihrer Einleitung keine Philosophie nachfolgte. Der unausgebildete eigene Standort kann zwar eine Art neutraler Kenntnisnahme ermöglichen, doch meist so, daß das Dargestellte, gerade als neutral referiertes, erst recht befangen wird, nämlich durch Nicht-Person des Darstellers und seiner Perspektive. Trotzdem entsteht eine Pädagogik, sofern nämlich die besseren Vorschulen, etwa die freundlich-altmodische Külpes, mit schulgerechter Rubrik philosophischer Fragen die verschiedenen »Bemühungen« oder »Richtungen« würdigen und disponieren. Andererseits aber reicht Pädagogik, gerade diese, schwerlich aus, wenn Jugend nur als unmündige genommen wird, gleich wie wenn es keine Philosophie für Erwachsene gäbe, und auf andere Leser gar nicht gerechnet wird. Helfender könnte ein Aufenthalt in der Werkstatt selber sein, mit Bilden und Herstellung, ja auf einem Schulschiff in Fahrt. Pädagogisch gehen da Silvester und Neujahr, post festum und status nascendi am besten ineinander. Denn rechte Einleitung ist hier ebenso Epilog, rechter Epilog ebenso Einleitung, tunlichst liquid und gesammelt in einem.

Vorliegendes wird zuweilen wohl anstrengen, doch niemanden und nichts fertig machen. Ein Grundzug darin ist vielmehr – modellhaftes Denken; gewiß ohne irgend positivistische Begrenzung und Unterernährung. Vielmehr führt genau das Denken des Versuchs (zur Sache gebracht, statt vor ihr abzudanken) neu zu – Metaphysik. Zu keiner statischen, wie bisher, wohl aber zu einer viel ungenügsameren, offenen, deren Sachverhalte, als die des noch unentschiedenen Prozesses, sich selber im Voranschlag, in objekthaftem Probestand befinden, kurz selber noch in ihrer Einleitung. Das also will auch diese, mehr oder minder ansetzende und verwandelnde Schrift bedenken; in kleiner Besetzung. Bei manchen Mängeln bloßer Andeutung, bei mancherlei Aufforderung zum Haben und Nicht-Haben zugleich, bewußt verschlungen und überall. Zuviel bereits für eine Einleitung, nicht zwar für eine Einübung – homo semper tiro, der Mensch ist immer ein Lernender, die Welt ist ein Versuch, und der Mensch hat ihm zu leuchten.

ZUGANG

Ich bin. Aber ich habe mich nicht. Darum werden wir erst.

Das Bin ist innen. Alles Innen ist an sich dunkel. Um sich zu sehen und gar was um es ist, muß es aus sich heraus. Muß sich herausmachen, damit es überhaupt erst etwas sehen kann, sich unter seinesgleichen, wodurch ein Ich bin, als nicht mehr an sich, zu einem Wir wird. Und draußen geht dem Ansich des Um-uns auf, worin Menschen stehen und unter, neben oder über ihnen Dinge. Als mehr oder minder abstoßende, mehr oder minder anziehende Fremdlinge zuerst; sie müssen so, als keineswegs selbstverständlich, erst gelernt werden. Dies Lernen bewegt sich völlig im Außen, ist darin fahrend und so erst erfahrend und so erst auch, mittels des Draußen, das eigene Innen selber erfahrend. Der Mensch besonders ist auf diesen steten Weg nach außen angewiesen, damit er überhaupt nur wieder auf sich zurückkommen könne und so bei sich gerade die Tiefe finde, die nicht dazu ist, daß sie in sich, ungeäußert bleibe. Das bloße Bin muß, damit es seiner auch nur empfindlich werde, sich ein Etwas von draußen anziehen. Auch im übertragenen Sinn ist der Mensch in seiner eigenen Haut nackt geboren und bedarf fremder bekleidender Stoffe, um sich genau in seiner eigenen Nähe zu wärmen, ja zu betonen. Vom puren Innen ist kein einziges Wortbild gekommen, das uns übers innerste sprachlose Ansich hinaus sprechen läßt und eben äußert. Dagegen Worte wie: eng, tief, warm, dunkel, hell, dichtes Vergessen, offenes Aufdämmern, der innere Weg selber: alle diese sind aus Äußerem gezogen und dann erst fürs Innere durscheinend. So merkt sich alles Innen erst über das Außen; gewiß nicht, um sich dadurch zu veräußerlichen, wohl aber, um sich überhaupt zu äußern. Anderenfalls es das Einsame bliebe, ohne jenes Mit-uns, das nicht Man, sondern Wir heißt, und ohne jenes Um-uns, das immerhin Topferde für die menschliche Pflanze, Rohstoff für das menschliche Haus wurde und wird. Dann erst wird das Um-uns von innenher bedacht, damit es dadurch immer näher kom-me. Also gerade auch dem Menschen immer weniger fremd sein könne. Dazu sind wir unterwegs und gehen durchaus mit uns selber heraus.

2   NOT LEHRT DENKEN

Was lebt, erlebt sich noch nicht. Am wenigsten in dem, daß es treibt. Wodurch, worin es also beginnt, noch ganz unten und doch in jedem Jetzt pulsend. Genau dieses anstoßende Jetzt ist dunkel, unser unmittelbares Bin und das Ist von allem. Was daran innen ist, wühlt als dunkel und leer.

Zu spüren bleibt nur, es ist hungernd, bedürftig. Treibt und treibt so an, im Dunkel des gerade gelebten Augenblicks, des unmittelbaren Ansich von allem. Alles ist noch um dies Nicht gebaut, freilich um eines, das es nicht bei sich aushält. Eben ein Hohles ist darin, das sich füllen will; damit hebt alles an. Und zugleich damit, daß das unmittelbare Drinnen und sein Drun-ten, worin alles unmittelbar an sich ist, zuerst jedes Verspürte über sich dreht. Dadurch können wir zwar noch nicht uns selber in unserem Was, aber ein äußeres Etwas fassen, gebreitet in ein sichtbares Feld. Um es so wenigstens nicht unmittelbar, sondern im Abstand von der eigenen dunklen Nähe, also als draußen zu treffen. Wir selber stehen dann, als bloß unmittelbar lebend, *unter* dem Glas, aus dem wir trinken; das gerade deshalb, weil wir als Trinkende uns noch unmittelbar und nicht entfernt so deutlich sichtbar sind wie das von uns abgehaltene Glas. Wir selber also sind hier durchaus noch im Unten, sind weit weniger gestellt und faßbar als jedes vor uns, um uns, über uns Gese-hene. Nur an Draußen kann sich dies eigene Nicht des Habens halten, mit dem Hunger also nach außen. Es kann gar nicht um-hin, sich an außen Gestelltem, also an Dingen zu sättigen, zu fassen.

Daß man entbehrt, dies also geht zuerst auf. Alle anderen Triebe haben im Hunger ihren Grund; jeder Trieb treibt von hierher um und umher, sich an ihm gemäßen Was und Etwas außer ihm zu stillen. Was bedeutet: Alles was lebt, muß auf etwas aus sein oder muß sich bewegen und zu etwas unterwegs sein, die unruhige Leere sättigt draußen ihr Bedürfnis, das von ihr kommt. Dergleichen kann dann auf kurze Zeit befriedigen, als wäre keine Frage, Nachfrage gewesen. Lange hält die Befriedigung aber niemals vor, Not meldet sich wieder, es muß mit Vorsorge an sie gedacht werden und vor allem so, daß sie verschwinden könne, zwar nicht als Hunger und Mangel schlechthin, doch als Mangel am Nötigsten. Indem Menschen daraufhin arbeiteten, wurden sie, als sie aufhörten, bloß Sammler, bestenfalls Jäger zu sein, erst erfinderisch, also dieser Art klug. Nackt geboren, nicht mehr instinkthaft gepeilt, in einer Umwelt, worin man, als nicht geheurer, jede Spur beachten muß und auch der Ast einer Fichte zu denken gibt. Dem Gebrauch des Feuers folgte das bewußte Herstellen von Werkzeugen, um aus Rohstoffen, die unbearbeitet selten taugen, Kleider, Haus, gekochte Speisen und immer neues Plus gegen die nackte Not zu bilden. Überlegende Arbeit trieb erst den Menschenstamm geschichtlich hoch, ließ ihn das Nötige sich probend zurechtlegen; Not lehrte zuerst das Denken.

Allerdings: unverwechselbar menschliches Denken geht damit noch nicht an und auf. Denn dieses läuft längere Strecken als die kurzfristigen eines raschen Nutzens in bar. Langer Atem des Untersuchenden läßt sich Zeit, will feststellen, was ist, auch wenn sich dieses nicht, mindestens nicht sogleich in den Mund stecken läßt. Wie ein Fall am bequemsten zu denken, zurechtzulegen sei, der Ansatz hierzu ist nützlich, doch erschöpft sich damit nicht. Denn auch ein eigentlich grübelndes, ein nicht erschrecktes, sondern betroffenes Denken geht aus dem der Not an. Fragt dann viel seltsamer erregt und gewiß auch viel Seltsameres sich einbildend, in das hinein, worin es nicht aus noch ein weiß. Verwundern also fängt an, heute noch unser bestes Teil. Mit anderen Worten: Denken kann, nachdem die Not es erweckt hat, tief werden. Jedoch steht trotzdem und auf langhin fest: Not lehrte zuerst denken, es geht kein Tanz vorm Essen, und das Denken vergißt das nicht. Damit es in dasjenige, was nottut, zurückzukehren verstehe und sich nicht versteige. Der menschliche Hunger ist selten einstöckig, wie der der Tiere, und was er ißt, schmeckt nach mehr.

Also ein tieferes Suchen, uns selber mitnehmend, fährt nun fort. Heißt Verwundern, Staunen, und das nicht nur über etwas, sondern im Daß und jeweiligen Was von so vielem Etwas mitten drin. Kindern ist dieser, wenn auch bei ihnen meist nur kurze Zustand natürlich, später wird er seltener, doch wenn er sich einfindet, desto lehrreicher und kostbarer. Das nicht so sehr in einer beschwerlichen Umwelt als vielmehr in einer befremdlichen, und auch das nicht notwendig einer zu uns unstimmigen, oft im Gegenteil. Gerade ganz einfache, sozusagen harmlose Eindrücke, dazu kurzdauernder Art, können das hier gemeinte Staunen hervorrufen, den Ritz und Riß im üblichen, gewohnten Bemerken. Dabei kommt dieser Ritz meist von kleinen, zudem flüchtigen Eindrücken her, indem dasjenige, was sie fragend zu sagen, sagend zu fragen scheinen, selber noch ganz anfänglich ist, obzwar genau am Ort des sich Erfragenden selber. So stirbt diese Art Befremden nicht aus, als immer wieder und überall, mit fast beliebigem Anlaß verbreitet und unfertig. Es ist dem Bedürfnis der Not verschränkt, sein Stachel ist sozusagen schmaler, doch noch dauernder als diese. Das Staunen bleibt auch, wenn es entspannt, gesättigt zu sein scheint, unruhig, hat immer wieder sein erstes Fragen in sich.

Unscheinbar ist dergleichen am liebsten, gibt sich genau darin als nicht geheuer. Ganz schlicht gehört die bekannte Kinderfrage hierher: Warum ist etwas und nicht nichts? Wobei zugleich das nur uneigentlich Schlichte daran aufgeht, indem ja auch das etwaige Nichts nicht fragloser, begründeter wäre. Oder jenes bereits inhaltlichere Befremden gehört hierher, das bei den meisten ebenfalls in die Kinderzeit, wenn auch die spätere, zurückgeht, und mit dem Bewußtsein des *Ich* überfällt. Wie seltsam, wie sehr ein Kopfschütteln gleichsam, immer mit eben diesem, seinem Ich zusammen zu sein, – ein Glück vielleicht, aber doch auch eine Fessel und jedenfalls in hohem Grad nicht selbstverständlich. Oder, gleichfalls so frisch und auf keinen Fall angelesen oder bereits abstrakt, gehören Kinderfragen nach der *Zeit* hierher, der Zeit, die, wie gesagt wird, alle Dinge zerstört, also auch dies Ding hier, das dem Kind auffällt, den Reifen eines alten Wagens. Der verrostete Reifen ist schon Frage genug, nun aber geht sie auch noch auf die Zeit, die den Reifen zerstört habe: Was ist die Zeit? Und die lösende, nicht lösende Kinderantwort, Staunensantwort kommt dazu: Die Zeit ist eine Uhr ohne Ziffern. Erst recht aber, ja am legitimsten kommt dieses Staunen eben am *Unscheinbaren* selber, als dem anfänglichsten, sozusagen legitimsten Stoff dieses Denkchoks. Hamsuns »Pan« zählt im Gespräch zwischen dem Mann und dem Mädchen in der einsamen Landschaft viele solcher Anlässe auf. Die blaue Fliege, der einzelne Grashalm, »er zittert vielleicht ein wenig und mich dünkt, das ist etwas: hier steht nun dieser Grashalm und zittert«. Dazu die Fichte, »sie hat vielleicht einen Zweig, der mir auch ein wenig zu denken gibt«, und zuletzt, indem die ersten Regentropfen fielen, sagt das Mädchen gar: »Ja, denken Sie nur, es regnet«, und ging bereits. Wenig fiel ihr eigentlich auf und doch war sie plötzlich an den Keim alles Fragens gerückt (vgl. »Spuren«, 1969, S. 216); das Unscheinbare, das dermaßen leise gellt, konnte nicht unterboten werden. Und nicht ganz fern davon hat Hofmannsthal einmal dies feine, durch und durch gehende Stutzen notiert und zugleich alle üblichen, gar großen Worte vor seinem Hauch zu leicht befunden. So meint es wenigstens der Brief eines vom Dichter fingierten Lord Chandos an Francis Bacon, ein sprachlos werdender Brief und sprachlos machender. Brüder des obigen Zweigs der Fichte, der ein wenig zu denken gibt, machen hier nicht nur gegen schnellfertige Aussage empfindlich, gegen konventionelle und auch gegen begrifflich-allgemeine wie »Seele«, »Geist«, »Körper«. Solch ein Empfindlicher (als Gereizter wie besonders als Verspürender) leidet vielmehr an jeder Sprache, man kann sagen: er müßte stumm sein, wenn andere nicht die Sprache erfunden hätten. Das heißt, nicht ein weniges die Verantwortung dafür übernommen hätten, daß das sprachlos Machende nun Zweig einer Fichte heißt. Oder auch, nach Chandos, nicht immerhin schlicht so heißt, sondern im literarischen Faltenwurf sein eigenes Ansehen und das Andrängen seines wahren Worts verliert. Wonach das Staunen unterschlagen wird: im sprachlich übereilten und verabredeten Fortgang von ihm bleiben seine Dinge ausgeschlossen, und man wird von ihnen ausgeschlossen. Bezeichnend wieder, daß es vor allem Kleines, dann nebensächlich Scheinendes ist, immer auch beliebig Ersetzbares, woran sich das innige Befremden des Chandos anstößt. »Eine Gießkanne, eine auf dem Feld verlassene Egge, ein Hund in der Sonne, ein ärmlicher Kirchhof, ein Krüppel, ein kleines Bauernhaus«, all das (manchmal auch zuviel, weniger wäre mehr) läßt bei Chandos zweifellos Staunen weit unter den Dingen ansetzen, die so bekannt, ja so sichtbar sind. Das jeweils Austauschbare dieser »Eindrücke« zeigt, wie sehr das Betroffene daran noch vag und unbestimmt ansetzt; es selber ist nur stets dasselbe. Auch hat dies Staunen an alldem nichts oder noch nichts, was es dem so plötzlich Erstaunenden sagen kann, außer dem objektiven Erstauntsein selber, dem treu gehaltenen, einschlagenden. Später freilich füllt sich dieses durch ganz und gar nicht vages Fragen, kausal angesetzt und mit empirischen Handhaben. Und doch wird dabei, wenn der Denkchok des ersten Staunens nicht gehalten wird, samt dem vor allem, was ihn im Eindruck hervorrief, das Unnachlaßliche des ersten Anfragens oft zugedeckt. Das so seltsam betroffene Staunen des Hamsunschen Mädchens, daß es regnet, geht etwa in die ebenso bestimmtere wie so viel engere Frage: wie entsteht Regen? – wonach das Urfragen, sozusagen, durch greifbare, lieferbare Stoffe entspannt, auch im Fragenden durchaus vergessen wird. Das Staunen des Hamsunschen Mädchens ging zwar durchaus auf diese ersten Regentropfen um sie her, blieb ihnen fragend ganz besonders treu, aber es ergab sich ebenso bei bloßer Gelegenheit des Regens. Derart bleibt das Staunen treu bei sich und, bei genügender Tiefe, gegenständlich auch auswechselbar, also nicht empirisch, sondern mit seinem Allem überall, nicht auf Gewordenes letzthin bezogen, sondern auf ein Fragen selber, das ungeworden und ungelöst durch die Welt geht. Ein Grundfragen des Existere selber tönt hier an, eines, das wiederum nur mit sich selber, an seinem eigenen noch ungewordenen Stoff letzthin zu beantworten wäre. Dagegen alle einzelnen, jeweiligen, empirischen Fragestellungen sind Abwandlungen aus dem einen Anstoß der staunenden Grundfrage. Sie sind gewiß an erschienenem Stoff spezifisch geworden, doch eben ihrem ersten Anstoß und Anliegen auch entfremdet. Sie sind, als bestimmte und gewiß doch auch als endlich konkreter werdende, nach dem vorhandenen Vorliegenden und Erhältlichen zurechtgebogen; so, als ginge, wie bemerkt, das Staunen am Regen wirklich nur auf den Kreislauf des Wassers und nichts sonst. Wonach also das junge Urfragen, das ja überhaupt noch nicht weiß, was es will, sich leicht vergißt. Sich von dem Angebot des im Laden der gewordenen Dinge an Fragen wie Antworten Erhältlichen verdrängen lassen kann. Nichts freilich wäre falscher, auch mißverstehender, ja heilloser, als die Grundfrage weltlos zu halten. Das Staunen muß in seinem Fortfahren, genau in diesem, durch Außenblicke, Einzelheiten, Instanzen durchaus getränkt werden, auch das ganz anders mit Fragen geladene und anders schwierige Wetter des Weltgangs durcherfahren. Doch bei alldem gehört die frühe Verwunderung, die noch unabgelenkte, stets ins bestimmt gewordene Fragen. Sollen nicht, wie es in den »Spuren« heißt, die vielen großen Rätsel der Welt ihr eines unscheinbares Geheimnis völlig zudecken. Man hat derart nicht nur vor den Träumen der Jugend Achtung zu tragen, auch vor dem frühen Verwundern in nuce. Was Menschen darin auffiel, oft wie beliebig betreffend, war schließlich das Auffallende selbst, dies macht sogar am ersten vorsichtig.

4   STELLE ZU KLEIN

Man nimmt sich mit, wohin man geht. Und das in unserer Enge, samt dem begrenzten Ort, worauf man steht. Der Spießer, hämisch oder scheuklappig, meist beides, bevölkert den angestammten Platz ohnehin, noch als verschiebbaren. Aber die Aussicht wächst auch nicht mit einem höheren Ort, sofern dort das Liegen und Besitzen desto besser anschlägt. Alles bleibt dann schon deshalb unbesehen, weil es anders ist.

Auch unser Leib ist ursprünglich für Einfacheres gemacht als das, womit er jetzt zu tun hat. Hier sperrt unsere sozusagen überkommene körperliche Anlage ein, die später so oft überforderte. Nicht nur für das Huhn ist dann die Bahnhofshalle nicht gebaut, sie ist es auch nicht für den Menschen, dem ihr Lied an keiner Wiege gesungen wurde. Unsere angeborene Art, wurde gesagt, sei demgegenüber ein Ungenügen; so stehe sie als dauernde Nacktheit unter Künstlichem. Das stimmt sogar urgeschichtlich gesehen: unsere Hände dienten dazu, Früchte zu sammeln, die Keule zu werfen, nicht aber Klavier zu spielen. Unsere Augen waren dazu geschickt, Wild zu erspähen und den Feind, nicht den Staub auf dem Mond oder das winzige Leben im Wassertropfen. Selbst deutlich Sichtbares wird derart von zivilisatorisch nicht mitgewachsenen Menschen nach wie vor kaum erblickt oder nur unzureichend. Es fehlt dann dem Gesehenen die sozusagen natürliche Merkwelt, in die es einzureihen wäre; also bleibt ein dieser körperlich-urgeschichtlichen Enge Fremdes, wenn es gänzlich mit dem Bekannten unvergleichbar ist, nicht nur unbemerkt, sondern förmlich unerblickt. So hielten es, nach Georg Forster, die Eingeborenen auf den Fidschi-Inseln, als sie »entdeckt« wurden: die Kanoes, die durch die Riffe auf die Inseln ruderten, wurden zweifellos gesehen, stark und beeindruckend, weil die Eingeborenen sie mit ihren Einbäumen vergleichen konnten. Die großen englischen Segelschiffe dagegen, die auf dem Meere wegen der Riffe hielten, blieben jenseits, unvergleichbar, außer Bewußtsein. Ein besonderer Fall, doch nimmt man das Sehen im weiteren Sinn, so hat der bloße Einbaum – und sonst nichts an Ort und Stelle – allemal vieles nicht erblicken lassen. Desto empfindlicher und empfindbarer aber die Enge, schließlich die Frage der Schuppen vor den Augen. Das auch bei einem über Körper und Primitive noch so erweiterten Gesichtskreis; der einschränkende, jeweilige Ort bleibt.

Ist doch der einzelne Mensch, falls es ihn gibt, allemal an sich selber zu sehr gewohnt. Vor allem, er sitzt meist herkömmlich im Boot seiner Umgebung, seiner Klasse und in dem, was man öffentliche Meinung nennt. Wozu diese nicht einmal von seiner eigenen Klasse herzustammen braucht, sondern, weit häufiger, von der über ihr und ihm herrschenden. Es waren die griechischen Aufklärer, die Sophisten, welche zuerst auf die jeweilige Enge des Kleinen hingewiesen haben und vor allem auch auf das Einsame darin, das allerletzt immer nur sich selber schmecken will. Gorgias trieb das zur Spitze, dergestalt daß nicht einmal das Fühlen unter der eigenen Haut, gar das Vorstellen über Anderes, Äußeres aus seiner Enge herauskönne. Es sei schließlich unmitteilbar, auch bei noch so kommunizierend wirkenden Gebärden, Zeichen, Worten. Der eigene Ort kann darnach nicht mitgeteilt werden, obwohl es überhaupt keinen anderen im Empfinden und Denken von etwas geben soll. In der Tat begrenzt wenigstens die Enge als Insel ebenso sich selber, wie sie von draußen abtrennt. Von dem, was in die Sinne fällt, die ja nicht allen das gleiche, gar alles zeigen, und von dem, was die Gedanken zeigen, die erst recht nicht allen gemeinsam sind. Leichthin wurde diese Enge sogar bejaht, weil sie überhaupt nichts mehr als sich selber zu erkennen übrig ließ, doch fruchtbarer ist es, sie als Krähwinkel zu begreifen, das nur absperrt, aussperrt. Und wie oft eben hat das wirkliche Krähwinkel, das gar nicht so individuelle, sondern das der Gruppe, der eingedickten Klasse, der nichts mehr denkenden Phrase sich als das Hemmnis gezeigt, von dem loszukommen, also wirklich in Aufklärung zu kommen ist. Wie lehrreich hierzu ist ein Gleichnis Kellers, der Hund dieses Gleichnisses, dem man die Nase mit

Quarkkäse verschmiert hat, und nun hält er die ganze Welt für Quarkkäse. Sehr gut gehört also dasjenige her, was Bacon die Trugbilder des Lokalen genannt hat. Die »Idole« der individuellen »Höhle«, des generellen »Stammes«, des »klischeebildenden Markts«, der historisch bannenden »Bühne« (Tradition). Letztere setzt dann gleichsam die Bretter vor den Kopf, welche die Welt bedeuten. Das Spüren unseres Orts und des beschränkten, ja fälschenden Ausblicks von ihm kam spät. Es hat sein Amt noch lange nicht getan, auch an denen nicht, die ihrer Ketten spotten.

5   ZWEIFEL AN DEN SINNEN UND GEDANKEN

Was mit uns anhebt, bleibt bei sich nicht stehen. Es tritt auch immer wieder vor dem Weiteren einen Schritt zurück. So daß sein Fragen ebenso auch zweifeln läßt auf sehr nützliche Weise. Dann vor allem, wenn die gebräuchlichen, die angeblich sonnenklaren Auskünfte nicht mehr ausreichen. Wenn also Fragen, freilich bereits bestimmtes, unerledigt wieder auftaucht oder neue Fragen am neuen Stoff der Antworten selber sich bilden. So ist der Satz Thomas Manns, daß Schriftsteller Leute seien, denen das Schreiben schwerer fällt als anderen, auch dahin variierbar, daß Philosophen das Denken schwerer fällt als anderen. Besonders als dem Spießer, der seine Klischees hat, und als jenem Alter, das, viel mehr als die Jugend, rasch fertig ist mit dem Wort. Aber neue Beobachtungen kommen hinzu, durch die Sinne geliefert, neue Zusammenhänge gehen auf, durch Gedanken gefaßt, erfaßt. So beim Versagen oder beim reellen Überholtwerden der Theorien; wobei in diesem Betracht wenig Unterschied ist, ob es sich um Verelendung der Massen oder um Newtons ruhenden, starren, absoluten Raum handelt. Zweifel wird also der wichtigste Stachel des wissenschaftlichen Fortschritts. Daher muß bereits jedes tüchtige Lernen, statt bloß anzunehmen, aufzunehmen, durchaus anders als stallfromm sein können.

Zweifeln hat so auch ein Freies an sich, das sich zum Prüfen geschickt machen will. Nicht zufällig setzte es gerade als wissenschaftliches Mißtrauen gegen Bräuche voraus, Bruch mit dem Tabu bisherig-fester Meinungen. So erst ging Philosophieren in jedem Volk auf und voran, am deutlichsten bei den Griechen, am ungebundensten bei ihren Sophisten. Auch bei diesen war noch Aufgangszeit und so ein Anstoß, ohne den kein neugründender Sokrates gekommen wäre; es war keine Niedergangszeit mit Müdigkeit statt Stachel, also mit totalem Zweifel und sonst nichts. Totaler Zweifel freilich, à tout prix, ist – aus Wohltat Plage werdend – noch denkfeindlicher als der massivste Köhlerglaube. Hier ist kein Stachel mehr, sondern eine Lähmung, und wenn sie nicht verzweifelt ausgeht, so in den meisten Fällen nur deshalb, weil sie mehr à la mode getragen wird. Weil ihre Haltung überall sehr bequem ist, nämlich defaitistisch schlechthin (mit Ausnahme jener Engagements, an die überhaupt kein Gedanke gesetzt wird, etwa des antikommunistischen schlechthin oder auch des antimetaphysischen). Der wirkliche Stachel des Zweifelns hingegen ist durchaus nicht in sich beruhigt, ja wirkliche Skepsis ist am wenigsten agnostisch; denn sie will doch gerade erkennen lassen und nicht Ignoranz- statt Erkenntnistheorie betreiben. Gerade bei seinem beginnend totalen Zweifel resignierte Faust nicht, am wenigsten; »Verachte nur Vernunft und Wissenschaft«, das ist Mephistos Rat, als des Lügengeistes im totalen Zweifel, und nicht der cartesianische Rat des fruchtbaren Zweifelns an allem, um desto wahrer daraus aufzutauchen. Und wie anders als der mephistophelische Rat ist gar der dialektische, mit Skepsis als dem Tauwind oder auch Pflug der Negation, die dem Erstarrten sein Feind ist, dem Neubeginn sein Helfer. Soviel hier über das allein fruchtbare, nämlich das unverdinglichte, *methodische* Zweifeln, woran wirklich Freies, nämlich anstoßend gewordenes Verwundern ist, und das gerade nicht nihilistisch aufhört, sondern am fragwürdig Geschehenen neues Frag-Würdiges entdeckt. Irren mag menschlich sein, aber Zweifeln ist menschlicher, indem es gegen das Irren angeht, das ausruht, und indem es nicht selber in den Irrtum verfällt, den erst recht gefährlich fehlgreifenden: Skepsis als Abkehr vom Wahren zu sein; statt dessen ist es Anti-Rost (nicht freilich Anti-Gold).

Unsicher sind wir zunächst dort, wo etwas nur undeutlich zu sehen ist. Was dagegen klar vor Augen liegt, scheint eben deshalb auch gewiß zu sein, ja sonderlich gewiß. Nun ist merkwürdig, daß der Zweifel doch gerade an dem erwachte, was vor Augen liegt. Das gesunde Mißtrauen ging erst gegen die *Sinne* an, viel später erst gegen Gedachtes. Und doch ist das wieder nicht merkwürdig; wurde damit doch gerade Landläufiges in Frage gestellt und was ist landläufiger als die ungetrübte Hinnahme von Sinnesdaten, woran mochte der Gedanke selber sinnfälliger stutzen? Der Stab im Wasser ist doch nur scheinbar gebrochen, obwohl das Auge ihn so sieht; die erweisbarste ist die optische Täuschung. Wie, wenn selbst das Bewegte, das man sonnenklar sieht, oder umgekehrt das Ruhende, das noch häufiger, noch »natürlicher zu scheinen pflegt, Täuschung wäre? Hat doch Zenon das erste, Heraklit das zweite behauptet, mit noch voller Schonzeit für den Gedanken, für dessen extreme Zumutung von lauter starrem »Wesen« hier, lauter flußhaftem dort. Und weniger extrem ergab sich jedenfalls: die Sinne müssen, da das Ihre an der »Oberfläche« liegt, selbst dort, wo sie als Daten durchaus zu gelten haben, nicht gehört, sondern ebenso *verhört* werden. Daß der Stab im Wasser nicht wirklich gebrochen ist, diese Täuschung war leicht, ja bereits sinnlich selber zu beheben, nämlich durch den als glaubhafter angenommenen Tastsinn, den Stab entlangfahrend. Aber daß die Sonne im Osten nicht wirklich aufgeht, im Westen nicht wirklich untergeht, daß sie unterwegs keinen Kreis am Himmel beschreibt, das war schließlich das Paradox gegen das Sonnenklare schlechthin. Und nun ganz wieder auf Antikes zurückgehend, auf Demokrit, gewiß keinen Sinnenfeind, aber einen Sinnenprüfer: die Loslösung des »in Wahrheit Seienden« von Klang, Farbe, von allem Qualitativen in der neueren, immer noch demokritischen Naturwissenschaft kehrt dem sinnlichen Anblick, so sehr sie von ihm ausgeht, erst recht den Rücken. Galilei, dann Hobbes mit der mathematischen Theorie der Bewegung, der bewegten Körper als einzig wissenschaftlich erläuterter Erfahrung: rein quantitativ riß sich das von den »Zutaten« des sonstigen sinnlichen Anscheins los. Der sonst so wenig kühne Locke fügte das Stichwort (das nicht auf seinem Boden gewachsene) von den bloß sekundären, das ist qualitativen, und den primären, das ist quantitativen Eigenschaften hinzu, als den einzig wahren. Auf diese Weise wurde die äußere Welt allerdings gänzlich von Farbe, Klang, Duft entleert; mit einer riesigen Art von klein-deutscher Lösung sozusagen, mit einem Hinauswurf, der den Farben Goethes und seiner Augenwelt am wenigsten gerecht wurde. Die sichtbare Welt sollte nun, nach Seite ihrer Sichtbar-keit, selber eine riesige optische Täuschung sein; der Tag galt als objektiv falsch, er wurde auf bloß subjektives Wahrnehmen (von was freilich?) reduziert, ja dorthin eingesperrt. Das schließlich wurden die Folgen einer so extremen Skepsis an Sin-nen, Folgen, die nicht nur jede Außenwelt mechanisch entleer-ten, sondern zugleich die Innenwelt qualitativ aufs höchste über-lasteten; wovon später mehr. Mechanisch, kalkulatorisch ging es nun wachsend draußen her, das Farbige sollte nun nur noch im Auge leben (und im Gesang). Freilich, wenn das vom Auge Gesehene sich draußen nicht hält, so ward dafür desto mehr der *Gedanke* zuständig, als tiefer eindringendes Licht; – bis auch dieses fruchtbar zu schwanken begann.

Wind und zu hohe Türme

Doch wie gesagt, erst viel später wurde am Gedanken selber gezweifelt, als treffendem. Denn dazu mußte er erst da sein, mußte er seine Taten gegen bloß mythische Vorstellungen aus-geführt haben. Danach aber, ja bereits mitten darin ließ sich das Prüfen nicht anhalten; und das nicht nur wegen eines reaktio-nären Auftrags, eines vernunftfeindlichen schlechthin, von den Trägern der mythischen Vorstellungen her. Selbstverständlich kam auch diese Art unechter und bloß ausnutzender Skepsis vor, wider ihre echte Abrede und Absicht, ihre doch gerade Schutt wegräumende. So ging Luther gegen die sogenannte Närrin Vernunft vor, so der anders fromme Gottesmann Bern-hard von Clairvaux, länger vorher, gegen die angeblich sich sel-ber aufhebende Denk- und Widerspruchsart Abälards, des scharfen Dialektikers der Frühscholastik. Und tonangebend dafür war gleichzeitig der Auftritt Algazels im Islam gegen Avicenna, eine skeptisch-mystische »Destructio philosophorum« im elften und zwölften Jahrhundert. All das, um den Glauben zu retten, wie noch, in freilich höchst edler Weise, bei Pascal (»l'ordre du cœur« gegen, mindestens über »l'ordre de la raison«, in Ansehung eben der »faiblesse de l'esprit humain«). Zieht sich das doch scheinbar bis zu dem Satz Kants hin, er müsse »das Wissen aufheben, um dem Glauben Platz zu machen«; wobei hier freilich einzig der »moralische Glaube« gemeint ist. Nie ist Kant entzückender witzvoll, als wenn es gegen »die Luftbaumeister mancherlei Gedanken« geht und gegen »die hohen Türme, um die gemeiniglich viel Wind ist«; aber der Witz will hier den *soliden* Baumeistern dienen, auch den von Türmen. Und bei alldem schließlich war ja die echte Skepsis schon vorausgesetzt, die gerade auf Wissensprüfung gerichtete, um des besseren *Wissens selber* willen. Dergestalt echt jedenfalls war die Skepsis am *Gedanken* bei einem Sophisten vom Rang des Protagoras, wieviel wichtiger erst, wie eindeutig heuristisch bei Sokrates, im neuen Wissen, nichts zu wissen. Ein Gleiches gilt, wenn nicht bei Pyrrhon, dem Schulhaupt einer Skepsis (epochē, Zurückhaltung des Urteils) um der Gemütsruhe willen, so bei der Unruhe eines Karneades, etwa bei der Kritik des syllogistischen Schließens, die davon herkam. Diente es doch genau der Wissenschaft, wenn hier gefragt wurde: Wie läßt sich im Schlußsatz beweisen, daß Cajus sterblich ist, wenn der Obersatz wie der Mittelsatz, aus denen das geschlossen werden soll, den Beweis bereits voraussetzen? Wie kann also der Obersatz setzen, daß alle Menschen sterblich sind, wenn nicht einmal gewußt wird, daß Cajus sterblich ist; wie kann der Mittelsatz setzen, daß Cajus ein Mensch ist, wenn nicht einmal ausgemacht ist, ob ihm eine so wesentliche menschliche Eigenschaft wie Sterblichsein prädikativ zukommt? Reinigung des Wissens mithin, und ihre ganze Fruchtbarkeit sollte sich am Anfang des neueren rationalistischen Gedankens selber erweisen, aufräumend, um rationaleren Wissens willen (bis auch dieses der Stachel traf). Eben das Descartessche Zweifeln, heraus aus der alten genormten Stallung, radikalisierte die Skepsis am Gedanken (dem bisherigen, scholastischen) aufs schärfste, um genau von ihr her neue, echter erscheinende Ratio wie rocher de bronze zu gewinnen. Daß das Sicherste selber aus dem Dubito folgen soll: mehr kann vom Zweifel nicht verlangt werden und mehr wurde er nie gepreßt, auch destilliert.

Bis genau wieder dieser allzu reine Verstand sich benagen ließ. Die neue und neueste Weise des Zweifels um Gedanken ist zweifach beschaffen. *Erstens* werden nun doch wieder, als vertraubarer, die Daten der Sinne gegen ihn ausgespielt. Das also *positivistisch*, gegen das Denkwesen im Sinn des Verallgemeinernden, gemäß der Kritik, welche Hume an solch gedachten Zusammenhängen (Ursache – Wirkung, Dingbegriff) geübt hatte. Dergleichen stand überdies in gut englischer Überlieferung: daß Allgemeinbegriffe bloße flatus vocis seien, dazu hatten sie die spätmittelalterlichen Nominalisten Duns Scotus, vor allem Occam verflüchtigt. Und vollends zur Kritik, nämlich hin zu sogenannt reiner, nämlich ausschließlicher Sinneserfahrung wurde das – mit freilich sehr herabgesetzt verkauftem Hume – bei Avenarius und Mach, »empiriokritizistisch«. Nichts aber sollte hier im Zweifel am Gedanken überhaupt übrig bleiben als ein sparsames denkökonomisches Sichzurechtlegen von Eindrücken; sogar das Atom war hiernach, für Mach, ein bloßes Gedankending, folglich nichts. Die meisten gegenwärtigen Physiker – mit bemerkenswerter Ausnahme Plancks – schließen sich trotzdem diesem allzu flachen »Modell«-Denken an; sie bejahen damit eine abstrakt vermathematisierte Welt und pflegen zugleich vollendete Skepsis an ihr. Dabei hat der Modellbegriff, der versucherische, selber *zwei Gesichter*; er meint einmal das bloße Denkproben über die Beziehungen von »facts«, sodann aber: es könnte der Modellbegriff auch bedeuten, daß die Welt der sogenannten Fakten selber sich noch in einem thetischen – Modellzustand ihrer selbst befindet. Daß sie also selber noch nicht weiß, wo ihr der Kopf steht, sich vielmehr noch in eigener dauernder Probe auf ihr eigenes Wahrsein befindet. Wonach Denkmodelle nicht so sehr, positivistisch, an »Fakten« als selber an – Modellen, diesfalls objektiv realen, sich zu verifizieren hätten. Dies setzte also für die Modelltheorie ebenso ihr Gegenteil (Agnostisches betreffend) wie ihre unerwartete ganz umfunktionierende Begrüßung (Experimentelles, Undogmatisches im erkannten Objekt selber betreffend). Bloßes »Gedankenexperiment« wird dann eines, das nicht nur in Gedanken, das in den Sachen selber stattfindet. Bloßer »Idealtypus«, etwa als Modell eines ersten Überblicks historisch-kultureller Art, reicht dann übers bloße Heuristische hinaus, gegebenenfalls als noch offene Tendenzgestalt (bis zum »Ideal«) in den historisch-kulturellen Erscheinungen selber. Modelldenken, aus Skepsis entsprungen, wird also nach dieser Seite ein Stück vorwegnehmender Thesis, sich utopisch voranhaltender Phantasie in der Erkenntnis; wovon gleichfalls später. Jedenfalls fehlt dieser Seite nun auch gänzlich die hochübertriebene Zweifelsart: jedes Gedankliche, logisch Zusammenhängende der Erscheinungen *lediglich als fiktiv* zu nehmen. Wobei Gefahr besteht, daß alle allgemeinen Begriffe, ohne Ansehen von Person und Sache, ausfallen, nicht nur Ich, Seele, sondern ebenso ein recht weniger Geisthaftes, nämlich Materie. Wobei weiterhin der gesamte Reichtum gedanklich erfaßbarer Zusammenhänge (Regeln, Gesetze) zum Schatten bloßer funktionaler Beziehung abblättert (wenn x sich ändert, ändert sich y, wenn y sich ändert, ändert sich x). Lehrreicherweise hat jedoch die Skepsis am *Gedanken* erkenntnistheoretisch dazu beigetragen, daß die Skepsis an den *Sinnen* nicht einen Freibrief für die bloßen Gedankendinge gebe.

Soviel hier übers Dämpfen des reinen Verstands durch Ansätze, niedriger liegend. Zweitens aber, vom *positivistischen* Zweifel und seinen Folgen sehr verschieden, ist der *anti-idealistische* am Geist. Das heißt, an der Rangmacht des Gedankens als eines Geistigen in der Welt selber, sowohl wirkend wie substantiell. Da ist dann jener im Leben geprüfte, in der Analyse von wahrhaft gesundem Mißtrauen erfüllte Zweifel, daß etwas zu schön, zu hoch, zu logoshaft, kurz, zu idealistisch ist, um wahr zu sein. Was Geschichte angeht, so hat Ideologieverdacht hier Platz, und was die Welt insgesamt angeht, der Theologieverdacht gegen jede Art von Geistbetrieb darin. Abbauende Analyse, hin auf des Pudels Kern, entlarvend, entzaubernd allemal, führt die Skepsis hier als dauernde *Aufklärung* ans Licht. Mit Unglauben an die mannigfachen Deckvorstellungen, vorzüglich idealistischer Art, hat Freud die sehr viel weniger geistigen Antriebe im

Verdrängten entdeckt. Mit noch viel Schärferem als Unglauben hat Marx das ökonomische Interesse statt der Ideen im historischen Triebwerk kenntlich gemacht, unter Wechselwirkung gewiß, doch so, daß dann, wenn eine Idee mit einem Interesse zusammenstößt, es allemal die Idee ist, welche sich blamiert. Derart wurde die Dialektik des Hegelschen Geschichtsgeists genau in diesem historischen Feld vom Kopf auf die Füße gestellt, und der Weltgeist als Demiurg insgesamt hatte seit Kants »Theorie des Himmels« auch hier den Anstoß verloren. Jedenfalls zerstörte diese Säure des Zweifels, dieses sein spezifisches Scheidewasser alle möglichen Hypostasen der Gedankenwelt zum Weltgedanken. Das gewiß oft übertrieben, oft ohne jede Sicherung gegen jene ganz andere Entgeistung, die nicht Aufklärung, sondern Aufkläricht heißt, nicht Freilegung, sondern verbaute Dummheit, Triumph der Banalität. Dann hat in dieser falschen, dieser selber im Nebel stehenden Entzauberung die fatale Kategorie des Nichts-Als Platz, ohne Duldung eines Ideeprodukts, eines nicht priushaften, aber krönenden. Dann werden nicht nur, wie rechtens, die Seifenblasen in Seifenwasser aufgelöst, sondern auch, mit totalem Nichts-Als, Gold zu Tombak. Gewiß also: »Zurückführung« alles und jedes Intelligiblen auf möglichst ihm Fremdes, auf bestenfalls Auslösendes, solcher Vulgärmaterialismus ist zum Geist feindlich, nicht ihn entnebelnd und reinigend. Zu diesem billigen Mephisto gehört auch, was gerade ein Nichts-Als bis zur Groteske kenntlich macht, Kautzkys folgender Satz: »So ist denn die Reformation nichts anderes als der ideologische Ausdruck tiefgehender Veränderungen auf dem damaligen europäischen Wollmarkt«. Dergleichen also hat von der Durchschauung des Gedankens als keinem Demiurg fernzubleiben; jedoch genau eben im genuinsten Skepsis-Sinn der Aufklärung, im Sinn der Lichtrettung durch Kritik seiner Verneblung und gar der Taschenspielerei. Das allein ist das wirkliche Amt der antiidealistischen Skepsis gewesen und ihr Erbe, also wie Marx das sagt: nicht damit der Mensch, nachdem die Scheinblumen an der Kette durchschaut und weggeworfen sind, die »trostlose, phantasielose Kette trage, sondern damit er die Kette abwerfe und die lebendige Blume breche«. Oder: um dem Gedanken, indem er nicht Demiurg ist, seinen wirklich leuchtenden, nämlich vorleuchtenden Platz in der Welt zu geben. In derjenigen, welche ja in die immerhin gedankengefüllte Innenwelt und in die ihr nicht ganz vermittelte Außenwelt getrennt ist. Wobei es in der Anschauung beider Sphären, der des Bewußtseins und der vom Bewußtsein relativ unabhängigen, ebenfalls noch viel rauchverzehrender Skepsis bedarf, damit die Welt schließlich doch voller – Gedanken sei oder werde.

6   WECHSEL VON INNEN- UND AUSSENWELT; VERBINDUNG

Wie einfach scheint es, daß man in sich sitzt und heraussieht. Das Ich wohnt innen, umgrenzt von der Haut, die sonst nicht umsonst eigene Haut heißt. Außerhalb ihrer, in dem, was dadurch Draußen heißt, wohnen die Dinge. In einem Raum ohne uns, durch den wir stets wie besucherisch hindurchgehen, auch mit eigener Hand eingreifen. Doch das Subjekt, das so hindurchgeht, ist eben sich selber, wenn es sich anschauen will, unsichtig, ist sich einzig zuständlich, nicht gegenständlich. Wie der eigene Kopf, bis zu den Schultern, aus dem Blick auf sich völlig ausfällt, als Loch in dieser Selbstanschauung Ich, so fällt unser Selbersein insgesamt, als unsichtiges, wohlverstanden, aus jeder versammelten, so sehr sichtbaren Umwelt aus. Das auch bei starkem Dabeisein, ja dem Subjekt optisch desto fühlbarer bei starkem Dabeisein. Daher das etwas Unkenntliche, wenn sich der Liebende mit der Geliebten oder auch nur der Sprecher vor einer Versammlung auf einer Aufnahme optisch gleichartig mit den anderen aufgenommen sieht. Also so wie ihn die Anderen (die sich selbst aber gleichfalls nicht gesehen haben) im Blick hatten. Was bekanntlich nicht ausschließt, daß der Träger dieses Innen besonders auf sich bezogen ist, mehr als auf Du und Es draußen.

Hierbei schwankt freilich, was nur von vornherein das Innen betonen läßt. So findet sich, bereits psychologisch teilbar, neben dem sogenannten introvertierten der extravertierte Typ. Beide können mit dem egoistischen hier, dem mehr altruistischen dort verbunden sein, doch sind es nicht diese willenhaften moralischen Elemente, die so scheiden lassen. Gibt es doch introvertiert sehr saubere, sogar allzu sanfte Naturen und die Extravertierten, die objekthaft Gerichteten, sind keineswegs alle gute Menschen, häufiger sogar kalte. Ebensowenig fällt der Unterschied ohne weiteres mit dem zwischen den sogenannten Gefühlsmenschen, den sogenannten Verstandesmenschen zusammen und gleichfalls nur ungefähr, mindestens nicht sachlich konstituierend, mit dem bekannten, oft klischeehaft gemachten zwischen den Geschlechtern. Wesenhafter freilich ist die *Jugend,* nämlich die Art Werthers, anders auch Tassos introvertiert, trotz der Zweisamkeit ihrer Liebe, die gerade darin doch Einsamkeit ihrer ist. Wogegen Extravertiertes wieder wesenhaft zum um sich blickenden *Mannesalter* gehören mag, nicht nur zu dem Antonios (contra Tasso), sondern expressis verbis zum Thema des Wilhelm Meister, als dem Erziehungsroman zur *Objektivität* (mit freilich vorhandenem Subjekt, fern von dem Werner, dem trockenen, konformen Spießer ebenda). Das Extravertierte kann hier soweit gehen, daß es, wie beim Einrichten eines Wohnraums, zwar Schaudinge die Menge an die objektiven, im Abstand befindlichen Wände stellt, die subjektiven Sitzgelegenheiten, mehr in der Mitte des Raums, dagegen vergißt; und trotzdem: ein Raumschlagendes, Werkbildendes ist jenseits dieser Karikatur seine Ehre. So auch und so vor allem tritt die beiderlei Haltung bei Denkern auf, selten ganz rein, doch auch in der Verschränkung am Übergewicht des Intra oder Extra kenntlich. Polemisch unmittelbar geheizt treten hier die Antithesen Kierkegaard und Hegel vor (nicht der ganze Hegel, nicht der der Phänomenologie, gewiß nicht, aber der von Kierkegaard ad hoc typisierte). Was in meiner Philosophie, hatte Hegel gesagt, von mir ist, ist falsch; genau umgekehrt hätte Kierkegaard gesagt, der Mahner des »Sich-in-Existenz-Verstehens«, der zur Selbstprüfung Anempfehlende: Was in meiner Philosophie nicht von mir ist, ist falsch; nur die Subjektivität ist die Wahrheit. Das freilich meint nicht ganz das sogenannte Existenzialistische von heutzutage, gar noch psychologisch aufgeweicht, wie bei Jaspers. Und ebenso kommt das rein Objektivistisch-Gebaute heutzutage überhaupt nur epigonal vor, so etwa bei N. Hartmann, in den Kopien Hegelscher, vorab Aristotelischer »Schichtungen«; sein Extra muros ist desto personloser erkennbar. Und ganz verbilligt tritt es mechanisch-materialistisch auf, dort, wo das nicht mehr geäußerte, sondern nur mehr veräußerlichte Weltbild so groß und zugleich so klein ist, daß nicht einmal ein Kopf mehr darin Platz hat. Kurz: Intro-, Extravertierte machen sich jeweils als Verdampfendes hier, als Verhallendes dort negativ kenntlich, positiv dagegen als transzendentales Grübeln hier, als stoffhaltiger Weltblick dort. Eine wie oft ambivalente Reibung mithin zwischen Innigkeit und dem Satz Kellers: »Trinkt, o Augen, was die Wimper hält, von dem goldenen Überfluß der Welt«, aber auch zwischen Hieronymus im Gehäus hier, bestirntem Himmel dort.

Immer noch gewohnter Umgang zwischen beidem

Daß man in sich sitzt und heraussieht, dies Einfache geht zwar früh an. Doch halten es Kinder nicht nur so, auch nachdem sie wissen, daß sie Iche sind. Nicht nur sie selber sehen die Dinge an, diese sehen sie gleichfalls an; das Wasser blinkt her, der Schrank hat ihnen ein Auge, viel Angst kommt von daher. Und wenn wir nach etwas greifen, woran die Oberfläche zu glatt ist, so erscheint diese Glätte als abweisend, während anders Beschaffenes, Griffiges in die greifende Hand einschlägt. Insofern wird dann Inneres nicht nur von außenher benannt und getauft, sondern es leiht, was Gefühle angeht, auch dem Draußen Sprache. Das viel seltener, gewiß, doch dafür viel anhaftender; so im Gefühlston der Farben, gerade als der doch ausschließlich draußen, nicht im menschlichen Inneren vorkommenden. Rot, gelb, grün, blau, violett, damit sind sogenannte Stimmungen verbunden, unweigerliche, die wie die Farben an ihrem Gegenstand, so an der jeweiligen Farbe zu haften scheinen. Was eben ohne noch vorhandenes Hinüber und Herüber eines Eindrucks, den so etwas macht, nicht zu erleben wäre. Auch der Glitzereffekt des Schmucks, der bunten Steine gehört nachdenklich hierher. Wie oft hat er den Glanz einer Frau vermehrt oder vordem königliche Aura gekrönt; wodurch denn ist das möglich? Eine Schranke zwischen Innen und Außen ist daran bereits nicht dicht geworden, sondern porös. Auch dann, wenn das kindliche Beleben längst abgezogen ist, etwa in der sehr erwachsenen Bemerkung, daß man nur die im Lichte sähe, die im Dunkeln nicht; was aber sogleich einen Doppelsinn von düsterem Abgrund, von publiker Höhe mit sich führt. Auch dieses blickt nun zurück, als Unerblicktes selber oder Verlassenheit, als Übererblicktes oder gemachter Ruhm. An dergleichen sind also Innen und Draußen immer noch gemischt, doch nicht von vornherein unreinlich.

Einfühlung, noch ohne Schärfe von Ich und Nicht-Ich

So wenig macht doch gerade unmittelbares Erleben das scheinbar so einfache Drinnen hier, Draußen dort mit. Ein früheres Befinden geht diesem Zweierlei: der Haut als unserer Wand, dem Auge als Fenster, eigen vorher, wirkt nach. Dieses Frühere und doch nicht Verschwundene ist zweifellos trüber als das sauber gekommene Zweierlei, und trotzdem hat es ein eigenes Beleuchten. Auch liegt die Trübe nicht in seinem Akt selber; dieser ist vielmehr deutlich benennbar: nämlich als einfühlender, als einer der *Einfühlung*. Wobei ein Aufschließendes so weit zu gehen scheint, als wäre ein sonst Äußeres nicht nur empfunden, sondern, wie man sagen kann, empfühlt und so selber, dem Menschen verwandt, auf ihn zurückblickend. Menschlich, allzu menschlich und doch unausweichlich ergibt sich so als Eindruck: Der See »lächelt«, der Wind »seufzt«, und das nicht nur langgezogen, sondern sogar einsam, die Säule »strebt« in die Höhe. (Th. Lipps hat sich sehr mit dergleichen abgegeben, zwar leider nur als Psychologe, doch dadurch gerade den eigenen Aktvorgang des Einfühlens kenntlich machend, wenn es etwa aus dem Wedeln des Hundes Freude »herausfühlt«). Die Sprache, nicht nur die dichterische, sondern die alltägliche, ist voll solcher eingespielter Einfühlungen. Ihr Innen-Außen, Außen-Innen begleitet die Sprache vom dümmsten Kitsch (»Dieser Film ist eine wirbelnde Wolke pikanter Heiterkeit«) bis zu der »reinen Wolken unverhofftes Blau«, bei George. Eingespielt ist dergleichen gewiß auch deshalb, weil hier so viel Atavistisches noch mitklingt, so viel animistische Belebung von einst. Was dem Einfühlen zweifellos nichts Solides gibt, vielmehr dauernd Prüfung verlangt und es trotzdem, mutatis mutandis, so neben, besser: unter der geprüften Einsicht bestehen läßt, wie die Angabe, der Himmel sei »heiter«, zusammen mit der schlichteren weiterbesteht, die Sonne »gehe im Osten auf«. Wobei das übertragen Heitere sogar auf ein Qualitatives am Himmel, an einem Maitag etwa, immerhin hindeuten könnte, selbstverständlich nicht buchstäblich, sondern transparent, während doch ein Aufgehen oder Untergehen der Sonne objektiv in keinem Betracht statthat. Weiter kommt zu der angegebenen Außen-Innen-Übertragung der Sprache (etwa Härte für einen Charakter, Aufklärung für eine Epoche und so fort) sogar eine Gegenbewegung, genauer: Rückbewegung. Ein Mensch wird »aufgeschlossen« genannt, als wäre er ein Schrank, aber ein Schrank wird bei Keller »patriarchalisch« genannt, als wäre er ein ebenso beschaffener Mensch. Und solch veranlaßt Empfühltes reicht eben von dem fröhlichen oder auch dem fröhlich murmelnden Schubertschen Bächlein bis zu dem hohen Vers aus der Walpurgisnacht, dem mit Goethes Sachlichkeit vollgeladenen: »Wie traurig steigt die unvollkommene Scheibe des roten Monds mit später Glut herauf«. Bedenkenswert wirkt dieser Vers auch deshalb und darin, daß die anthropomorphe Introjektion »traurig«, ja auch »unvollkommen« ohne merklichen Bruch hier neben rein physisch Beschreibendem wie »späte Glut«, »roter Mond« stehen kann. Da macht es sich die Verbrecherin Herodias in Wildes »Salome« leichter, wenn sie gut positivistisch sagt: »Der Mond ist wie der Mond, laßt uns hineingehen«. Keine Einfühlung jedoch läßt hineingehen statt sich aus sich heraus, mit auffallendem Zwang, ins sonst Fremde einzusetzen. Gewiß, nur als unser eigener gereckter Leib strebt die Säule in die Höhe, als unsere eigenen Unlustlaute tönen die chromatischen Windlaute melancholisch. Aber wo ist in unserem Sich-Recken etwas, das die Einfühlung von Trauer in den späten Mond, gar ins immerhin Aktive seines Heraufsteigens analog sozusagen begründete? Und schließlich, was Analogie selber angeht, die bekanntlich kein Gefühlssprung, sondern ein Schlußverfahren ist: wo ist im blitzschnellen, auch unausweichlichen Akt des Einfühlens Zeit und Platz, damit ein Denken per analogiam (vom Inhalt des eignen Seufzens auf den der Windlaute schließend) sich anstrengt? Einfacher ist zweifellos, daß im Einfühlen ein Empfühlen selber als Herausfühlen vorsichgeht; es vermenschlicht auf weite Strecke, doch nicht sicher überall und vor allem nicht in allen weiteren Schichten seines umzurechnenden Inhalts. Vorlogische Vorgänge allerdings, nur: sie zu bedenken, ist nicht vorlogisch, so wenig wie ihr so zäh erhaltener, nicht überall subjektiv begründbarer Zwang. Vielmehr stellt Einfühlung die noch gewohnteste Brücke zwischen gefühltem Drinnen und schlicht empfundenem Draußen dar.

Hochgetriebene Schärfe von Ich und Nicht-Ich, prekär werdende Beziehung

Noch nicht so lang, sagten wir, keinesfalls immer war dies Zweierlei dermaßen getrennt. Und ganz anders als in der Einfühlung rollt sogar in sehr viel Bedenklicherem eine sehr lehrreiche urzeitliche Dünung aus. Zur Warnung, auch zur Dankbarkeit für das Saubere von Drinnen hier, Draußen dort dienen hier wirkliche Einbrüche ins Atavistische. Nämlich die neurotischen, gar schizophrenen, wie sie zugleich tolle Einbrüche zwischen Drinnen und Draußen sind. So daß Subjekt und Objekt völlig den Ort zu tauschen scheinen: der Kopf ist die Straße, die Straße ist der Kopf, das gewundene Tal ist die eigene innere Schlange, alles mäandrisch hin- und zurücklaufend, verstrickt. So wild ungeschieden sind hier Schübe aus längst vergangenem Weder-Noch von Subjekt und Objekt, dergestalt daß sich gerade Animistisches aus Urzeiten bedeutsam wieder kenntlich macht. Hierin freilich als lediglich Psychologisches aus Urgeschichte, nämlich aus noch nicht vorhandenem Drinnen, noch nicht verdichtetem Draußen, reproduziert. Auf schreckliche Art, ja sogar nicht nur mit dem allbeseelenden Animismus ganz zusammenfallend, als einem doch auch aufheiternden. Klar jedenfalls wird erneut, daß die sogenannte natürliche Weltansicht, mit Subjekt ungemischt hier, mit Objekt ungemischt dort, durchaus nicht natürlich, vielmehr erst erworben ist. Ein

Ich-Bewußtsein vor allem lag oder liegt primitiv, in wirtschaftlich undifferenzierter Horde, überhaupt nicht vor, trennte sich also auch nicht mit der seitdem so außerordentlich geschärften Hautgrenze vom Draußensein anderer Menschen, selbst der Dinge ab. Eben nur die schizophrenen Atavismen, die heute völlig unnatürlichen, lassen in etwa das damals völlig natürliche Mischbild Mensch-Welt reproduzieren. Also kennt der Primitive zwar seine Seele, aber er zeigt sie, nennt sie nicht als die eigene Person, sondern etwa als den fliegenden Vogel dort zwischen den Bäumen oder als anderes Totemzeichen des ganzen Stammes draußen, – in nicht nur animalischem, sondern darin völlig verspelltem Weltgefühl. All das mithin änderte sich erst, als mit entstehender Arbeitsteilung, das ist mit der Ausbildung von Herr und Knecht, mindestens der Herr ein in sich zentriertes Ich-Gefühl entwickeln konnte. Und nun eben: das eigentliche *Ich-Bewußtsein selber*, das heute fast schon physiologisch mitgegeben scheint, entband sich verblüffend neu erst in den nicht mehr stammeshaft, aber auch nicht mehr despotisch, ja nicht mehr ständisch gebundenen Gesellschaften, also zuerst in den *griechischen* Handelsstädten, dann vor allem – mit seitherig scharfer Prägung – in der *Renaissance*.

Haben doch die Griechen, die angeblich so auswendigen, am ehesten auch aufs Ichsein sich eingestellt. Das nicht nur mit ihrer Fülle sichtbarer Köpfe, in denen die Welt sich anders malte als üblich. Sie haben vor allem, zurückreflektierend, außer dem Bewußtsein genau auch das Selbst-Bewußtsein namentlich ausgezeichnet. Es brauchte den Aristoteles und Plotin, um ein so Ichbezogenes wie das »Hören des Hörens« (akuein tu akuein) auch noch auf ein »Gewissen-Wissen seiner selbst« (parakoluthein heautō, syneidēsis) sich reflektieren, sich zentrieren zu lassen. Freilich lag dem schon ein anders scharf Gerändertes vor, so das Ichhafte der Sophisten, das »Erkenne dich selbst« und sein Halt bei Sokrates, auch der epikuräische, der stoische Rekurs auf Privatheit bis zur »Selbstbetrachtung« (ta eis heauton) bei Marc Aurel. Und wie mächtig neu hat, von einer erst recht verschiedenen Seite, also von der *Bibel* her, jener ausdrückliche, nämlich eindrückliche Ruf eingewirkt, vor allem nachgewirkt: Salva animam meam. Bis hin zur vollen Ichgeburt neu entdeckter Innerlichkeit bei Augustin und dem Selbstbewußtsein sogar als erster Gewißheit. Unvergleichlich kommen nun, in den »Confessiones« Augustins, völlige Selbstaufwühlungen, kommen die extremen Ichrufe, Innerlichkeitsrufe, mit dem Bogen von und zu Gott selber her. So Augustins Sätze: »Gehe nicht nach außen, in dir selber (in te interiore) wohnt die Wahrheit« und: »Gott und die Seele will ich wissen, sonst nichts, sonst durchaus nichts«. Von daher direkt drang so das Losungswort zur mittelalterlichen Mystik, vorzüglich als der introvertiert-transzendierenden zugleich. Im Te interiore stand Meister Eckarts Ebenbildlichkeit Gottes selber und allein, das brennende »Fünklein«, die »Burg«, der »Abgrund der Innewohnung seiner selb«, die »Synteresis« (Selbstgewissen) ohne alle »Anderheit« eines Objekts. Wenn so freilich, seit Augustin her, Tiefen der Selbstversuchung gedacht wurden, in denen zwar das *christliche Selbst,* doch keinesfalls das *kreatürliche Ego* Urständ feierte: so verschwand das, kraft höchst ungeistlicher, höchst weltlicher Zuflüsse, nun weitgehend in der bürgerlichen Neuzeit. Eben die *Renaissance* brachte statt der geistlich-geistigen Ausschlachtung von Inwendigkeit eine methodisch-rationale hinzu: und ihr Subjekt hieß transzendentale, nicht transzendente Besinnung. Beginnend mit dem Dubito, cogito, ergo sum des Descartes, mit einem nunmehr wissenschaftlich, nicht mehr mystisch eingehämmerten Akzent der Selbstgewißheit. Diese wurde also von da ab eine volle *methodische* Ichgeburt, mit Gott und Welt als erst aus dem sicheren Ego-sum ableitbar. Ego sum, ergo est deus, ergo est mundus bei Descartes, Deus est, ergo est mundus, ergo ego sum bei Thomas – welch ein Unterschied in der Valenz, gar Prävalenz, des Subjekts. Und so wenig natürlich, so hochgespielt und hochgetrieben an diesem Punkt – mit der Sicherheit des Subjekts, der Unsicherheit des Objekts – ging auch die prekäre Subjekt-*Objekt*-Relation an. Der Subjekt-Ausgang war jetzt erst auch erkenntnistheoretisch gesetzt, so kam nun, genau von daher, seit Hume, der erkenntnistheoretische Stachel radikal in die Welt, radikal sich selber reflektierend bei Kant. »Ich denke, das muß alle meine Vorstellungen begleiten können«, sagt Kant, und das Denken soll hier in nichts mehr passive Abbildung sein, sondern in allem Erzeugung, nämlich der Formen, der einzig vom Subjekt her erzeugten, mittels derer objektiv erkannt wird. Das Subjekt, auf das sich Kants radikale »kopernikanische Wendung« bezieht, dergestalt daß sich nicht der Verstand um die Dinge, sondern die Dinge um den Verstand zu drehen haben, ist hier gewiß nicht das individuelle, sondern soll durchaus ein »Bewußtsein überhaupt« sein. Doch eben dadurch wird es als ganze *Sphäre* betont, also nun erst gegen die bisher einzige Sphäre, die vom Bewußtsein unabhängige der Welt, etabliert. Derart tritt – mit riesiger Rezeption des Sokratischen Erkenne dich selbst – der Begriff vom Wissen von den Dingen in ein bohrend versuchtes *Wissen ums Wissen* von den Dingen zurück, das heißt in jenes Apriori vor aller wissenschaftlicher Erfahrung, das diese erst als wissenschaftliche begründet. Solches soll also die transzendentale Methode sein, das Transzendentale höchster, das heißt tiefster Introvertiertheit, zum Unterschied von allem Transzendieren und seinem dem Bewußtsein Transzendenten, sei es als Weltding an sich, sei es gar als Überwelt. Allemal aber: das derart einzig Begründensollende, die Macht des transzendentalen Apriori gegenüber dem bloß empirisch zusammengerafften, scheinbar draußen gegebenen Aposteriori: diese Macht soll einzig der Spontaneität (Erzeugungskraft) des transzendental entdeckten Subjekts entspringen. Des gleichen schließlich, das nicht nur in der Kritik der reinen theoretischen Vernunft, sondern auch in der reinen praktischen Vernunft, ja der Kritik der Urteilskraft sich geltend macht. Als Autonomie des sittlichen Willens, ja als künstlerische Autonomie des schaffenden Genies, des selber erst Regel setzenden. Freiheit, die sich allein durch sich selbst determinierende, wird so der *Wertsinn* in der Prävalenz des transzendentalen Subjekts; von Anfang bis Ende. Diese nicht nur theoretisch erzeugende Aktivität dringt vor allem bei Fichte durch: das Ich erzeugt hier überhaupt nur die Welt des Nicht-Ich, um als sittliche Tätigkeit die Objektwelt sittlich-gemäß fortzubilden. Der transzendentale Rückzug ins Subjekt, diese absolute »Selbstreflexion des Setzenden«, wird damit ebenso zum praktisch-sittlichen Vorstoß ins nicht Gegebene, sondern uns Aufgegebene der Welt. In Fichtes Welt als bloßes »versinnlichtes Material der Pflicht«, vom theoretischen Ich eben nur erzeugt, damit das praktische sich daran bewähre, sich darin durchsetze. Das ist eine schließliche Verbindung von Selbst und »Erscheinungswelt«, aber (bei Fichte besonders deutlich) auch um den Preis, daß das Objekthafte immer – weltloser wurde, gar als das riesige Eigene, das nicht bloß Nicht-Ich Seiende der »Natur« aus Vermittlungen gänzlich ausfiel. Weiter hatte hier gewiß der Selbstpol, der immer intensiver so herausgearbeitete wie entdeckte, unverlierbaren Reichtum gezeigt. Doch bald so, daß im Gefolge der kapitalistischen Selbst- wie Weltentfremdung das erst überseelte Subjekt immer mehr einging, das transzendental-idealistisch entseelte Objekt sich immer mehr mechanistisch entfernte. Hegels Phänomenologie und System, des Subjekts ebenso voll wie des Objekts (im Unterschied zu Fichte, in Verbindung mit dem Goethischen und Schelling), diese stets polar vermittelnde Dialektik eines dermaßen Auseinandergetriebenen war die letzte, freilich auch fort und fort verpflichtende in der Subjekt-Objekt-*Trennung* des neueren Idealismus. In dieser enormen, doch ebenso fruchtbaren Erschwerung jedes noch naiven Brückenbaus. *Unreflektierte* Unio affectiva, von der Einfühlung aufwärts, ist von da ab endgültig als immer noch primitive kenntlich gemacht.

Menschliche Selbstentfremdung – mechanistische Entfremdung der Welt selber; Remedur

Ich und Draußen sind nun getrennt, aber auch miteinander kahler geworden. Dem erzeugenden Ich wächst das Erzeugte über den Kopf, das Erzeugte scheint gänzlich selbstlaufender Besen zu sein, und wie sehr erst wirkt dann alles andere automatisch. Der gesellschaftliche Grund dieser Entfremdungen ist das Zur-Ware-Gewordensein aller Menschen und Dinge. Ihm entspricht großenteils schlecht durchschauter Warenumlauf, als Modell für einen völlig quantifizierten Zusammenhang (oder nicht einmal mehr diesen) der Objekte. Vor allem ein gesellschaftlich entfremdetes Objektsein (Betrieb, Apparat) kann selber automatisch ein entfremdetes Subjekt bedingen; so wie dieses wieder mit der äußeren Entfremdung wechselwirkt. Die Gesellschaft besteht dann bis knapp zu den oberen Subjekten aus Rädchen im Betrieb, und die Oberen haben ihre relative Handlungsfreiheit auch nur in den Zwischenräumen, besser, wie Lukács sagt, nach Maßgabe bloßer Chancen im Wirtschaftsleben. Derart liegt das Subjekt auch als theoretisch betontes seit Mitte des vorigen Jahrhunderts recht weit hinter dem stolzen homo faber, dem Sum, ergo est mundus, dem autonomen Bewußtsein überhaupt zurück. Taines Milieutheorie, wonach die Menschen jeweils nur Abdruck ihrer sozialen, geographischen Umwelt seien, wäre vordem nicht so denkbar gewesen. Auch nicht unter den französischen Materialisten des 18. Jahrhunderts, indem diese überhaupt nur ein physisches, noch kein soziales Sein das Bewußtsein bestimmen ließen. Das Individuum rangiert von Taine ab also feinstenfalls als Schnittpunkt sozialer Beziehungen und wesentlich eben als Abdruck; das Verhältniswort fürs Partikel Individuum heißt darnach Weil und nicht Trotzdem. Scheinbar dem verwandt, ja sinngleich klingt dann freilich der Marxsatz: nicht das Bewußtsein bedinge das (gesellschaftliche) Sein, sondern umgekehrt dieses Sein bedinge das Bewußtsein, und das Bewußtsein des Subjekts sei ohnehin nur eine Spielart seiner jeweiligen Klassen-Ideologie. Indes: die Marxsche Betonung eines solchen Außenseins hat mit der passivistischen Milieutheorie genau nicht dies Passive gemein, da hier ja das Bewußtsein selber mitbedingend an dem es tragenden und bedingenden gesellschaftlichen Sein beteiligt ist. Daher wird zwar weniger in der ökonomisch-sozialen Geschichtsauffassung, wohl aber in der humanistischen Revolution gefordert (und ein Subjektfaktor a limine macht die Revolution erst möglich): »Wenn die Umstände die Menschen bilden, dann müssen die Umstände menschlich gebildet werden.« Wozu eben bereits die Anerkennung des homo faber gehörte, des Menschen, der seine Umwelt nicht mit einem Subjekt aus passivem Wachs erleidet, sondern aktiv in sie eingreift; – idealistisch intendiert gewesen in Fichtes Übergang von der Denksetzung zur Tathandlung. Solche Wirkung von Subjekt auf Objekt geschieht allerdings nicht idealistisch-abstrakt, und sie geschieht auch nicht von entfremdet bleibendem

Subjekt auf eine Objektwelt im bloßen mechanistischen Betriebsreflex. Vielmehr gehört zur wirklichen, neuen Subjekt-Objekt-Beziehung zunächst, analytisch, das Durchschauen aller Entfremdungen, schließlich Verdinglichungen, die mit dem Warenumlauf zusammenhängen und sodann, konstruktiv, die sachkundige, tendenz- und gesetzkundige Objekttheorie, kraft derer in die Objektwelt wirklich eingegriffen, sie konditional vermenschlicht werden kann. Also trotz theoretischem Schlüssel und praktischem Hebel des Subjektfaktors ist dann freilich ein Übergewicht des objekthaft Bedingenden sachkundig klar, des außer dem Subjekt vorhandenen, obgleich von ihm nicht a limine und usque ad finem unabhängigen Seins.

Sachkundig, darin steckt schon, daß vom Drinnen abzustreichen ist, was nicht zur Sache gehören mag. Objektiv wird nur ein Erkennen sein, das den menschlichen Färbungen ebenso vorsichtig gegenübersteht wie den objektiven Verdinglichungen. Desto mehr, als ja diese Verdinglichungen eine menschliche, diesesfalls zwischenmenschliche, gesellschaftliche Wurzel aufweisen. Näher aber zum einfachen Objektivsein, als dem approach ans reale Objektsein, so wurde der nötige Abstrich von dem, was des Subjekts ist, freilich auch übertrieben, bürgerlich vor allem, weil es da vor allem betrachtend herging. So wurde von Külpe, einem der Rechenschaftsführer der einzelwissenschaftlichen »Realisierung« des vorigen Jahrhunderts, ein gänzlich asubjektives Kennzeichen der Objekt-Erkenntnis angegeben (wobei auch die Psychologie selbstverständlich eine Objektwissenschaft ist). Das Kriterium realwissenschaftlicher Erkenntnis heißt darnach: »Unabhängigkeit vom erlebenden und vom auffassenden Subjekt«. Unabhängigkeit vom *erlebenden* Subjekt soll das qualitativ-wahre Denkverfahren der Naturwissenschaft garantieren, Unabhängigkeit vom *auffassenden* Subjekt das Denkverfahren der wertungsfreien Geschichts- und Geisteswissenschaft. (Letzteres Kriterium will vor allem Rankes Satz für sich haben: er wolle unvoreingenommen feststellen, was war, und er unterwinde sich nicht des hohen Amts, ein Weltenrichter zu sein. Auch Max Webers unparteiisch, vor allem affektlos seinwollender Objektivitätsbegriff sozialwissenschaftlicher Erkenntnis pointierte Wissenschaft nur als asubjektiven Beruf). Freilich zeigt sich: solch asubjektive Haltung ist oder war nicht grundlos besonders zeitgemäß, das heißt, sie entspricht der ohnehin hochgesteigerten Verapparatlichung des eigenen Bewußtseins. So daß auch das angegebene Kriterium, statt wirklich asubjektiv zu sein, nicht kein Subjekt, sondern gerade das wachsend entfremdete der Betriebsgesellschaft mit sich führt. Und ebenso garantiert das angegebene Kriterium keine introjektionsfreie Erkenntnis »der Dinge wie sie sind«, es garantiert nur die gekommene Entseelung der Objektwelt dazu, einen abgehobenen Umlauf-Fetischismus an sich, ein Produkt mithin, bei dem auch an ihm selber das Produzierende vergessen ist. Die extremste Konsequenz dessen wurde bei solchen Subjekt-Abstrichen allerdings bürgerlich nicht mehr oder nicht recht gezogen: nämlich ein schlechthin totes Weltbild. Eine Objektwelt also aus nichts als mechanischer Stoffbewegung, – unendlich groß, doch eben so klein, daß nicht einmal ein menschlicher Kopf Platz hat. Gewiß, auch in diesem extremsten Objektwesen war einmal ein gesellschaftlicher Antrieb und Auftrag, diesesfalls ein sehr positiver, nämlich noch bürgerlich-revolutionärer. So war selbst die Mechanistik im Materialismus des achtzehnten Jahrhunderts nicht so sehr gegen die Subjektseite schlechthin gerichtet wie gegen deren Bündnis mit der Transzendenz, als dem Arsenal des bekämpften Gottesgnadentums und seiner Kirche. Und von diesem Kampf her ist der Materialismus ebenso wieder das *Gegenteil* von Objektfetischismus geblieben, geworden: nämlich Fetischismus scharf denunzierend und theoretisch auflösend. Das jedoch gerade nicht mechanistisch, in selber höchst fetischhafter Weltentleerung, sondern genau doch in – stärkster Abhängigkeit vom erlebenden und auffassenden Subjekt, als die nicht *passiv betrachtende,* sondern überall *das Produzierende aufdeckende* »Erklärung der Welt aus sich selbst«. Genau dieser *Nicht*-Abstrich von unserer eigenen Subjektseite, das heißt von ihrem *so motorischen wie utopisch-offenen Wesen* garantiert ja die erkennende Wahlverwandtschaft mit ebensolchem, wahrhaft realem Wesen im *Werden, Produzieren, Qualifizieren, eben Veränderbaren* der Welt, deren bewußter Teil, vorgeschobenster Posten wir sind. Keine solche Wahlverwandtschaft besteht mit dem Festgewordenen, also mit einem Objektfetischismus, der sich schließlich als lauter Gewordenheits- und Faktum-Fetischismus darbietet. Wozu der Subjekt-Abstrich schlechthin – das heißt ohne alle Probleme einer Differenzierung, Abwägung seiner »Introjektionen« – allerdings das genuinste Kriterium bildet: nämlich nichts als eine Totenwelt, schließlich eine des Nihilismus übrig lassend. Diese steht dann unseren gemeinsamen Angelegenheiten nicht einmal konträr, sondern völlig disparat gegenüber; statt eines möglichen »Sinns« in making starrt total entfremdetes, unvermittelbares Sein an sich dann einzig als das »Absurde«. Das sind die – in ihrer Entschiedenheit, Ausgetragenheit dankenswerten – Konsequenzen eines totalen Objektdenkens ohne Mensch, unvermittelt rund um den unvermittelt einsamen, nichtssagenden Menschen.

Seltsam trotzdem, daß Innen wie Draußen mehr und mehr auf einem Bein stehen. Wie war das, nach Fichte, der deutschen klassischen Philosophie noch fern oder wieder ferngerückt. So dem jungen Schelling, wenn er in seinem »aufrichtigen Jugendgedanken« (Marx) eben mahnte, über dem Produkt das Produzierende nicht zu vergessen. Hier galt zwar nicht die Geschichte, doch gerade die Natur als eine auf Feuer befindliche Werdewelt, im Einklang mit Goethe, dem so gegenständlichen, außenweltreichen. Hegel führte als wahre *Sachlichkeit* genau die einer ständigen dialektischen Subjekt-Objekt-Beziehung; kraft der schon vormenschlichen *Bewegung,* der menschlich-historischen *Arbeit* im und am Prozeß. Gestaltung, Umgestaltung, wechselseitig steigernde Durchdringung von Subjekt und Objekt: darin sollten nun genau die Anteile des Subjekthaften wie Objekthaften in der Prozeßwelt oszillieren. Von Hegel ab, wie sehr erst von seinen aktiven Folgen her hat derart die Auslassung des Subjekthaften aus der Erkenntnis der Welt, gar der kenntnisvollen Veränderung der Welt, keinen anderen wissenschaftlichen Rang mehr als den: gegen *Bausch und Bogen* nicht nur in der Subjekt-Verwerfung, sondern ebenso in der – Subjekt-Betonung empfindlich zu machen. Und die Betonung wieder *zurechtzurücken,* die contra Subjekt-Baisse und Objekt-Fetischismus auf die Macht des Innenmenschlichen in der Erschließung der Welt gelegt werden muß. Denn wenn das erkennende Subjekt der Schlüssel ist und gerade der einzige Schlüssel, um die verschlossene, mehr: um die sich selbst noch weithin, erst recht in die Tiefe verschlossene Welt aufzuschließen, dann bedarf es stärkster kritischer Wachsamkeit, um den Schlüssel methodisch-tauglich zu halten, ja selber erst auszubilden. Die durchschaubare Subjektivtät des asubjektiven sogenannten Positivismus bringt selber darauf, und erst recht hat sich der betonte Wert des Subjektfaktors in der Erkenntnis genau an der dadurch erschlossenen, schließlich zum Subjekt vermittelten Objektwelt zu bewähren. Also verlangt (Fichtisch gesprochen) der Primat der praktischen Vernunft auch in der Logik allerdings und einzig Unabhängigkeit von allem *bloß Privaten* in der Subjekthaftigkeit, von allen Vor-Urteilen und Schein-Evidenzen eines undurchschaut-partikularen oder temporären Interesses und seines begrenzten Umblicks. Erkannt wird ja nicht aus Selbstpflege oder um einer sogenannten Psychologie der Weltanschauungen willen, sondern zum Ziel der In-formatio über die Welt und der Welt selber. Ja, der wirklich geheimnisvolle Weg geht nicht so sehr nach innen, wie Novalis sagt, als vielmehr nach außen, dringt mit nicht nur anderer Weite, auch mit schließlich größerer Tiefe nach außen ein. Item: *das Inwendige ist und bleibt der Schlüssel zum Auswendigen, doch der Schlüssel ist nicht die Substanz, sondern die Substanz auch des Schlüsselhaften ist in dem noch so wenig fertigen Objekthaus Welt.* Die Erkenntnis hat ein Amt in der Welt wie nichts sonst in ihr; von dieser Art Schlüsselgewalt kann also gerade nicht auswendig, nicht objektbezogen genug gedacht werden, wenn sie nicht zur Donquixotterie menschlicher Einbildung geraten oder auch in bloße Subjekt-Idolatrie zurückgehen soll, mit nichts davor und nichts dahinter. Also braucht es mehr als je eines objektiven Einschwingens, Hineinwerfens des Subjektfaktors ins Geschehen des Draußen; bei besonderer Beachtung des negativen Schlüsselworts aus dem Faust: »Zwar euer Bart ist kraus, doch hebt er nicht den Riegel.« Ist dieser Satz allemal richtig gegen bloß Krauses am Subjekt, so gilt er aber nicht für ein objektbezogenes, dessen ganze Ehre es ist, aufschließend, ja Zündschlüssel zu sein. Und das Objekt mit Riegel ist als solches ebenso deutlich auf den Schlüssel angewiesen; wird es statt dessen zu einem dem Subjektfaktor unvermittelbaren Sein an sich, dann endet auch das Objekt im Nihilismus. Also bedarf es gerade eines durchaus objektiven Hineinschwingens, Hinauswerfens des Subjekts, in das Geschehende des Draußen, mit ihm vermittelt und es mit ihm überholend. Gemäß eines Fieri und nicht bloß eines Factum-est in dem unentschiedenen Prozeßsein der Welt, deren Front eben Mensch und nicht ausgemachtes Sein an sich heißt. Grenzbegriff logisch und Grenzideal metaphysisch bleibt jene völlig ausstehende Subjekt-Objekt-Beziehung, die auf einen möglichen Gesichtertausch beider hinweist. Die Hinsicht auf dies Ineinander wurde – rechtens utopisch – als eine auf äußere Selbstbegegnung bezeichnet, auf eine, »vermittels derer das Inwendige auswendig und das Auswendige wie das Inwendige werden kann« (Geist der Utopie, 1923, S. 313). Das aber setzt den dauernd geprüften Gang des Innen voraus (geprüft am tendenziellen Lauf der äußeren Dinge) und den dauernd gemessenen Gang des Außen (gemessen nach Maßgabe der Annäherung ans noch nicht herausgebrachte, doch latente Innen gleich Zentrum der Welt). »Auf die Schiffe« hatte zuletzt Nietzsche gerufen, und die Reise durchs Außen, gar zu neuen Meeren, war stets eine, wo sich der Entdecker nicht nur mitnahm, sondern wo er hernach zu dem Entdeckten selber gehörte. Weshalb schließlich, damit Innen und Draußen aneinander Glück haben, jeder Einstieg ins Subjekt den Aufstieg seiner ihm gemäßen Welt begleitete; das nicht erst seit der Phänomenologie des Geistes. Und erst recht gilt die Kraft, das Innen zu tun und das Außen nicht zu lassen, für jede Phänomenologie des Heimwegs, die keinen Frieden macht mit der bereits vorhandenen Welt.

7

DAS BOHRENDE GRÜBELN

Gehe in dich, das ist leicht gesagt. Doch es zu tun, ist schon deshalb schwerer, weil da wenig Auslauf ist. Was aber nicht hindert, sich immerhin zu versenken. Nur wer verstockt ist, steht in sich still.

Auch in sich gehen ist also ein Gehen, durchaus. Und auch jenes innere Sinnen *bewegt* sich, das von dem Seinen scheinbar nicht fortkommt. Ist zwar sein Geist schwach, so daß er deshalb nicht fertig wird, so wirft er die Knäuel nur hin und her. Das gilt auch bei Anliegen, die einen Menschen besonders nah angehen und so beschweren; weshalb man dann, um weiter zu kommen, von anderen einen Rat braucht. Aber scharfes Nachsinnen, indem es seinen Menschen in Bewegung bringt, kommt auch dann voran, wenn es auf sich beharrt. Welch letzteres ja besonders zu jenem Denken gehört, das den Boden prüft, auf dem es steht. Ja, ein bewegtes Bleiben gehört bereits zu jenen Rückblicken seiner selbst, jenem Nachsinnen zeitlich ausbohrender Art, das unter das ihm Gewordene greift, um es nochmals werden zu lassen. In ausholender Erinnerung, doch als einer keineswegs stillen, vielmehr beschleunigten und trotzdem episch ausladenden. Jedes Entsinnen also begeht einen Durchstich nach unten, senkrecht versinkend, steigend. Und obwohl es weder nach rechts noch nach links seine Stelle verlassen will, sitzt es doch nicht etwa in einer Stube. Vielmehr fährt es, auf senkrechte Art, gleichfalls aus, in sein Vorauf und sein Worauf hinein. Ohne es zu verlassen, aber auch ohne auf verdämmernde oder gebannte Weise darin zu bleiben. Auch versunkenes Denken mußte so, damit es eines sei, stets auf seine eigene Art erwandert sein.

Sich selbst verständigen, das kommt bereits erzählend vor, zurück blickend. Folglich als die so selten gelungene Merkwürdigkeit einer *eigenen* Lebensbeschreibung, von unten herauf. An sich nimmt hier ein älterer Mensch manch vertragenen Rock, manch vernutztes »Es war einmal« wieder in die Hand und macht sich damit wichtig. Aber auch sehr wenig Vernutztes, nämlich damals nicht Genütztes wird im reisenden Rückblick sozusagen zum Blühen gebracht. Besser sogar als bei einem reellen Besuch an den Orten der Vergangenheit; denn die geschriebene Rückkehr hält Abstand. Sie verläßt eine Art Salonwagen nicht, während das unmittelbare Wieder-Hier in viel zu großer Nähe sich zurückwenden, re-flektieren läßt. Dagegen der Schreiber, der nachträgliche Buchführer seines Lebens steht auch dann allemal erhöht, wenn seine Fahrt eine Beichte ist; denn immerhin bewirkte sie dieses, brachte es mit der Lust des nachträglich Gerechten an den Tag. So auch bei schonungslosem Ad me ipsum, bei Lebensbeschreibungen, die nicht nur beschreiben, sondern den Erinnerer wie das Erinnerte schonungslos aufwühlen. Sie heißen deshalb bei Augustin, bei Rousseau Konfessionen und sind in der Tat Geständnisse, als vorm Selbstgericht. Eitelkeit ist auch dann noch zweifellos ein starker Vorspann auf der Rückfahrt, der stufenweise aufdeckenden; fast alle besseren Lebensbeschreiber ihrer selbst, auch die zerknirschten, haben in ihrem Plutarch gelesen, »von großen Männern«. Doch das zugleich gefiltert, wie durch Eitelkeit, so noch durch Stolz dazu; und vor letzterem gibt das Gedächtnis, wie nicht nur Nietzsche lehrt, nach. Auch das zur Reue bereite, christlich auf der Stelle tretende und so abwärts dringende, wie sehr erst dasjenige, das auch hier uns scheinen lassen will, um zu werden. Georg Brandes sagt einmal über Memoiren, es gebe ihrer drei Arten, die Augustins, Rousseaus, Goethes. Der eine habe Demut gezeigt, wie er durch alle Wirren gehoben ward; der andere habe zugegeben und zugleich betont, wie oft er gestrauchelt habe; der dritte aber habe olympisch gerühmt, so habe er sich zum Kunstwerk gemacht. Und als viertes gibt es noch, ganz ohne Beichte oder ihr Gegenteil, die Reise in die verlorene Zeit, mit dem Ich, das sich bei Proust scheinbar nicht halten will, und doch lauter Blick ist von seiner ausgebreiteten Todesstunde her. Der Erinnernde blickt dann so genau wie nur ein Abschied blicken kann, ein Revenant, wo er selber dabei war und sich das vergegenwärtigt. Dagegen die Suche nach dem Vorauf, die dieses gerade als bildend, als noch selber in Bewegung aufsucht, reißt das Selbst des Schreibenden nicht ab, wenn es autobiographisch die Stufen seines sich Bildens hinuntergeht. Wenn gar gezeigt wird, mit Erziehungsroman seiner selbst, wie der sich so Bedenkende sich großgezogen hat, und der in sich gehende Schreiber bewegt sich gerade nochmals mit. Sogar dann, wenn er sich in keinerlei private Erfahrungen versenken will; es seien denn die keinesfalls nur privaten des Sich-Bildens selber, also der Bildung. Streift nicht Hegels Phänomenologie eine untergegangene Lebensgeschichte, als eine des menschlichen Bewußtseins überhaupt, wie es sich großgezogen hat und bildet? So tief jedenfalls kann ein Ansatz führen, an dem sonst nur rückfahrende Menschen sich selber verständigen wollten.

Ein anderes als Vorauf ist das Worauf, in das einzudringen ist. Im einen reflektiert nur das Bewußtsein, erzählend, im anderen der Verstand. Das geschieht nun wirklich bohrend und einsteigend, im merkwürdig einsamen, nämlich weltlosen Versuch, seinem Denken auf den Grund zu kommen. Einsam ist das auch dann und dort, wo Gespräch mit anderen dazu verwendet wird, so bei Sokrates, dem redenden Grübler auf dem Markt. Denn der Spaziergang verläßt hier das nur uns Angehende nicht; daher, sagt Sokrates, könne er von den Bäumen nichts lernen, wohl aber von den Menschen in der Stadt. Was ist gerecht? Was die Tugend? – dies und verwandtes Fragen kreist an Ort und Stelle nun dauernd in den Grund hinein. Sokrates, der »immer mit demselben dasselbe zu sagen scheint, so daß jeder Unwissende seine Rede verlachen muß« (Alkibiades' Rede), gibt eben vom selben Guten Rechenschaft. Dahin zurück, hinein reflektiert sich, wie Arnold Metzger recht nahegebracht hat, »seine Frage nach dem Guten, die immer dieselbe ist«. Und den Unwissenden kommt zu Bewußtsein, daß, was sie wußten, sich widerlegt hat, und so sich ihr Bewußtsein verwirrt hat. Von der Sokratischen Reflexion des Verstands her lebt aber und bewegt sich alles Weitere, was auf der Stelle tritt, indem sie *hinter ihre Stelle* tritt, »transzendental«. Also gewiß nicht überfliegend, im Gegenteil, wohl aber unablässig ins Denken sich einbewegend, das dem richtigen Denken vorausgesetzt ist. Der Krebsgang in das die gültige Erkenntnis a priori begründende Worauf heißt bei Kant wie Fichte der selbstreflektierende schlechthin. Ja,

Fichte setzt an den Anfang dieses Wegs zu einem voraussetzungslosen Anfang keinen Satz (der doch selber erst zu begründen wäre), sondern eine Forderung: »Denke dich selbst«; und dies eben deutlich als Marschbefehl. Als einer, der bewegend in nichts als die erzeugende Bewegung setzt, nichts hinnehmend, alles a priori anmachend, sich herausmachend. So sehr dergleichen ein reines Denken überforderte, gleich als wäre die ganze Erfahrung außer ihm im Grund nur seine eigenen Memoiren, ungenetisch, doch auf sich selbst zurückbewegt, zurückgeführt: so deutlich ist doch auch hier ein Unterwegs, obzwar eben nur in sich. Als Gehen des Gehens, als Schwimmen außer Wasser, doch nicht hinterm Ofen zuhause. Besonders ein sich immer neu wiederholendes Besinnen stößt nicht nur mit dem Kopf an sich selbst. Dafür gibt es schon hier zu viele Pfade, obzwar gewundene, in deren Freilegen eingedrungen wird.

REISEFORM DES WISSENS, FAUSTPLAN

8

Der Spaziergang

Ein Mensch nimmt sich mit, wenn er wandert. Doch ebenso geht er hierbei aus sich heraus, wird um Flur, Wald, Berg reicher. Auch lernt er, buchstäblich, wieder kennen, was Verirren und was Weg ist, und das Haus, das ihn am Ende empfängt, wirkt keineswegs selbstverständlich, sondern als erreicht. Der Vergleich zwischen Wandern und dem Aufstieg über Stufen zu einem Ziel ist alt, beliebt und lehrreich. Abertausende von Schulleitern haben ihn am Entlassungstag gebraucht, auch ausgemalt und nutzangewendet, wie der Wanderer am Ziel zurückblickt, also den Weg, höchst abgekürzt, noch einmal rückwärts geht. Das macht: die Wanderung ist dem Geschichtlichen selber verwandt, sowohl in der rückwärts erblickten wie vor allem in der nach vorwärts mitgemachten Abfolge und Reihe. Ein schönes Zeugnis dessen gibt Schillers Gedicht »Der Spaziergang«, das leicht und unbeschwert assoziiert, doch ebenso geschichtlich genau und blickreich sein möchte. Als Leitfaden führt der Weg durch die Landschaft zugleich in die Geschichte, die diese Gegenstände gebildet und umgebildet hat. Die Wiese geht auf und der Wald, das idyllische Tal, die gestaltete Stadt und mit ihr das Bild griechischer Gesittung. Die weitere Folge ist gewaltsam, wie öfter bei Schiller, auch kleinbürgerlich beengt, doch man ahnt die Anlage, die nicht zu Ende geführte. Es ist die eines Wanderns, das auf seinem eigenen Nacheinander dasjenige der geschehenen Dinge sieht.

Die Faustwanderung

Schlecht wandern, das heißt, als Mensch dabei unverändert bleiben. Ein solcher eben wechselt nur die Gegend, nicht auch sich selber an und mit ihr. Je bedürftiger aber ein Mensch ist, sich erfahrend zu bestimmen, desto tiefer (nicht nur breiter) wird auch er durch äußeres Erfahren berichtigt werden. Dies war der Reiserat, Reiseweg, den Goethe im Erziehungsroman seines Wilhelm Meister gab und ging. Aus der gleichen Absicht hat Faust den Zaubermantel gebraucht, der ihn aus der engen Stube durch so verschiedene Landschaften trug. Faust, unruhig an seinem Pult, ist das bisher stärkst dargestellte Subjekt des menschlichen Hinstrebens, Hinfahrens zu wechselnd füllendem Etwas. Auerbachs Keller, Gretchenliebe, Kaiserhof und Helena, freier Grund mit freiem Volk werden seine Stationen auf dem Weg zum »Verweile doch« oder dem höchsten Augenblick. Und wie er selber auf jeder Fahrtstufe sich erneuert und berichtigt, so geht in wechselseitiger Subjekt-Objekt-Beziehung Er-fahrenes als ferner oder näher antwortendes Gegenbild des Inneren auf. Aber nur via Mensch im Fahrtwind, via Welt als Durch-Erfahrung dämmert die Antwort auf. »Willst du ins Unendliche schreiten, so gehe im Endlichen nach allen Seiten«, und ebenso, der Absicht nach: »So schreite in dem engen Bretterhaus den ganzen Kreis der Schöpfung aus.« Hierbei gibt es noch kein Anhalten oder gar Sich-auf-ein-Faulbett-Legen im bloßen Schein voll Erfüllung. Mephisto ist darum das Gleiche als Säure und Herabziehen, was Faust als Feuer und unablenkbares Aufwärtsbrennen ist; Säure wie Feuer verzehren. Mephisto ist die hämisch dämpfende Glosse zu allem Erreichten, Faust aber ist jene Relativierung und Verwandlung von Erreichtem zum Klimax, in der alles Vergängliche wachsend zum Gleichnis wird. Bis hin zu dem Sprung, dem noch unvollzogenen, lediglich symbolhaft bedeuteten, wonach das Unzulängliche – in utopischem Hier, utopischem Präsens – Ereignis wird. Fausts Zauberfahrt, durch das ihm so »wert gewordene Ganze« auf den vollkommenen Augenblick hin, ist derart die Weise, wie ein Geist bewußt all sein Taumelndes richtet und berichtigt, auch den bloßen Traum von einer Sache in der Welt aufhellt. Also wandert Faust oder der kanonische Student Goethe auf das »Erkenne dich selbst im schönen Sinn«, trifft ebendeshalb, kraft seines »idealen Strebens nach Einwirken und Einfühlen in die ganze Natur«, zuletzt keinen Gegenstand mehr, der nicht wieder in Tätigkeit gesetzt würde, der nicht wieder, bei all seiner Plastik, eine intensive »Bedeutung« hin zum Eigentlichen aufwiese. Neue Qual, neue Hoffnung zeigen dem Ungesättigten, als dem das Eigentliche Eingedenkenden, stets wieder den Beginn einer neuen Sphäre an. Das ist: eine neue Subjektstufe zur Vermittlung des Subjekts mit dem Objekt, des Objekts mit dem Subjekt. Diese vermittelte Subjekt-Objekt-Beziehung ist der Prozeß der Erfrischung, ja der erneuernden Geburt des Ziels.

Stufen der Einweihung, Ausreise bei Faust und Hegel

Weder der Mensch noch irgend etwas um ihn hat sich bisher selbst geschmeckt. Wohl aber ist überall die Frage ausgestreut, wie und von woher man in dies Fürsichsein oder Nachhause treiben könne. Es ist dies eine Frage des Wissens, des Eindringens, des Selbstbegegnens von allem, und so alt die Geschichte ist, so lange hat sie dieses Begegnen als auf Stufen geschehend dargestellt. Jede lernende Einweihung geschah so in Graden, auch dort, wo das Ziel des Wegs durchaus nicht Selbst hieß. Sondern Sonne oder ein anderes Hoch-droben astralmythischer Art, in denen der Mensch nicht vorkommt, in deren Strahlen der Mensch sogar verschießt. Aber es gibt keine geheime Unterweisung, von der der primitiven Pubertätsriten bis zu der in den Mithrashöhlen und den gnostischen Kulten ausgeübten, die nicht auf verschieden hohen Rang-, das heißt, Bewußtseinsstufen vor sich gegangen und vorangeschritten wäre. Der Aberglaube hat die Graduierung des Wissenswegs, seine niederen und höheren Aussichtsgipfel vorgebildet. Das sogar in wechselnd angelegten Masken, um mittels ihrer in das ihnen Ähnliche tanzend, beschwörend, vorstellend einzudringen. Hierher gehören auch die verschiedenen Rangklassen der »Raben«, »Adler« und so fort in den Mithrasweihungen, gehört die Einteilung in Hyliker, Psychiker und Pneumatiker in der Gnosis, mitsamt dem verschieden hohen Bibelverständnis, das diesen dreien zugeordnet wurde. Das Christentum nahm zwar diese Kastenbildung weg, jedoch durchaus nicht die hierarchische Erfassungstheorie innerhalb des erkennenden Menschen selbst. So lehrte der Mystiker Hugo von St. Victor den oculus carnalis, der die sinnliche und erinnerte Wahrnehmung gibt; den oculus rationis, der die Erkenntnis der Wahrnehmung zugänglich macht; den oculus meditationis, der das Schauen Gottes eröffnet. Und der Weg dieser Kontemplation selber wurde nachher, von Bonaventura, in einem eigens so genannten »Itinerarium mentis ad Deum«, also veritablen Reisebuch der Seele zu Gott dargestellt; sorgfältig sind darin sieben Aufstiegsstufen der Kontemplation entwickelt. Am klarsten aber, aus Mythischem ziemlich auftauchend, neuerer Gedankenbildung am nächsten, erscheint das *Stadienwesen des Erkennens* (gradus ad veritatem) bei Nikolaus von Cusa ausgeführt. Die erste Stufe ist der sensus, der zwar die Anschauungen, aber auch die noch verworrenen Einbildungen liefert. Die zweite ist die ratio, welche mit der ordnenden Zahl arbeiten läßt und die Gegensätze auseinanderhält. Die dritte ist der intellectus, der die Gegensätze miteinander als dialektisch verbunden, aneinander als dialektisch aufgehoben zeigt (coincidentia oppositorum); »was der Verstand (ratio) trennt, das verbindet die Vernunft (intellectus)«, sagt Cusanus in seiner Schrift »De conjecturis«. Eine vierte Stufe: die visio soll dann die volle Koinzidenz aller Gegensätze in einer unendlichen Einheit schaubar machen. Nicht nur Dialektik also, Fähigkeit der synthetischen Vernunft, zum Unterschied vom bloß antithetischen Verstand, verbindet den Cusaner mit Hegel, sondern mehr noch die Hinzufügung: Jede höhere Stufe, auch innerhalb der Erkenntnisarten selber, sei die »praecisio«

der nächstvorhergehenden niederen. Zugleich haben die drei Erkenntnisweisen des Cusanus (der vierte Grad, die visio, soll letztlich keine begrifflich erkennende, sondern »sine comprehensione« eine intuitive sein) – die drei Erkenntnisklassen also haben auch hier objekthaft drei Schichten des Daseins zugeordnet, die durch sie erschlossen werden. Dem sensus entspricht: Körper, Möglichkeit im Stoff; der ratio: Seele, Wirklichkeit der Individuen, Alteritas der Welt, dem intellectus: Gott, absolute Notwendigkeit, Unitas. Und wie die Stufen, so auch die Aussicht und ihre Gegenstände; wieder ist die Pyramide nicht unverwandt zu Hegel, als eine der Erkenntnis und der Erkennbarkeiten zugleich. Hegel erwähnt den Cusaner nirgends, obwohl er in Hegels Zeit durchaus noch oder wieder bekannt war (selbst ein platter Kritizist wie Tennemann widmet in seinem besonders platten »Grundriß der Geschichte der Philosophie«, von 1818, dem »scharfsinnigen Kardinal« einen ganzen Paragraphen). Doch erbt die »Phänomenologie des Geistes«, die Hegel selber seine »*Entdeckungsreisen*« nannte, deutlich die Cusanische *Stadienlehre,* so wie sie das gesamte »*Itinerarium*« von vorher in sich aufgenommen hat. Und hier nun, an Hegels Phänomenologie, ergibt sich zugleich, in der ganzen Anlage, das ebenbürtige Lehr-Gegenstück zu *Goethes Faust.* Durchaus nur eine erziehende, hinaufziehende Unterweisung sollte ja die Phänomenologie, nach ihrer Einleitung, ursprünglich darstellen: als »der Weg des natürlichen Bewußtseins, das zum wahren Wissen drängt«. Die ferneren »Siebenmeilenstiefel des Begriffs«, wie Hegel an anderer Stelle sagt, entsprechen dem mythischen Zaubermantel, der Fortgang einer methodischen Subjekt-Objekt-Beziehung hat als Ziel nicht minder das »Erkenne dich selbst im schönen Sinn«. Das Ziel oder »Fürsichsein des Geistes« wird in Hegels Erziehungsbuch erstiegen auf den sechs Stufen der sinnlichen Gewißheit, der Wahrnehmung, des Selbstbewußtseins, der Vernunft, des Geistes, des absoluten Wissens; jede dieser Stufen ist wieder reich untergliedert. Und der gesamte Lehrgang stellt ebenso im Subjekt wie an seinem Objekt das Werden des Wissens dar, das in Gegensätzen fortschreitende, vom unmittelbaren, noch ungebildeten Ansich seines Inhalts hinauf auf immanenten Leitern bis zu dem mit sich selbst vermittelten Resultat seines Inhalts. Aus der ersten sinnlichen Gewißheit oder dem bloßen Jetzt, Hier und Dieses wird der Geist in historischem Prozeß zu seinen Gestalten großgezogen, bis er mit keiner Gestalt mehr als einer ihm fremden behaftet ist. Phänomenologie also ist »Darstellung des erscheinenden Wissens«, »Werden der Wissenschaft« und, vom pädagogischen Gesichtspunkt her, »der Weg der Seele, welche die Reihe ihrer Gestaltungen, als durch ihre Natur ihr vorgesteckter Stationen, durchwandert, daß sie sich zum Geiste läutere, indem sie durch die vollständige Erfahrung ihrer selbst zur Kenntnis desjenigen gelangt, was sie an sich selbst ist« (Werke, 1832, II, S. 63). Doch bleibt es eben, infolge des beständig sich neu ergebenden *Weltblicks* auf jeder neuen Stufe, nicht bei dieser nur pädagogischen oder die Bildung des Individuums betreffenden Erfahrung. Sondern die Bildung ist ebenso eine im objektiv–organisierenden wie im subjektiv-erzieherischen Sinn, und mit der neuen Stufe des Subjekts entspringt zugleich eine neue Stufe des Objekts und umgekehrt: »Dieser neue Gegenstand enthält die Nichtigkeit des ersten, er ist die über ihn gemachte Erfahrung« (l. c., S. 70). Also rollen sich hier mit den Bewußtseinsgestalten zugleich die Weltgestalten auf, als immer präziser manifestierte.

Näher gesehen ist das ein Vermitteln des Ich mit dem Nicht-Ich, um beide aneinander fort zu bewegen. Dies Vermitteln ist weltfreundlich, freilich in einem bestimmten Sinn auch weltfeindlich, indem kein Ding genommen und sozusagen belassen wird, wie es statisch ist. Das Dialektische ist kritisch, läßt sich durch nichts imponieren, genau der *Fortgangs*-Bund der Hegelschen Phänomenologie mit dem »Großziehenden« des Faustplans liegt auf der Hand. Hier wie dort gilt der Mensch als Frage und die Welt als Antwort, aber auch die Welt als Frage und der Mensch als Antwort. Hier wie dort will das Subjekt erfahren, was der ganzen Menschheit zuerteilt ist, aber auch das Objekt erfährt, daß ein Selbsterkennungsprozeß es durchfahren und durcherfahren hat. Das Subjekt ist in beiden großen Exodus-Heimkehrbüchern nicht bloß betrachtend, gar konservierend und hütend; der Mensch ist in beiden nicht ein angeblicher Hirt des Seins. Er ist in beiden vielmehr das Agens, das gleiche, doch gesteigerte, das die Gestalten laufen, sich verwandeln und in uns immer adäquateren Sphären aufschlagen läßt. Damit kommt zum Reise- oder auch Lern-, Lehrmotiv in der Phänomenologie das entscheidende der *Arbeit* hinzu; Marx hat zuerst darauf hingewiesen. Indem Hegel die Geschichte als Subjekt-Objekt-Beziehung, doch ebenso als Objekt-Subjekt-Beziehung durchläuft, wird ihm diese Beziehung zur Arbeit der Menschen an den Gegenständen, doch ebenso zur *Umarbeitung* der Gegenstände für den Menschen. Oder wie die Marxschen »Ökonomisch-philosophischen Manuskripte« das ausdrücken: »Das Große an der Hegelschen Phänomenologie und ihrem Endresultat ... ist, daß Hegel die Selbsterzeugung des Menschen als einen Prozeß faßt, die Vergegenständlichung als Entgegenständlichung, als Entäußerung und als Aufhebung dieser Entäußerung; daß er also das Wesen der Arbeit faßt und den gegenständlichen Menschen, wahren, weil wirklichen Menschen als Resultat seiner eigenen Arbeit begreift.« Wonach »die ganze sogenannte Weltgeschichte nichts anderes ist als die Erzeugung des Menschen durch die menschliche Arbeit, als das Werden der Natur für den Menschen«. Aber auch diese Arbeitsbeziehung bleibt in der Phänomenologie eine der informierend-informierten Durcherfahrung der Geschichte; wobei – wie Marx nachher sagt – der Erzieher selber erzogen, seine Bildung selber zur Umbildung wird. Also bildet sich, dieses Orts, auch das Talent, nicht nur der Charakter im Strom der Welt; die Stille jedenfalls liegt hier wie dort nicht auf dem Faulbett.

Kursus der Fakultäten und die Weltschichten

Wird doch selbst das ruhige Lernen des Menschen seit alters als Gang vorgestellt. In diesem schreitet die Aneignung des Stoffs fort, ein Kursus, vorwärts zum Licht. Wird hierbei vom Leichteren zum Schwereren fortgeschritten, so braucht freilich diese sich erst annähernde Bewegung, selbst die forschende, noch nicht der sachlich-genetischen des Stoffs zu entsprechen. Sogar in der Forschung sieht man den Mast eher als das Schiff, die Erscheinung eher und leichter als das ihr Zugrundeliegende. Gar die Anfangsgründe des Lernens selber sind von denen der

Sache ebenso verschieden wie die Erkenntnisgründe von den Realgründen. Das Steigen des Quecksilbers läßt das Steigen der Wärme erkennen, aber verursacht sie nicht; aus den Schatten auf dem Mond können Gebirge erschlossen werden, ohne daß diese Schatten, selbstverständlich, mit der Ursache dieser Gebirge das mindeste gemein haben. Erst nachdem ein großer Erwerb von Wissen bereits vorliegt, wird dessen Fortgang und Aufbau auch als der der Sache selbst rangierbar. Bis dahin also geht der Gang der Aneignung, obwohl er ein Gang ist und bleibt, der *sachlichen* Genese allerdings noch nicht konform. Nicht oder wenig konform war auch die mittelalterliche Schulung in ein Trivium und ein Quadrivium gegliedert; das erste umfaßte Grammatik, Rhetorik und Dialektik, das zweite Geometrie, Arithmetik, Astronomie und Musik. Nur noch undeutlich aber wirkte in dieser Lehrfolge der alte patristische Gedanke nach, daß der Schüler durch Arithmetik zum Begriff der Größe, durch Musik zu dem der Harmonie fortschreiten solle, um sich durch die Astronomie zum Himmlischen selber zu erheben. Das Trivium, das Quadrivium, mit seinen »sieben freien Künsten«, sie gaben in der Hauptsache nur erst vom lernenden Geist, nicht von der Welt eine Form, gar einen Spiegel. Dagegen zeigen die *Enzyklopädien* dieser Zeit eine ganz andere Fahrtreihe des Wissens, sowohl des formalen wie des sachlichen. Das »Speculum quadruplex« des Vinzenz von Beauvais gliedert sich, schon fast weltrißhaft gemeint, in einen Spiegel der Lehre (Form und Materie des Wissens), der Geschichte, der Natur und der Sitten; diese Abfolge ist ersichtlich keine rein rezeptiv-pädagogische, trotz bleibend ruhigen, noch nicht dynamischen Lernens. Gar die großen philosophischen *Summae*, die des Albert und Thomas, dies extramental Gerichtete ist nun entschieden in objektiv-real gemeinter Nachfolge geschichtet, so gewiß der ordo rerum hier der biblisch-mythologische, nicht der real entwicklungsgeschichtliche ist. Thomas baute sein Lehrsystem nach Maßgabe des Paulusworts: »Von Gott, durch Gott, zu Gott sind alle Dinge«; so gibt die Vorrede zur »Summa philosophiae contra gentiles« an, daß erst untersucht werden solle, was Gott an ihm selbst zukomme (Ontologie), dann der Ausgang der Kreatur aus ihm (Kosmologie), endlich der Rückgang derselben zu Gott (Soteriologie). Und: trotz relativer Entmythologisierung ist – durch Einfluß der Spätscholastik auf Christian Wolffs Lehrgebäude vermittelt – die Folge: Ontologie–Kosmologie–Soteriologie entscheidend noch in Hegels Ansich-Außersich-Fürsich des Geistes erkennbar. Freilich mit bedeutendem Unterschied, nicht nur, wie sich von selbst versteht, hinsichtlich des aufgeklärten, nur mehr begriffsmythologischen Inhalts, sondern auch in dem, was hier zur Rede steht: im Verhältnis von Studienfolge und »Summa«. Denn bei Hegel hört, mindestens weitgehend, der Riß zwischen dem Gang des Lernens, sogar Forschens und der adäquaten Methode der aufsteigenden Sache selber auf. Eben die angegebenen Viktorinischen, Cusanischen Erkenntnisstufen, in der Phänomenologie des Geistes suo modo wiederkehrend, machen das Pädagogische nun ganz auch zum Optischen der aufgehenden Gegenstände, der sich aufschlagenden Sachgehalte. Sogar die philosophische Propädeutik, welche Hegel für seinen Nürnberger Gymnasialunterricht ausgearbeitet hat, enthält mitten im Anschluß an Unreife, in einem erfreulich freundlichen, den »streng fortwaltenden Gang der Sache selbst«. Nicht grundlos sind ja in dieser Propädeutik Ordnungen der Phänomenologie verkleinert wiederholt, dieser selber pädagogisch-sachhaft ineins vorschreitenden. Also entsteht in beiderlei Vorschreitendem, in der *Lernfahrt* des Subjekts wie in dem *objekthaft »entwickelten« Stoff* der sich entwickelnden Welt eine – freilich nicht homogene – *Einheit des Gangs,* des Kursus, des Prozesses. Und wohlgemerkt: diese Einheit besteht auch dann und bleibt für den Lehrenden selber die lehrreichste, wenn vor allem die Entwicklung des *Gedankens* die *Materie* der Entwicklung nicht mehr, wie im objektiven Idealismus, ausläßt oder sie, bestenfalls, auf dem Kopfe gehen läßt. Es bleibt trotzdem die nachwirkende, die unerledigte Macht eines Schulungsgangs als Welt, eines Weltlaufs als *Informationsfolge* – auch über sein eigenes Anliegen.

Wird dieser Vergleich nicht gepreßt, so hat er sich allemal als bedeutend erwiesen. Er gab die Gelegenheit zu jähen und doch geordneten Blicken in eine Art Stundenplan der Dinge selber. Schillers »Spaziergang« fand hier gleichsam im Schatten der Hörsäle statt, besser vielmehr am Leitfaden der Reihe, wonach die behandelten Fächer einander folgen oder ihre Gruppe sich übereinander aufbaut. Wird diese Reihung nicht aufs neue, nämlich empiristisch, stabilisiert, wie etwa in Spencers »vom Einfachen zum Verwickelten aufsteigenden« Fächerwerk Welt, so hat sie mehrfach dem Hören, Sehen, Denken, statt es in den Sälen, vor den Bänken vergehen zu lassen, seine erste enzyklopädische Disposition geschenkt. Die Universität wird dann mikrokosmisch, vorausgesetzt, daß universitas literarum, die hier ihren Platz haben kann, sich nicht auf ein Notdach über verdinglichtem Spezialistentum reduziert hat. Ihr philosophisches Interesse jedenfalls ist dem bewegten, sich herausprozessierenden Zusammenhang der Wissenschaften wohlverwandt, trotz einseitiger Banausen, abseitiger Spintisierer gerade hier. Man kann gewiß nicht behaupten, daß dieses Interesse auf den Universitäten des späteren neunzehnten Jahrhunderts und darüber hinaus gang und gäbe, ja selbst nur geduldet worden wäre. Das philosophische Licht brannte weithin außerhalb ihrer, weg von dem, was Schopenhauer die »Professorenphilosophie der Philosophieprofessoren« nannte. Und doch beginnt der gleiche rauhe Genius seinen Aufsatz »Über die Universitätsphilosophie« mit dem notwendigen Satz: »Daß die Philosophie auf Universitäten gelehrt wird, ist ihr allerdings auf mancherlei Weise ersprießlich. Sie erhält damit eine öffentliche Existenz und ihre Standarte ist aufgepflanzt vor den Augen der Menschen; wodurch stets von neuem ihr Dasein in Erinnerung gebracht und bemerklich wird.« Dieses ihr Dasein hält aber nicht zuletzt, wann immer es bemerkenswert ist, auch innerhalb der Universität und gerade hier die Einheit der Wissenschaften fest, dem einen Boot, dem gleichen Meer, dem gleichen Orientierungswillen gemäß, in dem sie, als progredierende, fahren. Philosophie war vor der Arbeitsteilung, die auch das Außereinander des Spezialistentums gebracht hat, und sie wird, in einer neuen Gesellschaft, nach ihr sein. Genau wie sie selbst jetzt den Geist der universitas literarum repräsentiert, mindestens mit allen Kräften zu berufen verpflichtet ist. Und wieder gerade macht sich in diesem Berufensein, als einem objektiven, die Korrespondenz des Systems der Wissenschaften, also auch ihrer universitas literarum, zu einer Weltfahrt geltend, zu *ihrem*

Wandelpanorama insgesamt, im *Studium selbst*. Ja der sich selber fortziehende, großziehende Duktus von Schillers »Spaziergang« und gar »Faust« und gar »Phänomenologie des Geistes« findet sich, genau nun auf Universität bezogen, noch in zwei Instruktionen, an die ebendeshalb zuletzt zu erinnern ist. Die eine, mehr institutionelle, gibt *Kants* »Streit der Fakultäten«, die andere, mit veritablem Weltleitfaden in ordine studiorum, *Schellings* »Vorlesungen über die Methode des akademischen Studiums«. Ein Blick auf beides mag das transparente Studieren auch noch von den Fakultäten her beleuchten, deren Vierzahl bereits auf die Anfänge der Pariser Universität zurückgeht; mit wirklichem studium generale. Kants Schrift also bestimmt die philosophische Fakultät als die einzige, in der das Buch der Welt ohne außerwissenschaftliche Dreinrede gelesen und verstanden werde. Wogegen die sogenannten oberen Fakultäten: die medizinische (die der philosophischen in Ansehung der Freiheit noch am nächsten stehe), die juristische und die theologische an »Medizinalordnung, Landrecht, Bibel« gebunden seien. Trotzdem sah auch Kant in den gemeinsamen Grenzen (Konfinien), worin die philosophische mit den oberen Fakultäten sich berührt, eine Gelegenheit, weithin dem philosophisch *Materialen* der Medizin, Jurisprudenz, Theologie entlangzugehen, bei Gelegenheit scheinbar innerakademischer Grenzprobleme. Kant nennt das »Erläuterung« des Streits der Fakultäten, und diese Erläuterungen enthalten förmliche *Expeditionsberichte*, durchaus über die Schulprobleme ihres Anlasses hinaus. So finden sich am philosophisch-theologischen Konfinium die Fragen der Schriftauslegung, am philosophisch-juristischen die Untersuchung, ob das menschliche Geschlecht im beständigen Fortschreiten zum Besseren sei, am philosophisch-medizinischen die These von der Macht des Gemüts, durch den bloßen Vorsatz seiner krankhaften Gefühle Meister zu sein. Das alles ist eine skizzierte, aber nicht unkonstitutive Ausdehnung akademischer Linien, und nur sein hohes Alter mochte Kant gehindert haben, an dieser Stelle eine förmliche Enzyklopädie der Konfinien zwischen Fakultäten (als gespiegelten Erfahrungssphären) selbst zu geben. Was Kant aber unterließ, hat – mit dieser Weisheit bisher letztem Schluß – Schelling aufgegriffen und fast eben als Weltorientierung ex Alma Mater ausgeführt in seinen »Vorlesungen über die Methode des akademischen Studiums«. Diese vor allem führen bei Gelegenheit einer Beratung in die mannigfachsten Sektionen eines Weltbilds und zwischen ihnen hindurch. Das Weltbild der Weltbilder selber ist das der Wissenschaften, in ihren Problemen und ihrem Stand um 1803, beleuchtet durch die damalige Schellingsche Philosophie. Die einleitende Absicht ist pädagogisch: »Der Jüngling, wenn er mit dem Beginn der akademischen Laufbahn zuerst in die Welt der Wissenschaften eintritt, kann, je mehr er selbst Sinn und Trieb fürs Ganze hat, desto weniger einen anderen Eindruck davon erhalten als den eines Chaos, in dem er noch nichts unterscheidet, oder eines weiten Ozeans, auf den er sich ohne Kompaß und Leitstern versetzt sieht.« Die fortführende Absicht ist universalistisch, also gerade heute, statt anarchischen Spezialistentums, besonders verständlich: »Sie erkennen, daß eine Methodenlehre des akademischen Studiums nur aus der wirklichen und wahren Erkenntnis des lebendigen Zusammenhangs aller Wissenschaften hervorgehen könne, daß ohne diese jede Anweisung tot, geistlos, einseitig, selbst beschränkt sein müsse. Vielleicht aber war diese Forderung nie dringender als zu der gegenwärtigen Zeit, wo sich alles in Wissenschaft und Kunst gewaltiger zur Einheit hinzudrängen scheint, auch das scheinbar Entlegenste in ihrem Gebiet sich berührt, jede Erschütterung, die im Zentrum oder der Nähe desselben geschieht, schneller und gleichsam unmittelbarer in die Teile sich fortleitet.« (Werke 1, V, 1859, S. 213). Die letzte Absicht schließlich ist die Darstellung von Weltproblemen gleichsam in der inneren Linie oder in der Silhouette des akademischen Studiums selber, als erztransparentem: »In die besonderen Teile des akademischen Studiums jetzt einzugehen und gleichsam das ganze Gebäude desselben auf den ersten Grundlagen aufzuführen, ist nicht möglich, ohne zugleich die Verzweigungen der Wissenschaft selbst zu verfolgen und das organische Ganze derselben zu konstruieren ... Gewissermaßen würde dieser Grundriß die Stelle *einer allgemeinen Enzyklopädie der Wissenschaften* vertreten können« (l. c., S. 247). Dergestalt folgen nun die Wanderbilder, auch Wandelpanoramen aus dem Studium der Mathematik und Philosophie, der Theologie, Geschichte und Jurisprudenz, der Physik, Chemie und Medizin: alle unter dem Gesichtspunkt des Wissens, worin »die Subjektivität in der Objektivität erscheint«. Das also ist die Weise, worin das Studium in der Subjekt-Objekt-Beziehung mit der Welt als »erscheinendem Wissen« hier parallelisiert worden ist. Hegels Phänomenologie vollzog die Gleichung: *Pädagogik – Prozeßmetaphysik* wenige Jahre später unvergleichlich großartiger und strenger, doch Schelling hielt sich in seinen bloßen Allusionen nahe ans akademisch Vorhandene heran, an seine Grade und Fakultäten. Er ließ die Stunden des Weltprozesses im Stundenplan widerschlagen, er verschränkte besonders pointiert und lehrreich den vorhandenen Bildungskurs, wie er den Studenten empfängt und beschäftigt, mit dem der Welt. Darin liegt mehr als didaktischer Ordnungsgedanke; Schelling hätte von ihm her sein gesamtes damaliges Entwicklungssystem darstellen können, seinen »aufrichtigen Jugendgedanken«, wie Marx sagt. Wenn Künstlichkeit, gar Wunderlichkeit vermieden sind, hat die Vergleichsweise von Studienreihe und objekthafter jedenfalls den Vorteil, daß das Studium (mit all seinen schließlichen Grenzproblemen) wirklich Weltlauf mit sich mitmacht. Methode haben heißt mit dem Weg der Sache gehen, und der Weg der Sache verlangt universitas, genetisch gegliederte Totalität des Blicks. Steht doch das Totum selber, jenes Ganze, das wirklich die Wahrheit wäre, erst sehr latenzhaft im Begriffe, hier zu sein, im real-utopischen Begriff. Das ist der Sinn der merkwürdig überlieferten Reiseform des Wissens, ein unstatischer Sinn, gerade auch im Reiseobjekt selber.

Ausfahrt in Ringform

Zurück wieder zu Hegels Stundenplan, zu dem eines sich stufenweise auslernenden Weltgeistes, vom Ansich übers widersprechende Außersich zum subjektiven Anundfürsich dialektisch unterwegs: so wurde diese Reise freilich ebenso wieder eine Rückreise an den Ausgangspunkt, und die riesige Tour des Weltgeistes, aus lauter sich thetisch-antithetisch-synthetisch zurückwindenden Kreisen gebildet, endete schließlich mit Weltschlangenring, als »Kreis von Kreisen«; – auch das gehört zum bekannten Wanderer, wenn er mehr als nur einfach zurückblickt. Das Anundfürsich am Ende soll dann einzig das mit seinem Widerspruch vermittelte Ansich auf höherer Stufe sein. Mit anderen Worten: Die Thesis des Anfangs, als »reines Sein«, als »abstraktes Recht« oder als bloß »symbolische Kunstform« und so fort, wird dann nicht so sehr zu Neuem entwickelt als auf höherer Stufe ausgewickelt, reproduziert. Trotz lebhafter Bewegtheit (an der »kein Glied nicht trunken ist«), trotz eines ständig aufbrechenden Prozesses ist so die Welt bei Hegel ebenso fertig. Es bleibt darnach keine Möglichkeit, die nicht bereits verwirklicht wäre, »die Wirklichkeit ist die Einheit des Wesens und der Erscheinung«, es gibt hier kein Wesen, das nicht erschienen, das nicht Erscheinung wäre. Der Bann, der so die Prozeßreise, Prozeßweise wieder rückwölben konnte, ist unschwer erkennbar: er steckt in der von Platon bis Hegel reichenden Anamnesis. Als jener Anti-Reise in der Reise selber, wonach, wie Platon in den Dialogen »Menon« und »Phaidros« ausführte, alles Wissen nur Wiedererinnerung an bereits Geschautes sei. In der Tat gibt es ägyptische Kinderköpfe mit einem Finger auf dem Mund, soll heißen, mit dem Finger des Engels der Schwangerschaft, der die Frucht neun Monate durch die jenseitigen Welten geführt hat. Und nun wird das Kind geboren, mit einem Schrei des Absturzes, und nun eben versiegelt ihm der Engel die Lippen, weil es erst im Lauf seines Lebens sich des ehemals Geschauten wieder zu erinnern hat, solange bis der Engel der Schwangerschaft wieder erscheint, jetzt aber als Engel des Todes, und der Mensch wird inne, was alles in seinem Leben er wiederzuerinnern und so zu wissen vergessen hat. Platon setzt diesen sehr alten Mythos genau in die Anamnesis-Lehre, die schlechthin retournierende. Mit der Folge, daß die Seele überhaupt nichts Neues wissen und entdecken kann, außer dem, was sie als Reisegenossin der Götter vor ihrer Geburt an ewigen Ideen geschaut hat. Das Gewesene hat den Primat übers Zukünftige, ja Wesen selber wird identisch mit Ge-wesenheit, der Ursprung, die archē kommt nur als ebenso archaische vor, bei Hegel mindestens in der Ontologie »vor Erschaffung der Welt« insgesamt, und die dialektische Kosmologie der Disziplinen nachher gibt sich wirklich nur als Fahrt-Anamnesis zur Logik-Ontologie ante rem. Vor allem soll ja Hegels Religionsphilosophie und Philosophiegeschichte am Ende des Systems expressis verbis nur die Skelett-Kategorien seiner vorweltlichen Logik mit Fleisch füllen und so reproduzieren. Also fällt auch bei Hegel die Anamnesis der Reiseform seines Weltgeistes in den Kurs; wider die Abrede, mit einem Tribut des Prozesses an den Zyklus. Und trotzdem meldeten sich gerade hier die Implikationen des Schillerschen »Spaziergangs«, multipliziert mit Fausts Zaubermantel und Hegels Siebenmeilenstiefeln des Begriffs; sie meldeten sich gerade auch gegen die Gloriolen ante rem. Die Thesis des Ansich, des Anfangs ist nun wieder so wenig präokkupierend, daß sie Hegel »das Ärmste an Bestimmungen« nennt, und Weltstrom ist nun wieder einer, dessen Inhalt sich gerade aus den Zuflüssen seiner Geschichtsreise speist und nicht aus einer Anamnesis des Seins gleich Nichts am Anfang, im schwachen Quell. Weiter macht doch Hegels eigenes Zeitpathos gegen den Saturnring empfindlich, in den es eingesetzt wird; die Dialektik löckt wider den Kreis. Was immer wieder bedeutet: Nicht nur das Wissen von der Welt, sondern diese selber ist in Fahrt, mit so vielen Versuchsstellen, Tendenzgestalten, Prozeßfiguren eines Halts, doch unfertig durchaus. Und das genau im Wesen, dem noch keine Erscheinung geworden ist, es sei denn die sich selber erst versuchende. Deshalb regiert auch nicht das unter sich blickende Grübeln letzthin die Philosophie, sondern die offene Ausfahrt vom Subjekt, das seine Substanz treibt, zur Substanz, die ihr Subjekt aufschlägt, – mit der längsten Linie (dem Weltlauf) als dem kürzesten Weg.

NOCHMALS DAS FAUSTMOTIV
DER PHÄNOMENOLOGIE DES GEISTES

Mut zum Unbekannten

Nicht jeder Dichter ist faustisch, wie bekannt. Auch nicht jeder Gelehrte, wie noch bekannter; für die meisten ist eher der Wagner zuständig. Doch jeder Denker, wenn er den Namen verdient, steht dem Erfrager Faust nahe. Dem Mann, der an seinem Pult die Mitternacht heranwacht, nach Lösungen suchend und dem, was not tut. Vom Denker hat Faust seine Erscheinung und sein Bild genommen. Seinen Zweifel und seine zerreibende Mühe um Gewisses, um erkannte Wirkungskraft und Samen, um Bessern und Belehren. Auch hier ist nichts Großes ohne Leidenschaft vollbracht worden, ohne Mut zu unbekannten Meeren. Tätigweites Erfahrenwollen, übers Bekannte und Gewesene *hinaus*, das ist faustisch, samt dem Erproben. Man sieht die waghalsige und darum sorgfältigste Bemühung, die allemal grenzhafte. Sie ist dem faustischen Willen an sich verwandt, hat dessen Jugend wie Alter zugleich in sich.

Das ungläubig welterfahrende Subjekt Faust in der Phänomenologie

Aber ein anderes ist es, ob sich das Faustische auch ihm gemäß ausbreitet. Es findet sich rein stofflich überall dort, wo der grenzüberschreitende Doktor der alten Sage abgewandelt wird. So groß ist der Zwang dieser Figur, wenn nicht auf Geister, so auf ihren Bearbeiter, daß vom Puppenspiel bis zu den letzten Versuchen nach Goethe nirgends der Monolog fehlt noch der Zaubermantel, das ist die ungehemmte Fahrt, kreuz, quer, in die selber zauberhafte Weite, die selber nie geheure Tiefe. Jedoch werkhaft durchgehalten ist das Faustmotiv, aus Gründen seiner Kraft wie Weite wie Tiefe, nur bei Goethe. Und eben nur ein einziges philosophisches Werk gibt – aus persistenter Durchführung des weltfahrenden Motivs – zu Goethes »Faust« das Gegenstück: Hegels Phänomenologie des Geistes.

Beide eben haben den Stoff der alten Sage auf verwandte Art aufgehellt. Daß diese Verwandtschaft nicht gerade häufig oder zureichend bemerkt worden ist, bleibt erstaunlich. Ist sie doch nichts von außen Herangebrachtes, Zusammengehaltenes, wie oft bei Vergleichung zweier Gebilde, besonders aus zeitinhaltlich verschiedenen Gegenden. »Kant und Goethe«, das war, »Hölderlin und Kierkegaard«, das ist noch eine dieser privat-abstrakten, widrigen, oft widerlichen Vergleichereien. Sie sind Brücken zwischen bloßen Frissons, nicht sachliche Verbindungen in den

Originalen selbst. Wie das, auf die Dauer unübersehbar, bei Faust und der Phänomenologie vorliegt; diese kommen sowohl im gesellschaftlichen Grund wie im Bauplan des Werks wie in dem den Bauplan bestimmenden Inhalt sachlich miteinander überein. Hieran ändern die verschiedenen Erscheinungsjahre der fertigen Werke gar nichts (Phänomenologie 1807, Faust I 1808, Faust II gar 1832). Denn falls, was unwahrscheinlich, Hegel das Puppenspiel – mit so viel Goethestoff in nuce – nicht gekannt haben sollte, so lag Goethes Faust-Fragment bereits seit 1790 vor, also rechtzeitig für die damalige, zwischen Ich und Nicht-Ich, Spontaneität und Welt sich anbahnende, der Phänomenologie zugrunde liegende Diskussion. Freilich fehlt im Faust-Fragment noch so Entscheidendes wie die Wette um den erfüllten Augenblick, auch läßt das Fragment noch unausgemacht, ob Faust nicht, wie in der überlieferten, ihm unfreundlichen Sage, zur Hölle fahren werde. Doch der Satz stand da, der den Wett-Inhalt fast zusammenfaßt, auch im späteren Faust I als Resumé nachfolgt: »Und was der ganzen Menschheit zugeteilt ist, / Will ich in meinem innern Selbst genießen / ... Und so mein eigen Selbst zu ihrem Selbst erweitern.« Freilich schließt diese Stelle überraschenderweise, Faust und die Menschheit betreffend: »Und wie sie selbst, am End auch ich zerscheitern.« Diese Katastrophenstimmung stammt eben aus der noch unaufgehellten, dunkelmännischen Faustsage, aus Dr. Fausti Höllenfahrt; und sie stammt von daher, weil der *ursprüngliche* echte Renaissancetyp Faust in die Hände seiner Feinde geraten war. In die Hände der protestantisch-finsteren Orthodoxie, als welche, mit ihrem Luther, die »Närrin Vernunft« haßte, jede kreatürliche Kraft und Geistesregung überhaupt. So wurde der Doktor schon im ersten Faustbuch zum »weitbeschreyten Zauberer«, nicht geneigt, gleich dem frommen Gottesmann in Wittenberg schlicht zu glauben; mit Recht wurde der »Epicurer und Speculirer« daher vom Teufel geholt. Goethe erst hat der Gestalt die ursprüngliche Renaissance-Dimension zurückgegeben; ohne »Fausti Wehklag«; ohne das terroristische »In aeternum damnatus es«; ohne Verbot, die bis dahin gesetzten menschlichen Grenzen zu überschreiten. Das »Zerscheitern« steht nun da als ein fremder Rest; auch ging der Magus keineswegs »mit bedächtiger Schnelle vom Himmel durch die Welt zur Hölle«. Infolgedessen hatte Schelling schon aus dem Fragment Fausts Rettung vorhergesagt, auf Grund der »heiteren Anlage des Ganzen im ersten Wurf«. Und vor allem, näher zu Hegel hin und dem Parallelstrom von Faust und Phänomenologie: die gesellschaftlich-geschichtlichen Antriebe, aus denen Goethe den Urfaust geschrieben hatte, 1774/75, ein wenig nach Hegels Geburt, die Antriebe des revolutionären Bürgertums wirkten noch lange in Hegels Jugendzeit hinein. Es waren die gleichen, die den jungen Hegel einen Maibaum pflanzen ließen, die ihn mit dem Citoyen des Hölderlinschen Griechenland verbanden, mit dieser freien Polis und glücklich scheinenden Alleins-Natur. Die Phänomenologie selber, gewiß, sie hat mit dem jakobinischen Maibaum nichts mehr gemein, auch ihr war der Thermidor gekommen, der die Französische Revolution beendet hat. Aber desto näher stand sie eben deshalb wieder dem späteren Goetheschen Ausgleich mit der Welt, das ist, dem wechselwirkenden Ich-Objekt-Bezug, als demjenigen, worin zwar nicht das Subjekt des Urfaust (auch nicht des Werther, Götz, Urtasso, Urmeister), wohl aber das des Faust-Fragments sich Welt-erfahrend hindurchbewegt.

Erziehung des Subjekts durch das Objekt, des Objekts durchs arbeitende Subjekt

Die Zeit, sagt Marx, ist der Raum der Geschichte. Das heißt, sie hält die in ihr auftretenden Erscheinungen zusammen, gibt ihnen den gleichen ökonomisch-gesellschaftlichen Boden. Der war für Faust wie für die Phänomenologie das auch in Deutschland erwachende Bürgertum. Der Ansatz beider Werke liegt im Bewußtsein des bürgerlichen Ich, des Rousseauschen Subjektgefühls, des aufgeklärten »Wage zu wissen«. Beide Werke stehen im Sonnenaufgang der deutschen bürgerlichen Gesellschaft, beide sind daher optimistisch. Der Unterbau zu alldem war die private Wirtschaftsweise des kommenden Unternehmers, eines Typus zwar, der im zurückgebliebenen Deutschland zur Zeit des Urfaust noch kaum, zur Zeit der Phänomenologie erst sporadisch auftrat. Aber der Typus bereitete sich in dem älteren, klassenbewußt werdenden deutschen Bürgertums durchaus vor; und was ihm, verglichen mit England, Frankreich, an Wirklichkeit fehlte, nahm er aus diesen Ländern als lyrischen, dramatischen, philosophischen Reflex. Der entzündete eine desto lebhaftere *ideologische Subjekterregung*, erst eine oppositionelle, emanzipierende, dann – der ausbleibenden Revolution entsprechend – eine sich legende, »konziliant« werdende, jedoch nicht verschwindende. Gewiß, es ist wahr, die geringe ökonomische Entwicklung Deutschlands hatte die dem Sturm und Drang *vorhergehende* deutsche Aufklärung sehr zahm gehalten und, als die Opposition der Kraftgenies desto heftigere Wildheit entwickelte, diese Wildheit gerade in einen subjektiv-scheinbaren *Gegensatz* zur Aufklärung sich hineinentwickeln lassen. Zur gleichen Aufklärung, in der der Sturm und Drang doch selber stand, und zu deren Anliegen er die Gefühlskomponente darstellte, die eben durch Rousseau vermittelte. So daß die Themen der Sturm und Drang-Periode: individuelle Freiheit, Humanität (Kindsmörderin), Kampf gegen »Unnatur« – ihrer Einheit mit den Themen und Inhalten der damaligen bürgerlichen Ratio sich gar nicht bewußt wurden. Nur das Naturrecht, als ein den Rousseauisten und den verhaßten Rationalisten gemeinsames Anliegen, verband auch das Bewußtsein der damaligen deutschen »Irratio« mit der klassischen Aufklärung. Doch selbst hier schien die Natur Rousseaus, diese gefühlshafte Oppositionsnatur, keinen Kontakt zu haben mit der des rationalen Naturrechts, des doch ebenso oppositionellen, gar mit dem mathematisch-harmonischen Gesetzwesen der rationalen Physik. Hinzu kam allerdings auch eine objektive Erschwerung des Sturm und Drang-Bezugs zu seinen scheinbaren Gegnern, zu den Corneille und Racine, den Christian Wolff, gar Gottsched. Es war das die besonders undurchschaute, besonders widerwärtige Verbindung des damaligen deutschen Polizeistaates mit dem anderswo bürgerlich-progressiven Regelwesen, mit dem Rationalismus der Bürokratie. Indes: trotz alledem, trotz zahmer deutscher Aufklärung und vielfach schief, nämlich irrational sich gebärdendem Sturm und Drang: nichts ist klarer als der Zusammenhang, worin gerade das Grundthema des Sturm und Drang: das Faustthema mit der *originalen Aufklärung* sich befindet. Mit der Befreiung des bürgerlichen Individuums wie eben mit »Vernunft und Wissenschaft, des Menschen allerhöchste Kraft«. Zugleich befand man sich dadurch bewußt wieder im Raum der Renaissance, worin die bürgerliche Emanzipation begann und woraus die Gestalt der Faustsage herkommt. Die an Paracelsus und auch an Kepler gemahnende Gestalt, die sich »Adlersflügel nehmen wollte, zu erforschen Geheimnisse des Himmels und der Erden«. So wie andererseits die Subjektunruhe, dies »Ungenügen jeden Augenblick«, Hegels Phänomenologie heizt und im Widerspruch zu allen erlangten Weltgestalten über die erlangten weitertreibt, zu immer neuer »Erfahrungsgeschichte des werdenden Bewußtseins«.

Verbindet beide Werke der stoßende Grundsatz der Emanzipation, *vom Subjekt her,* so verbindet sie ebenso der Vermittlungsansatz der »Konzilianz«, wie angegeben, jetzt jedoch auch besseren Sinns: nämlich des Wilhelm Meisterschen Weltausgleichs, *zum Objekt hin.* Dergleichen war nicht nur hinnehmend, sondern erziehend gemeint, mit sachlicher Reife darin. Und nicht sowohl Ausweichen sollte darin statthaben, am wenigsten ein schmollender, unkräftiger Winkel, als gerade Dabei-Sein im Strom der Welt. Diese Objektwelt war für Goethe und Hegel selber um 1800 nicht mehr die des schlimmsten Ancien régime; statt seiner stand Weimar über der Unruhe des Urfaust, standen Thermidor und beginnender Rheinbund über den Ich- und Nichtich-Aporien, woraus die Phänomenologie ursprünglich herkam. So daß das Subjekt von der Welt erzogen wurde, gerade von der beruhigten, Regel und Gestalt enthaltenden. Beruhigt-beruhigend in einem gewiß auch reaktionären Sinn, in dem der deutschen Misere, die Goethe wie Hegel nicht fehlt, mit zynisch-resigniertem Konformsein auch einem Weltlauf gegenüber, wo nicht das Subjekt, sondern das *Objekt sich die Hörner abzulaufen hätte.* Doch war das zentrale Anliegen leuchtend, jenseits des politischen Burgfriedens: Wahrheit sollte aufziehen, die das Subjekt nicht nur zur Menschheit erweitert, sondern zum Weltkreis, zum Weltkreisen selber, wo immer sich dieses als gutwaltendes und so lehrhaftes erweist. Faust ist eine ganz anders intensive Figur als Wilhelm Meister; dennoch drang auch in sein bleibend sprengendes Streben ein solches Stück Erziehungsroman ein. Und das Subjekt der Phänomenologie ist schon von Haus aus ein Faust-Selbst, das sich zum Kosmos erweitert (Hegel nannte während der Abfassung seines Werks recht kosmologisch auch Napoleon die »Weltseele, ... auf einem Pferde sitzend«). Also wirken auf dieses phänomenologische Subjekt die Objektsphären desto mächtiger zurück, an denen und durch die hindurch es sich großzieht. Allgemeines und Besonderes, Gedanke und Welt, Bewußtsein und Gegenstand sollten nicht getrennt werden und sich feindlich gegenüberstehen. Und: Die objektive Selbsterziehung macht sich und bewährt sich in der durchgängigen Vita activa: was fürs Faustsubjekt die rastlose Tätigkeit, ist fürs phänomenologische die seinsmächtig werdende Arbeit. Ebenfalls durch so verschiedene Schichten laufend, sie mit dem arbeitenden Menschen, den Menschen mit den bearbeiteten Gegenständen vermittelnd. Derart überwand Hegel den subjektiven Idealismus, gewann eine Art geistmäßigen, doch objekthaft genährten Realismus, einen der Goetheschen Gegenständlichkeit, Welthaltigkeit, auch Weltbeglücktheit durchaus verwandten. Wobei freilich im Faust wie in der Phänomenologie das erste, nun »nicht mehr Getrübte« am vermittelten Ende wieder hervortritt: hier in einem mythischen Himmel, obzwar weiter in Tätigkeit zu ihm aufsteigend, dort in einem mystischen Äther des sich wissenden Geistes. Die »höheren Sphären« jedenfalls sind in beiden Werken außen und folgen nach Maßgabe der Ausfahrt-Tätigkeit, des Szenen-Aufstiegs, Weltgestaltens einander nach. Immer ist das Faustische in der Phänomenologie, das Phänomenologische in Faust wechselseitig gegenwärtig, kraft des gemeinsamen, so geheimnisvollen wie Geheimnis lösenden Weltwegs von innen nach außen. So daß mit einem hier Goetheschen dort Hegelschen Ausdruck gesagt werden kann: Fausts Monolog ist das »Urphänomen« der Phänomenologie, und die Substanz, die sich ebenso als vermitteltes Subjekt weiß, ist das »Absolutum« des Faust; beider Hermeneutik steht sich, steht unseren Angelegenheiten bei.

Fausts suchende Weltfahrt, Dantes jenseitige Himmelsstatik, Trennung und Verbindung beider

Durchgehends sind beide Werke in großer Fahrt, und das immer neu einsetzend. Der Antrieb zu solch raschem Wechsel des Schauplatzes ist bei Goethe wie Hegel das Ungenügen, der nicht getilgte und zu tilgende Mangel. Also hebt sich hinweg, mit Zaubermantel, mit Siebenmeilenstiefeln des Begriffs, einem Wunschtyp, der so alt ist, daß er gewiß nicht erfunden werden mußte. Die Vorgänger des fahrenden Faustsubjekts sind bekannt: sein historisch-leiblicher Träger, der Wundermacher Georg Faust, war ohnehin eine unedle Dublette von Paracelsus. In der weiteren Sagenfigur flossen der Simon Magus der Apostelgeschichte, Erinnerungen an den der Zauberei verdächtigten Scholastiker Albertus Magnus mit Paracelsus zu einem einzigen Beschwörer zusammen. Simon Magus gibt eine Sagenlinie, die gar in die Gnosis und von da in die selber legendäre Weisheit Ägyptens zurücklief. Wahnsinn war die Strafe der orientalischen Hybrisfigur, die die Lade des heiligen Geheimnisses öffnete, die in Sais den Schleier der Isis hob. Die Verwandtschaft der Wissensrebellion und nachherigen Höllenfahrt Fausti mit diesem Tabu, durch Plutarch, durch Schiller überliefert, ist unverkennbar. Und ebenso dessen ältester Ursprung, ein gleichfalls schon, durch den biblischen Priesterkodex, feindselig überlieferter: das Pflücken vom *Baum der Erkenntnis.* Bei Goethe kam als eigentlich topographisches Vorbild für Fausts Diesseitsfahrt Dantes Himmelfahrt hinzu; freilich mit vollkommener Säkularisierung des Schauplatzes, die letzten Himmelsszenen abgerechnet. Und eben: statt der Danteschen Visio beatifica am Ende wirkt das neuere protestantische Streben, die Vita activa, beginnt die neuere protestantisch-bürgerliche Commedia humana statt der ständischfesten Commedia divina, erscheint eine im tätigen Wandel sich wechselnd aufschlagende Welt statt vorgeordnetem Gang und Schauplatz. Trotzdem ist die Dantesche Raumschichtung auch auf die Weltsphären Fausts aufgetragen, auf das Wandelpanorama mit immer wieder aufgegebenen, zurückgelassenen, höheren Szenen. Umgekehrt ändert sich ja auch das Subjekt in Dantes Dichtung durchaus mit den erblickten, durcherfahrenen Objekten; es reinigt sich, wie Faust so oft, von erlebtem Graus, es trinkt, um die Fahrt in die Höhe zu bestehen, von den Quellen Lethe und Eunoë, Vergessen und Eingedenken. Es versteht sich auch auf Erneuerung durchaus, auf das Incipit vita nova im jeweils höheren Kreis. Wie denn jeder Stufenbau – ob als Erscheinungsgeschichte des Subjekt-Objekts oder als fertig gesetzte Hierarchie von oben – im Nacheinander Übereinander, im Übereinander Nacheinander enthalten muß. Selbst im mittelalterlichen ordo *sempiternus* rerum ist die Stufe (als Treppe des Beschreitens) immerhin – ein ordo temporalis, der dem Schreiten angibt, wieviel Uhr, welche Zeit es ist in der Ewigkeit.

Weder das Wanderhafte noch die verschiedenen Stufen fehlen, geht man zu Hegels Werk über. Gewiß, anders als beim Faustsubjekt steht beim arbeitenden Subjekt der Phänomenologie kein Wundermacher mehr an der Wiege. Wohl aber der neuere Homo faber, der gleiche, der hier den unersättlichen Faust, dort das stets auf dem Sprung befindliche Bewußtsein aus sich herausgesetzt hat. Und dazu steht riesige Neugier des Erkennens an der Wiege, die nicht nur dem Grübeln, sondern noch mehr der Fahrt verwandte, dem Schiff mit geschwellten Segeln, das auf der Titelvignette von Bacons »Novum Organum« durch die Säulen des Herkules fährt. Der nähere Vorgänger für Hegel ist Kants *Spontaneität des Bewußtseins,* die transzendentale Erzeugung aus lauter Gedankenentwicklung, doch bei Hegel mit dem ganz gewaltigen, prometheisch-idealistischen Anspruch, daß daraus nicht bloß die Formen, sondern auch die Inhalte des Erkennens, der Weltinhalt selber genetisch-historisch entwickelt wird. Auch der Weltschöpfer wird dadurch ins erzeugende Subjekt aufgelöst; die Weltentstehung geschieht in den Stufen des Bewußtseins von ihr, der Arbeit an ihr. Das Wanderhafte, Ausfahrthafte der Phänomenologie durchläuft so eine Welt, in der keine Substanz ist und gilt, die nicht ebenso mit dem fahrenden Subjekt fährt und von ihm durchdrungen ist. Eritis sicut Deus, schrieb Mephisto dem Schüler ins Stammbuch: Hegel hat die alte Muhme, die Schlange, an den verschiedensten Stellen seiner Philosophie, wo immer er nur auf den Sündenfallmythos zu sprechen kommt, durchaus verteidigt und eben als Luzifer, als Stück Prometheus, als Lichtbringer. Die Schlange mit dem *Baum der Erkenntnis* hat bei Hegel eigentlich erst den Menschen geschaffen, hat ihm zum Bewußtsein der Arbeit und zur Arbeit des Bewußtseins verholfen; ohne das wäre der Mensch im »Garten der Tiere« geblieben und selber als Tier. Die Berührungen mit dem bürgerlichen »Titanismus«, sogar des Sturm und Drang (später noch, verwandelt, in Byron erscheinend) sind derart unverkennbar; überall geht ja die Erzeugung bei Hegel unter der gewordenen Kruste und gegen sie, unterwühlend, vor. Auch noch der konservativ gewordene Hegel gebraucht hier das subversive Bild vom »Maulwurf des Geistes«, im Sinne jener Dialektik der Erzeugung, die später Alexander Herzen die »Algebra der Revolution« nennen konnte. Das also ist die Ausdehnung des Homo faber im Phänomenologie-Subjekt oder der Faustdrang sui generis, befähigt, sich auf die große Reise des Geistes, in den Geist als materialvollste Reise zu begeben. Wenn auch in eine, der der subjektive Faktor angeblich nur zusieht, und deren Subjekt – Hegels Idealismus gemäß – nicht beim Menschen als Macher seiner eigenen Geschichte bleibt, sondern sich in einen hypostasierten Weltgeist als Demiurgen verliert. Immerhin ist auch dieser nirgends der von außen stoßende, nirgends der transzendente Gott oder das Jenseits zum Homo faber. Immerhin kann selbst dieser Weltgeist nicht umhin, sich gänzlich als faustischer Erdgeist, ja als ausschließlicher Geschichtsgeist zu bewähren. Eben deshalb bewegt er sich, statt der leblos Einsame, der unbewegt Absolute zu sein, gleich dem Faustsubjekt durch lauter Stationen und Stufen. Und wieder öffnet sich daran nicht nur eine große, auf lange Strecken mit dem Faustplan gemeinsame Vorgeschichte, sondern eine, die noch mehr als im Faustplan eine Reprise ständischer Ideologieformen mitten in den bürgerlich-dynamischen aufweist. Wie Faust, so ist derart auch die Phänomenologie der Aufstiegsform der Divina Commedia, mutatis mutandis, nicht unverwandt. Mehr noch: der Leser durchwandert an Hand eines vollkommeneren Vergil die Schädelstätten der abgeschiedenen Geister, sieht die kategorialen Momente der absoluten Idee gestaffelt in den Bewußtseins-, Gesellschafts-, Werkgestalten der Weltgeschichte. Dazu tritt ein anderes ständiges Vorgänger- oder Vorbildwesen, das Goethes Dichtung nur implicite in sich hat, das in der Phänomenologie jedoch explicite die ganze methodische *Terrassenbildung* bestimmt. Es ist diese Bildung, die der Stationen und Stufen selbst, in Entsprechung zu einem Subjekt nicht nur der Tätigkeit und Arbeit, sondern auch des – Aufstiegs in einem selber geschichtet, selber gebirghaft Aufsteigenden. Dieser Dantesche, ganz eigentlich kathedralische Raum, mit den verschiedenen Subjektlagen, die ihm korrespondieren, hat in der Phänomenologie eine besonders hierarchische Reprise – mitten in der Dynamik, sie aufbauend. Denn noch deutlicher als der Faustplan nimmt die Phänomenologie, wenn sie ihre Subjektebenen anordnet (gemäß den auf dieser Stufe visierbaren, dem Subjekt verschlungenen Objektivitäten), entlegen-mächtige Aufstiegs-Traditionen wieder auf – diesesfalls völlig vor dem Homo faber und seiner Aktivität. Die Gliederung der Phänomenologie in »Bewußtsein, Selbstbewußtsein, Vernunft«, dann »Geist«, dann »Religion und absolutes Wissen« folgt, erneut betonbar, sehr alten *mystischen Meditationsfolgen* eines schauenden Aufstiegs aus dem zwölften Jahrhundert oder, um wieder den Ausdruck Bonaventuras zu gebrauchen: einem »Mentis itinerarium ad Deum«. Einem Reisebuch des Geistes zu Gott, als dem »Objekt« der letzten Union, als dem Zielpunkt jeder Adäquation des Geistes an die Sache, an seine Sache. Eben bei dem Victoriner hießen die Stationen fleischliche »Cogitatio«, innere »Meditatio«, geistige »Contemplatio«, dergestalt daß das fleischliche Auge die Körperwelt, das vernünftige das eigene Innen, das kontemplative die geistige Welt sehen sollte, per simile simile percipiens. Noch Hegelscher graduierte Nikolaus von Cusa die Folge »Sensus«, »Ratio«, »Intellectus«, »Visio« dergestalt, daß der »Sinn« nur verworrene Dinge liefert, der »Verstand« hält nach dem Prinzip des Widerspruchs die Gegensätze auseinander, die »Vernunft« sieht die Gegensätze als miteinander verträglich, die »Vision« sieht sie als in der unendlichen Einheit (coincidentia oppositorum) zusammenfallend. Solcherart (mit verwandten Exempeln, die bis in die aufgeklärte Erkenntnispsychologie reichen) war dieser Gradus ad Parnassum gebaut.

Ja noch ältere Ursprünge seiner dürften unverhohlen in der *Mythologie* liegen; wonach sich auch Wundermacher in der Quellenkunde der Phänomenologie zeigen, freilich solche der Siebenmeilenstiefel, sozusagen, als einer Mysten-Schulung alter Art, nicht des Zaubermantels. Aber die eigentlichen *Zitationsstufen* zur Erscheinungsgeschichte des Geistes, aus denen das tiefste Aufklärungsbuch sich erhoben hat, zeigen eine so merkwürdige wie lehrreiche Parallele auch noch mythologischer und nun entmythologisierter Art. In den gnostischen »Einweihungen« zogen die Schüler das der jeweiligen Imagination nicht korrespondierende Subjektkleid aus, legten gleichsam den jeweils alten Adam ab, den jeweils neuen Meistergötzen an, um dadurch der ihm korrespondierenden Essenz habhaft zu werden. Fast noch so wie bei den primitiv-ekstatischen Maskentänzen, wo die getragene Löwen-, Stier- oder Schlangenmaske im Ruf stand, mit dem dergestalt abgebildeten Dämon den Kontakt herzustellen. So sonderbar also können idealistische, ja nicht durchwegs idealistische Gedanken ihrerseits in einer mythologischen, wo nicht prälogischen Hülle stecken. Was die Vorsicht gegen die erkenntnistheoretische Stufenlehre vermehrt, aber auch die Einsicht in ihr merkwürdig frisches Alter. Ist sie doch, kraft ihres fast vorgeschichtlichen Vorkommens, nicht einmal auf die Stände-Gesellschaft begrenzt, sowenig wie der pädagogisch-methodische Ebenenwechsel mit ihr aufhört. Bei Nikolaus von Cusa freilich ist von solch wildem Aberglauben, wie sich von selbst versteht, keine Erinnerung mehr, bei Hegel fehlt sogar eine Erinnerung an Nikolaus von Cusa mit seinen Sensorienstufen. Dennoch führt die Phänomenologie diese verschiedenen Perzeptionsweisen mit besonderer Präzision aus, läßt sogar die durchzuerfahrende Geschichte dreimal – und dreimal verschieden pointiert – auf der jeweils neuen Aneignungsstufe der Gattungserfahrungen sich wiederholen. Als bloße Reihenfolge von menschlichen *Geschicken* auf den Stufen »Bewußtsein, Selbstbewußtsein, Vernunft«; als wirkliche *Geschichte,* nämlich als Produkt menschlicher *Erzeugungen,* auf der Stufe des »Geistes«; als *begriffene* Geschichte, nämlich als eine der *Entäußerungen und Rückentäußerungen des Selbst,* auf der Stufe des »absoluten Wissens«. Und eben diese Stufenmethode, mit immer sublimer anzutreffender Essenz, wirft zuletzt auch noch auf das Aufsteigende im *Faustplan* und sein »Erweiterndes« ein kaum überraschendes Licht. Die beiderseits – hier implicite, dort explicite – wirkende Terrassen-Ordnung läßt streckenweise auch im Faust Begebenheiten auf höherer Stufe sich reproduzieren, neu produzieren. Die – wenngleich so hoch verwandelte – »Reproduktion«, der Gretchentragödie in der Helenatragödie, ebenso die »Reprise« der ersten Gretchenbegegnung in der zweiten, himmlischen und das zum Glücks-

Dank so ergreifend umgeformte Notgebet Gretchens: all diese Spiralen stammen auch im Faust aus einer verwandten Stufenhierarchie, wie sie die Phänomenologie durchdacht hat. Und worin, nach der Bestimmung des Nikolaus von Cusa, die niedere Stufe in der höheren ihre »Präzision« findet, das heißt hier, die genauer aufgenommene, genauer ausgeprägte Form ihres vermittelten Inhalts.

Dialektik bei Faust und in der Phänomenologie

Sachlich besonders fraglos verwandt sind beide Werke in ihrem *dialektischen* Zug. Die Fahrt ihrer »Helden« sowohl (Fausts hier, des Bewußtseins dort) wie ihr Anwesendsein im »Rollen der Begebenheit« muß immanent durch Widersprechen und Widersprüche hindurch. Indem die Fahrt Fausts in der Phänomenologie eine des Ungenügens oder Mangels ist, geht sie aufs Füllende und Rechte hin, also muß sie allem, was ihr im Gegenständlichen auf die Dauer nicht Genüge tut, widersprechen. Das Anwesendsein in den Begebenheiten zeigt diese selber mit Widersprüchen und Umschlag gefüllt, mit einer Art objektivem Mephisto, nämlich objektiver Negation gefüllt. Weshalb dieser nicht mehr höhnische, sondern objektive Mephisto sich als die Kraft vorstellt, »die stets das Böse will und stets das Gute schafft«, auch als Element des Weltgerichts in der Weltgeschichte selber, eines totalen freilich, sofern ihm alles, was entsteht, wert ist, daß es zugrunde geht. Komprimierter dialektischer Umschlag erscheint in den Worten: »Vernunft wird Unsinn, Wohltat Plage«. Und obwohl Goethe sonst sehr oft die Worte der Hegelschen Dialektik zu bizarr fand, nennt er umgekehrt in einem Brief an Niebuhr das Wort »Zustand« ein elendes, weil nichts eben stehe, alles beweglich sei. Und in den Gesprächen mit dem Kanzler Müller findet sich folgende Lebensbeschreibung der Faustdialektik insgesamt, vorzüglich nach Seite des Neuen, der Synthesis aus der Negation: »Es gibt kein Vergangenes, das man zurücksehnen dürfte; es gibt nur ein ewig Neues, das sich aus den erweiterten Elementen des Vergangenen gestaltet, und die echte Sehnsucht muß stets produktiv sein, ein neues Besseres zu schaffen.« Statt Synthesis gebraucht Goethe auch den Ausdruck: Steigerung; demgemäß nannte er, wohl unter dem Einfluß Schellings, die beiden Grundkräfte der Natur »Polarität und Steigerung«. *Polarität* geht ihm durch das gesamt Dasein hindurch, so in der Farbenbildung als Anteil von Hell und Dunkel, so in der Pflanzenentwicklung als Wechsel von Zusammenziehung und Ausdehnung. Und was *Steigerung* betrifft, so geschieht sie eben in und durch die Polarität hindurch, zur hervor sich arbeitenden Harmonie: »Das letzte Produkt der sich immer steigernden Natur ist der schöne Mensch.« Solch stimmende Harmonien freilich stimmen selber nicht ganz überein mit der faustischen Unersättlichkeit, gar mit dem Streben, dem Gespanntsein bis in Fausts Himmel hinein. Auch steht Goethe noch in dem älteren dialektischen Bezug, der bis Schelling reicht: in der Coincidentia oppositorum, die die Spannung der ihr zugrunde liegenden Widersprüche konsonant, allzu konsonant löst. So daß die Negation nicht selber in der Einheit aufbewahrt ist und ihr forttreibendes Werk in der Einheit tut. Doch ist das Faustmotiv an und für sich ein fortlaufend dialektisches, es ist das Kräftig-Unbefriedigte, das zwar jeder Situation Genüge tut, dem aber keine Situation bereits Genüge zu tun im »Zustand« ist. Infolgedessen gelingt die Einheit des strebenden Bemühens mit seinem Zielinhalt dem Faust sogar weniger fix und fertig als dem Schluß der Phänomenologie und seiner *Angelangtheit* im »sich wissenden Geist«.

Dafür hat Hegel die im Faust befindliche Bewegung wissenschaftlich hart über die Maßen erfahren. Gerade als die widerspruchsreiche, als die durch Ungenügen der Person und immer wieder krisenhaft werdende Szenen forttreibend-fortgetriebene. Der Widerspruch von »Leben« und »toter Objektivität« hatte schon das Denken des jungen Hegel bewegt, in der Frankfurter Epoche. Jedoch noch als unvermittelter Widerspruch und so, daß die Objektivität eben noch lauter Tod sein sollte. Die unvermittelte Antinomie von »Leben« und angeblicher »toter Objektivität« vermehrte sich aber, als Hegels reife Dialektik mit einem Schlag durchbrach, um die Antinomie im bewegten, also lebendigen *Objekt selber*. Mephisto, der Geist, der stets verneint, kommt nun völlig in den Realprozeß, muß durch Negation wirken, reizen. Und zwar so, daß die Negation ebenso die skeptische Säure enthält wie das »Leben« erst schlagen läßt, den Puls der wandlungsfähigen, wandlungsbedürftigen Weltgestalten. Läßt der subjektive Widerspruch (das eigentliche »Widersprechen«) hierbei nach, vielmehr: wird das Subjekt der Phänomenologie fast zwangsläufig aus seiner inadäquat gewordenen Objektivität herausgeworfen, in neue Adäquationskreise hineingeworfen: so nimmt dem entsprechend auch die Stoßkraft des objektiven Widerspruchs (der »Unstimmigkeit« in den Objekten) realistisch zu. Der Widerspruch erscheint nun nicht mehr wesentlich als Subjektbestimmtheit, wie im Sturm und Drang, auch im Überdruß- und Flucht-Monolog des Urfaust. Er erscheint aber auch nicht als Subjekt-Täuschung, die im Frieden der Versöhnung – wenn nicht mit der Gesellschaft, so mindestens in und mit der Natur – sich objektiv legt. Vielmehr wird eben der Widerspruch zugleich eine Objektbestimmtheit, und zwar, Goethes »Polarität«, vor allem »Steigerung« verwandt, die wichtigste, gleichsam hoffnungsvollste in der Welt. Der Widerspruch ist, wie Hegels Logik sagt, doch bereits die Phänomenologie belegen will, »die Wurzel aller Bewegung und Lebendigkeit, nur insofern etwas in sich einen Widerspruch hat, bewegt es sich, hat Trieb und Tätigkeit«. Wobei die Einheit des Ausgleichs keineswegs in Harmonie zwischen den Gegensätzen ausläuft, gar die konsonante Statik vor der Entzweiung wiederherstellt. Hegel lehrt statt dessen nicht einfache Einheit zwischen Gegensätzen, sondern die »Einheit der Einheit und der Gegensätze«, oder, wie Hegel schon vor Abfassung der Phänomenologie sagte, die »Verbindung der Verbindung und der Nichtverbindung«. Das garantiert usque ad finem das in jeder Konsequenz von unterwegs doch wieder reproduzierte, auch auf neuer Stufe sich produzierende Stachelwesen der Dissonanz, die Differenz. Das unterscheidet Hegels Dialektik wesentlich von aller bisherigen: sie beruhigt sich bei der Einheit der Gegensätze, gar Widersprüche nicht. Sie begreift also die Welt als eine Geschichte der Dissonanz statt eines Tempels der Harmonie, sie legt den Primat der Ruhe in die Mystik, nicht in die historisch-reale Welt. Diese Widerspruchs-Zähigkeit ist auch in dem völlig objekthaften Mephisto, so daß Hegel mythologisch sagen kann, in der Sphäre der Differenz (der Negativität) wohne nicht Gott. Freilich gibt es eine Stelle, in Hegels Ästhetik, wo der Denker des Negativen sich, mit eigentümlichem Seitenblick auf Goethes Faust, gerade gegen die Darstellung der Negation als solcher wendet. Diese Wendung kann zwar einen religiösen Ursprung haben, eben auf Grund der sogenannten Abwesenheit Gottes in der Differenz. Doch bleibt es überraschend, wenn der gleiche Hegel, der von der Phänomenologie an bis in alle seine anderen Werke »den Ernst, den Schmerz, die Geduld und Arbeit des Negativen« gegen alle »fade Erbaulichkeit« auszeichnet, nun trotzdem das »nur Negative« desavouiert. Die auffallende, die Anti-Mephisto-Stelle lautet: »Die Realität des Negativen kann zwar dem Negativen und dessen Wesen und Natur entsprechen, wenn aber der innere Begriff und Zweck bereits in sich selber nichtig ist, so läßt die schon innere Häßlichkeit noch weniger in seiner äußeren Realität eine echte Schönheit zu. Die Sophistik der Leidenschaft kann zwar durch Geschicklichkeit, Stärke und Energie des Charakters den Versuch machen, positive Seiten in das Negative hineinzubringen, wir behalten aber dennoch nur die Anschauung eines übertünchten Grabes. Denn das nur Negative ist überhaupt in sich matt und platt und deshalb entweder leer oder stößt uns zurück, mag es nun als Beweggrund einer Handlung gebraucht werden oder bloß als Mittel gebraucht werden, um die Reaktion eines Andern herbeizuführen... Der Teufel für sich ist deshalb eine schlechte, ästhetisch unbrauchbare Figur, denn er ist nichts als die Lüge in sich selbst und deshalb eine höchst prosaische Person« (Werke X^{1}, 1835, S. 284 f.). Die Stelle ist also auffallend, wie bemerkt, besonders wenn man den berühmten, den durchdringend nüchtern-realistischen Satz Hegels dagegenhält: »Man glaubt ein Großes zu meinen, wenn man sagt, der Mensch sei gut, ein viel Größeres aber liegt in der Feststellung, der Mensch sei böse.« Oder wenn man aus den vielen Negations-Ehrungen Hegels nur diesen einen Satz aus seiner Logik herausgreift, den von Lenin besonders zitierten und betonten: »Ja, wenn von Rangordnung die Rede und beide Bestimmungen (sc. Widerspruch und Einheit) als getrennt festzuhalten wären, so wäre der Widerspruch für das Tiefere und Wesenhaftere zu nehmen.« Indes, der »Widerspruch«, wie er in der Ablehnung des Goethe-Teufels und der sonstigen Negations-Feier vorliegt, löst sich selber durch die Unterscheidung des »nur Negativen« des »Negativen überhaupt in sich« und jenes objektiv Negativen, woran gerade nicht »der innere Begriff und Zweck bereits in sich selber nichtig ist«. Und die ganze Fruchtbarkeit der »Arbeit des Negativen« besteht im Faust wie auch in der Phänomenologie in jener Arbeit, die nötig ist, um das Negative als Wirken und Reizen, gleich dem Mephistos, zu verstehen und zu gebrauchen. Widrigenfalls auch Faust das »nur Negative« als »kalte Teufelsfaust« mythologisch bezeichnet und Hegel, sachlich entsprechend, als »Anschauung eines übertünchten Grabes«. Nicht nur Dialektik, auch *tätige Realprobleme* der Dialektik sind also in Faust und Phänomenologie gleichmäßig immanent, mindestens als Horizont.

Fausts erfüllter Augenblick,
Subjekt ohne fremdes Objekt in der Phänomenologie

Ein Mann vergißt die Sache nicht, um derentwillen er ausgezogen ist. Faust und Phänomenologie sind, so durchgehalten wie wenig andere Werke, von ihrem Anfang her auf ein *Ziel* bezogen. Der Bezug im Faust ist die Wette, mit dem Inhalt des »Verweile doch«, zum schönen, zum beruhigten Augenblick gesagt. Das bedeutet einmal, daß Faust, der Tätige, nie ein entspanntes »Verweile doch« zu einem Augenblick akzeptiert. Des Sinns, daß er sich nie auf ein Faulbett zu legen gewillt ist, und diese Intention ist bei Eingang der Wette sogar die überwiegende. Aber im Fortgang des Stücks und entscheidend an seinem Ende ergibt sich eine zweite Intention als überwiegende, sogar als die einzig wesentliche: die auf den Augenblick als einen nicht faulen, sondern erfüllend-erfüllten und so mit Substanz verweilenden. Dieser Augenblick ist, um einen scholastischen Ausdruck zu gebrauchen, das Nunc stans, das zur Ruhe gekommene, aber auch zu seinem Inhalt völlig aufgeschlagene Jetzt. Dieses Jetzt kann bei Goethe bereits durch ein aus der Mühe und dem Fluß sich heraushebendes Zeitmoment bedeutet sein, sofern dieses Moment selber voll großen Inhalts ist. Situationen dieser Art sind dann nicht nur transitorische, gemäß dem Fluß des epischen oder dramatischen Fortgangs, sie zeigen vielmehr, obwohl ihr Vergehen nicht aufhaltbar ist, auch ein charakteristisch Verlangsamtes, Anlangendes oder, wie Goethe selber über die Helena-Begegnung sagt, ein »Solidesziertes«. Die brotverteilende Lotte, der Eintritt Fausts in Gretchens Kammer, der Sonnenaufgang zu Beginn des zweiten Teils, die Helena-Begegnung in Sparta und der Tempel, »im Mondenschein bedeutend nah«: all diese und so manche andere Situationsbilder sind während ihres Geschehens schon wie gerahmt, sind wie auf ein antönend erfüllendes Nunc stans bezogen. Jedoch deutlich wird das erst am Schluß, auf freiem Grund mit freiem Volk, im Augenblick also, wo Faust genau zu diesem so beschaffenen Augenblick das »Verweile doch« spricht, vielmehr: zum »Vorgefühl« glaubt sagen zu dürfen. Die Unruhe glaubt sich im Begriff, gestillt zu werden, und zwar *durchs konträre Gegenstück zum Faulbett, durch Tat mit sozialem Gehalt.* Wie immer auch diese Tat – eine letzte Idealisierung der Bourgeoisgesellschaft aus dem Citoyen-Geist der Französischen Revolution – die Unruhe doch nicht stillt, vielmehr »Fausts Unsterbliches« noch strebend sich bemüht, so ist mit Fausts Bekenntnis (das ihn die Wette so verlieren wie gewinnen läßt) ein deutlicher Bogen zum Bewegungsthema des Anfangs geschlagen, zur Wette Fausts mit Mephisto, auch des Herrn mit Mephisto.

Hegel nun betont zwar, beim Kreis des Wissens könne überall angefangen werden. Aber die Phänomenologie ist gleichfalls auf die Bewährung eines früh angesetzten *Omega-Motivs* gerichtet. Es ist hier das Motiv der »Unmittelbarkeit«, als welches durch Entäußerungen und ebenso Erscheinungsgestalten hindurch zur »vermittelten Unmittelbarkeit« sich bewegt. Damit vereint sich der in der Vorrede zur Phänomenologie versprochene, an ihrem Ende erteilte Preis: »Verwandlung der Substanz ins Subjekt«. Wenn die Phänomenologie in der Vorrede alles darauf ankommen läßt, »das Wahre nicht als Substanz, sondern ebensosehr als Subjekt aufzufassen und auszudrücken« (II, S. 14), so behauptet der Schluß die Ankunft dessen, worauf alles ankommt: die Substanz ist im Fürsich-Gewordensein ihrer das sich wissende Subjekt. Die Phänomenologie stellt sich, nachdem ihr erst »unmittelbares Selbst« die Raumreihe der Naturgestalten, die Zeitreihe der Geschichtsgestalten durchlaufen hat, als »begriffene Geschichte dar«. Fausts »Kreis der Schöpfung« ausgeschritten habend, bis hin zum vermittelten Fürsichsein der ersten Unmittelbarkeit, des Dieser-Seins, Dieses-Seins an sich. Aus der ersten leeren, also unruhigen Gewißheit eines bloßen Dieser-Seins, Dieses-Seins an sich kommt so die Bewegung des Geistes, worin er sich mit seinem Inhalt wissend zusammenschließt: »Die Bewegung, die Form seines *Wissens von sich* hervorzutreiben, ist die Arbeit, die er als wirkliche Geschichte vollbringt« (II, S. 606). Nachdem so die Substanz des Aufgangs wieder erweckt ist, geht sie in der Aufbewahrung all ihrer Entäußerungen wie in der Rückentäußerung all dieser Entäußerungen (Er-innerung) in die absolut mit sich vermittelte Unmittelbarkeit ihres Subjekts zurück. Phänomenologie insgesamt gibt sich – in der beschriebenen Laufbahn: Subjekt-Objekt-Subjekt – als »diese Bewegung des Selbsts, das sich seiner selbst entäußert und sich in seine Substanz versenkt und ebenso als Subjekt aus ihr in sich gegangen ist« (II, S. 608). Bis hin zu jener vermittelten Erfüllung des Selbst mit seinem Inhalt, die zuguterletzt den »Unterschied der Gegenständlichkeit und des Inhalts aufhebt«. Wonach das *Subjekt mit dem Objekt nicht mehr behaftet ist als mit einem fremden;* der Welt-Faust der Phänomenologie landet so im Ithaka seiner ihm eigentümlichen Heimat, im puren Nunc-stans-Kreis des Fürsichseins. Leider nur ist das Selbst der Phänomenologie darin nicht bloß mit keinem fremden, sondern überhaupt mit keinem Gegenstand mehr behaftet, und das trotz des bekundeten Weltsinns Hegels, seiner mit Goethe verbundenen Objektbezogenheit, seiner konkreten Auswendigkeits-Freude. Bei Goethe ließ diese auch in der Gegend des erfüllten Augenblicks nicht nach; Faust bleibt bis ans Ende ebenso voll äußerer Figur, wie er zeit seines Lebens die, wie Goethe sagt, »antwortenden Gegenbilder« zu seinem Innern in der Welt gesucht und gemeint hat. In die Welt hat er sich eingeschifft, gleich dem Subjekt der Phänomenologie, aber materieller als dieses bleibt für Faust *Gegenständlichkeit auch im Fürsichsein des erfüllten Augenblicks* und gerade in diesem als eine rechte. Auch bleibt sie nicht nur dem Faustsubjekt der konkreten Tat, sondern noch dem visionären, dem wesentlich wieder erkennensollenden, lehrend-belehrbaren in der Himmelsszenerie. Sogar die transzendente Sphäre, die noch so hohe, bleibt immerhin eine Sphäre, also ein Umkreis, und sie ist nicht nur mit einem Gegenüber von Menschen gefüllt, wenn auch entronnenen, sondern ebenso mit Natur, wenn auch einer verklärten. Objektivität bleibt, wie immer symbolisch, als Außen-Innen: hier im transzendenten Hochgebirge, auf das die Anachoreten gelagert sind, ja das sie sprechen und selber sind; dort im ausgespannten Himmelszelt, worin Madonna ihr Geheimnis schauen läßt. Sogar in dieser hochspiritualen Verlegung also bricht Objektivitäts-Natur nicht ab, bleibt sie, obzwar aufs höchste mythisiert und stets als Gleichnis, heimatlich erhalten, heimatlich erhoben. Nicht als kein Objekt also, sondern – der Intention nach – genau als eines, womit das Subjekt nicht mehr behaftet ist als mit einem fremden, ohne aber als Objekt – hier als verklärte Natur – zu verschwinden. Dergleichen freilich versinkt im Fürsichsein des anderen Chorus mysticus am Ende der Phänomenologie; der Ausgang in den einzig als Geist gesetzten Eingang läßt der Objektfülle, konsequenterweise, keinen Ort mehr, es sei denn den der überwindend-bewahrenden Er-innerung. Und doch klingt auch im Chorus mysticus des Phänomenologie-Schlusses die antizipierte Augenblicksfülle des Faust-Schlusses unverkennbar verwandt wieder – kraft der Fülle, die es nie ohne Gegenständlichkeit aushält und gibt. »Alles Vergängliche ist nur ein Gleichnis« und, das Fürsichsein des Weltgehalts betreffend: »Aus dem Kelche dieses Geisterreiches schäumt ihm seine Unendlichkeit« – zwischen diesen Epiphanien läßt nicht nur die Substanz als Subjekt, sondern auch ein durchaus »ausgespanntes blaues Himmelszelt« sein Geheimnis schauen. Hegels Objekt-Zurücknahme um der vermittelten, der erfüllten Unmittelbarkeit willen impliziert ebenso Objekt-Aufnahme, damit auch sein absoluter Geist nicht »das leblose Einsame« sei.

Der *Mensch* als Frage, die *Welt* als Antwort: diese Goethesch-Hegelsche Zuwendung nach außen ist ebenso ein immer wieder erneuter Start vom Menschen her. Vom strebenden Sichbemühen Fausts, von Hegels Lebendigkeit des Selbst her. Und beides verhindert die bloße Hinnahme eines Gesetztseins, zeigt auch Goethes welthaft »antwortende Gegenbilder« als Hegels »Preis eines vielfach verschlungenen Weges und ebenso vielfacher Anstrengung und Bemühung«. Die so verstandene Prävalenz des Subjekts über den jeweiligen Umkreis von Gesellschaft und Natur begründet die wahrhaft genetische Methode. Sie begründet die Fahrt Faustens durch die Welt als eine, von der die Welt selber etwas verspürt. Sie begründet die Erfahrungsgeschichte des Bewußtseins in der Phänomenologie als eine ebensolche der Objektwelt, die der Mensch bearbeitet. Sie begründet aber nicht zuletzt auch die Wahrheit des aktiv-historischen Materialismus, zum Unterschied vom bloß anschauend-naturwissenschaftlichen des achtzehnten Jahrhunderts. Der *Mensch* als Frage und die *Welt* als Antwort, das bedeutet darum bei den konkret bewegten Subjekt-Objekt-Beziehungen Goethe und Hegel ebenso: die *Welt* als Frage und der *Mensch* als Antwort – nämlich der zu sich gekommene Mensch, versammelt in einer mit ihm vermittelten, begriffenen, humanisierten Notwendigkeit und Natur. Das Faustmotiv der Phänomenologie ist daher auch von diesem Start wie Endpunkt her das Phänomenologiemotiv des Faust: Erzeugungsgeschichte des Menschen und seiner Welt durch Bewegung und Arbeit. Das Subjekt-Objekt in Faust und Phänomenologie ist auf gemeinsame Weise das der Menschheit, die in widerspruchsvoller Selbstbefreiung aus den Entäußerungen und durch sie hindurch aufsteigt. Wurde dieser Prozeß visiert durch die damals noch progressive bürgerliche Gesellschaft, so stehen Faust und Phänomenologie mit uns nun an dem neuen Tor, an dem der sozialistischen Gesellschaft. Dessen Aufschrift heißt: *Ende des Objekts am befreiten Subjekt, Ende des Subjekts am unentfremdeten Objekt.* Eine mehr als nur postulierende Aufschrift in der ebenso engen wie übergroßen Welt der Entfremdung. Wachsende Selbstentfremdung, Zur-Ware-Werden aller Menschen und Dinge, neue Verapparatlichung des Daseins durch Bürokratie und verdinglichten Betrieb: es sind das ebensoviel Zeichen für den Zustand, »mit etwas behaftet zu sein als mit einem Fremden«, also für unsere uns noch so wenig identifizierende Objektivierung. Trotzdem gilt hier im gleichen Zug: genau die Entfremdung könnte nicht einmal notiert, gar als solch Freiheitsraubendes an den Menschen, solch Entseelendes in der Welt verurteilt werden, wenn es kein Maß an ihrem Gegenteil gäbe, also an jenem möglichen Zusichkommen, Beisichsein, woran die Entfremdung ermessen werden kann. Dieses Beisichsein ist gewiß noch nirgends zureichend vorhanden, empirische Fakten sind allermeist selber nur die der Verdinglichung. Doch desto intensiver lebt das noch nicht gelungene Beisichsein in realer Antizipation; so steht es im Subjekt als *Intendieren* daraufhin, in den Verhältnissen der Objekte immerhin als noch weiterlaufender *Prozeß*. Und das – anders als bei empirisch geschlossenen Fakten – voll lauter weiterdeutenden Zeugen, Zeugnissen, Versuchsgestalten, Kunstwerken, Trostgesängen, auch Verheißungen unterwegs. Voll lauter Fragmente also, in Ansehung des gelungenen Anundfürsichsein, doch mit dessen utopischem Stern im Blut. »Dieses Intendieren auf einen Stern, eine Freude, eine Wahrheit gegen die Empirie ... ist der einzige Weg, noch Wahrheit zu finden; die Frage nach uns ist das einzige Problem, die Resultante aller Weltprobleme; und die Fassung dieses Selbst- und Wirproblems in allem, die weltdurchschwingende Eröffnung der Pforten der Heimkehr ist das letzthinnige Grundproblem der utopischen Philosophie« (Geist der Utopie, 1923, S. 251 f.). Klar, daß dergleichen nicht mehr mit einem Primat der Erinnerung über die Hoffnung, des Gewesenen über das Zukünftige, gar mit dem Wesen als Ge-Wesenheit zusammenfällt. Aber auch klar, wie sehr sich das durchgehaltene Fahrtmotiv Goethes und Hegels bewahrt, – durch so viele Stadien einer Odysseewelt, die doch auch eine vorlaufende, wirklich heimkehrende sein könnte.

> ... es könnte der Modellbegriff auch bedeuten,
> daß die Welt der sogenannten Fakten selber sich
> noch in einem thetischen – Modellzustand ihrer
> selbst befindet. (S. 27)

Wenn einer eine Reise erst tun will, kann er noch nichts erzählen. Aber er wird eine mehr oder minder ordnende Vorstellung von dem haben, was ihn erwartet. Sie wird, auch wenn sie nicht daneben geht, meist zu allgemein sein, und doch ist solcher Vorgriff, mit nicht zu viel nötiger Einbildungskraft, so üblich wie nützlich. Dabei kann es freilich geschehen, daß das Bild zuvor, wenn es allzu schön war, an Ort und Stelle nicht einmal abdankt. Die blassere Skizze wird zwar berichtigt, und die falsche verschwindet dem aufmerksamen und fleißigen Reisenden ganz. Doch die vollere bleibt hinter dem tatsächlich Gesehenen entweder etwas wehmütig zurück oder sie bleibt neben dem reell Erblickten ungerührt weiter stehen. Selbst in der Erinnerung sind dann zwei »Sehenswürdigkeiten« da: die sichtbar gewordene, in diesem Fall oft enttäuschende (obwohl das einzig dem unsachlichen Beschauer zur Last fallen kann) und die vorher zurechtgelegte (hier oft nur aus den Tiefen des Gemüts ausgemalte). Wissenschaftlich freilich ist man von solchen Beliebigkeiten weit entfernt; die Vorbereitung ist hier ab ovo solider beschaffen. Trotzdem gibt es auch hier, wie erwähnt, ein Sich-Zurechtlegen des zu erfahrenden Sachverhalts, bevor er experimentell oder auch hermeneutisch angegangen wird. Hier gibt es durchaus einen heuristischen Überschlag vorher, ja sogar – mit gewissen Entsprechungen zum Reise-Vorblick – eine Art heuristischer Imago. Man denke nur an das vororientierende, fast gläubige Troja-Bild Schliemanns, bis zu dem weit nüchterneren, doch gleichfalls denkbildhaften Prévoir pour voir, ja eben pour comprendre bei Goethe, bevor er den Zwischenkieferknochen entdeckte. Vor den Preis haben die Götter den Schweiß gesetzt, aber Minerva offenbar auch ein erstes Fürwahrhalten, eine Thesis der Annahme, des Vor-Baus. Eine *Thesis?* nun doch: hat nicht Hegel selber dieses erste Glied seiner dialektischen Methode ebenso als – Ansatz dargestellt? Nicht als heuristischen Überschlag, gewiß nicht, wohl aber als ein noch Abstrakt-Allgemeines von »Anfang«, das dem Besonderen seine erste Fassung ist? Und noch weiter, im Reiseland schlechthin, nicht im bloßen Aufbruch dahin: geht das als Thesis jeweils Angesetzte, Vor-Gesetzte (indem alles bloß Methodologische gerade bei Hegel so *reell* überlichtet ist) nicht auch als – *Ansatz selber* in der *Welt* fort? Hegel setzt ja jeder seiner dialektischen Weltgruppen eine Thesis vor; so logisch als »Sein gleich Nichts«, juristisch als noch »formelles Rechtsverhältnis«, ästhetisch-historisch als noch unenthüllte »symbolische Kunst des Anfangs« und dergleichen mehr. Grund genug, wie es scheint, um nun auch ein sehr anderes Voranschlag-Denken, ja eben Voranschlag-Sein mit Fausti Nicht-Wehklag, das heißt mit den Vor-Sätzen, Vor-Stellungen im Hegelschen zu konfrontieren.

Auf alles Meinen vorher, gar vom bloßen Ich her, war zwar Hegel schlecht zu sprechen. Freilich so, daß er darunter mehr *Meinung* versteht, schwankende, zugleich voreingenommene. Auch die »Falten des Herzens« gehören ihm hierher, mit zuviel Gefühl darin, einem »weichen Element, dem sich jedes Beliebige einbilden läßt«. Honetter als auf solche, ihm meist garstige »Meinung« ist Hegel auf ein religiöses Fürwahrhalten zu sprechen, auch im Sinn einer inneren Erfahrung. Das ist dann *Glaube,* er wird sogar als »Kategorie des unmittelbaren Wissens« definiert, freilich nur des unmittelbaren, nicht vermittelten: »Glaube ist ein Wissen, aber man meint gewöhnlich mit Wissen ein vermittelndes, erkennendes Wissen« (XI, S. 130). Jede Glaubensgewißheit wird also von der »Wahrheit« abgetrennt, obwohl das eigentlich religiöse Fürwahrhalten dem Kirchenmann Hegel den gleichen Inhalt wie die Philosophie enthalten sollte. Ebendeshalb aber soll es auf *denkerische Entwicklung* angelegt sein, es hat diese – Anlage dazu, und Andacht selber, sagt daher Hegel, »die von Denken und Gedachtem herkommt« (XI, S. 207), muß eben deshalb, um wahr zu sein, zum reflektierten Wissen ihres Inhalts fortschreiten. Ihr göttlicher Inhalt, vordem gleichfalls nur Gefühl (»warme Nebelerfüllung«, »gestaltloses Sausen« der Andacht, II, S. 172), reflektiert sich zu seinem Begreifen, zur Wahrheit seines Begriffs. Mit einem tiefen Hegelwort über diese nicht mehr unmittelbare, sondern reflektiert bewährte Andacht: »In ihr bin ich nur als Reflexion (Zurückbeugung) zugleich aus Gott in mich« (XI, S. 207). Man sieht, auch ein Fürwahrhalten vorher, als inhaltvoller Glaube rangiert bei Hegel durchaus schon als denkbares Anzeichen eines »konkreten Begriffs der Sache«. Hier allerdings doch wieder mit viel Herzensfalten, und deshalb schon kann Hegel eine Art Vor-Form, gleichsam *Thesis*-Bestimmung eines im Glauben noch unmittelbaren Inhalts nur verklausuliert ansetzen. *Was aber nun mit der Thesis selber* in ihrer dialektischen, vor allem dialektisch-*objektiven* Anfangsrolle, Erstsetzungsfunktion? Das als Thesis und mit ihr Gesetzte ist bei Hegel erst recht das nur Unmittelbare, das noch abstrakt-Allgemeine, das unentwickelte Ansich ihrer Sache. Darum eben fängt jede dialektische Weltgruppe mit solchem Umriß-Gebiet vor der konkreten Inhaltsentwicklung an, dann erst folgen die konkret, die mit dem Besonderen vermittelten Besonderungen, ja die welthaften Umformungen des vordem nur abstrakt-Allgemeinen. Sie explodieren dialektisch kraft der ausgesprochenen Widersprüche in diesem Vor-Allgemeinen, sie retournieren, nachdem die Antithese, dieser »Wendepunkt«, dies »negativ-Vernünftige«, passiert ist, im herausentwickelten, nun erst konkret-Allgemeinen der Synthesis, als des »positiv-Vernünftigen«. Das bleibt bei Hegel die allemal mit einer Thesisform *beginnende* Weltbesitznahme, also auch jenseits der »Entdeckungsreisen« seiner Phänomenologie, seiner ja selber als *Vorgriff* auf die »Realphilosophie« unternommenen. Kann also – um einen lehrreich verfremdenden Anachronismus zu wählen – kann also die Thesis gar durch ein *objektives Modellzeichen* erläutert werden? Sie kann es nicht, wenn das Vorher der Thesis nicht als versuchend, probend, sondern nur als unentwickelt gedacht ist. Sie kann es gleichfalls nicht, wenn erst der weitere Fortgang selber das Starre der Thesis lockert, dabei aber den Umriß der Thesis doch nur mit dem ausfüllt, was ohnehin schon darin war. Thesis als *Versuchsmodell* ist aber nur möglich, wo das Resultat nicht in ihr selber, sei es auch als bloße Silhouette, bereits parat ist. Nichts an solcher Thesis kann dann als Modell erläutert werden, am wenigsten, wenn das Thesishafte in der Welt entspannt wird und das gerade dort, wo seine Vor-Form wirklich postulativ und nicht einfach heuristisch-empirisch auftritt. Letzteres vor allem in der Hegelschen Rechtsphilosophie, deren Thesis nur das vorhandene formelle Recht enthalten soll, durchaus aber nicht, beileibe nicht, das normierende Entwurfsmodell eines »wahrhaft Rechten«, wie es im Naturrecht vorlag. Naturrecht, dieses mit dem vorhandenen Recht gerade nicht versöhnende, wird von Hegel hier so wenig als eine objektive Entwurfsthesis notiert, daß er es einzig als Phantasterei im Sinn der Herzensfalten ansehen mag. Ja, das Modell in der englischen, amerikanischen, französischen Revolution wird aus einer – eher phantasiehaft-moralischen – Konstruktion umgekehrt »zur trivialen Abstraktion über das reale praktische Wesen, das Recht«. Und das gleiche soll für alles moralisch-postulierende Modelldenken gelten; denn ebensowenig wie die Logik die Frage, was die Wahrheit sei, beantworten könne, ebensowenig, sagt Hegel, könne man eine Sittengesetzgebung »bei dieser absoluten praktischen Vernunft suchen, da ihr Wesen darin besteht, keinen Inhalt zu haben« (I, S. 465). So mehrfach berechtigt hier auch der Formalismus der Kantischen Postulatsethik kritisiert ist, so wenig dürfte ein philosophischer Entwurf (auch Kants Schrift über den Frieden nennt sich so), ein überholendes Umriß-Denken also, schlechthin ohne Inhalt sein, nur weil dieser Inhalt, notgedrungen, kein bereits konkreszierter ist, sondern sich erst im normativen Modellstand befindet. Und trotzdem zum Schluß: Hegels *Kategorie der Thesis* als solche hat selber den Umriß ante rem, nämlich in processu in sich, jenen Umriß, der es verstehen möchte, das inhaltlich Erfüllende sich zurechtzulegen. *Jedes heuristische Modell ist methodisch eine Thesis, und jede Thesis mit konkreter Antizipation bezeichnet ein konkretes Versuchsmodell in dem Gestalten und in den Gestalten der Welt selber.* Dafür zwei Zeugnisse auch bei Hegel, gerade besonders fortleuchtende, obwohl sie Hegel durchaus nicht als »Thesis« ausgezeichnet hätte. Aber ein *heuristisches* Modell ersten Ranges war Hegels Dialektik »in noch idealistischer Hülle«, wie sie abzustreifen war. Und ein *antizipierendes* Modell ersten Rangs steckt in dem angegebenen

Hegelsatz von der »Reflexion aus Gott in mich«, als dem tief-sinnigsten Modellzeichen einer anthropologischen Religions-kritik zum Zweck eines möglichen Religionserbes im unbe-kannten Humanum. Soviel hier über einen Modell-Anklang an unerwarteter Stelle; trotz des bei Hegel Abgemachten von vorn-herein, trotz der Anamnesis bei ihm, die nichts Neues im Pro-zeß kennenlernen will, trotz ihres lediglich rückkehrenden Rings, als angeblichem »Symbol der Vernünftigkeit« (I, S. 352). Was man so »Gedankenexperiment« des Zurechtlegens genannt hat, gibt es also offensichtlich – mit wahrer Ironie des positi-vistischen Schicksals – auch in großer, in erzmetaphysischer Philo-sophie, ja gerade in ihr, freilich – anders. Nämlich so nicht-positivistisch wie möglich, nämlich die Skepsis am Gedanken, als Vehikel des fortschreitenden Begreifens, aus dem bloßen *Gedanken* in die Thesis seiner *objektiven Sache selber* über-führend. Versuchswesen dieser Art, Modellanklang dieses Rangs wird erst recht dort sein, wo eine philosophische Reise nicht nur getan werden will, sondern wo der *Prozeßweg* der Welt in seinen *objektiven Versuchsgestalten, Thesis-Versuchen* selber geklärt werden soll, – oft gerundet, immer utopisch offen.

11   AKT DES ÜBERHOLENS

Mit etwas gehen, das kann sehr wohl feige sein. Ist dann dasselbe, wie wenn einer den Mantel nach dem Wind hängt. Es sei
denn, der Mitläufer geht mehr als Eitler mit, weil man ein gerade übliches Etwas, als modisch, nicht nur trägt, sondern schick
findet. Fast gleich dann, ob ein solcher mit der jeweiligen Richtung übereinstimmt oder nicht, ob er sie überhaupt versteht.
Auch am neuen Schnitt eines Kragens ist nichts zu verstehen.
Aber dasjenige, was im Schwange ist, findet seine Mitläufer
nicht so sehr, weil es modisch als weil es vorteilhaft ist. Dann
wird es durchaus verstanden, auch wirklich bejaht, im gleichen
Schritt und Tritt. Bis der Nutznießer im Schritt freilich nach-
läßt, wenn es ihm nicht mehr so bequem, gar vorteilhaft erscheint, mitzugehen. Nur kann der hämische Spießer die Gang-
art selber nicht wechseln. Gegen alles, was er nicht gewohnt ist,
ist er zur Stelle, jederzeit.

Anders leben solche, die hinter dem Heute mehr still und
schwach zurückgeblieben sind. Gleich wie ein schlechter Schüler nicht nachkommt, obwohl er gerne möchte. So etwas kann
zum Spießer hinzutreten, doch bleibt solange ungereizt, gleichsam bei sich zuhause, solange die zurückgebliebene Lage sich
nicht sehr verschlechtert. Aber es gibt – oft quer hindurch –
auch anderes als das zum Heute nur Zurückgebliebene, das mehr
aus eigener Schwäche auf keinen grünen Zweig kommt. Gibt
es doch neben diesen ganz *gängigen* gleichzeitigen Typen solche,
die nicht oder nicht nur verhindert smarte sind, sondern die man
ungleichzeitige nennen muß. Zu ihnen gehören alle Menschen
weit weg vom Strom der Zeit, in abgelegener Gegend; so bereits
viele Kleinstädter. Sie sind kleinbürgerlich, doch provinziell
dazu, was dem Zurückgebliebenen ein viel älteres Leben zusetzt.
Vor allem aber gibt es Berufsgruppen (Fischer und unter den
Bauern nicht nur die Waldbauern), deren Sein und Arbeitsweise

noch durchaus Züge aus früheren Zeiten trägt. Neue Arbeits-
mittel, Zeitung, Radio und so fort haben hier gewiß nicht sehr
gewirkt und abgeschliffen, gleichzeitig machend. Dennoch leben
noch Typen aus verschiedenen Jahrhunderten unter uns, trotz des
wachsenden Abschliffs. Ja, wie äußerlich dieser sein kann, hat der
Zulauf gerade dieser Schichten zu den Nazis gezeigt, sofern hier
mit Blut und Boden, mit der Väter Zucht und Sitte zugleich
verführt worden ist. Durchaus unberührt von solchem Rücklauf
zeigen sich freilich nun seine ehemaligen Benutzer: die *herrschend* Gleichzeitigen, die Männer up to date. Nicht als ob sie
die Antriebe ihrer Zeit durchschauten, aber sie nehmen hellwach
die Chancen wahr, die sie bietet. Ungleichzeitig ist hier freilich
gar nichts mehr, doch auch nichts die Zeit bewußt überholend,
also *übergleichzeitig*.

Dieses setzt vielmehr eine Art voraus, die nicht mitmacht.
Die zwar durchaus gleichzeitig ist, aber darin nicht aller Tage
Behagen findet. Vielmehr lebt hier echter Widerstand gegen ein
herrschend Schlechtes in der Zeit wie auch echte Zustimmung
zu übergehend Bedeutendem in ihr. Und beides wächst dann auf
dem gleichen Holz: auf dem Baum des Morgen im Heute. Demgemäß und um die Geburt des Morgen zu befördern, ist sein
Denken zwar mitten in der Zeit, doch so, daß es sie weisen kann
und überholt. *Überholen* nun, das setzt nicht nur Unzufriedene
voraus, denen der Lauf, gar Stand der Dinge nicht Genüge tut.
Und es setzt nicht nur ein Wünschen und Erwarten voraus, samt
der Fähigkeit, Träume nach vorwärts zu haben. Das ist freilich
nötig, um Dinge nicht in dem Sinn zu nehmen, wie sie sind, indem man sich vor ihnen schlechthin ergibt, statt gegebenenfalls
vor ihnen zu erbrechen. Weiter jedoch ist nötig, daß das Überholen nicht abstrakt bleibt, nur putschhaft vorpreschend oder
aber auch ein Glück vormachend, von dem überhaupt nicht gewußt wird, wie man hingelangt. So etwas ist erst Schwärmen
und überholt nur scheinbar, obwohl sein Vorwärts besonders
heftig aussieht; es überholt aber nicht, sondern überschlägt. Damit dies vermieden, dazu muß man allerdings auch mitmachen,
freilich nicht die Dinge, wie sie sind, wohl aber wie sie gehen,
real möglich gehen könnten, wie ihre Tendenz ist. Kein Überholen kann dies außer acht lassen, ja am wichtigsten ist auch in

diesem Betracht die Beachtung der Straße. Anders gewendet: ohne Anwesenheit im Lauf der Dinge kommt Vorwegnehmen leicht ganz woanders hin, als es wollte. Und die Zustände, die überschlagen werden, wissen, wenn es in der Geschichte so weit ist, von dem Überholenden, das zu eilig war, überhaupt nichts. Dem Spießer aller Arten freilich, der noch beharrt, wenn er mitzieht, ist das Gegenteil von Eile mit Weile ratsam. Denn *letzthin* muß hier über ein Ziel *hinausgeschossen* werden, damit es getroffen wird.

12   ÜBER DIE BEDEUTUNG DER UTOPIE

Nicht nur nachts, auch noch im Wachen wird geträumt. Beiden Arten Traum ist gemeinsam, daß sie von Wünschen bewegt sind und sie zu erfüllen suchen. Doch unterscheiden sie sich schon dadurch, daß im Tagtraum das Ich ständig erhalten ist. Als dasjenige, das sich bewußt Zustände, Bilder eines erwünschten, eines besser erscheinenden Lebens privat ausmalt, sich als künftig vorführt. So legt der Tagtraum also auch inhaltlich keine Reise zurück, wie der Nachttraum, zurück in verdrängte Erlebnisse und ihre Einkleidungen. Er begibt sich vielmehr auf eine tunlichst ungehemmte Fahrt nach vorwärts, derart daß statt eines wieder rezent werdenden Nicht-Mehr-Bewußten Bilder eines Noch-Nicht in Leben und Welt heraufphantasiert werden können. Jedenfalls werden Fluchträume errichtet, auf Spaziergängen oder in ruhigen Pausen bezogen. Oft windige, weil da ja nicht mit viel Überlegung des Drum und Dran gebaut wird, oft ausschweifend kühne und schöne, weil die Baukosten bei Luftschlössern keine Rolle spielen. Aber auch das Ausmalen von Geschenken gehört hierher, in der Kindheit, die Wunschlinie der Jugend, ein großer Mann zu werden, vor allem ihr Bild der künftigen Geliebten. Ja das blaue Tagträumen reicht vom gemeinen Auftrumpfen und Heimzahlen, von Spiegeleien und Goldstoff bis zu weltverbessernden Plänen, keineswegs mehr auf das werte Ich des Vorwegnehmenden allein bezogen. Gleichwohl bleibt leicht ein Schwärmen, das liebend gern die Mittel und die Lage überfliegt. Das uns dadurch freilich ebenso gespannt halten kann, nämlich voll Leben und dadurch auch möglichem Streben nach vorwärts.

Besonders dann, wenn der Tagtraum aus seinem Schein heraustritt. Der verfolgt ihn gewiß auch als gestalteten weithin, hat dazu gerade einen gesellschaftlichen Auftrag. Alle ablenkenden, schönfärbenden, gimpelfängerischen X für U vorspiegelnden Verführungen gehören hierher, alle Wachträume aus Magazingeschichten, mit unmöglichen Glücksfällen armer Teufel, verlogenem Happy-End. Ganz anders jedoch, nämlich nicht ablenkend und à la Zaungast stillend, sondern aufreizend und bei der eigenen Stange bleibend, spielt der Tagtraum von Glück in der ältesten utopischen Erzählung vor, die es überhaupt gibt: im Märchen. Das tapfere Schneiderlein besiegt den Riesen durch die Chaplinsche Waffe der Armen, die List, gewinnt die schöne Prinzessin. Überfluß ohne Arbeit, dies Grenzmotiv lebt im Märchen vom Schlaraffenland, wenn auch grotesk, wie es sich gehört: die Berge in Käse verwandelt, die Weinstöcke mit Bratwürsten zugebunden, die Bäche fließen mit bestem Muskatellerwein. Die geographischen Utopien sind davon nicht so weit: das Land, wo Milch und Honig fließt, ist die bekannteste, das irdische Paradies, das Kolumbus im Westen glaubte, die folgenreichste. Im Märchen sind aber auch gar manche technisch-utopische Gegenstände imaginiert, und das keineswegs nur in magischer, also unmöglicher Ausführung. Tischlein deck dich, das Zauberpferd (mit veritablen Auftriebshebeln), der fliegende Teppich, die freilich tollen Wunscherfüllungs-Requisiten Aladdins bieten sich an und wie lange mit dem Optativ: wenn der Mensch das nur könnte. Ja, aus Märchen ließe sich fast genau so ein Inventar nicht gemachter Erfindungen zusammenstellen, wie eine ausgeführte technische Utopie: Bacons »Nova Atlantis«, solch ein Inventar bereits bildet. Soziale, geographische, technische Utopien, sagten wir, sind im Märchen, oft dicht nebeneinander, beheimatet: damit ist bereits das Utopische selber über viel mehr Fächer ausgebreitet, als es bis vor kurzem, nur vom sogenannten Staatsmärchen, auch Staatsroman her, üblich war. Diese Verengerung des Utopischen muß endlich aufgehoben werden, und die etwas halbstark gewordene Ausdehnung auf sogenannte science fiction bringt kaum die Hälfte der Sache an sich. Vielmehr: vom kindlichen, vom jugendlichen Bewußtsein her, das neuer Dinge nicht nur begierig ist, sondern gärend voll zu sein glaubt, von Zeiten des gesellschaftlichen und kulturellen Umbruchs her, von den Phänomenen geistiger Schöpfung her und den Ländern, die darin wirklich zum ersten Mal über den Horizont tauchen, nie vorher so gesehen, ja nie vorher so gewesen: von alldem geht ein selber kaum so gesehenes Problem-, Kategorien- und Sphärengebiet des Utopischen auf. Nicht nur, daß es sich mit bloß Windigem in Tagträumerei nicht deckt oder zu decken braucht, auch nicht mit dem, was man so Märchen nennt, im gerührten, abwertenden Sinn, sondern selbst die Sozialutopien, so zuverlässig sie das Stammhaus aller Utopiebücher sind und bleiben, fungieren nur inmitten anderer, eigener Utopiegebiete, die gesamte menschliche Kultur, ja auch die vom Menschen unabhängige Natur betreffend. Derart gibt es im ganzen Leben ringsum utopische Auslagen, Wunschbilder im Spiegel, Traumfabriken, Reisebilder; es gibt die gedichteten Überschreitungsfiguren ins noch Unerschienene, vom armen Ritter Zendelwald in Kellers »Sieben Legenden« oder Michael Hellriege in Hauptmanns »Und Pippa tanzt« bis hoch hinauf, unvergleichlich mit Kraft geladen, zu Don Giovanni und Faust, auch den warnenden Don Quixote nicht zu vergessen. Es gibt vor allem, was Sphäre angeht, die eigenen Utopieländer ärztlicher, technischer, architektonischer, geographischer Ausdehnung und Beschaffenheit. Ja selbst im Stammgebiet der Utopien sind die sozialen nicht die einzigen: neben den Ausmalungen des menschenmöglichen Glücks, in den Sozialutopien, stehen hier die Vernunftbilder einer menschenmöglichen Würde, als Naturrechtslehren entworfen. Und näher in einschlagender Existenz, nicht Perspektiven, sondern Betroffenheiten angehend, so erscheinen die – allemal überholenden – moralischen Leitbilder und Ideale, erscheint das topisch noch so unidentifizierte Nirgendwo, worin die Musik zieht. Welch eigene Utopie wieder wurde in den mannigfach gesetzten Bildern gegen den Tod versucht und, damit eng zusammenhängend, in den Wunschmysterien der Religionen, Hoffnungsmysterien des Christentums. Item, *der Humanismus ist in Utopie großgeworden*, und die Philosophie ist mit Recht spekulativ, indem die Akte, Zeugnisse, Probleme, Postulate des Noch-Nicht-Seins ihr zentrales, nirgends nur empirisches Arbeitsgebiet ausmachen.

Nötig aber ist es, daß genau die üblicheren Träume nach vorwärts wohlgesichtet werden. Ihre Entwürfe haben zwar das bloß private wishful thinking verlassen, meist überhaupt nichts mit ihm gemein. Doch muß zwischen Utopistischem und Utopischem unterschieden werden; das eine bringt sich nur unmittelbar, abstrakt an die Verhältnisse heran, um sie rein aus dem Kopf zu bessern, das andere nahm immerhin dazu auch das Bauzeug von draußen. Wobei freilich selbst das Utopistische, wie es abstrakt *über* die Wirklichkeit greift, sich vor einem bloß Empiristischen, das nur anders abstrakt *unter* die Wirklichkeit greift, nicht zu genieren braucht. Kritik des Utopischen kann nur von einem Standpunkt erfolgen, der adäquat ist, der nicht etwa Überfliegen durch faktizistisches Kriechen richtet, gar ersetzt. »Etwas sei utopisch«, als Abwertung im Mund von Geschäftsmännern, die sich besonders klug vorkommen, diese Abwertung in Bausch und Bogen ist ohnehin Provinz oder Phrase geworden, garniert mit der Angst vor Zukunft überhaupt. Dennoch und gerade deshalb aber muß zwischen abstrakten und konkret werdenden Utopien gründlichst unterschieden werden. Besonders Sozialutopien konnten abstrakt sein, weil ihr Entwerfen mit der vorhandenen gesellschaftlichen Tendenz und Möglichkeit nicht vermittelt war; und sie konnten nicht nur, sondern *mußten* abstrakt sein, sofern sie – genau wegen der vorhandenen Tendenzen und Fälligkeiten – zu früh kamen. Darum bildeten die Utopisten eine neue bessere Welt oft allzu *unvermittelt* aus ihrem Herz und Kopf oder wie Engels sagt: »Sie waren beschränkt für die Grundzüge ihres Neubaus auf den Appell an die Vernunft, weil sie noch nicht an die gleichzeitige Geschichte appellieren konnten.« Das gilt selbst für die keineswegs so weltfremden Planbildungen Owens und Fouriers (föderalistisch orientiert), Saint-Simons (zentralistisch orientiert); es gilt erst recht für den wahrhaft, den sehr anders »weltfremden« Humanismus in den meisten Sozialutopien. Allerdings, wenn der utopische Humanismus mit der vorhandenen Welt überhaupt nicht übereinging, dann läßt sich sagen: desto schlimmer für dies noch Vorhandene, desto unabdinglicher und fruchtbarer das Denken ins Rechte. Weshalb auch Engels (unabhängig von späteren Verformern, die es mit dem Humanismus am wenigsten genau nahmen) bei Gelegenheit Owens, Fouriers, Saint-Simons bemerkt: »Wir freuen uns der genialen Gedankenkeime und Gedanken, die unter der phantastischen Hülle überall hervortreten.« Das sowohl in Fouriers »Kritik der bestehenden Gesellschaftszustände« wie in Saint-Simons »genialer Weite des Blicks, vermöge dessen fast alle nicht streng ökonomischen Gedanken der späteren Sozialisten bei ihm im Keime enthalten sind«. Wobei noch – damit auch die unleugbare Abstraktheit dieses Sozialutopischen nicht übertrieben wird, – wobei also noch der deutliche gesellschaftliche *Fahrplan* all dieser Weltverbesserungen erinnert werden muß. Trotz zu großen Vorausträumens und Überholens sind sie ebenso von ihrer Zeit nuanciert und das gerade deshalb, weil sie ihr immerhin negativ verbunden sind. Weil sie nicht, wie die Ideologien, die herrschende Klasse ihrer Gesellschaft rechtfertigen und aussingen, sondern einer neuen, sich erst durchringenden Klasse das künftige Haus – halb wie vorausgeschickte Quartiermacher, halb wie aktivierende Architekten des homo homini homo – bestellen wollten. So sprachen die großen Utopisten im Auftrag der *kommenden* Gesellschaftsträger, der jeweils *nächsten Tendenz*. Selbstverständlich wird nicht das vorhandene, regierende, wohl aber ein heraufkommendes Interesse aufgenommen: so bei Morus das freiere Marktwesen, bei Campanella die absolutistische Manufakturperiode, bei Saint-Simon der sozialisiert gewendete neue Zauber »de l'industrie«. Wonach also selbst die noch abstrakte Utopie – von der konkret gewordenen zu schweigen – nicht das war, was derjenige, dem sie eine Torheit, gar ein Ärgernis ist, Wolkenkuckucksheim nennt. Hauptsache aber bleibt, viel wichtiger als der Fahrplan, der hier im Prinzip ja gar nicht entscheidende: utopisches Gewissen-Wissen wird durch Schaden, den es an Tatsachen erleidet, zwar klug, doch ebenso nicht klug, das heißt, es wird *berichtigt*, doch nie durch die bloße Macht des jeweils Seienden *widerlegt*. Konträr eben: es widerlegt und richtet dieses, wenn es ein schlecht geratenes, inhuman geratendes ist, ja es gibt allererst den *Maßstab*, um solche Faktizität, gar als Abgetriebenheit vom Rechten, zu messen. Vor allem immanent zu messen, nämlich an den Ideen, die vor solcher Abgetriebenheit an der Wiege geklungen und gelehrt haben, die ihr immer noch vorgespielt und vorangetragen werden. Nicht anders hat Hölderlins »Hyperion« den gekommenen Bourgeois durch die vor Tisch geltende Utopie des Citoyen gerichtet; – und der Citoyen, statt ad acta zu kommen und darin zu bleiben, blieb konträr besonders unangenehm mahnend. Gewiß, es gibt den Schillersatz, auf Ideale und Resignation bezogen: »Was sich nie und nimmer hat begeben, das allein veraltet nie.« Wahr aber wird dieser Satz, wenn etwa auf das Utopicum und sein Postulat bezogen, erst durch eine selber utopische Einfügung, nämlich durch das Adverb: Noch-Nicht. Wonach dann durchaus gelten mag, cum grano salis, nämlich mit dem Salz des geschichtskundigen, latenzkundigen Verstands: Was sich noch nie, noch nirgends hat begeben, das allein veraltet nie. So in Ansehung eines Lebens jenseits der Arbeit, wie das in fast allen Sozialutopien intendiert war, oder einer Menschwerdung durch würdige Ziele und tiefe Horizonte um uns. Wie das in dem offensichtlichen Utopiewerk großer Kunst und Religion imaginiert war, also im Vor-uns unabgegolten bleibt. Ja, je weiter eine Zeit von diesem Noch-Nie skeptisch absteht oder dogmatisch abgetrieben ist, desto mehr geht sie es an. Ohne Dimension Zukunft, uns als adäquat denkbar, aktivierbar bleibend, hält es ohnehin kein Dasein lange aus. So zeigt in niedergehenden Zeiten wenigstens ein horror vacui, doch in aufsteigenden allemal ein Plus ultra, daß utopisches Bewußtsein lebt. Um so schlimmer, wenn eine Gesellschaft, die nicht mehr abstrakt-utopisch, sondern mit dem Weg zur Sache vermittelt sein will, gefährlich im Weg fehlgreift. Ist der revolutionäre Vollzug nicht dazu da, abstrakt an ihn herangebrachte Ideale zu verwirklichen, so erst recht nicht konkret erschienene zu diskreditieren, gar durch katastrophale Mittel zu vernichten. Und die vorhandenen Tendenzen des Übergangs in einer Gesellschaft wird der Vollzug nur dann aktiv in Freiheit setzen, wenn das utopische Ziel so unverfälscht wie unabgedankt vor Augen steht. Auch wenn die Utopien ihre noch so greifbaren Optima bestenfalls – versprochen haben, jedoch als *objektiv real* möglich.

Nahes und Fernes, man muß das eine tun, darf das andere nicht lassen. Arbeit an und in Tagesunrat will, daß das Erwünschte von uns auch noch erfahren werden kann. Von hier aus gesehen sollen die Fernziele der Hoffnung gar nicht zu weit gesteckt werden, sonst geschieht, daß Menschen fragen können: was geht mich das an?, oder daß Unmenschlichkeiten entstehen. Der Vor- und Eingriff ins dringend Nächste hat seinen Rang darin, daß er keine Lebenden bewußt verheizt für später Geborene, als Mittel zu einem ihnen nicht mehr erfahrbaren, zu fernen Zweck. Die Gefahr dabei freilich ist, daß die Utopie krauchend-evolutionistisch wird und ihr Ziel nur noch in alltagsfernen und dennoch platten Festreden steht, in lichten Höhen des Sozialismus und anderem Abgedroschenen mehr. Ist sie ein überspringend Antizipierendes schlechthin, den Tagesfragen oft leider fremd überlegen, so ist sie dennoch dem Überhaupt dessen, weshalb und wozu wir die Welt umbauen, fragend verschworen. Zu fordern wäre also eine Wissenschaft, die sich nicht nur auf die Analyse der Weltvorgänge von heute versteht, sondern im gleichen, doch weiteren Zug auf das Hineinbauen ins Blaue, ja sich gar nicht davor hütet, sich auch aufs Ultraviolette im Marxismus zu verstehen. Philosophisch hat der fern-antizipierende Vorgriff es mit dem utopischen Totum selber zu tun, ohne dessen Gewissen wie Eingedenken immer wieder bloßer Praktizismus kommt, der erst recht Menschen verheizt, ohne daß er jedoch, wegen seiner Banalität, das Ziel, »das Reich der Freiheit«, implizite lebendig erhält. Es gilt also, Nah- und Fernziel in einer so gütigen wie weisen Montage von Etappe und Ziel zu vereinen. Ohne utopisch prinzipiellen Begriff gewinnt gerade die Wissenschaft der Revolution keine Planung ihres wirklichen Wohin und Wozu, und die dauernd vorausgesetzte, ja implizierte Teleologie der Planung gewinnt keine Wissenschaft. Alle unsere Träume und Antizipationen von möglicher Realität werden damit gewiß nicht in ein Planungsbüro und seine »Einplanungen« verwiesen – genau die wichtigsten nicht, und darunter auch jener letzte Traum nicht, der Freiheit, Muße, schließlich terra incognita der Freiheit heißt.

Auch zum Träumen nach vorwärts paßte, daß es bildert. Ein Begriff kam erst später hinzu, und lange schien er im Geschäft von Morus und dergleichen nicht wesentlich. Das ist zwar nur scheinbar so, ja grundfalsch, dennoch war die Einkleidung dieser Gebilde mühelos eine erzählende. Und weiter konnten sie sogar Staatsmärchen heißen, nicht nur Staatsromane; auch bezog sich dies Märchenhafte noch auf anderes als auf das Fiktive, gar auf die Gleichung Träume–Schäume. Denn sind nicht so viele Märchen, als die von armen Kindern oder mutigen Burschen, von lauter Glücksbild bewegt und schon auf utopischem Zug zu ihm? Also hatte das Staatsmärchen vor allem Bezug auf die uralten Volksträume selber schon utopischer Art, darauf aus, »das Glück zu suchen«. Aber nun, vom Märchen her, als phantasievollem: noch eine andere Beziehung utopischer Art zu sozusagen praelogischen Formen besteht. Es ist eine erst recht bildreiche und »dennoch« dem späteren Begriff und seinem Licht (das dieses Sinns ja selber ein Bild ist) keinesfalls abgewandte. Gemeint ist die Beziehung zu erworbenen *Grundbildern* der Phantasie oder den oft erwähnten Archetypen. Freilich: während das Märchenhafte, zum Unterschied von der Sage, keineswegs herabgesunkener Mythos ist, vielmehr ganz eigenen, dem Herrenhaften des Mythos sogar feindlichen Ursprung hat, blieb das archetypische Bildmaterial weithin im Mythischen, prägte sich darin aus. Daher auch wurde das Archetypische nicht nur als praelogisch, sondern – wiederum grundfalsch – als schlechthin irrational pointiert; so bei C. G. Jung. Er steckte es in ein kopflos »Unbewußtes vor fünfhunderttausend Jahren«, ließ es von daher – ganz zukunftslos, ganz Regressio – nur »emergieren«. Statt dessen aber sind nicht nur archetypische Bilder immer wieder neu in der Geschichte entsprungen (man denke an den Tanz auf den Trümmern der Bastille), sondern auch die wirklich alten zeigen oft mitten im Mythischen einen völlig hellen, drängend-utopischen Sinn (man denke an die verklärte Erinnerung: goldenes Zeitalter, als verschüttetes oder aber von der Zukunft noch zukommendes gedacht). Letztere Art Archetypen ist an sich also schon deutlich utopisch (auch im Märchen als der des Schlaraffenlandes erscheinend). Eine große Zahl anderer verkapselter Archetypen (man denke an Archetypen wie die der unsichtbaren Loge oder des Retterkaisers und ihr Mythisiertes) muß auf ihren utopischen Gehalt gleichsam erst aufgeknackt werden. Ein geringerer Teil freilich (die unterdrückenden, herrscherhaften Archetypen, nach Art der Medusa, sogar des blitzewerfenden Olympiers) ist heillos. Nicht aber verweigern sich die verkapselt, gar offen humanen Archetypen dem utopischen Begriff, auch brüten diese keineswegs im hintersten Unbewußten, diluvial, mysterisch. Jeder kennt sie vielmehr aus seinem gegenwärtigen Dasein, aus der nicht nur zündenden, sondern erhellenden Kraft schlagender Bilder. Kennt sie aus Kunstwerken und ihren ausgetragenen Situationen, Konflikts- und Lösungs-Formen, aus der unabnutzbaren Kraft eindeutiger Symbole, selbst vieldeutiger Allegorien. Archetypen sind: das Bild des Feinds, der Mutter, des Retters; die Zwingburg und ihre Erstürmung; das Labyrinth und der Ariadnefaden; der Drachentöter, aber auch der Retter in Knechtgestalt (heimkehrender Odysseus, Jesus) und seine Enthüllung. Archetypisch sind alle Szenen der Anagnorisis als blitzartiger Wiedererkennung (Elektra und Orest, Josef und seine Brüder), archetypisch ist der Weg aus Nacht zum Licht (Zug aus Ägypten nach Kanaan). Und letzteres Grundbild eben ist bereits *archetypische Utopie* selber; ihm ist der rote Hahn zugehörig und das Schmettern des gallischen und der Bastillesturm mit dem Tanz auf den Trümmern, wenn der Perseus, der Revolution heißt, nicht nur Andromeda befreit hat. Doch auch bei Archetypen mit viel fernerem Bezug zum goldenen Zeitalter und seinen Hindernissen zeigt sich: es gibt krypto-utopische Traumenklaven darin; sonst wäre das alles nur Riesenspielzeug oder Olymposbild oder aber – Hekuba.

Der Traum vom menschlich Gemäßen ist nirgends zage, er späht nach *mehr*. Das nicht nur in den übernommenen Grundbildern, sondern in gefügten, gestalteten, im *Kunstwerk*, das sie verwendet. Daher auch vergeht das »bedeutende« Werk mit der Zeit nicht, obwohl es darin gesellschaftlich wurzelt und ihr zweifellos, doch nicht auf erschöpfende Weise, ideologisch zugehört. Die großen Kunstgebilde haben ihre Dauer und Größe gerade darin, daß sie voll Vor-Schein, voll utopischer Bedeutungsländer wirken. Diese liegen gleichsam in den Fenstern solcher Werke und allemal in den Fenstern, welche nach jener Richtung gehen, worin »zu Ende« treibende (sprengende oder vollendete) Vorwegnahme geschieht (ohne daß das »Wolkenregion« wäre). Eines der hörbarsten Beispiele dieser Art ist »Fidelio«, von der Bewegung der Französischen Revolution erfüllt, doch wer zweifelt, daß auch *statische* Gebilde von bleibendem Rang mit ihrer doch vergänglichen Seinsgrundlage und deren Ideologie nicht ganz umschrieben sind? Die griechische Sklavenhaltergesellschaft ist nicht nur dahin, sondern kaum noch recht vorstellbar, dennoch gibt gerade die griechische Kunst ein »Muster« auf, woran viel spätere sich bewähren will oder dem sie kontrastiert. Die mittelalterliche Kunst ist ständisch gebunden, ihr feudal-klerikaler Auftraggeber kann nur noch als Gespenst beschworen werden, doch wie sehr uns fortbetreffend liegen die Innigkeit, Ordnung, Mystik dieser Kunst über den damaligen Hierarchien und dem mythologischen Jenseits. Einleuchtend wirkt hier ein »kultureller Überschuß« über die zeitgenössische Ideologie, und nur er trägt sich auch über zerfallener Basis und Ideologie durch die Zeiten, macht so das Substrat späterer Nachreife und Erbbarkeit aus. Dies Substrat aber ist utopischer Natur, und kein anderer als der utopisch-konkrete Begriff wird ihm gerecht; die Kunst ist durchaus nicht nur Ideologie der jeweils herrschenden Klasse oder gar ihre propagandistische Magd. Auch das Amalgam aus guter ökonomischer Analyse, die die Schuppen von den Augen fallen läßt, und aus soziologisch-schematischen Scheuklappen zugleich, die die Schuppen andersherum ersetzen, dies Amalgam selbst noch bei Lukács' Literaturtheorie verdeckt nur die utopische Perspektive jeder großen Kunst. Denn noch dort, wo das durchschlagendste Gefühl von Gelungenheit Platz griff, leuchtete das mit auf, was fehlt, ein oft geradezu unbändiges Blau, und diese Art Mitleuchten ist das Höchste, vor allem: das Menschlichste, was von Werkvollkommenheit gesagt werden kann. So nannte Michelangelo Ghibertis Bronzetüren am Baptisterium in Florenz »Tore, würdig, die *Pforten* des Paradieses zu bilden«; vom Paradies selber freilich, daß es so schon bronziere und leuchte, schweigt auch dieser ekstatische Ausspruch. Dies noch erst, aber durchaus schon *Pfortenhafte* ist außer dem Blau- und Goldgrund im Fenster ein anderes Kennzeichen der Utopie im großen Kunstwerk, ja großen Werk überhaupt; man kann es (»oft gerundet, nie geschlossen«, sagt dazu Goethe) das unbetrüglichste Kennzeichen nennen. Gerade utopisches Bewußtsein bleibt in dem noch Ausstehenden seiner Erfüllung überall unbetrüglich, und das gewiß nicht aus skeptischen oder aus agnostischen Gründen. Sondern utopisches Werkbewußtsein verschüttet nicht das verpflichtende Ziel mit Lösungen, gar bloßen verdinglichten Mitteln von unterwegs, mit verabsolutiertem Halblicht als Abschluß, sei es selbst Hegelschen Rangs. Und das aus dem reellsten Grund schlechthin, aus dem objektivsten Korrelatsgrund, den das utopische Bewußtsein hat und der lautet: die Weltsubstanz, die Weltmaterie ist selber noch nicht abgeschlossen, befindet sich noch in utopisch-offenem, das heißt, noch nicht selbstidentisch manifestiertem Stand. Wenn es eine Formel der Gemeinheit sein kann, die Dinge nur so zu nehmen, wie sie sind, dann gehört nicht viel Paradox dazu, um statt dessen ihrem *Andersseinkönnen* mindestens so viel Treue zu halten. Oscar Wilde sagt daher nicht überraschend: »Eine Weltkarte, auf der das Land Utopia nicht verzeichnet ist, verdient keinen Blick.« In den Dingen selber gibt es nur eine gepunktete Verlängerungslinie zu so etwas wie diesem Land, doch auch das Radierende, Kaschierende sämtlicher Positivisten kann sie aus dem, was wirklich der Fall ist, nicht entfernen. Folglich gibt es (und jedes bedeutende Werk wurde dem per definitionem der »Bedeutung« gerecht), folglich gibt es utopische Ränder nicht nur des jeweils Seienden, sondern des gesamten bereits vorhandenen Seins und Wesens selber, die das vorhanden Wirkliche mit so sehr viel größerem *objektiv-real-Möglichem* umgeben. Folglich ist auch jedes Werk, dies Mögliche abbildend und informierend, voll gemehrter Horizontprobleme; der Rang dieser Probleme bestimmt zugleich seinen eigenen Rang. Wobei die großen Kunstwerke des schöpferischen Fragments am wenigsten entbehren; als des musischen Vor-Scheins (nicht Zugedecktseins, Abgeschlossenseins) vom objektiv noch Latenten in der Welt. Das macht zugleich einen Unterschied kenntlich,

Archetypen und Kunstwerke hinsichtlich ihrer *Hermeneutik* betreffend. Denn wenn alle nicht-märchenhaften, nicht-aurorischen Archetypen erst auf ihren utopischen Bestand aufgeschlossen werden müssen, liegt dieser bei großen Kunstwerken, auch bei scheinbar statisch-konformen, selbstleuchtend im Horizont. Nur angemerkt sei es an diesem Ende, daß Trauer und Schmerz in einem Kunstwerk niemals bloß diese, als *unbeschienen,* bleiben, sowie andererseits, aus gleichem utopischen Grund, Freude im Kunstwerk immer nur *vorscheinend,* also vertieft durch *Schatten* aufgeht. Aber selbst der große, der tragische Untergang, und gerade dieser, hat bei allem Blut, Mord, Finsternis, Kreuz, im nie sich endenden Kunstwerk nicht das letzte Wort; so gibt es die Fülle optimistischer Tragödien, eine verhängt leise Fülle auch bei noch so kohlschwarzfix erscheinendem Ende. (Daher denn Lukács mit Recht anmerken kann, contra tragisch-pessimistisches Amalgam: »Die größten Tragödien des Erbes aus der Vergangenheit stellten durchaus nicht die notwendige Vergeblichkeit und das zum Untergang Verurteiltsein der menschlichen Bestrebungen dar, sondern im Gegenteil den jeweils konkreten und jeweils sich konkret erneuernden Kampf des Alten und des Neuen, in welchem den Zusammenbruch des Alten oder den Untergang des noch mit schwachen Kräften gegen das Alte kämpfenden Neuen die Verwirklichung oder zumindest die Perspektive der Verwirklichung einer höheren Entwicklungsstufe krönt.« Das ist zwar wieder hauptsächlich soziologisch gesehen, mit dem Phänomen Tragödie und ihrer Perspektive als bloßem Hilfsmittel zum außerästhetischen Verständnis sozialer jeweiliger Vorgänge, doch der perspektiven-, also utopiehaltige Überschuß, den das Kunstwerk auch hier vor-exekutiert, wird am scheinbaren Sideroxylon: optimistische Tragödie vorzüglich sichtbar.) Klar ist insgesamt: auch noch das drückende wie gar das zurufende Kunstwerk gehört dadurch, daß es seine Menschen und Situationen bis zu Ende gehen läßt und ausgestaltet, jenem Horizont des Seins zu, wo immerhin Pforten sind. Das »Lied an die Freude« überstrahlt die wirklich bisher erlebte, indem es (obwohl es nur ein Lied ist und weil es das ist) die vollkommene Freude schon nennt und ruft. Schiller ergänzte diese seine Apostrophe (sie reicht von der Tochter aus

Elysium sogar kantisch-postulativ bis zu dem keineswegs faktischen, durchaus utopischen Gott-Satz: »Über Sternen muß er wohnen«), – Schiller ergänzte seine Beschwörung sogar durch eine andere, merkwürdig konstituierende in seinem Kolumbus-Gedicht, kein Elysium angehend, wohl aber etwas von seiner erreichbaren Küste. Das in folgenden erstaunlichen, auch überbordenden, doch utopisch-beschwörend gemeinten Versen: »Immer, immer nach West! Dort muß die Küste sich zeigen. / Traue dem leitenden Gott und folge dem schweigenden Weltmeer! / Wär sie noch nicht, sie stieg jetzt aus den Fluten empor. / Mit dem Genius steht die Natur im ewigen Bunde: / Was der eine verspricht, leistet die andere gewiß.« – Diese Verse sind gewiß voll abstraktem Idealismus, doch sie enthalten auch Willen und diesen, qua »Genius«, expressis verbis im Bund mit der Natur, der selber schaffenden, naturierenden. Erst recht gilt die Pflicht, das Innere zu tun und das Außen nicht zu lassen, nicht so zu belassen, für jede Phänomenologie des »Geistes« und seiner Werke, welche keinen Frieden mit der bereits vorhandenen Welt macht. Phänomenologie des Veränderns und Veränderbaren fährt vielmehr durch die Welt, um der darin noch nicht vorhandenen auf die Spur zu kommen und sie zu befördern. Utopie in Werken ist dasjenige, was die bedeutenden Werke gewiß auch negativ fragmentarisch macht, indem die Welt, die darin wirklich bedeutende, selber das Unfertigste ist, ein wie oft Durchkreuztes, wie selten Erfülltes. Lieder an die Freude sind hier aber der kühnste Beitrag, leider nur ein poetischer, indes auch philosophisch wurde ja nicht nur aus dem prüfenden Untergang, sondern dauernder aus dem probenden Aufgang nicht schlecht gelernt.

> Jedes heuristische Modell ist methodisch eine
> Thesis, und jede Thesis mit konkreter Antizipa-
> tion bezeichnet ein konkretes Versuchsmodell in
> dem Gestalten und in den Gestalten der Welt
> selber. (S. 88)

Die neutrale Annahme

Bevor etwas gedacht wird, wird das hier Rechte erst gemeint.
Sowohl indem man darauf gerichtet ist, darauf abzielt, als indem ein erstes Sichs-Denken angeht. Dies zurechtlegende Sichs-
Denken ist zwar allemal bereits ein Sichs-so-Denken, aber es behauptet über das So noch nichts. Freilich richtet sich das derart
beschaffene *Meinen* bereits auf einen vorschwebenden Umriß
dessen, wie ein Fall zu denken, also zusammenhängend zu begreifen sei. Nur beansprucht auch ein derart erweitertes Sichs-
Denken noch nicht, wahr oder falsch zu sein. Jedes bloße, aber
auch erste Meinen bleibt derart noch neutral, legt sich noch in
nichts fest. Daher reicht das Meinende solcher Meinung vom
bloßen unverbindlichen Geschwätz bis hinauf zur vorsichtigen
Annahme, es sei etwas so, wie gedacht, wie denkend zurecht-
gelegt. Tritt allerdings Geschwätz selber nicht unverbindlich,
sondern behauptend auf, dann erscheint es, vor allem bei genereller und landläufiger Meinung, als Vorurteil. Oder es erscheint,
wenn ganz aus der hohlen Hand geschöpft, als Schwindel, höheren Orts als wissenschaftliche Hochstapelei. Indes all dies dünne
oder freche Randzeug ums echte verantwortlich gezielte Meinen
kann das Glück nicht gemein machen, daß überhaupt *Annahmen*
möglich sind. Diese bleiben ja nicht beim bloßen Sichs-so-Denken,
wenn sie So oder So setzen. Gar der Schwindel, obwohl er sich
oft an den Rockschoß erster Annahmen hängt, ist deshalb nicht
ihr Kind. Vielmehr, ohne probendes Annehmen gäbe es gerade
keinen Ansatz zum wissenschaftlichen Begreifen selber, ja, es
gäbe keine neuen Forscher mehr, nur Wiederkäuer. Auch gehört
es genau zur Strenge, daß sie, bevor sie eintritt, sich auf ein
Spiel versteht, nämlich abwägend.

Bloßes Sichs-Denken also geht wachsend ernst zu einem Sichs-Zurechtlegen fort. Darin schlägt das Annehmen engere Kreise, in ihnen geht es gegen Wahr und Falsch nun immer näher empfindlich her. Der Überschlag tritt aus jener bloßen Neutralitätsform aus, die Meinong in seinem Buch »Über Annahmen« zuerst, jedoch als reine Leerform behandelt hat. Aber die inhaltlich jeweils *bezogene* Annahme, in approach zu dem zu untersuchenden Sachverhalt, ist nicht mehr Leerform. Eben deshalb nicht, weil der keinesfalls abstrakte Stoff in sie einspricht, als das, um dessentwillen es überhaupt wissenschaftliche Annahmen gibt und sie selber überhaupt *differenzierte* sind. Ebenso bleiben sie jetzt gegen Wahr und Falsch alles andere als neutral, vielmehr formt sich das erste Staunen und Fragen – das, wie gesehen, ja allem betreffenden approach dauernd zugrunde liegt – zu einem nicht mehr so unmittelbar-tiefen Hingang auf die gegebenen Aporien (als Unwegsamkeiten) der Welt. So gewinnt sich in der Annahme die Richtung des *gegenständlich gezielten* Fragens an eine sonst unübersehbare Masse von Daten, eines Fragens aber, das außer seiner Richtung auch im ordnenden Überschlag weiß, wonach speziell gefragt wird, und wo ungefähr das erhellende Antwortgeben in der Stoffmenge liegen mag. Es ergeben sich weiterhin im gezielten Fragen aus entwickelter Annahme Alternativen, zuweilen einengende, doch jedenfalls nicht uferlose. So etwa: Ist Heß 1941 auf eigene Faust nach England geflogen oder hat Hitler ihn geschickt? – Sind Bazillen immer die Ursache oder können sie auch nur Begleiterscheinungen einer Krankheit sein? – Ist Graphit eine letzte Stufe des Anthrazit oder, nicht-organischen Ursprungs, ein Mineral? – Liegt das Zwischenglied zwischen Affe und Mensch auch zeitlich dazwischen oder ist es älter als beide? – War Wallenstein nur ein Condottiere oder wollte er eine Staatseinheit (entsprechend Frankreich und England) in Deutschland herstellen? Derart gibt es eine Fülle bereits alternativischer Frage-Annahmen, die Richtung angebend, in der die Sonde zwecks Antwort angelegt wird. Wobei die Annahmen ante rem durch ihr probierendes Fragen von verwandt erscheinenden Gebilden, nämlich von Fiktionen wie Hypothesen, verschieden sind. Wissenschaftliche *Fiktionen* zunächst, wie das reibungslose Pendel, der reine homo oeconomicus bei Adam Smith und so fort, sind isolierte, also zum Unterschied von Annahmen unveränderbare Hilfsvorstellungen innerhalb der Forschung selber und ihr nicht etwa, bei jedem neu auftretenden Sachverhalt, *voraufgehend*. Es sind absichtliche Vereinfachungen, zwar heuristisch (meist nur pädagogisch) bedeutsam, doch sie werden – als unwirklich von Haus aus – durch die Forschung weder verneint noch bestätigt. Innerhalb der Forschung wie selbst nach einem relativen Abschluß ihrer bleiben das reibungslose Pendel in der Physik, der homo oeconomicus in der Nationalökonomie genau dasselbe; sehr zum Unterschied von den Annahmen und ihren erfragenden Leitbild-Vorwegnahmen. Die *Hypothesen* andererseits differieren von den Annahmen entscheidend darin, daß sie, obgleich gegebenenfalls vorläufig, *Resultate* der Forschung sind, also erst recht nicht voraufgehen. Sie stehen im induktiven Schlußsatz, werden bei wachsender empirischer Wahrscheinlichkeit erst recht zu Resultaten, zu denen einer *nicht mehr hypothetischen Theorie*. Wobei freilich auch der induktiv-empirisch noch so breit gewonnene und bestätigte Schlußsatz wegen der niemals vollzählig, vollständig bekannten Einzelfälle immer nur mehr oder minder große Wahrscheinlichkeit aufweisen kann; so kommt kein empirisches Resultat, vérité de fait, letztlich über doch nur hypothetische Geltung hinaus. Es bleibt so Hypothese, doch eben immer als Resultat, wieder zum Unterschied von dem so ganz anders situierten Probewesen der Annahme. Höchstens der schlecht gebaute Ausdruck »Arbeitshypothese« begibt sich scheinbar an den Ort des Annehmens; eine Vermischung beider, gewiß aber auch ein Zugeständnis. Nämlich ein Tribut der Induktionsschlüsse an eine Annahme vorher, ohne die sie die Einzelfälle gar nicht auf ihr Allgemeines befragen könnten. Bleibt doch ein Auftakt aus Annahme auch induktiv-empirisch unerläßlich, einer des »Gedankenexperiments«, wie für physikalische Wiederholbarkeiten eben Mach sagte, eines »Idealtypus«, wie für historische Unwiederholbarkeiten Max Weber sagte. Also wird, wie man nun entschieden sehen wird, auch von Positivisten ein Auftakt, ja ein förmliches Vorland von Annahme anerkannt. Obzwar sie bei ihnen, nach getaner Schuldigkeit, wieder zu gehen hat; denn bloßer Empirismus ist ein eifersüchtiger Nichtgott.

Nochmals »Gedankenexperiment« und »Idealtypus«

Sichs-Zurechtlegen aber, mindestens dieses, ist nötig, wo erklärt, wo verstanden werden soll. Es wird durch ein Forschen erzwungen, das sich mit bloßem Beschreiben doch nicht begnügt. So eben bei Mach: er anerkennt das *Gedankenexperiment*, das jedem wirklichen vorherzugehen hat. Auch wenn Erkenntnis, wie Mach sichs denkt, nichts sein soll als »Anpassung des Gedankens an die Tatsachen«. Aber wissenschaftliches Sichs-Zurechtlegen variiert sich auch nach Mach in noch freischwebender Annahme durch überlegtes »Raten des denkökonomisch tauglichsten Gedankens«. Das überlegte Raten steht im Gegensatz zur bloßen bastelnden try and error method: »Jeder Experimentator«, sagt Mach, »muß die auszuführende Rechnung im Kopfe haben, bevor er dieselbe in die Tat übersetzt« (Erkenntnis und Irrtum, 1906, S. 187). Wie immer es bei dem Physiker Mach selber mit solcher Übersetzung in die »Tat« ausgesehen haben mag, mit nicht zu gewaltiger also: Galilei jedenfalls steht fürs Gedankenexperiment wirklich als Meister da. Schwingende Kronleuchter wären ihm sonst nichtssagend geblieben, und der sagenhafte fallende Apfel hätte ohne vorher gezielte Frage nichts von Schwerkraft verraten. Auch füllt Galilei die Zeit zwischen dem intellektuellen und dem physischen Versuch erweisbar durch das Annahmewesen des wissenschaftlichen »Ratens« aus. Nach geschehener empirischer Modifizierung fallen gewiß sämtliche vorhergehenden Annahmen weg, als bloße *gewesene* Vermutungen. Waren sie falsch, so sind sie nun schädlich, waren sie wahr, so sind sie nun überflüssig und finden ihren Platz bestenfalls in der Biographie der Physiker, nie in der Physik. Ersichtlich aber fehlt die Schicht der Annahme gerade in der reflektierenden Naturwissenschaft nicht.

Nicht unverwandt läuft die Annahme dem wahren Verstehen *geschichtlicher* Art vorher. Allerdings mit dem wichtigen Unterschied, daß hier kein wirkliches Experiment das Gedankliche fortsetzen kann, wie dies naturwissenschaftlich geschieht. Auch ist kein historischer Vorgang wiederholbar, am wenigsten mit den künstlich hergestellten und isolierenden Bedingungen, womit naturwissenschaftlich experimentiert wird. Auch rein in Richtung der gezielten Frage kommt der Historiker zu seinen Fällen allemal zu spät. Dennoch lebt selbstverständlich auch hier die Annahme, in spezifischer Gestalt und mit Probe auf ein immerhin vorliegendes, obzwar nicht wiederholbares und variierbares Exempel. Am deutlichsten bei Max Weber: er führte für das geschichtlich-gesellschaftswissenschaftliche Sich-Zurechtlegen den Begriff Idealtypus ein, das heißt ein vorläufiges Gedankenbild dessen, was ehemals, unter vorliegenden Bedingungen, zu geschehen möglich und als Verlauf wahrscheinlich war. Der Soziologe Weber notiert diese einzelwissenschaftliche Phantasie, ein Empiriker durchaus, erkenntnistheoretisch ein Positivist und ein besonderer Feind aller Werturteile in der Wissenschaft. Trotzdem findet sich hier ein »kurzer idealer Überschlag«, um kurzdauernde Vorgänge, etwa die Schlacht bei Waterloo, in einem Denkbild sich zu ordnen und ihre Daten zu dem Historiker sprechen zu lassen. Und ein »langer idealer Überschlag« wird methodisch zuvorgesetzt, um langhingezogene Erscheinungen, etwa die mittelalterliche Stadtwirtschaft, die Manufakturperiode, die Zusammenhänge zwischen Kapitalismus und Protestantismus, einheitlich überhaupt erblicken zu können. Nach Weber mit keinem anderen als heuristischem Wert, jedoch mit diesem durchaus: »Für die Forschung will der idealtypische Begriff das Zurechnungsurteil schulen; er ist eine Hypothese (!), aber er will der Hypothesenbildung die *Richtung* weisen ... Er wird gewonnen durch einseitige Steigerung eines oder einiger Gesichtspunkte und durch Zusammenschluß einer Fülle von diffus und diskret – hier mehr, dort weniger, stellenweise auch gar nicht – vorhandener Einzelerscheinungen, die sich jenen einseitig herausgehobenen Gesichtspunkten fügen, zu einem in sich einheitlichen Gedankenbilde. In seiner begrifflichen Reinheit ist dieses Gedankenbild nirgends in der Wirklichkeit vorfindbar, es ist eine Utopie (?!) und für die historische Arbeit erwächst die Aufgabe, in jedem einzelnen Falle festzustellen, wie nahe oder wie fern die Wirklichkeit jenem Idealbild steht ... Solche Begriffe sind Gedankengebilde, in welchen wir Zusammenhänge unter Verwendung der Kategorie der objektiven Möglichkeit« (das heißt, daß es so gewesen sein könne, nicht mehr) »konstruieren, die unsere an der Wirklichkeit orientierte und geschulte Phantasie als adäquat beurteilt« (Gesammelte Aufsätze zur Wissenschaftslehre, 1922, S. 190 ff.). Merkwürdig und lehrreich bei einem Empiristen und noch merkwürdiger der – wie immer auch unwillig, ja falsch bedeutete – Dominantzwang von Begriffen wie Utopie und objektive Möglichkeit. So viel hier über Webers Idealtypen als Art von Gedankenexperiment im Feld der historischen Gesellschaftswissenschaften. Ja schließlich als historisches Pendant zu dem naturwissenschaftlichen Modelldenken, Modellbegriff, wie er von Mach, Duhem, Poincaré an immer mehr (Atommodell, Periodisierungsmodell) das Annahmen-Wesen gestärkt, freilich auch verengt hat. Verengt deshalb, weil eben der gesamte empirisch, gar positivistisch bleibende Gebrauch von Annahme diese doch am Ende völlig wegwirft. Sie gilt vor den Fakten als pure Hilfskonstruktion und teilt mit ihr das Geschick, nach Gebrauch wegradiert zu werden. Wonach weder des Gedankenexperiments noch des Idealtypus im erlangten Resultat mehr gedacht wird; beide sehen sich vielmehr durch matters of fact, durch diese vérités de fait *in Grund und Boden hinein* berichtigt. Außer etwas biographischem Interesse bietet da bestenfalls die Geschichte der Naturwissenschaften einen Ort, – vorausgesetzt, daß das Annahme-Modell halbwegs wenigstens heuristisch dienlich war. Was aber ist hier empirisch übriggeblieben, wenn Kepler dem ersten Planetengesetz die Annahme vorhergehen ließ, daß die *Kreis*-Bewegung, als »vollkommenste«, die dem Planeten einzig »würdige« sei? Was gar von seiner Harmonie der Sphären, diesem erst recht nur ästhetisch-mythischen »Idealtypus«, worin für Kepler die »Harmonie« des Weltalls, ganz buchstäblich gefaßt, so vor- wie widerklang? Nichts bleibt davon wert, empirisch behalten zu werden: die Planeten bewegen sich nicht in Kreisen, sondern in Ellipsen, gar die Harmonie der Sphären ließ höchstens schönen Unsinn von sich übrig, an dem nicht die mindeste Umfunktionierung (etwa als Handhabe einer »Weltschönheit«) Platz hat. Aber auch bei weniger skurril gewordenen Beispielen, ja gerade dann, wenn die Annahmen nichts mit einem älteren, qualitativ gewesenen Weltbild zu tun haben, wenn sie vielmehr durchaus quantitativ-empirisch vertretbar sind, werden Gedankenexperiment wie Idealtypus induktionswissenschaftlich einzig in der Werkstatt, nicht im Resultat ausgezeichnet. Wissenschaftliche Phantasie gilt da einzig in ihrem durch die Fakten bestimmten *Abstrich;* sie ist hier also *einzig diejenige, die* durch *faktischen Schaden empirisch klug geworden.*

Immerhin, Annahmen zeigten sich als unvermeidlich, auch wenn sie nachher weggeworfen werden. Ja, sie haben, was bisher übersehen wurde, im induktiven Schluß selber ihren formalen Ort. Denn auch der induktive Untersuchungsschluß vom Einzelnen auf Allgemeines ist nicht zwei-, sondern dreigliedrig, das heißt, er hat einen verschwiegenen Obersatz. Und genau dieser gibt formallogisch den Platz für die Annahme, die hier besonders kenntlich als Vermutung steht. Freilich eben ist der induktive Obersatz eine Kryptogame, denn seine Blume hat wegen der baldigen Desavouierung der Knospe nie geblüht. Sehr zum Unterschied vom Obersatz im deduktiven Schluß, dieser über die Maßen ausgezeichneten, gerade als schlechthin apodiktisch eingerammten Prämisse. Der induktive Obersatz dagegen (weit davon entfernt, fertig zu behaupten: Alle Menschen sind sterblich), dieser unsichtbar gehaltene Obersatz also hat einzig den Modus des problematischen Urteils, des Urteils der Möglichkeit. Eben als versuchende Vorwegnahme, ohne welche die zu untersuchenden Einzelfälle nicht einmal tauglich aufgezählt und beachtet werden könnten, geschweige in Richtung der Vermutung auf ein Gesetz ($\frac{g}{2}t^2$ beim Fall) oder auf eine Gestalt (Ordnung der Schlacht bei Waterloo) zu induzieren wären. Und, sehr wichtig: Der induktive Obersatz blieb deshalb kryptogam, weil sein Vorgriff aufs induktiv-empirisch zu gewinnende Resultat eben keinen eigenen Rang und Wert hat. Wonach immer wieder hervortritt: Wissenschaftliche Phantasie (auch weit über den bloßen glücklichen Einfall hinaus) ist empirisch gesehen eine solche, die mit sich handeln, sich von sich herunterhandeln läßt. Empirische Wissenschaft blüht so, im Hinblick auf Gedankenexperiment und Idealtypus, eben als eine durch faktischen Schaden klug gewordene Vernunft.

Sehr anders wirkt ein Meinen, das sich in sein Etwas scharf mitzunehmen zutraut. Scharf, wurde gesagt, also nicht mit beliebigen Wunschbildern, die an jedem Draußen, noch gleich wie es sei, platzen. Und auch nicht mit Vorurteilen aus einem früheren Weltbild, die als rein, mindestens als überwiegend ideologisch unterdessen durchschaubar wurden. Zu diesem Überholten gehört gewiß auch Keplers Musik-Harmonie-Modell des Weltalls. Anders aber – und auch das hängt mit Kepler zusammen – wirkt etwa eine *qualitative* Kategorie in solchen Annahmen nach, eine Naturauffassung, die Ton, Farbe und auch Wertqualitäten nicht a limine aus Natur streicht, die die Goethe-Natur also nicht restlos quantifiziert. Und wie steht es gar mit den großen philosophischen Konzeptionen, denen in Mark und Pfennig ja die Tatsachenwelt, als positivistische, kein Placet gibt? Ist gerade die Zuordnung von Zahlen zu Qualitäten (nicht Quantitäten) bei Pythagoras ganz abgegolten? Ist es der Platonische Eros, diese dialektische Einheit aus Nicht-Haben und Haben, Armut und Reichtum, längs durch die Welt? Ist es das Stoff-Form-Verhältnis bei Aristoteles, mit der geprägten Form im Stoff, die lebend sich entwickelt? Ist die Kantische Konzeption von Ideen des Unbedingten abgegolten, denen keine empirische Erfahrung entspricht? – ist das etwa dadurch widerlegt oder auch nur meaningless gemacht, weil ihm ja expressis verbis keine empirische Erfahrung zustimmt? Ist, nach ganz anderer Seite, Schellings Perspektiv-Idee: die Natur sei die Ilias, die Geschichte die Odyssee des Geistes im selben Sinn faktisch erledigt, überhaupt negativ oder positiv empirisch verifizierbar? Gewiß nicht, und weil alle die angegebenen »statements« der obigen »Gedankenexperimente« oder »Idealtypen« durch Beobachtung, Vorhandenheit, Faktizität nicht ganz als wahr oder unwahr erledigt werden können, deshalb nennt der Positivismus solche spekulativen Groß-Annahmen ja besonders »meaningless«; Platon, Aristoteles, Metaphysik insgesamt – und je größer, desto sicherer – liefern danach lediglich »Musikbeispiele«, deren Annahme nicht einmal gedacht zu werden braucht. Nun, der Fall ist bekanntlich anders beschaffen, und es gelingt nur einer philosophischen

Farbenblindheit schlechthin (von der Arroganz abgesehen), die so weit schwingende wissenschaftliche Phantasie großen Philosophierens einzig noch als »Kunst« zu pardonieren oder, wie die Agnostiker der siebziger Jahre sagten, als »Begriffsmärchen«. Auch das nur deshalb, weil Platonische Eroslehre weit über die Bewegung als sichtbare Ortsveränderung, gar Kantische Moralphilosophie weit über die Bestandsaufnahme vorhandener Sitte hinausreicht.

Es handelt sich bei alldem um dasjenige, was über gezieltes Meinen *letztlich* befindet. Und zwar so, als ob zwischen einer ohnehin nur kurzfristig gedachten Annahme und einer, sage man, langlaufenden kein Unterschied wäre. Nehme man aber zwei allgemeine Begriffe, die ganz gleichartig aus der bloßen schwebenden Annahme vorher heraus zu sein schienen. Also zum Beispiel die Begriffe »Freund« und »Professor«, zwei einfache Gattungsbegriffe, denen nun zwei etwas abwegige Erscheinungen logisch zugeordnet werden sollen, am besten ablehnend. Dann zeigt sich bereits ein auffallender Unterschied im Hinblick auf die Instanz, die hier übers Recht oder Unrecht der Zuordnung befindet. Denn wird etwa behauptet: »X ist kein richtiger Professor«, dann muß durchaus bedacht werden, aus welcher Art bisheriger Erscheinungen dieser Begriff Professor abstrahiert wurde. Vielleicht liegt hier eine neue Art vor, so daß der bisherige Professorbegriff aufgelöst und um neue Merkmale empirisch erweitert werden muß. Die Annahmen im induktiven Obersatz, die die auslesende Richtung auf solchen Allgemeinbegriff haben, lassen also mit sich reden und müssen das; die alte Ausleserichtung wird nicht nur berichtigt, sondern nichts steht im Weg, sie gänzlich wegzuwerfen. Wird dagegen behauptet: »X ist kein richtiger Freund«, dann liegt der Fall einsichtig anders: denn keine neue Art Empirie ist eine Instanz, gibt das Recht, den »Idealtypus« Freund aufzulösen, in seiner moralischen Postulatsrichtung gar aufzuheben, um das andersartige Faktum bereichert. Konträr, hier hat die gewordene Vorhandenheit, also das Tatsachenhafte im buchstäblichen Sinn des Faktums (ohne Fieri) kein Entscheidungsrecht übers »Richtige«, das heißt hier: Wahre oder Falsche solcher *Postulatsbegriffe*. Nicht, gewiß nicht, als wäre der postulatorisch bezeichnete Idealtypus statisch, gar unverrückt dauernd (sempiternus), gar übergeschichtlich-ewig (aeternus). Auch die Idealtypen des Ideals sind in ihrem *Inhalt* durchaus den geschichtlich wechselnden Inhalten soziologisch angeschlossen und führen, wie oft, nur selber historische, abgelaufene Ideologien mit sich, pharisäisch. Invariant aber ist die *Richtung* solcher eingedenkend-postulativen »Idealtypen«, kraft jenes »Ideals« in ihnen, das sich einzig im Fieri, im *Prozeß* berichtigt, doch nicht – in seiner anderen als Tatsachenwahrheit – am *Faktum dessen, was der Fall ist.* Hierbei wird keineswegs notwendig, daß die spezifische, die langanhaltend, nämlich idealisch geladene Annahme in dieser Schicht außer ihrer Richtungs-Bestimmung (destinatio) auch bereits eine inhaltlich zureichende Merkmal-Bestimmung (definitio) aufweist. Was etwa das Humanum in seinem vollen positiven Inhalt sei, ist keineswegs nötig zu wissen, um völlig entschieden Nero als Unmenschen zu erkennen. Oder, um gerade den Satz Spinozas: »Verum est index sui et falsi« wahrheitsgemäß zu variieren: Hoc verum (als das der großen moralischen Annahmen, normierenden Suppositionen) est nondum index sui, sed jam index falsi. Von daher also die *in diesem Zusammenhang* so gänzlich unpositivistisch mögliche Negation: Desto schlimmer für die Tatsachen. Es ist eine Verifizierungsmaxime, die ja gegebenenfalls so wenig Anpassung an die Tatsachen brachte, daß sie die englische, amerikanische, französische Revolution gebracht hat. »Tausend Jahre Unrecht machen nicht eine Stunde Recht«, dieser Grundsatz aus einem der Moral so nahestehenden Eingedenken des Humanum, wie es das klassische Naturrecht darstellt, setzte sich ja gänzlich gegen »Verifizierung« durch nichts als politische Vorhandenheit, also durch gewordenes Unrecht ab. So besonders wird der Unterschied zu einer Anpassung des Gedankens an Tatsachen deutlich; die leuchtende *Richtung* des humanen Postulats richtet eher, als daß sie vom Nichts-als-Faktischen gerichtet würde. Um so schlimmer für die Tatsachen, das also heißt hier: *Philosophische* Vernunft ist keine durch Schaden klug gewordene Phantasie, dergestalt daß sie sich nur heuristisch gäbe und so gälte. Es gibt vielmehr einen Primat der »praktischen Vernunft«, also der konkreten *Humanisierung* aller Zustände und Verhältnisse der Welt, genau auch in der *Logik* der Philosophie. Die bloße Faktizität hat dann keine Dreinrede, eine solche hat einzig die Tendenz des *Prozesses* und vorzüglich die Latenz der *objektiv-realen Möglichkeit*. Wobei die angegebene Richtung humaner Annahme auch keineswegs auf Moral und das, was damit zusammenhängt, philosophisch beschränkt blieb. Ja, das Recht, kein Hund zu sein, diese empirisch so wenig bestätigte Postulats-Annahme großen Stils, ist von manchen der sogenannten Begriffsmärchen großer Philosophien, sofern diese eine Erhabenheit der Vollendung im durchgeführten Ansatz-Versuch zeigen, nicht so ganz abgetrennt. Spinozas Philosophie, als Idealtypus eines vollkommenen Kosmos gefaßt, einer Welt, worin die Substanzsonne im Zenit steht und (für die »adäquate Vorstellung«) kein Ding einen Schatten wirft, dieser versuchte Theismus des Pan wird empirisch gewiß nicht verifiziert, doch auch hier tritt neben die Tatsachenwahrheit eine (hier ungewollt) normsetzende. Zwar keine postulatorische über das Vorhandene hinaus, keine des Prozesses zu solcher Optativ-Welt, Optimum-Welt hin (was bei Spinozas Statik unmöglich ist). Wohl aber wird Kristall, streng und regelmäßig anschießend, als Modell gedacht, um eine (nicht nur in »inadäquaten Vorstellungen«) ziemlich anders beschaffene Welt als geometrisch deduzierbar, als strukturell vollendet darzustellen. Ein bloßer Optativ, gewiß, dazu noch mit dem Anspruch, ein Utopisches (Kristallklarheit) als seiend zu fixieren, trotzdem: das Modell als solches – auf Wahrheit als Erhabenheit ausgehend – ist unabgegolten, gehört weder in eine bloße »Psychologie der Weltanschauungen« noch in eine erledigte »Vorgeschichte empirischer Wissenschaften«. Der Begriff Modell wurde soeben auch für spekulative Entwürfe sehr großen Stils gebraucht, für solche, die ohne Zweifel, obwohl sich selber ungewußt und unreflektiert, ein Utopikum dessen versuchten, was die Welt in ihrer nicht empirisch vorhandenen, doch keineswegs nur abstrakt-spintisierten Verlängerungslinie sein könnte. Diesem Plus ultra eben ist Philosophie vorzüglich als Ethik zugewendet, in postulativer Ästhetik, in anthropologischer Religionskritik und deren latentem Kern. Aber bildet nicht auch die kosmologische Metaphysik zentralen Rangs Entwürfe vor, die deshalb von Fakt-Gewordenheit nicht wesentlich vernichtet werden können, weil sie einzig in der Welt des Werdens, in der Welt als *konkretem Entwurfsfeld* selber ihr Gericht finden können? – als nicht befangener, als konkret einzig entsprechender Instanz zur Verwerfung oder Bestätigung. Wo die Welt selber ein – Experiment ihrer ist, wo sie in ihrem operativen Prozeß selber *Modellgestalten* herausstellt, dort ist die philosophisch konstitutive Phantasie nur der *Abbildung, Fortbildung dieses Fieri verpflichtet und seiner tendenziell-latenten Gehalte.* Soviel an dieser Stelle übers methodische Plus ultra: es braucht vor der Empirie, wenn diese zum verdinglichten Tatsachen-Empirismus absinkt, keinesfalls zu kapitulieren; es darf freilich auch, wenn anders sein Überstieg nicht zu abstrakter Verstiegenheit geraten soll, niemals den Kontakt zur *Prozeß*-Empirie verlieren. Und zu den Instanzen ihres Details, welche das Gegenteil verdinglichter Fakten sind, dafür aber gerade die experimentellen Durchgangsmomente zu jenem Plus ultra, womit die echte philosophische Phantasie, genau als konstitutive, alliiert ist.» Was also darin wirkt und fortarbeitet, nach dem Grundsatz: begonnen ist der Weg, vollende die Reise, ist nicht mehr die Frage, was die Dinge im jeweils Gegenwärtigen seien, in ihrer empirischen Verhaltensregel und deren einzelwissenschaftlicher Kodifizierung, sondern es ist, anders betont und mit dem Nicht-Entsagenwollen religiöser Art, die Frage, was die Dinge, die Menschen und Werke *in Wahrheit* seien, nach dem Stern ihres utopischen Schicksals, ihrer utopischen Wirklichkeit gesehen« (Geist der Utopie, 1918, S. 338 f.). »Möglichkeit also, das ist partielles, doch keineswegs zur Verwirklichung schon ausreichendes Vorhandensein von Bedingungen, dies macht die Sphäre aus, worin gar nichts zu schön sein kann, um nicht, nach Maßgabe der Bedingungen, immerhin künftig wahr zu sein. Ja worin die Wahrheit, gerade als eine des Wesens, mit dem vollen, sehr alten Goldklang des In-Wahrheit-Seins, sich allenfalls nicht einmal davor hüten muß, erbaulich zu sein ... Eben weil dem nicht so ist, arbeitet der wachthabende Begriff und seine Praxis während der Berichtigung und nach ihr ebenso unermüdlich als Eingedenken des Verum Bonum, die wahrhaft höchstorganisierte Materie im Blick« (Das Prinzip Hoffnung, 1959, S. 1015 f.). Erneut ist zu sagen, und das genau um des so detailliert wie zentral gezielten Meinens willen: *Empirie*, wenn nicht statisch verdinglicht, und *Metaphysik,* wenn nicht mit Weltvalet ins »leblos Einsame« der Idee verstiegen, gehören beide zu Schild, Speer und Auge der Minerva, der Göttin des beobachtenden Fleißes und der fernblickenden zugleich. Desto sicherer gehören sie zusammen, jenseits jeder Arroganz hier, Verstiegenheit dort, als das philosophische Plus ultra ja im *schöpferischen* Überschlag aus demselben Grund vorkommt, vorkommen kann wie in der *vermehrenden* Dialektik der *Welt.* Die Verifizierung im Objekt des Werks, im Werk des Objekts braucht also kein Abstrich zu sein; konträr, gerade auch die Empirie macht, in ihrem Prozeß, den Zuschuß nicht nur mit, sondern fügt, in jedem Fortschritt, eigenen Zuschuß zu bisher Gewordenem hinzu. Denn es gibt – von hier aus geschärft betont – es gibt nicht nur Gedanken- experiment, *die Weltgeschichte ist vielmehr selber ein Experi- ment,* ein reales in der Welt auf eine mögliche rechte Welt zu. Solche Geschichte versteht sich mithin als selber operative Probe, als *Realprobe,* in zahllosen *objektiv-realen Modellen,* auch auf ein noch *ausstehendes* Exempel. Auf ein Omega von Exempel, wie es im philosophischen Vorgriff als wahres Sein (ontōs on, Substanz, volle Identität von Erscheinung und Wesen) allemal – intendiert war. Und so freilich kein Faktum ist, sondern erst ein gefährdetes Fieri des wahren Seins, mit keiner anderen Ontologie als der des Noch-Nicht-Seins. Dieses Noch-Nicht gibt dem Sichverändern in der Welt wie dem Veränderbaren darin überhaupt erst seinen Fluß- und Plus-Ort, eben den des Vor-sich-Seins noch objektiv-realer Möglichkeit. Das damit, darin und dahin verstandene Fieri (Möglichkeit ist die letzt- entdeckte Kategorie im Plus ultra der Philosophie) geschieht aber nur als ein dauerndes Herausproben, Modellgestalten, Gestaltmodellieren des ausstehend wahren Seins. So versuchend und voller Versuche geht daher vor allem das menschliche Fieri, das Fortschreiten der Geschichte, geht nicht etwa einlinig vor sich, in seinem Verlauf, sondern polyrhythmisch und polyphon durchaus. Aus dem gleichen Grund ist ein möglicherweise re- gierender Beziehungspunkt des historischen Wohin nur in einem utopischen, nicht in einem bereits erreichten, festgelegten (herrlich weit gebrachten) Feld orientierbar. Es gibt nur eine unabdingbare *Richtung,* aber *viele Züge und Zeugen* im Experiment, das Geschichte heißt, und im Laboratorium, das die Welt ist.

15

DIFFERENZIERUNGEN
IM BEGRIFF FORTSCHRITT

Ein guter Begriff

Es gibt Worte, die an sich selber besonders hell wirken. Sie haben offene Züge, man läßt sich ruhig bei ihnen nieder. Ihre Bedeutung, also ihr Begriff, scheint so klar, auch schlicht zu sein, daß es nichts weiter daran zu fragen gibt. Zu diesen Wörtern gehört in vorderster Reihe der Begriff Fortschritt, heute von denen mißachtet, für die er nicht läuft, von denen, die weniger Nichts vor sich haben, geehrt. Dieser sachlich so strahlende Begriff wirkt auch formell hell, gleich als wäre das mit ihm Gemeinte zwar schwer zu erkämpfen, aber leicht zu verstehen. So erscheint seine Sache nicht nur einleuchtend, sondern selber einfach und klar.

Verluste im Fortschreiten

Aber immer wurde auch klar, daß selbst ein gelungenes Vorwärts nicht durch und durch eines zu sein brauchte. Es kann etwas darin verlorengehen, so bereits sichtbar im Erwachen vom Kind zum Jüngling, von diesem zum Mann. Im Reifen wird etwas weggegeben, nicht immer auch »aufgehoben«, was im Kind unschuldiger, im Jüngling vielleicht edler war. Und damit sachlich gar nicht vergleichbar, doch so beschaffen, daß ein voriger Zustand, mit dem späteren verglichen, noch durchaus erträglicher erschien, gibt es auch bei der gesellschaftlichen Reifung oft ein nasses neben dem heiteren Auge. Wie düster tritt bekanntlich die Lage der arbeitenden Klasse in England entgegen, zur Zeit der zweifellos progressiven industriellen Revolution. Gewiß, dieses Elend bildete die Voraussetzung für die begonnene Entfesselung der kapitalistischen Produktivkräfte; das Negative, die volle Entmenschlichung, wurde von ihr selber dialektisch erzeugt. Doch welch furchtbares Minus trat hier gleichfalls fortschreitend auf, »fortschreitend« wie es auch ein Skorbut sein kann oder Tbc. Ein Minus nicht nur zum Zweck der gemeinen Plusmacherei, sondern mitten eben im Plus echter Entfesselung der Produktivkräfte. Das ist bezeichnend für das ganze aufsteigende kapitalistische Wesen: zwar progressiv, doch allemal auch düster-progressiv zu sein.

Rückläufigkeit und sogenannter Heroldsstab

Hier überall freilich sind die Schatten zugleich echt widersprüchlich und so zum Vorwärts selber gehörend. Wie aber, wenn im Lauf des Nacheinander, das doch das Nachher, das Spätere als das Bessere setzen läßt, in einem nicht nur zahlenmäßigen Fortschreiten, Weiterkommen – wie aber, wenn dieser Lauf ebenso *tote* Rückschläge bringt? Also keinesfalls dialektisch ohne weiteres notwendige, wie im Verhältnis von vermehrtem Elend der Ausbeutung und industrieller Revolution: Hitler zum entsetzlichsten Beispiel war keineswegs die Negation, die der Sozialismus zu seinem Sieg brauchte. Es gibt auch in diesem Betracht durchaus keinen sicheren Zeit-Reihenindex des Fortschritts, wonach eben das Spätere in der Geschichte allemal oder auch nur im großen ganzen ein progressives Plus gegenüber dem Vorangegangenen bezeichnete. Erscheint das als Binsenweisheit, so ist sie Hegel jedenfalls nicht als solche erschienen; denn der Peloponnesische Krieg nach dem Zeitalter des Perikles, der Dreißigjährige Krieg nach der Renaissance machte seinem sonst überall dem Fortschritt dienensollenden Negationsbegriff ernste Schwierigkeiten. Und der Stachel dieser scheinbaren Binsenweisheit konnte sogar so übertrieben stechen, daß Rousseau, und zwar gerade um des bürgerlich-demokratischen Fortschritts willen, die gesamte bisherige Geschichte, seit der eingetretenen »Ungleichheit unter den Menschen«, als Verschlechterung hinstellte. Das sogar unter Aufhebung des ganzen bisherigen zivilisierten Nacheinander als einer schlechten Zeitstrecke, verglichen mit der glücklichen Urzeit, Naturzeit. Das war abstrakt, war sinnlos übertrieben, doch es notierte durchaus die vorhandenen Rückläufigkeiten des Nacheinander – gegen eine erst recht abstrakte Vergötzung von Zeitfolge an sich. Mittels welcher ja der *zeitfetischistische* Fortschrittsgedanke bei der späteren Sozialdemokratie dann geradezu einen Selbstlauf des Fortschritts behauptete. Wurde er doch scheinökonomisch durch ein angeblich automatisches Hineinwachsen des Kapitalismus in den »ihm nachfolgenden« Sozialismus begründet; solche Art Fortschrittsfreude diente dem Fortschritt bekanntlich nicht. Sie lähmte vielmehr das wirkliche Vorwärts, so wie sie auch großenteils nur als Ideologie für die Unlust diente, selber ein Rad im Uhrwerk der Geschichte zu sein. Das Pluszeichen, sagt zwar Hermann Cohen nicht uneben, ist der Heroldsstab der Zeit; aber die bloße Zeit wurde oft auch, und dann nicht immer zu Unrecht, unter dem Bild der Sanduhr, als Glas mit abwärts rinnendem Sand vorgestellt und der Hippe daneben. Das Pluszeichen als Heroldsstab auf dem Marsch voran setzt jedenfalls auch in objektiv günstigen Zeiten, wie sehr erst bei Rückschlägen oder auf schwierigem Gelände, Menschen voraus, die es tragen. Sonst wird eben der Fortschritt, der allemal nicht bequeme, nie formale, lediglich der Fetisch eines Nacheinander an sich, gegebenenfalls ein schadenstiftender oder zur Lähmung tauglicher. Mit Hitlerschem nach dem geglaubten tout va bien automatischer Art oder gar wegen dieser Art.

Ungleichmäßige Entwicklungen in Technik-Unterbau und im Überbau

Es ist selber an der Zeit, sich der tätigen, mit der Mühe vertrauten Gegend zuzuwenden, worin ein Vorwärts einzig lebt. Doch gerade hier zeigen sich manche, nun sachhafte Aporien des Fortschrittbegriffs, die verschärfte Differenzierungen verlangen. Die Differenzierung tritt hier ganz materiell im Gegenstand selber hervor; sie braucht philosophisch (freilich gehört Philosophie dazu) nur abgebildet zu werden. So ist auch ein gar nicht düster erkaufter, geschweige pervertierter Fortschritt im Unterbau, dann Überbau keineswegs stets gleichförmig beschaffen. Er ist vielmehr weitgehend anders in der Funktionsgruppe: Produktivkräfte und Produktionsverhältnisse (ökonomische Basis) einerseits und in der davon bestimmten Funktions- (nicht nur Reflex-)Gruppe: Überbau andererseits. Denn die Produktivkräfte wie auch Produktionsverhältnisse können einen Fortschritt zeigen, dem der Überbau gegebenenfalls nicht nur nicht nachkommt, sondern dem er zuweilen sogar mit besonderem Kulturverlust entgegengesetzt ist. Ein kleines, doch besonders sinnfälliges Beispiel, sogar am gleichen Objekt, bietet sich dar, sobald man etwa die Entwicklung der Beleuchtungstechnik beachtet, die an signifikanten Exempeln im Deutschen Museum, dem Technik-Museum in München, dargestellt ist oder war. Da geht es lange Zeit vom Kienspan, der Tonlampe aufwärts, sowohl technisch wie ästhetisch aufwärts, hin zu romanischen, gar byzantinischen Lichtkronen, zu Moscheelampen, die selber orientalische Märchen sind, und auch weiterhin läuft das schöne Bessere leidlich fort. Bis die technisch-ästhetischen Fortschrittswege, die bisher zusammenblieben, sich trennen: es kommt die immer heller, doch auch immer häßlicher werdende Petroleumlampe, es kommt der wahrhaft nur photometrisch blendende Auerstrumpf, dann die anfangs so grellnackte Glühbirne, und erst allmählich wird sie durch Milchglas oder Schirme so passabel gemacht, daß ihre bedeutende Helle nicht auch sticht. Aber der Kerzenkandelaber, auf alten Mahagonitischen, verbreitet allerdings auch heute ein nicht nur milderes, sondern festlicheres Licht.

Das ist ein kleines Beispiel, wie gesagt, und eines, das man nicht einmal pressen darf. Denn lange Zeit ging ja die technisch bessere Beleuchtung mit der schöneren gleichen Schritt; auch soll nicht romantisiert werden. Jedoch im Großen, Wichtigen liegt nicht zuletzt auch an dem technisch-kulturellen Schnittpunkt die berühmte Bestimmung von Marx vor, die er »ungleichmäßige Entwicklung« nennt. Marx weist in der Einleitung der »Kritik der politischen Ökonomie« auf den Unterschied der hohen künstlerischen und der geringen technischen Entwicklung in Griechenland und auf das umgekehrte Verhältnis in der kapitalistischen Neuzeit hin. Vor allem das große Epos kann nach Marx nur auf einer technisch relativ primitiven Stufe produziert werden; so daß das Fortschrittswesen eben in den *Produktivkräften* einerseits, im kulturellen Überbau andererseits sehr verschieden laufen kann. Und ein Verwandtes gilt dann weiter für den Fortschritt in den *Produktionsverhältnis-*

sen, also dem eigentlichen Unterbau, im Verhältnis zum Überbau; so entsprechen Bach oder Leibniz, mit mächtigem Gegenzug, keinesfalls der Misere des damaligen Deutschland. Sie hat nur ihre Füße bespült, während andererseits ein entwickelter Kapitalismus den Musen auch abträglich sein konnte. »Die kapitalistische Produktion«, sagt Marx in den »Theorien über den Mehrwert« höchst prononziert, »ist gewissen geistigen Produktionszweigen, wie der Kunst und Poesie feindlich.« Ohne diese Einsicht, ohne diese Trennung einer Wirtschafts- und Staatsblüte von nicht so blühender Epik käme man »sonst auf die Einbildung der Franzosen im achtzehnten Jahrhundert, die Lessing so schön persifliert hat«; was wiederum bedeutet: Politik und Kunst waren in Ansehung des bürgerlichen Aufstiegs nicht immer kommunizierende Röhren. So eng auch der materielle Zusammenhang zwischen der bestimmenden Basis und dem durch sie bestimmten, auf sie wieder zurückwirkenden Überbau ist: der Fortschritt in beiden geschieht offenbar nicht notwendig in gleicher Art, in gleichem Tempo und vor allem mit gleichem Rang. Wobei noch ein höchst Entscheidendes hinzukommt, das gerade den verschiedenen Rang betrifft, auch den der Fortschrittskategorie überall so wesentlichen Zielpunkt. Denn ein Werk, sobald es ein nicht nur bedeutendes, sondern ein fort und fort bedeutendes, also weiter-deutendes ist, liegt im Zielpunkt, dem es als progredierendes zugeordnet ist, oft weit über die sonstige sogenannte »Totalität« einer Gesellschaft hinaus. Sonst wäre es ausgeschlossen, daß es die Abgelebtheit eines vergangenen Unterbaus und auch partialen (politischen) Überbaus nicht teilt. Sonst gäbe es überhaupt kein weiter wirkendes *Kulturerbe;* als welches ja nicht an Allongeperücken geschieht (es sei denn auf Maskenbällen oder im Theaterkostüm), sondern an Bach und Leibniz, und auch nicht an der Politik der Renaissancefürsten, sondern an der Kultur der Renaissance. Solch große Überschüsse aus Gewesenem sind derart unvergangen, zum Unterschied von weiten Teilen ihres Unterbaus und auch manchen Überbaus. Ja, sie sind selber in einem spezifischen, noch lange nicht eingeholten Fortschreiten begriffen, mit immer neu sich erschließenden Seiten ihres Gehalts. Grund genug liegt also auch hier vor, von ungleichmäßiger Entwicklung zu sprechen, das heißt von fortlaufender beim »Werther«, aber von ganz in ihrer Zeit lokalisierbarer beim Preußischen Landrecht 1794 oder auch der »Laune der Verliebten«. Und Grund genug weiterhin, den mitfahrenden Überbau »Werther« oder »Zauberflöte« oder »Faust«, gemäß seinem sehr fern oder hoch gelegenen Zielpunkt, einem anderen Fortschritt zuzuordnen, als er etwa der bloß temporären Harmonie von Produktivkräften und Produktionsverhältnissen entspricht.

»Kunstwollen« als gerecht, aber auch als Keil im kulturellen Verlauf

Wieder jedoch meldet sich Bedenkliches und Bedenken, das mit dem Gang nach vorwärts angestellt worden. Oder vielmehr: diesesfalls nicht mit dem Gang selber, sondern mit neuen Schlingen auf seinem allzu geradlinigen Weg. Die jetzt auftauchenden Aporien stammen zunächst aus neuen Wertungen von Gebilden, die lange als bloße Vorstufe zu angeblich gekonnteren gegolten hatten. So sah man sehr lange die ägyptischen Bildwerke als steife Vorgänger der griechischen an; das auch deshalb, weil man die ägyptische Plastik in Analogie zu der wirklich »steifen« archaischen Griechenlands beurteilte. Und selbstverständlich gab das klassische Schönheitsideal die einseitig wertenden Maße; danach war am Ende selbst Thorwaldsen gegenüber dem Kopf des Königs Zoser aus der 3. Dynastie ein »Fortschritt«. Ödipus soll danach nicht nur das Geheimnis der thebischen, sondern auch der ägyptischen Sphinx gelöst haben, und seine Lösung war: der Mensch, – eben als seine ausschließlich griechisch-klassische Figur. Heute ist dieser geglaubte Fortschritt von der ägyptischen zur griechischen Plastik nicht mehr so selbstverständlich; vielmehr erscheint gerade ein plastisches Plus in Ägypten, kraft der Blockeinheit seiner Statuen. Alois Riegl hatte so – statt der klassizistischen Abwertung aller nicht-attischen Kunst – den Begriff »Kunstwollen« eingeführt, im Sinn eigener künstlerischer Absichten und Formprobleme in allen großen Kulturen. (Die Sache selber ist ja nicht neu, ihr Problem erwachte bereits im achtzehnten Jahrhundert, in Richard Hurts »Letters on chivalry and romance«, 1762, bei der ersten Neubegegnung mit der Gotik.) Der Begriff »eigenes Kunstwollen« wurde nachher von Worringer (»Abstraktion und Einfühlung«, 1908) mehr als bedenklich psychologisiert, dualisiert und bereits irrationalisiert, doch bei Riegl selber (»Stilfragen«, 1893, »Die spätrömische Kunstindustrie«, 1901) fehlt noch jedes Bewußtsein eines reaktionären Auftrags, und nur das klassizistische Schema sollte abziehen. Im Horizont des »Kunstwollens« ging auch die außereuropäische Kunst endlich unmediatisiert auf; des Näheren verschwand die angebliche Überbietung (»Gliederlösung«) der ägyptischen Plastik durch die spätere griechische. Indem derart die griechische Kunst nicht mehr als so fraglos fortgeschritten gegenüber der ägyptischen erschien, war eben zugleich der Anfang gelegt, um von hierher, rein musisch sozusagen, neue Aporien im Fortschrittsbegriff selber aufzurollen. Freilich wieder: Die Aporie traf kurz nach Riegl auf das Interesse einer niedergehenden Bourgeoisie, den Fortschritt selber als geschichts-philosophische Kategorie abzudanken, ihn in eigentlichen Kultursachen mindestens nicht als historischen zu denken. Auch der mehrfach vorhandene Unterschied zwischen technischer und kultureller Blüte wurde dazu ausgenutzt und der Unterschied bis zu einer *Geschichtslosigkeit* der Kunst und ihres Wollens überhaupt gesteigert. Hierher gehört dann auch die Kultursoziologie Alfred Webers, die den Fortschritt zwar im »Gesellschaftsprozeß« und technisch-wissenschaftlichen »Zivilisationsprozeß« gelten läßt, die »Kulturbewegung« aber, die jenseits dieser »Äußerlichkeiten«, dieses »Gehäuses« wesen soll, an ganz anderen »Lebensrhythmen« als denen des addierenden Fortschritts erschauen möchte. Für Hegel bestand noch die *gesamte Geschichte* aus dem »Fortschritt im Bewußtsein der Freiheit«, und das allein machte ihm erst Geschichte. Sie war ihm noch ein zusammenhängender humaner Progreß, mit dem Kernsatz seiner Geschichtsphilosophie: »Tanta molis erat humanam condere gentem«. Die an sich so hochverdienstliche »Rettung« bisher unterwerteter Kunst (auch der sogenannten Barbarenkunst) führte dagegen, im Zeitalter des bürgerlichen Zerfalls, der Anti-Demokratie, zuletzt zur Fortschrittssprengung der Kultur überhaupt. Nicht nur die Humanität der neunten Symphonie wurde derart vom Faschis-

mus zurückgenommen, sondern die Einheit des Menschengeschlechts dazu, die bereits von der Stoa gedachte, innerhalb
derer der Fortschritt zusammenhängend, eben universalhisto-
risch begriffen worden war. Und das Vertrackte bei alldem ist:
Die Aporien des bisherigen Fortschrittsbegriffs, als des allzu
geradlinig auf Europa hin angelegten, diese Bedenklichkeiten
haben breite Kunstgeschichte für sich, samt durchaus vertret-
barer, ästhetischer Eigenwertung außergriechischer, vorzüglich
außereuropäischer Kunst.

»Kulturkreise«, Geographismus und Platz für Vielstimmigkeit

Noch anders wird versucht, aus unleugbar Schwierigem Geschäft zu machen, und macht es doch nicht für sich. So fiel bereits das bedenkliche Wort »Kulturkreise«, dies reicht weit über
Riegl hinaus, über bildende Kunst überhaupt. Und damit macht
sich eine neue Aporie im Fortschrittsbegriff geltend, eine, die
gleichfalls von seinem Einlinigen herkommt, doch diesmal genau mit den Ansprüchen an eine – wirkliche Weltgeschichte
zusammenhängt. Es ist die Aporie des mangelnden *historischen
Laderaums*, soll heißen: die Verlegenheit, das riesige außereuropäische historische Material darstellend unterzubringen.
Aufs neue rächt sich so das bloße Nacheinander des Fortschritts,
jene europäische, wo nicht überwiegend deutsche Zeitachse,
wie sie Herder, Hegel, Ranke – obzwar mit viel gleichzeitigen
Seitenkapiteln oder Seitenaltären – verwendet haben. Wonach
zwar Babylon und das alte Ägypten sehr einfach und als zweifellos vergangene Kulturen am *Anfang* der geschriebenen Geschichte behandelt werden können, aber nicht richtig erscheint
dieser Platz für das – anders als Babylon – unvergangene China,
Indien und so fort. Wobei auch beim alten Ägypten und Babylon die riesigen Nachwirkungen keinen richtigen Ort finden
können, ihr noch lange vorhandenes Strombett und Flußsystem.
Die reaktionäre Kulturkreislehre wollte nun gewiß nicht, con-
tre cœur, China oder Indien von dem historischen Abgetansein
befreien, ganz im Gegenteil. Sie unterhielt vielmehr Beziehungen zur erzimperialistischen Geopolitik, arbeitete überhaupt
mit dem reaktionären Vorrang, den dann im Faschismus ganz

penetrant das Wort Raum, auch Gestalt vor dem unangenehmen Prozeßwort Zeit erlangte. So setzte sich hier, anstelle eines allzu geradlinigen *Historismus*, bei Frobenius, Spengler und anderen »Morphologen« eine Art *Geographismus* durch. Und das nicht mit Fortschrittsbewegungen, sondern nur mit biologischen Reifungszuständen innerhalb der einzelnen »Kulturräume«, und vor allem mit Alterserscheinungen am Ende. Selbstverständlich sollten auch diese kupierten Prozesse einzig innerhalb der einzelnen Kulturkreise gelten, nicht etwa innerhalb einer Gesamtheit und für die Gesamtheit eines Geschichtsverlaufs. Es sei denn, daß die *Alterserscheinungen*, aber nur diese, der gesamten Geschichte vorgeordnet werden: als nihilistisches Matthäi am letzten fürs Ganze; was den zersplitternden Geographismus eher bestätigt als aufhebt. Nicht nur der durch die Stoa gefaßte Begriff einer Einheit des Menschengeschlechts, sondern vor allem eben der durch Augustin gebrachte Begriff einer einheitlichen *Geschichte* des Menschengeschlechts ist dadurch aufgegeben. Erst recht ist der spezifische Begriff des Geschichts-»Prozesses« aufgegeben, womit das noch aufsteigende Bürgertum den kühleren »Progreß«-Begriff des achtzehnten Jahrhunderts so besonders vermehrt hatte. Mit einer Art von historischer Chemie vermehrt hatte, wie sie nicht nur in der romantischen Naturphilosophie, sondern auch in der Geschichtsphilosophie, vorab in der Hegels, erkennbar ist. Indem gerade Hegels Fortschrittsbegriff so von einem »Herausprozessieren« des Gehalts sprach, als gäbe es einen wachsenden »Silberblick« des Wesentlichen in der gärenden Masse des Geschichtsmetalls, und vor allem sollte gerade bei Hegel dieses Herausprozessieren noch ein letzthin einheitliches sein, mit Fürsichwerden als überall verbindendem *Einheitsziel*. Das alles aber und mehr ist weg in der Kulturkreislehre, in den Abriegelungen und behaupteten Großinseln (ohne Kommunikation), die vorab Spenglers »Morphologie« von der Weltgeschichte übrigließ. Nicht nur Ägypten ist nun eine Welt für sich oder Indien oder China, sondern auch Griechenland (mit der »euklidischen Kulturseele«), es sieht sich vom späteren Abendland (mit der »faustischen Kulturseele«) radikal getrennt. Dafür freilich empfahl sich nun der gleiche isolierende Geographismus als breiten und besonders bequemen *Einlagerungsraum* für all diese Kulturen und ihre Geschichte. Indem deren Geschichte rein nach der Analogie: Kindheit, Jugend, Mannszeit, Greisentum gefaßt wurde, wurde die Zeit, die immerhin nicht ableugbare, selber noch einem Kreis verwandt; mit einem nunmehr ermöglichten *Nebeneinander von vielen Kreisen.* Sie wurde Zyklus, wie auch das Leben der Organismen zyklisch verläuft, und der Fortschritt war unter einen letzthinnigen, sich überall wiederholenden Bogen gebeugt. Weil aber solche Bögen oder Zyklen fast unbegrenzt auf der Erde nebeneinander Platz haben, ohne Vorher und Nachher, selbst noch ohne nötiges Miteinander, so trumpft eben diese geographisch trennende Raumordnung gegen die historisch fortlaufende Zeitordnung statisch auf. Dadurch war die Aporie, die sich aus der einreihigen Zeitreihe gerade für die Unterkunft oder Einlagerung des historischen, besonders außereuropäischen Materials ergab, allerdings vermieden, ja sozusagen beseitigt. Das aber durch eine Eisenbartkur, nämlich durch den Tod des zusammenhängenden, Länder, Völker und Zeiten verbindenden Geschichtsablaufs selber.

Jedoch auch hier macht der Gegner auf etwas aufmerksam, was der begriffene Fortschritt ihm sogleich aus der Hand nimmt. Wie beim »Kunstwollen« und seinen Folgen kann auch hier, wenn der »Raum« nicht vergiftet ist, ein ganz anderer Sinn herauskommen, als er von den Kulturkreislern beabsichtigt war. Diese selber zerschneiden die Geschichte in Teile, Inseln, Autarkien und runden diese künstlich hergestellten auch noch besonders künstlich ab. Bestenfalls sieht die Geschichte nun drein wie ein amerikanischer Zirkus, wo in drei oder mehr Manegen zugleich geturnt, geritten oder Feuer geschluckt wird, all das voneinander isoliert. Oder die Geschichtszeit, weil sie der Kulturkreislehre nicht entspannt, funktionslos, ziellos genug sein kann, wird in eine Gruppe abgezirkelter Ringgebirge verwandelt, in Geschichte als Mondlandschaft. Auf mehr führt der reaktionäre Geographismus als solcher nicht hinaus, der von Haus aus nur zur Vernichtung des Fortschrittsimpulses und seines Begriffs beauftragte. Dafür jedoch – und das ist auch eine Art List der Vernunft – findet sich in der Kategorie des

Raums, die hier so geschändet wie übertrieben wird, *keine Verlegenheit,* das riesige historische Material der Erde unterzubringen. Es ist darum, nachdem das angeblich Kulturkreishafte verhört worden ist, eine Art *Raumzuschuß in der historischen Zeitlinie* zu erwägen – gänzlich ohne die interessierte Statik des Geographismus. Es ist mit anderen Worten zu erwägen, ob nicht *innerhalb der völlig prozeßhaft gehaltenen Geschichtsfolge* mindestens soviel gleichzeitige oder zeitlich benachbarte Schauplätze nötig und darstellbar sind wie etwa, um Reinliches zu haben, in der epischen Kunst. Gewiß, die in großer Epik dargestellten Vorgänge auf verschiedenen Schauplätzen greifen ohne weiteres mächtig ineinander, während Europa und Indien, gar China jahrtausendelang nicht oder wenig kommunizierten, vor allem sind die gesellschaftlichen Stufen der Völker auf der Erde alles andere als »gleichzeitig«. Trotzdem ist hier dargestellte Vielstimmigkeit möglich: eine methodische Fülle der Zeit- und Zeitenverflechtung, eine Breiträumigkeit also im abgebildeten Geschichtsfluß, die keinerlei Geographismus nötig hätte. Wenn die mangelnden oder unterbrochenen Kommunikationen zwischen Völkern und vor allem die verschiedenen gesellschaftlichen Stufen gegebenenfalls trennen, so macht das durchaus keine Störung im einheitlichen Gang: auch eine Symphonie (um dies methodisch brauchbare Form-Beispiel heranzuziehen) zeigt ja keineswegs das Continuo aller Stimmen, im Gegenteil. Der einheitliche Gang der Darstellung ist bei aller Unterbrechung (und gibt es überhaupt eine Wirklichkeit ohne Unterbrechung?) allein schon durch die einheitliche Gesetzmäßigkeit der gesellschaftlichen Entwicklung garantiert und ihrer stets vorhandenen Basis-Überbau-Beziehung. Es gibt überall den Fortgang von einer Urkommune über Klassengesellschaften bis schließlich zur Reifung des Sozialismus; und es gibt überall, in allen Ensembles gesellschaftlicher Verhältnisse, das Menschenhafte – vom Anthropologischen bis zum Humanum –, das diese Ensembles so wechselnd färbt wie einheitlich umfaßt. Zweifellos ist eine derart vielstimmig zusammengehaltene Topisierung in universalhistorischer Darstellung viel schwieriger als die Periodisierung; denn die Topisierung verlangt, mindestens als universalhistorische, ein *Multiversum*

– auch in der Zeit. Der Fortschrittsbegriff geht aber an dieser produktiven Erschwerung am wenigsten unter; ganz zum Unterschied vom stationierenden, stagnierenden Geographismus. Das geschehende und vorliegende Multiversum der Kulturen ist ja selber ein Ausdruck dafür, daß das Humanum noch im Prozeß des Bewußtseins seiner Freiheit und Selbstheit steht, also noch nicht gefunden, wohl aber überall gesucht und experimentiert worden ist; *so gibt dies immer noch im Schwang befindliche Humanum mit den vielen versucherischen und beitragenden Wegen zu ihm hin – den einzig echt toleranten, nämlich utopisch-toleranten Zeitpunkt.* Und je mehr Nationen, Nationalkulturen zum humanistischen Lager gehören werden, desto breiter und sicherer wird auch die Zieleinheit für die Multiversa in der neuen Kulturgeschichte wirksam, also faßbar sein.

Die Frage einer »elastischen« Zeitstruktur in der Geschichte, nach Analogie des Riemannschen Raums

Zeit ist nur dadurch, daß etwas geschieht, und nur dort, wo etwas geschieht. Aber noch ist nicht genügend bedacht worden, ob und wieweit auch das verschiedene Was dessen, was geschieht, in der verschiedenen Form seines Verlaufs sich anzeigt. Bei der bloß erlebten Zeit ist das zwar völlig klar, wenigstens was subjektives, oft allzu subjektives Wahrnehmen und Vorstellen angeht. Hierbei verhält sich die Zeitwahrnehmung, aus Gründen, die nicht hierher gehören, sogar ganz anders als die Zeitvorstellung, nämlich umgekehrt. Eine belebte Stunde vergeht im Flug, eine öde schleicht dahin; in der Erinnerung dagegen dehnen sich die belebten Stunden oder ein »großer« Tag gewaltig aus, während ganze Monate von Öde gedächtnishaft bis zum Verschwinden einschrumpfen. Aber freilich wird aus dieser verschiedenen Messung eines gerade inhaltlich jeweils gleichen Zeitlaufs auch deutlich, daß die bloße Erlebniszeit noch nicht viel zu unserer Frage aussagen kann. Vor allem auch bezieht sich diese subjektive Angabe nur auf die *Länge* der Strecke, genau wie bei der Uhrzeit, dieser ausgemacht äußerlichen. Ein inhaltlicher, qualitativer Unterschied wird hier höchstens als einer von »leerer« oder »voller« Zeit angedeutet.

Immerhin wird damit etwas angedeutet, das in der üblichen Uhrzeit, als der unsubjektiven, metrisch-formalen, nicht mehr bezeichnet wird.

Dafür sind in dieser freilich die wechselnden, vor allem so unvereinbaren Maße des bloßen Erlebens entfernt. Die *Uhrzeit* ist eine gleichmäßig abgeteilte, in gleichen Abständen fortschreitende; so rückt sie denn »unerbittlich«, nämlich gleichförmig vor. Sie ist derart auf die Zahlenreihe auftragbar und durch sie ausdrückbar; Zifferblatt wie Kalender sind dadurch möglich. Aber das so bezeichenbare Fortschreiten ist *völlig gleichgültig gegen die Inhalte*, die darin geschehen oder auch nicht geschehen. Die Uhrzeit ist abstrahiert von der erlebten, doch hierbei auch abstrakt geworden, sie rektifiziert die erlebte durchaus, doch um den Preis formularer Starre. Diese Starre ist für die rationale Zeitmessung unerläßlich, gerade auch für die Arbeitszeit (so sehr diese weiterhin qualitativ verschieden gewertet wird), für die historische Chronologie, für juristische Vertragsdauer, und das Metronom ist in den Zeitkünsten, was der Zollstock in den räumlichen. Aber nicht einmal die »Leere« oder das »Volle«, als noch halb quantitative Dichtebestimmungen also, kommen in der Uhrzeit zur Anzeige; denn sie ist überall gleichmäßig dicht. Oder auch, sie ist als abstrakte überall gleichmäßig leer, samt ihrem Vorrücken oder Fortschreiten selber, in dem an sich selbstverständlich kein qualitativer Fortschritt bedeutet ist. Ja nicht einmal so etwas wie unerbittlicher Ablauf ist mit dem formalen Vorwärtsticken der Uhrzeit bedeutet, es sei denn, Inhalte von ganz woanders her werden darin eingemischt. Wenn die Marschallin im »Rosenkavalier« manchmal in der Nacht alle Uhren anhält, weil sie die zum Alter und zum Tod »verrinnende« Zeit notieren, so sind Alter und Tod dem Zeigerlauf so hinzugefügt wie ein zinnernes Tödlein mit perpendikelhaft schlagender Sense manchen Barockuhren ornamental aufgesetzt ist. Und wenn es richtig ist, daß sich das Rad der Geschichte, wenigstens auf die Dauer, nicht zurückdrehen läßt, dann ist mit diesem Rad, obwohl es vom Uhrrad herkommt, und noch mit dem positiven Vorwärts des Uhrzeigersinns, durchaus – *Tendenzzeit* zugesetzt, eine sehr qualitative also, keine an sich neutrale Uhrzeit. Und so notwendig die Uhrzeit als die der Chronologie jeder historisch-inhaltlichen zugrunde liegt, so bedeutet sie doch bestenfalls nicht viel anderes als das starre Skelett unter dem Fleisch und Blut dieser Tendenzzeit. Wird darum die Uhrzeit verabsolutiert, so gibt sie geradezu den Gegenbegriff ab gegen jeden Versuch, die Zeitform gegebenenfalls, wenn ihre Inhalte es verlangen, als nicht-starre zu denken, gar als so »elastische« zu denken, wie die neue, die nicht mehr nur euklidische Physik unter bestimmten sehr kleinen und vor allem sehr großen Verhältnissen den Raum faßt und erfaßt. Die Uhrzeit dagegen schlägt nach wie vor den gleichen chronometrischen Takt, sie zeigt die abstrakte, einfachst zusammenhaltende Reihe des gleichförmigen Nacheinander. Und viel mehr als bloßes Rubato, auch als bloßer Taktwechsel dürfte nötig sein, um eben die *historische Zeit und ihre »Zeiten«* angemessen zu treffen.

Ruhiger sieht das zunächst, gerade was die Zeit anlangt, beim unlebendig bewegten Stoff drein. Diese Messung schließt sich, als quantitative, an das gleichförmig stetige Nacheinander der Zahlenreihe an. Und die Zeit überhaupt spielt physikalisch nicht entfernt die gleiche Rolle wie der Raum, der solange als vorbildlich gleichförmig gedachte. Sie spielt diese Rolle auch bei Galilei nicht, der doch besonders die ungleichförmig beschleunigte Bewegung rechnerisch durchdrang. Und nicht bei Newton, bei dem die Zeit als t nur quantitativ eine »fließende« unabhängige Variable darstellt, um zahlenmäßig exakte Grenzübergänge ausführen zu können. Ein der historischen Zeit so wesentliches Merkmal: die Gerichtetheit, Unumkehrbarkeit fehlt in den physikalischen Gleichungen seit je. Nur der zweite Hauptsatz der Wärmelehre, den sogenannten Kältetod in einem geschlossenen System betreffend, kennt unumkehrbare Gerichtetheit im Zeitbegriff, sinngemäß ausgedrückt in einer *Nicht-Gleichung;* aber dieser zweite Hauptsatz, der Satz der Entropie, ist ebenso der am meisten strukturfremd gewordene unter den großen physikalischen Gesetzen. Die neue Physik, die durch Relativitäts- und durch Quantentheorie bezeichnete, ist zwar die Zeitkategorie von ganz neuen Seiten her angegangen, so vor allem durch Einsteins Kritik an der Newtonschen Voraussetzung einer Gleichzeitigkeit aller noch so entfernten Ereignisse.

Bekanntlich gibt es nun Gleichzeitigkeit (mit so geringfügigen Unterschieden wenigstens, daß sie vernachlässigt werden dürfen) nur für benachbarte Orte, aber sie ist nicht durch große Räume transportierbar. Sehr weit entfernte Orte haben also keinen gleichen Augenblick; und das nicht nur wegen der fehlenden *Meßbarkeit* dieser Gleichzeitigkeit (was allerdings ausschließlich eine operativ-idealistische, nicht eine sachhaft-reale Feststellung wäre), sondern jeder Ort selber hat nach Einstein eine eigene Zeit, wenigstens was den Augenblick betrifft. Jedoch: obwohl die Relativitätstheorie dergestalt mit Zeitproblemen (»Punktereignissen«) in Gang kam und auch die Quantentheorie davon voll ist (Zeit erst bei einem Aggregat von Quanten, nicht beim einzelnen Wirkungsquantum), ist und bleibt wahr: gerade die Zeit wird in dem erst quantifizierten, dann vermathematisierten Naturbegriff der Physik schließlich, ja von Anfang an, deklassiert. Sie wird als nicht besonders hervortretende eindimensionale mit den drei Raumdimensionen verbunden und erzeugt in der so vierdimensionalen Mannigfaltigkeit keinerlei Asymmetrie. Jeder »Weltpunkt« (Jetzt und Hier) wird durch seine vereinten Raum-Zeit-Koordinaten x_1, x_2, x_3, x_4 bestimmt, aber diese Koordinaten bilden einschließlich der zeitlichen »Koordinatenachse« lediglich numerierte Werte, und die Zeit unter ihnen unterscheidet sich durch keinen Sondercharakter. Was schließlich bedeutet, daß von eigentlich *naturhistorischer Zeit* als der *Daseinsweise eines tendierenden Geschehens* in der Physik nicht die Rede ist. Anders allerdings liegt der Fall bei dem so *neu und elastisch gefaßten Raum*, obwohl gerade die Zeit in ihm durch die totale Vermathematisierung deklassiert ist und der Raumbegriff der neuen Physik mit ihrem Zeitbegriff sehr eng zusammenhängt. Indes nicht dieser Zusammenhang (dazu noch mit einer ahistorischen, reinen Mechanikzeit) steht hier zur Frage, sondern einzig die variable Metrik selber, die nicht mehr euklidische und so doch vor allem auf den Raum bezogene. Eben vom elastisch gefaßten, dem *Riemannschen Raum* könnte nun eine Nachdenklichkeit ausgehen, die auch einem *unstarren Zeitbegriff in der Geschichte* zugute käme. Nämlich mitten in seinen Fortschritts-Aporien und – so eng damit verbunden – den Aporien der historischen Stoffunterbringung, Stoffanreihung. Trägt doch der Riemannsche Raum keinerlei Starre mehr an sich, er ist vielmehr variabel, er erlaubt, daß die Maßstäbe in ihm gewechselt werden können und das wiederum nicht aus rein operativ-idealistischen Rechnungsgründen, sondern überwiegend aus Gründen des Objekts. Dermaßen sachlich nahm Riemann an (und gab damit der Relativitätstheorie »Platz«), daß das metrische Feld nicht ein für allemal starr gegeben ist, sondern in kausaler Abhängigkeit von der Materie steht und mit ihr sich verändert; das *Feld* gehört so nicht zur ruhenden homogenen Form, sondern zu der des *wechselvollen materiellen Geschehens.* Wie immer auch Ansätze und Weiterungen der allgemeinen Relativitätstheorie, der Einsteinschen Gravitationsgleichungen noch geprüft werden müssen: *die objektiv verschiedene Verteilung und Bewegung der Materie im Weltall selber* bedingt die von der euklidischen verschiedene, variable Metrik. Und das gerade ist in erlaubter, ja geforderter Analogie für den *historischen Zeitbegriff* bedenkenswert, genau in Ansehung der *verschiedenen Verteilung der historischen Materie.* Wobei zum Unterschied vom neueren physikalischen Raumbegriff die Sphäre der Anschaulichkeit nicht verlassen wird und auch sonst der Analogieschluß, wie es sich bei ihm methodisch gehört, nur erste Fingerzeige gibt, jedenfalls nur hochmodifiziert von einem naturhaften Raum auf eine historische Zeit bezogen werden darf. Die übliche Historie kennt aber nicht einmal das *Problem* variabler Zeitmaße, geschweige daß ein unstarrer Zeitbegriff selber, in Analogie zum Riemannschen Raum, auf Grund der *verschiedenen Verteilung historischer Materie* erwogen worden wäre. Die vierdimensionale Raum-Zeit-Welt, wie sie von der modernen Physik vor allem für »makrokosmische«, nämlich astronomische Verhältnisse gedacht wird, ist gewiß nicht so beschaffen, daß Zeit als Daseinsweise prozeßhaft inhaltlicher Bewegung darin liefe. Es fehlen ja der physikalischen Zeit (mit Ausnahme der der Entropie) alle Merkmale der Gerichtetheit. gar einer auch nur denkbaren Einmaligkeit. Doch dafür eben kann der *physikalische Raum* der Zeit etwas lehren, dieses nämlich, daß sie in ihrer historischen Reihe ebenfalls als unstetig, wo nicht als gekrümmt, mindestens als krümmungsreich suo modo begriffen werde. Ein »Mehrdimensionales« der Zeitlinie, wie es vor allem der geographische Reichtum des historischen Materials braucht, ist freilich der Physik selber völlig fremd. So freigebig sie auch sonst im n-Dimensionalen ist, so wenig hat davon der »Zeitraum«, in der Raum-Zeit-Union, einen Gewinn. Auch hier also dürfte, wann immer *Geschichte, Naturgeschichte in der Physik wieder durchschlägt,* noch eine ganz andere »Elastizität« nötig sein, um die Verlaufsstrecke als variable Form variierender Bewegungen, kosmogonischer Entwicklungen abzubilden.

Was das *menschliche* Geschehen angeht, so hat man sich damit begnügt, es nur in verschiedene Zeiten zu trennen. Freilich werden diese Stücke verschieden benannt, Altertum, Mittelalter, Neuzeit, gleich als wären da schon gewisse Färbungen von Zeit. Als wären in dergleichen bereits verschiedene Zeitarten gebraucht, dem entsprechend, was inhaltlich in solchen Perioden geschieht. Doch bleibt diese Färbung nur äußerlich und am Rand, sie ist eine bloße Abfärbung von dem, was gesellschaftlich an der epochalen Grenze jeweils beginnt oder endet. Die Zeit selber bleibt hier trotz aller Abteilungen die chronologisch gleiche, höchstens so etwas wie die Lebensalter wird ihr übertragen angeheftet, griechische Jugendzeit des Menschengeschlechts und so fort. Auch gibt es immer wieder, mit fadem Stellenwert, eine Art Morgenaspekt beim »Antritt des neuen Jahrhunderts«, um von ehemals zahlenmystischen Betonungen (Jahr 1000, auch 1524) zu schweigen. Nun aber ist es höchst bemerkenswert, daß zwar nicht die fortlaufende Geschichtsschreibung, wohl aber die »Sonderdisziplinen« des historischen Seins und Bewußtseins, die doch allesamt zur Geschichte gehören, eigene, und zwar *legitime* Zeitstrukturen schon lange kenntlich gemacht haben. Da gibt es vorab den so wichtigen ökonomischen Begriff der Arbeitszeit, wobei die gleiche Stunde je nach der in ihr qualitativ geleisteten Arbeit um ein Mehrfaches verschieden angerechnet wird. Weiter gibt es gänzlich eigene Zeitstrukturen im Überbau; hier braucht nur auf die musikalischen und die poetischen *Rhythmen,* vor allem *Satzformen* hingewiesen zu werden. Es gibt eine gelassene Zeit in der Satzform der Fuge, eine gespannte, den Spannungen Platz gebende in der Sonate. Es gibt eine breithinrollende, weiträumige Zeit in der Epik, zum Unterschied von der Zeit im Drama, dieser durchaus materiell (nicht artistisch) zusammengedrängten oder kupierten oder überschlagenen oder auch sich überschneidenden. Im Bau der Sonate wie des Dramas erscheint weiterhin eine eigene Dominant-Tonika-Beziehung der hier spezifischen Zeit: sie ist dann die sozusagen nicht mehr chronische, sondern akute, als spezifisch dienliche Verlaufsform des Schlag auf Schlag, des nahenden, dann gleichsam vertikal einschlagenden Untergangs oder Siegs. Ja ganze *Kulturen* stehen nicht nur in der Zeit, als ihrer Periode, sondern enthalten selber, vorzüglich in ihrer Mythologie (Religion), eine eigene Zeit, die sich ihren einzelnen kulturellen Zeitformen mitteilt; hier braucht nur auf den fast zukunftslosen griechischen Zeitmodus und auf den zukunftsreichen christlichen hingewiesen zu werden. Dabei hat die griechische Mythologie durchaus Zeitgötter, sinngemäß als besondere Bewegungsgötter: so Eos, Nike, Hermes, und sie sind geflügelt. Aber welch ein Unterschied wieder zu dem »Zeitgott« Jahwe, wenn er, des Futurum voll, seinen Namen vor Moses so definiert: Ehje ascher ehje, Ich werde sein, der ich sein werde. Und wieder auch, in sozusagen irdischerer consecutio temporum: was hat nicht nur bei Johannes dem Täufer, sondern noch bei Münzer die »Kairos«-Zeit, eine Zeit, die in sich »einsteht«, die »erfüllt« ist, mit der unbetonten griechischen Zeit oder auch mit endlosem Fortlauf gemein, den Hegel schlechte Unendlichkeit nennt? Item, es gibt zwar nicht in der einfachen Chronologie des historischen Nacheinander (die sich wiederum nur an die Uhrzeit anschließt), wohl aber bereits im angegebenen Zeitfärbungs-Problem der einzelnen historischen *Perioden* und vor allem eben, auf legitime Weise, in den einzelnen *Überbauten* variierte Zeitstrukturen. Diese variierten Zeitstrukturen sind es ja nicht zuletzt, welche – wie oben gesehen – auch den Fortschritt in Wirtschaft, Technik, Kunst nicht leicht auf gleichen Generalnenner bringen ließen. Womit sich zugleich ergibt, daß unter dem vielartigen Material, das den historischen Zeitbegriff form-inhaltlich variiert und dem jeweiligen Material gemäß macht, sich allerletzt auch das noch mehrartige *Material des Ziels* befindet, auf das der Fortgang der Zeitreihen jeweils werthaft bezogen ist. Gerade diese unter sich noch nicht ganz homogeneisierten Zielbeziehungen variieren außer den Fortschrittsarten auch die Zeitstrukturen, in denen diese verschiedenen, so oft ungleichmäßigen Fortschrittsarten – in Wirtschaft, Technik, Kunst und so fort – geschehen. Das Ganze der jeweiligen gesellschaftlichen Tendenz übergreift gewiß auch als gesamte jeweilige Zeittendenz die zeithaft-geschichteten Bewegungssphären dieser Tendenz, doch die verschiedenen Schichtströmungen im übergreifend Ganzen bleiben. Und sie verlangen ganz besonders zeit-inhaltliche Überlegungen nicht mehr nur homogener Form, – sie verlangen eben eine *Art »Riemannsche«* *Zeit*. Das heißt eine mit variabel faßbarer Metrik, je nach der Verteilung und hier vor allem je nach den – noch verschieden weit gesteckten – Zielinhalten der historischen Materie. Leibniz hat auch die Zeit, nicht nur den Raum als Wirkungsform von Kräften und ihrer Bewegung, Bewegungsart verstehen lassen. Das ist eine dynamische Zeitauffassung, so sieht sie *in ihrer Konsequenz* auch die Zeitreihen der menschlichen Geschichte nicht als unveränderliche, überall gleichbeschaffene an. Und erst recht sieht sie einen *Unterschied* zwischen den *prähistorischen Jahrmillionen* (um von den geologischen, gar kosmologischen Milliarden noch ganz zu schweigen) und den *paar Jahrtausenden Kulturgeschichte* seit der neolithischen Zeit. Hier waltet nicht nur ein chronometrischer Unterschied, sondern eben einer der Dichte im Zeit-Sein selber, ein qualitativ-struktureller vor allem, kurz eine objektive Veränderlichkeit auch im Nacheinander. Das bei aller *übergreifenden Einheit des entwicklungsgeschichtlichen Zusammenhangs*, doch nicht als eines zeithaftlinearen, sondern als eines auch chronologisch-*differenzierten* und *föderativen*, ja so erst fruchtbar *zentrierten*.

Eine Nachbemerkung an diesem Ende: es gibt selbstverständlich keine Zeiten oder Zeitformen an sich. Es gibt keine diskutierbar verschiedene Metrik *außerhalb* des gesellschaftlichen Lebens ihrer »Zeit«, gleich als lebte und wandelte sich eine Zeitstruktur als solche. Doch ebensowenig gibt es in der Geschichte pure Uhrzeit oder, was auf dasselbe herauskommt, Zeit als abstrakt-neutralen Behälter. Allein schon angesichts der Unterbringungs-Schwierigkeiten des universalhistorischen Materials kann dergleichen nur aus unreflektierter Gewohnheit behauptet werden. Oder aber aus statischem Interesse reaktionärer Art, so etwa bei N. Hartmann, wenn er behauptet, Zeit bleibe allemal Zeit, und zwar dieselbe, ganz gleich, was darin geschieht. Das philosophische Bewußtsein könne, anders als das historische, »Extension und Dimension nicht verwechseln: was in der Zeit sich ›ausdehnt‹, ist niemals die Zeit selbst«, als welche vielmehr gleichgültig gegen dieses alles verstreiche (Philosophie der Natur, 1950, S. 144). Aber N. Hartmanns Verbot macht nur auf lehrreiche Weise Formalismus und kategoriale Statik als die einzig entschiedene Gegenposition gegen Leibniz und die Konsequenzen kenntlich. Von der her dann Differenzierungen im Begriff Fortschritt-Reihenzeit allerdings als Ärgernis oder als Torheit, je nachdem, erscheinen muß. Auch zeigt – um das statische Interesse reaktionärer Art zu verlassen – jede unreflektierte Gewöhnung an die Uhrzeit gewisse Verwandtschaften zu einer Abtrennung der sogenannten formalen Logik von der Dialektik – diesesfalls in der Kategorienlehre selber. Denn auch bei einer Verdinglichung der Chronometrie ist die dialektische Abwandlung verabschiedet, als welche doch dem Zeitbegriff so unabdingbar zugehört wie jedem anderen, der Prozesse abbildet – und welcher Begriff bildete genuiner Prozesse ab als der der Zeit? Hermann Weyl vergleicht den Riemannschen Raum, zum Unterschied vom starr-euklidischen, »einer Flüssigkeit . . ., einer beweglichen, gegenüber einwirkenden Kräften nachgiebigen Lagerung und Orientierung« (Philosophie der Mathematik und Naturwissenschaft, 1927, S. 63): sollte dies Variable dem Panta rhei der Zeit weniger angemessen sein? Hier gibt es zwar keine n-dimensionale Mannigfaltigkeit wie in einer schlechthin unanschaulich erweiterten Geometrie, wohl aber muß die schlechthin anschauliche, historisch-materiell geforderte Mannigfaltigkeit notiert werden, worin die chronologischen Abwandlungen topisierbar sind. Der Fortschritt selber läuft also in keiner homogenen Zeitreihe, er läuft überdies in verschiedenen unter-, übereinander liegenden Zeitebenen. Er läuft in einer sich erst noch vielfältig herausprozessierenden Humanum-Einheit des Ablaufs und Gewinns. Die wirklich gemeinsam einheitliche Zeit des Geschichts-, ja Weltprozesses keimt überall erst: als – Zeitform beginnender Identität, das heißt des Unentfremdeten in der Beziehung von Menschen zu Menschen und zur Natur. Aber auch außerhalb dieses Grenzproblems steht die Zeit, gerade als »reine Unruhe des Lebens«, wie Hegels »Phänomenologie« sie nennt, zu ihren variierenden Inhalten nicht im Verhältnis invarianter Äußerlichkeit. Sie nimmt als offen haltende Daseinsweise der materiellen Bewegungen und Prozesse an diesen elastisch teil und wird von ihnen her – in Perioden wie Kulturgebieten – spezifisch materiell bestimmt.

Reihenbildung als physische, als kulturelle und die Sonne Homers

Wenn Zeit nur dort ist, wo etwas geschieht, wie dann, wo wenig oder nur ungeheuer langsam etwas geschieht? Oder setzt sich eine Reihe, die sozusagen nur sich selber zählt und innerhalb derer sich fast nichts verändert, wirklich als gleiche in einer geschehnisreichen, »geschichtlichen« fort? Mit anderen Worten: Ist die Zeit, in der das Wasser immer wieder dieselben kalten Steine wäscht, in der die Wogen immer wieder stereotyp ans Land schlagen, hundert und aber hundert Tausende von Jahren lang, wirklich auch nur länger oder gleich *dicht* wie das eine knappe russische Jahr 1917? Und all diese Nachfragen müssen rein objektiv-sachhaft verstanden werden, nicht etwa als solche der Erlebniszeit, der ohnehin bei den geologischen Jahrtausenden, Jahrmillionen nicht vorkommenden. Die Zeitfolgen insgesamt, nicht nur die historischen, müssen im Zusammenhang mit der verschieden dichten Verteilung des historisch-materiellen Geschehens, seiner Tendenzen und Inhalte verstanden werden. Also besteht auch ein intensiv-qualitativer Unterschied der *Geschichtszeit selber* gegenüber der *Naturzeit,* und zwar jener, die in der »Naturgeschichte« vorkommt, einer anderen mithin als der durch die t-Komponente der Physik bezeichneten. Zunächst nun ergibt sich hier (es wird weiter unten freilich noch eine ganz andere Wendung sichtbar werden), daß die Naturzeit eben eine *geringere Dichte* in ihrer formal so viel längeren Ausdehnung aufweist als die historisch-kulturelle. Sie ist, verglichen mit dieser, ein riesig aufgeblähtes Weniger an intensiv-qualitativer Zeit; wie ja die vormenschliche Natur auch ein Weniger an entfaltetem Sein enthält. Und ihre Jahrmillionen, Jahrmilliarden, die vor den paar Jahrtausenden menschlicher Geschichte in scheinbar homogener Reihe gelegen sind (oder ausschließlich zu liegen scheinen), sind danach, um ein nicht zu pressendes, aber illustratives Gleichnis zu verwenden, eine Art Inflationszeit, verglichen mit der historisch-kulturellen »Goldzeit«. Wobei selbst die formal so viel längere Ausdehnung der Naturzeit, als einer vor der Menschengeschichte liegenden, nur in Ansehen des Vergangenheitsmodus eine längere ist, dagegen nicht in Ansehung des Zukunftsmodus, der, gerade nach der üblichen Auffassung, in der Menschengeschichte ungeheuer überwiegt. Wenigstens soweit letztere als die einzig unabgeschlossene erscheint, die Naturgeschichte dagegen als eine substantiell abgeschlossene. Und das trotz ihrer ewigen Bewegung von glühendem Dunst zu glühendem Dunst oder auch kaltem Staub zu kaltem Staub, und wegen dieser nur kreislaufhaften, also dennoch substantiell abgeschlossenen Bewegung. Denn der Kreislauf von Urnebel zu Sonnen und Planeten und vielleicht mehrfach entwickeltem Leben darauf brächte zwar innerhalb seines jeweiligen Prozesses oder, besser gesagt, vom Auftritt der Lebenserscheinungen an immer wieder Nova, doch keine solche für die anorganischen Vorgänge und erst recht keine für den Dunstzyklus. Das wirft sich dann stereotyp und unfruchtbar in sich herum, als läge es in allem vor der menschlichen Geschichte, auch wenn es diese am Ende unter sich begräbt, das heißt, zu sich zurückholt. So erscheint denn – beim Gesichtspunkt einer schlechthin »vorgeschichtlichen« Natur – ein Plus von dichter, reicher Geschichtszeit gegenüber einer aufgeblähten, prozeßträgen Naturzeit.

Aber freilich wird dabei vorausgesetzt, daß die Zeit der sogenannten toten Dinge ausnahmslos vor der menschlichen liege. Und nicht nur das: die naturhafte Zeit wie das, was in ihr geschieht, muß dann ein *pures Vorbei* sein, muß wirklich keine eigene Neuheit mehr in petto haben. Nur so liegt sie dann tatsächlich vor der menschlichen Geschichte: eine Hülse, aus der das Korn heraus ist, ein Mohr, der seine Schuldigkeit getan hat, eine riesige Vorgeschichte und sonst nichts. Nur so auch geht die Naturgeschichte einlinear fortschreitend in die Menschengeschichte über, die ihr nachfolgt und sie entwicklungsgeschichtlich »krönt«. Eine populärwissenschaftliche Schrift hieß derart einmal: »Vom Nebelfleck bis Scheidemann«; dergleichen schält sich dann heraus als des Pudels Kern. Aber auch wenn, Scherz beiseite, der Name Scheidemann durch einen bedeutenderen ersetzt wird, so riegelt doch immerhin ein kulturgeschichtlicher Effekt das naturgeschichtliche Prius ab, läßt es als bloßes Vorbei-Prius zurück, das ist, als ausgelaufene, nur noch leer weiterlaufende Gebärmaschine. Eine eigene oder besser: eine zur menschlichen allenfalls noch hinzukommende positive Zukunft ist danach nicht mehr im naturhaften Stoffgetriebe. Die Physis kann sogar sehr als Basis anerkannt sein, und sie läge doch für eine rein kulturgeschichtliche Pointierung ihrer ante rem, ja in einer Sackgasse von Gewesenheit. Ohne weiteres kehrt hier aber auch eine Erinnerung an *ähnlich falsches Zeitvorbei* wieder, und zwar in der Kulturgeschichte selber, eine Erinnerung nämlich an die Stelle, welche Herder, Ranke und gänzlich Hegel für die vorderasiatischen Kulturen, vor allem für – Indien und China übrig hatten. Letztere Länder waren für Hegel nicht anders als die Erde und sonstige Natur in Vergangenheit versunken, obwohl sie doch noch bestanden und damals schon höchst gegenwärtige Wirkungen ausübten. So aber auch rückte bei den damaligen Entwicklungsphilosophen die Natur, besonders die anorganische, in der Fortschrittslinie ganz an den stotternden, den abgetanen Anfang, mit »ausgestorbener Rede«. Hegel, der die Natur völlig der Geschichte unterwarf, hat das pure Vorher und ausnahmslose Vorbei der anorganischen Welt gleichsam besiegelt: »Die Geschichte ist früher in die Erde gefallen, jetzt aber ist sie zur Ruhe gekommen: ein Leben, das, in sich selbst gärend, die Zeit an ihm selbst hatte; der Erdgeist, der noch nicht zur Entgegensetzung gekommen, – die Bewegung und Träume eines Schlafenden, bis er erwacht und im Menschen sein Bewußtsein erhalten und sich also als ruhige Gestaltung gegenübertreten« (Werke VII¹, S. 237). Das also bezeichnet und behauptet am entschiedensten die allzu nur menschliche Geschichtspointe, die das All schlechthin überbietende, antiquierende; und indem die Natur dermaßen zum bloßen Vorspiel wird, muß ihre Zeit auch *totaliter* als jene undichte, substanzarme erscheinen, als die sie vorhin, in der ersten Wendung des Problems, dargestellt worden ist. Doch wie aber, so lautet nun die *zweite, ergänzende Wendung:* Ist die Natur in der menschlichen Geschichte *auf ein solches Altenteil gesetzt, das ist, auf ein ausschließlich rückwärts vom Menschen gelegenes Zeitgebiet?* Ist es nicht absurd zu sagen, die Natur sei in gleicher Weise vergangen wie etwa die Kreuzzüge und lebe höchstens noch, gleich diesen oder anderen Vergangenheiten, in einigen Nachwirkungen fort? Gibt es nicht, evidentesterweise, die unaufhörliche Beziehung der Menschen zu Menschen *und zur Natur:* sowohl die zu Rohstoffen, zu Naturkräften und ihren Gesetzen, als auch die ästhetische, mit allen Problemen der Naturschönheit und der in ihr so oft noch antönenden Naturmythen? Leuchtet nicht die Sonne Homers auch uns, und zwar, ohne alles »Kulturerbe«, genau die Sonne selber als eine wirklich unvergangene, die gar nichts davon weiß, durch die menschliche Geschichte antiquiert zu sein? Wäre es nicht wieder, ja erst recht absurd zu sagen, das ungeheure Universum und sein Lauf, das in Myriaden Sternen mit uns völlig unvermittelte, habe in der *vorhandenen* Menschengeschichte seine »Fortsetzung« *schlechthin* erhalten, in den *vorhandenen* Kulturen seinen Zielinhalt? Dergestalt, daß die »Ilias der Natur« in der menschlichen »Odyssee des Geistes« buchstäblich schon heimgekehrt und zu Ende gegangen sei, wonach dann allerdings auch die Zeit der bisherigen Naturgeschichte leer erscheint und sie selber, zum Unterschied von der menschlichen Geschichtszeit, ohne nennenswerten Zukunftsmodus. Also auch ohne Fortschritt sui generis, ohne reale Möglichkeit zu dem sehr Fernen, der *vorhandenen* Geschichte noch so Fernen, ja kaum schon lotbar Tiefen, das *Marx* letzthin als – Humanisierung der Natur bedeutet hat. Mithin, auch an der Naturzeit zeigt sich: In einer wahrhaft universal-historischen Topologie der Zeiten muß dringend das Problem einer *eigenen, nicht überall in die vorhandene Geschichtsreihung* übergehenden Natur-Zeitreihe bedacht werden. Die Gänsemarschlinie des Vorher und Nachher ist an einem *nicht nur abgelaufenen Vorher der Natur,* nicht nur *allpointierenden Nachher der Kulturgeschichte* am wenigsten haltbar. Und ebenso gibt sich der riesig gespannte Naturbau eher als eine Szenerie, auf der das ihr gemäße Stück in der Menschengeschichte noch nicht aufgespielt wurde, als daß das menschlich-historische Sein und Bewußtsein bereits als das aufgeschlagene Auge des ganzen Naturseins erscheint. Eines Naturseins, das eben nicht nur vor unserer Geschichte liegt und sie trägt, sondern das sie größtenteils dauernd umgibt, als ein formal wie inhaltlich mit der Geschichtszeit noch kaum vermitteltes. Freilich mit einer Geschichtszeit, die nicht dauernd mit der Naturzeit und den besonders latenten Inhalten, die in ihr sich Zeit lassen, unvermittelt bleiben müßte. Also in einer ausgemacht doppelten Buchführung von Geschichts-Fortschritts-Ziel (»Reich der Freiheit«) einerseits, Natur-Kreislauf-Ende (»Entropie«) andererseits. Dieser Dualismus sei ferne, doch er droht gerade dort, wo die Natur ausnahmslos als jenes Vorher der Geschichte betrachtet wird, das die der Naturzeit zwar hochmütig überlegenen, aber noch keineswegs mit ihr vermittelten und in sie mündenden Geschichtszeiten schließlich in heißem Dunst oder kaltem Staub begräbt, das ist, in *lauter Vorher gleich Nachher und lauter Nachher gleich Vorher* zurückholt. Man sieht also Aporien der so segensreich-wahren Entwicklungsgeschichte auch hier, in der Natur-, Geschichtszeit, gerade hier, und sie kommen aus den angegebenen *zwei Lageaspekten* in der Naturzeit: aus einem abgeschlossenen *Vorbei,* aus einem weit eröffneten *Morgen* der Natur. Die relativ leere, zukunftsarme Naturzeit einerseits, die substanzhafte, zukunftsreiche Naturzeit andererseits: sie sind beide vorhanden und das keineswegs nur als methodische, sondern eben auch als sich ergänzende *Realaspekte.* Die eine findet sich im mechanischen Realaspekt des Vorbei und was ihm an Quantitativ-Konstantem entspricht; die andere findet sich am antizipierenden Realaspekt eines Morgenrothaften und was ihm an Qualitativ-Offenem, ja Symbolischem in Naturvorgängen entsprechen mag, vorzüglich an Goethisch, nicht Newtonisch erfaßten. Die beiden Zeitwendungen laufen aber nicht unvereint nebeneinander, die zweite hebt auch die erste, pro rata gültige, nicht einfach auf, vielmehr: Polyrhythmik besteht auch für die beiden Naturzeiten als *in-*

einander noch verschlungene. Wobei die *Naturzeit des Mor-*
genrothaften als eine der Humanisierung der Natur *mit den*
Tendenzinhalten der kulturellen Geschichtszeit besonders ver-
bunden ist. Das bedeutet zugleich: Die wahrhafte »Goldzeit«
der historischen Anthropologie kann nicht ohne die ebenso
wahrhafte »Goldzeit« einer neuen humanistischen Kosmologie
erfaßt werden. Einer solchen also, die die *humane Geschichts-*
zeit als ihr einflußreiches Vorher hat und so die Geschichte zuletzt positiv-möglicherweise auch in natura, in einem Weltmaß
erfüllt statt negativ-möglicherweise begräbt.

Nochmals Bezugspunkt oder Fortschritt und »Sinn« der Geschichte

Klar bleibt, der Ruf nach vorwärts ist so wenig mit sich selber
fertig wie die Sache, die er bedeutet. Der Begriff Fortschritt
impliziert ein Wohin und Wozu, und zwar ein zu wollendes,
also gutes Wozu und ein zu erkämpfendes, also noch nicht
erreicht-vorhandenes. Ohne Wohin und Wozu ist ein Fortschritt überhaupt nicht denkbar, an keinem Punkt meßbar,
vor allem auch als Sache selber gar nicht vorhanden. Das
Wozu aber impliziert nicht nur ein »Ziel«, sondern – damit
nicht ohne weiteres zusammenfallend – einen »Zweck« und –
wiederum damit nicht ohne weiteres identisch – einen »Sinn«
des Geschehens, mindestens des menschlich strebenden und
arbeitenden. Das sozusagen automatische Geschehen, ja das
Leben selber braucht, um eines zu sein, noch keinen Sinn zu
haben (die Menschen leben ja primär nicht, um zu leben, sondern weil sie leben). Wohl aber kommt das als Fortschritt ge-
wollte, gedachte, betriebene Geschehen und Leben ohne die
Eigenschaft eines Sinns weder aus, noch kommt es ohne ihn
überhaupt vor, und wer einen Sinn als real (wenn auch noch
nicht: verwirklicht-real) leugnet, hebt gerade zentral den Be-
griffs- wie Sachinhalt Fortschritt auf. Noch nicht verwirklicht-
real wurde gesagt, das bedeutet: nicht in einer statischen Vorhandenheit, wohl aber in der objektiv-objekthaft-realen Möglichkeit und der dialektischen Verwirklichungstendenz daraufhin
ist dem Fortschrittswillen und der Welt, worin er einen Sinn

hat, sein Sinn enthalten. Sinn also ist Perspektive, wie sie in der zu verändernden Welt möglich ist, wie sie in der Vervollkommnungsfähigkeit der Welt die Latenz guter Ziele für sich hat. Diese Perspektive geht schrittweise auf vor dem Denken und Tun dessen, was aktuell not tut, aber stets muß in diesem Denken und Tun das Totum dessen, was überhaupt not tut, ein Gemeintsein und Eingedenken haben, damit sowohl Sinn als Perspektive wie Perspektive als Sinn da seien. Dergleichen erweitert sich, wie sichtbar, sogleich ins ganz Umfassende, in die ganze Geschichte, in den ganzen Sinn der Welt. Immer als eines nicht statisch vorhandenen Sinns, sondern als eines durch die Menschen – begonnen ist der Weg, vollende die Reise – fortschreitend entbindbaren. Fehlen freilich das umfassende Bewußtsein und das Bewußtsein des Umfassenden eines solchen utopisch-real fundierten (mindestens noch durch keinerlei totales Umsonst vereitelten) Sinns, dann sind auch die jeweils einzelnen und besonderen Sinngehalte des historischen Fortschritts ohne letzthinnigen Halt, ohne einen philosophisch, also universalwissenschaftlich vertretbaren Ernst. Hätte also die Welt nur Mechanismus und seine »Entropie« im Grund, so wäre die Geschichte, wie wenn Fische in einem Bottich sich beißen oder auch ein Liebesspiel aufführen, und draußen tritt aus der Tür bereits die Köchin mit dem dazu disparaten, jedoch alles beendenden Messer. Der durchaus bereits im Beginn befindliche Sinn der menschlichen Geschichte ist die Herstellung des Reichs der Freiheit; doch eben ohne positiv-möglichen, möglich-positiven Sinn in der *umgebenden Kosmologie*, in die alles historische Geschehen letzthin einmündet, ist der Fortschritt dieses Geschehens, wenigstens bei strengem und totalitätshaltigem Blick, so gut wie nicht wahr, wie nicht wirklich gewesen. Man verstehe recht: auch ein einzelner Tag kann durchaus sinnvoll verbracht werden, ein Leben, wohlangewandt, gar produktiv, hat durchaus seinen Sinn, vor allem im Rückblick. Doch dieser bonsens-Sinn, wie er genannt werden kann, ist gleichsam mesokosmischer Art (um einen auch hier lehrreichen physikalischen Begriff zu gebrauchen), das heißt, die Ungenauigkeiten wirken sich hier so geringfügig aus, daß sie außer acht gelassen werden können. Anders aber wirken die Ungenauigkeiten bei makrokosmischen Verhältnissen, hier eben bei der Totalität, und sie bedürfen der Bereinigung, damit auch der bonsens-Gebrauch des Sinnbegriffs jede Konsequenz aushält. Das also sind weitere Implikationen, wie sie am Begriff *Fortschritt* kraft der in ihm vorhandenen Implikation: *Sinn* aufgehen. Das Humanum als durchgehende wie versammelnde Bezeichnung jedes Sinns ist jedenfalls ein weites Feld, ist kein aufs Anthropologische schlechthin begrenzbares. Wonach sich auch an der Kategorie Fortschritt, gerade an dieser, ergibt: Es gibt konsequentermaßen keine neue marxistische Anthropologie ohne neue marxistische Kosmologie. Beide: tiefes Mensch- wie tiefes Weltvertrauen gehen in der Revolutionsgeschichte schon längst Hand in Hand; ungestört von Mechanistik und Fremdheit zum Zweck. Aber der militante Optimismus, als die subjektive Seite des wirklichen Fortschritts, impliziert auch Wohin- und Wozu-Erforschung auf der objektiven Seite insgesamt, des fortschreitenden Seins mithin, ohne das es ja kein fortschrittliches Bewußtsein gäbe. Und das Humanum ist in der realen *Möglichkeit* seines Zielinhalts *so umfassend, daß es alle Bewegungen und Formen der menschlichen Kulturen sich im Miteinander verschiedener Zeiten zuordnen läßt, und so stark, daß es sich vor einer rein mechanistisch gefaßten Kreislaufzeit nicht zuschanden geht.* Näher zu uns aber hat sich ein weitgelegtes Omega, diesesfalls als nicht nur westlich orientierender Zielpunkt, vor der außereuropäischen Geschichte zu bewähren. Also, mit Probe aufs Exempel, vor dem nicht historischen, sondern aktuellen Aufbruch Afrikas und Asiens. Diesen Kontinenten eben ist die weiße Vergangenheit nur knapp ihre eigene, und Geschichte überhaupt wird den mannigfach zukunftslos gewesenen Völkern dasjenige, was morgen beginnt. Desto deutlicher versagt dann – von ihrer imperialistischen Diskreditiertheit gar nicht zu reden – eine bisherige, rein westliche Pointierung, desto stärker hilft eine utopisch offene, selber noch experimentelle. Nur derart können hunderte Kulturen in die Einheit des Menschengeschlechts strömen, die sich dadurch erst bildet, in nicht linear gehaltener Geschichtszeit, nicht fix-monodisch gehaltener Geschichtsorientierung. Afrika und Asien im Chor bilden, genau um der Einheit des Menschengeschlechts willen, einen so polyrhythmischen wie polyphonen Verlauf des Fortschritts zu dieser Einheit hin, dann freilich unter einer Sonne, die doch zuerst, aktiv wie theoretisch, in Europa aufgegangen ist, und die eine Gemeinschaft wirklich ohne Sklaverei bescheinen möchte. Der westliche Fortschrittsbegriff hat immerhin in seinen Revolutionen keine europäische (freilich auch keine asiatische oder afrikanische) Spitze impliziert, sondern eine – ganze bessere Erde.

Thesen

1. Der Fortschrittsbegriff ist uns einer der teuersten und wichtigsten.

2. Daher ist der Fortschrittsbegriff jedesmal auf seinen gesellschaftlichen Auftrag, also auf sein Wozu zu beobachten und zu untersuchen; denn er kann auch mißbraucht und gerade kolonial-ideologisch pervertiert werden.

3. Der Fortschrittsbegriff kann für Produktivkräfte und Basis gültig, für den Überbau relativ ungültig sein, mindestens schwächer gültig und umgekehrt. Verwandtes gilt für zeitlich nacheinanderfolgende Überbauten (Kulturen), insbesondere für die Fortschrittskategorie in der Kunst.

4. Der Fortschrittsbegriff duldet keine »Kulturkreise«, worin die Zeit reaktionär auf den Raum genagelt ist, aber er braucht statt der Einlinigkeit ein breites, elastisches, völlig dynamisches Multiversum, einen währenden und oft verschlungenen Kontrapunkt der historischen Stimmen. So läßt sich, um dem riesigen außereuropäischen Material gerecht zu werden, nicht mehr einlinig arbeiten, nicht mehr ohne Ausbuchtungen der Reihe, nicht mehr ohne komplizierte neue Zeit-Mannigfaltigkeit (Problem einer »Riemannschen« Zeit).

5. Jeder Zielinhalt, auf den der wirkliche Fortschritt sich bezieht, den er befördert, muß ebenfalls als so reich und tief erkannt werden, daß die verschiedenen Völker, Gesellschaften, Kulturen auf der Erde – bei aller Einheitlichkeit ihrer ökonomisch-sozialen Entwicklungsstadien und deren dialektischer Gesetze – Platz *an ihm* haben und *zu ihm* hin. So sind die lebenden außereuropäischen Kulturen ohne europäisierende Vergewaltigung oder auch nur Einebnung ihrer spezifischen Zeugnisse für

den Reichtum der menschlichen Natur geschichtsphilosophisch darzustellen.

6. Dieser Zielinhalt ist kein bereits definites, sondern einzig ein noch nicht manifestes, ein konkret-utopisches Humanum. Nur so wird die Tiefenbeziehung des Vorwärts, auf die hin die verschiedenen Geschichtsverläufe angeordnet sind, zugleich als eine so geräumige Tiefe darstellbar, daß – in einer reich strukturierten Chronologie – die prozeßhaften Vorgänge der ganzen Welt Platz finden. Zu dem herauszuprozessierenden Humanum, als dem letzten, wichtigsten Zurechnungspunkt des Fortschritts, sind sämtliche Kulturen auf der Erde, samt ihrem Erbsubstrat, Experimente und variant bedeutsame Zeugnisse. Sie konvergieren auch deshalb in keiner irgendwo bereits vorhandenen Kultur, gar als einer »herrschenden«, überragend »klassischen«, die in ihrem – doch selber nur experimentellen – Sosein bereits »kanonisch« wäre. Die vergangenen wie lebenden wie künftigen Kulturen konvergieren einzig in einem noch nirgends zureichend manifesten, wohl aber zureichend antizipierbaren Humanum.

7. Ein dem nicht Unverwandtes gilt auch für das wohlfundierte Realproblem eines »Sinns« der Geschichte, in Verbindung mit einem »Sinn« der Welt. Doch das einende Humanum – das Eschaton im Zielpunkt des Fortschritts – deckt sich hier am wenigsten mit dem bereits manifesten Menschen-Resultat und dem seiner kosmischen Umwelt. Es liegt so in der Verlängerungslinie auch des bisher weitest vorgeschobenen humannatürlichen Zielpunkts. Das heißt, es liegt in der fernsten, obzwar der wissenschaftlichen Antizipation nicht verschlossenen Immanenz realer Möglichkeit von Menschen und Natur.

16

FORTSCHRITT
UND DIE IHM GEMÄSSE TRADITION

Das gute Neue ist niemals ganz neu. Es kommt nicht aus der hohlen Hand oder aus einem scheinbar freischwebenden Kopf. Weniges ist belangloser als dieser, und nichts wird rascher zu altem Eisen als solche Art von Avantgarde. Dagegen gutes

Neues ist mit den Strömungen seiner Zeit und ebenso zugleich mit den Wendezeichen im Vergangenen vermittelt, die weiter rufen. Und es könnte auch nicht deutlich gegen das Stockende, weiterwirkend Feindselige in der Vergangenheit gerichtet sein, wenn es sich lediglich abrupt, also vergeßlich, davon abhöbe. Auch der Kampf gegen Schlechtes der Tradition ist deshalb nicht putschistisch möglich, sondern nur im revolutionären Bewußtsein, das ebenso, wie es das fällig Neue durchsetzt, auch historisch aufarbeitet. Wobei ahistorisches Vergessen und leeres, lediglich einlineares Fortschreiten, ohne Rückendeckung, aber auch ohne Geschichtshilfe, ohnehin nahe zusammengehen. Dann eben, wenn Fortschritt nach formalem, nämlich arithmetischem Muster, wesentlich nur als geradliniges Mehrwerden gedacht wird, mit Plus und wieder Plus in pure Zukunft hinein. Der Abstoß von den Schultern der Tradition insgesamt, also auch von Gang und Umfang dessen, was Geschichte nicht nur heißt, sondern konkret ist, war am stärksten bei den Jakobinern; weshalb nicht nur Hegel, auch Marx jedes derart Abrupte jakobinisch nannte. Abstrakt wurden hier fast alle Blätter des Vorherigen überschlagen, Vergangenheit schien fast nichts zu enthalten als Fürsten- und Pfaffenbetrug. Der allergrößte Teil ihrer galt lediglich als Ballast, Brutus ausgenommen, und Fortschritt war wesentlich nur als jähes Plus der Zukunft. Umgekehrt dann wieder, doch buchstäblich als Retourkutsche auf der so gegebenen Strecke, sah die Reaktion, die Restauration *Vergangenheit* als das ernsteste Wort, als gediegensten Inhalt und den Fortschritt davon weg nur als einen ins Nichts. Bereits der Rück-Schlag, der den Tod des Aufklärers Sokrates brachte, gehört als beschworene Vergangenheit hierher, erst recht die ausgebrochene Ketzerverfolgung in der Inquisition, die neufeudale, am liebsten gegenreformatorische Verklärung des Mittelalters und schließlich der romantische, sich selbst so nennende »Traditionalismus«. Die Furcht vor dem Jakobinertum samt dem Napoleon, der ohne Französische Revolution nicht möglich gewesen wäre, nagelte die Gegenwart, und zwar als lebende, besonders gern aufs ci-devant der Geschichte. Hin also zur »mondbeglänzten Zaubernacht« des Mittelalters bei Tieck, zu »Christenheit und Europa« von einst bei Novalis, zu de Maistres, Bonalds, Adam Müllers Unterhaltungen der beiden Janusköpfe Zeit, wobei der in die Vergangenheit gewandte, genau umgekehrt wie bei den Jakobinern, bis hin zum Klerikalfaschismus und der sogenannten konservativen Revolution, den Ton angibt. Daß in der mondbeglänzten Zaubernacht von ehedem außer Ritterburgen auch Bauernheere standen, weniger passé als die Burgen, das wurde gern übersehen, samt dem anders frommen Thomas Münzer. Auch wurde diese sehr andere Art Tradition desto leichter überschlagen und übersehen, als die Vernunft der Linken bis heute vom mystisch-Subversiven in der Vergangenheit keine Ahnung zu haben pflegt, es sei denn eine, die übers »religiöse Mäntelchen« bei Münzer und dergleichen nicht hinauskommt. Was überdies noch beförderte, daß die Reaktion von damals und gar erst die des »Dritten Reichs« Felder zur Besetzung und Nutznießung dazubekam, die ursprünglich der Revolution gehörten; nicht eben mit mondbeglänzter Zaubernacht, sondern eher mit apokalyptisch gewesenem Gegenteil. Überkommene Ordnung und Sprung der Freiheit zu verbinden, das freilich war, statt sturem Traditionalismus, einmal der Auftrag Hegels. War das hier versuchte oder prätendierte Verständnis zwischen dem wühlenden, kritischen Maulwurf des Widerspruchs sous la terre und dem apologetischen Frieden, den die Gewordenheit im Prozeß, die Vergangenheit als Resultat verschaffen sollte. Wie bekannt auch hier wieder mit wachsendem Übergewicht des Gewordenen über das Werdende, über jenen »Fortschritt im Bewußtsein der Freiheit«, der historisch seinen Lohn schon dahin zu haben hatte. Für die Deutschen ein für allemal, in der – Reformation Luthers, für die Geschichte insgesamt in der Selbstreflexion ihres An- und Fürsichwerdens von fahrendem, nicht mehr fahrendem Geist. »Tanta molis *erat* humanam condere gentem«, schließt deshalb Hegels Geschichtsphilosophie, wohlgetan, abgetan. Ist es doch von Platon bis Hegel die Lehre von der Anamnesis, welche auch noch jede *Prozeß*-Metaphysik mit einer Tradition – puren Gewesenseins schlägt; Erkennen ist danach nichts als bloßes Wiedergedenken eines bereits fertigen, ja an sich vollendeten Ur-Seins, und nichts Neues hat ernsthaft Platz. Es sei denn, bei Hegel, durch die kurze Kategorie des Sprungs, der Geburt, des

»Heraufkommenden« in Geschichte, aber als nur vorübergehend gekündigter Kontinuität. Die Dialektik des Fortschreitens galt hier letzthin nur in der abgelaufenen Historie, und es sollte keine Zukunft geben, außer als Spreu und Wind, die nicht bereits Vergangenheit war. Ebenso aber war es, qua »Fortschritt«, genau die Hegelsche Linke, welche im Vormärz sich dagegen sperrte, Gegenwart und Zukunft aus dem historischen Prozeß herauszulassen. Und erst Marx stellte den Gedanken, daß die Geschichte noch ebenso trächtig sei wie die Zukunft, mitten in die Zukunft, als historisch bewußte, selber hinein. So eben der erstaunliche, fast die Zeitdimensionen tauschende, mindestens mischende, Satz (Brief Marxens an Ruge 1843): »Es wird sich … zeigen, daß die Welt längst den Traum von einer Sache besitzt, von der sie nur das Bewußtsein besitzen muß, um sie wirklich zu besitzen. Es wird sich dann zeigen, daß es sich nicht um einen großen Gedankenstrich zwischen Vergangenheit und Zukunft handelt, sondern um die *Vollziehung* der Gedanken der Vergangenheit.« Soviel hier nur zur Erinnerung an einige Arten, womit sich die Dimension der Vergangenheit und die der Zukunft bisher voneinander abgesetzt oder aber in Begriff gesetzt haben, um sich zu durchdringen.

Letzteres eben geht nicht, wenn im Zählen immer nur ein Nacheinander gilt, einlinig. Wobei dann auch erlebniswirklich, wie gar erst geschichtlich Vergangenes immer nur rückwärts in der Zeitreihe liegt, Künftiges immer nur vorn. Mit der Gegenwart angeblich in der Mitte zwischen diesen beiden Zeitweisen, sie scharf trennend. Wobei diese Schärfe gerade der Gegenwart selber ihr Ende bringt, indem sie sie unaufhörlich zur Vergangenheit abschneidet, ebenso aber Künftiges von der anderen Seite her Gegenwart unaufhörlich überwältigt. Wozu das weiter Merkwürdige, daß solch allerkürzeste Zeitweise, Gegenwart genannt, selber noch Platz für zwei völlig verschiedene Modi hat. Erstens macht sie sich wahrhaft kurz als *Jetzt*-Augenblick, ist als solcher dermaßen punkthaft, daß er nicht einmal kurz genannt werden kann. Zweitens steht da Gegenwart im üblichen Sinn, nämlich nicht als jähe, unendlich flüchtige wie der Augenblick, sondern als jenes ganze Präsens, das »Heute« heißt oder gar als jene Tage, Wochen dauernde Zugleich-Zeit, die »Aktualität« heißt. Wobei sich noch als das Merkwürdigste zeigt: die Zeitweise Gegenwart insgesamt faßt die ihr zugeschriebene Mitte der Zeitreihe Vergangenheit–Zukunft auch deshalb nicht einwandfrei, weil sie als Jetzt gar nicht aus Zeit, als Präsens nicht nur aus Zeit besteht. Denn der Jetzt-Augenblick, als völlig punktuell, ist überhaupt noch nie in die Zeitreihe eingetreten; er hat sich noch nirgends, weder zuständlich noch gar gegenständlich, herausgemacht, im Zeitlauf herausgestellt. Dieses intensive Jetzt (bezeugt durch das Dunkel des gerade gelebten Augenblicks) ist noch exul seiner Erscheinung, also noch außerhalb von Werden wie auch Vergehen und erst recht noch nirgends – präsente Gegenwart. Und dasjenige andererseits, was so üblicherweise, ganz unaugenblicklich Gegenwart, Heute, Aktualität genannt wird, dies reichlich, auch jeweils recht verschieden ausgedehnte Wesen steht zwar durchaus in der Zeit, doch ist außerdem ganz deutlich raumhaft tingiert. Nämlich als *Zugleich*, damit ebenso als ein *Nebeneinander* simultaner Art, sogar ganz behältnishaft; Gegenwart ist derart kein raumloses Jetzt, sondern dieses Zimmer, dieser nahe oder ferne Ofen, diese Straßenszene, diese Landschaft, kurz das räumliche Jeweils-Ensemble dazu, ohne das ein Zugleich im Präsens ja gar nicht statthaben könnte. Mithin, all das bedenkend, kann weder der überhaupt nicht präsenshafte Jetzt-Augenblick noch aber auch die Gegenwart, als nicht nur zeithaftes Präsens, die Zeitreihe buchstäblich chronoshaft, chrono-logisch in Vergangenheit und Zukunft schneiden. Statt dessen gibt es umgekehrt ein durch Vergangenheit und Zukunft hindurchgehendes Korrelat von »Gegenwart« als unentschiedene, nämlich *unerledigte Aktualität* und in der Haltung zu ihr immer wieder – Vergegenwärtigung. Als griffe Vergangenes gerade weiterrufend, Zukünftiges gerade hinter sich zu Vergangenem, Ungelungenem zurückrufend in unseren lebenden Tag. Grundbeispiel: »Geschlagen ziehen wir nach Haus, unsere Enkel fechtens besser aus« (deutsches Bauernlied nach der Niederlage 1525); Nebenbeispiel: »Allerdings wird mit der Zeit jedem volle Gerechtigkeit« (tempo è galantuomo), allein so spät und langsam wie »weiland vom Reichskammergericht« (Schopenhauer, Parerga II, Kap. 20). Kunstbeispiel: »Ein wahrhaft künstlerischer Geschichtsschreiber liefert uns ein viel höheres, wahreres Bild von großen Taten und Ereignissen, als dasjenige sein würde, das wir aus eigener Anschauung gewinnen könnten« (Hegel, Ästhetik III, ad Porträt). Dem entspricht, wieder weniger kontemplativ: »Die Toten kehren verwandelt wieder: die, deren Tat zu kühn war, um zu Ende gekommen zu sein (wie Thomas Münzer); die, deren Werk zu umfassend war, um mit dem Lokal ihrer Zeit zusammenzufallen (wie Aischylos, Dante, Shakespeare, Bach, Goethe). Die Entdeckung der Zukunft im Vergangenen, das ist Philosophie der Geschichte, also auch der Philosophiegeschichte… Gerade weil nicht die Eule der Minerva in der Abenddämmerung fliegt, unter Ruinen der Betrachtung, im grundfalschen Kreis aus Kreisen, sondern weil ein Denken der Morgendämmerung aufgeht, jener offenen Tageszeit, die der Minerva, der Göttin des Lichts, am wenigsten fremd ist« (Subjekt – Objekt, Kap. 25). Und dem nicht unverwandt in Aufsprengung bloß kontemplierter Vergangenheit erscheint folgende »citation à l'ordre du jour« (welcher Tag freilich nicht erst der jüngste sein muß): »Auf den Begriff einer Gegenwart, die nicht Übergang ist, sondern in der Zeit einsteht und zum Stillstand gekommen ist, kann der historische Materialismus nicht verzichten… Er überläßt es anderen, bei der Hure ›Es war einmal‹ im Bordell des Historismus sich auszugeben. Er bleibt seiner Kräfte Herr: Manns genug, das Kontinuum Geschichte aufzusprengen« (Benjamin, Geschichtsphilosophische Thesen). Am sogenannten Kulturerbe selber ist ebenso, damit es Re-Produktion nach vorwärts enthalte und Tagruf, sowohl Zerfall des bloß Gewordenen wie andererseits Besetzung statt einfacher Austreibung von irrationalen Gefahrenzonen oder auch Unausgemachtheiten im Überbau von einst. Das Erste, der verstandene Zerfall des wirklich Abgestandenen, befreit von den bloß historischen Fixierungen der übernommenen Bedeutsamkeiten, befördert so gerade jenen kulturellen Überschuß in ihnen, der sie immer wieder, immer anders zu den Nachkommen (und gerade *von ihnen*) sprechen läßt. Das Zweite, die Besetzung ehemaliger, doch ungleichzeitig noch fortlebender, sachlich möglicherweise nicht völlig unabgegoltener Haltungen und Gehalte vor allem aus vorkapitalistischer Zeit: Auch diese strenge Musterung und in nichts romantische Umfunktionierung geschieht nach anderen Maßen als einer noch bürgerlichen Ratio, soll heißen einer teils mechanistisch, teils klassizistisch abgetappten. Statt dessen kann unzerstörte Vernunft auch Unabgegoltenes irrational sich gebender Art aus der Vergangenheit als Problem für eine weitere, tiefere Ratio gewinnen. Um es sowohl reaktionärem Gebrauch zu entziehen wie einem eigenen Rationalismus des bisher Irrationalen zugänglich zu machen. So vielfach also gibt es noch Zukunft in der Vergangenheit, »Traum von einer Sache«, die noch zu vollziehen ist, Tradition als Revolution der Abgeschiedenen, mitten in der Revolution als Tradition der Heraufkommenden. Derart läßt sich schöpferisch überhaupt nur auf solche Vergangenheit zurückgreifen, die ebenso, unerledigt, in die Zukunft vorgreift; es gibt ja gar kein anderes »Kulturerbe« ohne diese Tradition des noch Ungekommenen. Konkrete Utopie unterscheidet sich von der abstrakten, daß sie nicht wie diese eine gemeinsame Arie aus historisch-aktuell unvermittelten Fortschrittsträumen ablaufen läßt. Aber Utopie ist auch nur dann konkret, wenn der darin intendierte Fortschritt nicht nur durch Treue zur revolutionären Vergangenheit aktuell belebt und vermittelt ist, sondern ebenso durch andere traditionelle Verpflichtung, Gedächtnis, das heißt hier: durch Eingedenken des in der Zukunft möglicherweise Vorleuchtenden final belichtet ist. Beides freilich allemal in der Gegenwart und gerade in ihren Nahzielen lebendig; denn diese unsere jeweilige Zeit und nichts anderes ist die Front, die über aufgearbeitete Vergangenheit, geplante Zukunft in einem entscheiden könnte.

Nur sehen wollen, das hält noch beiseite. Nimmt auf und hin, was ins Auge fällt. Zwar kann auch der Blick wandern, aber er faßt nichts an, wenn er bloß auffaßt. Der nur Betrachtende ist ruhig, und je mehr er sich so hält, desto ungestörter, auch unstörender kann er betrachten. Hierbei hält er sich eben für sich, berührt nichts.

Aber das Tasten, so viel dumpfer es auch ist, greift zu. Ja es liegt ihm, das von ihm Erfaßte auch zu verschieben. Damit biegt sich das Auge die Hand bei, dies durchaus Tätige an unserem Körper. Sehendes kommt so aus dem bloß Betrachtenden heraus, derart daß es dem anpackenden, gar bildenden Zugriff den Weg zeigen kann. Machen, Eingreifen, Bilden wird in dieser Helle ein anderes als Verschieben, gar ungeschickt Umwerfen, wie es blind geschieht. So ist gerade das Auge mit auf dem Weg; es spiegelt ab, wohin die Hand gar nicht greifen kann.

Nun wurde aber gerade diesem Sehen als einem Spiegeln wieder zu viel gegeben. Die Hand kam dann schon dem Rang nach gegen den abbildenden Blick nicht auf. Vor allem dort, wo ein Machen, Erzeugen auch als Handwerk höherer Ordnung noch ungeschätzt war und fernlag. Also im griechischen Denken und hier nicht zuletzt wegen der Verachtung der Arbeit. Sie gehörte zum unteren Stand, als mit körperlicher Mühe verbunden oder mindestens damit ansetzend, zum Bauern und Banausen. Die Oberen dagegen hatten, wie übrigens auch beim weniger attischen Adel seit je, nur Krieg und Verwaltung als standesgemäße Tätigkeit und darüber eben die Muße des Betrachtens. Die Schau wurde von daher der nicht nur platonische Ausdruck für Erkennen schlechthin, ein Abbild wie im Spiegel des Auges galt als Zeichen jedes Erkennens, jedes »treu« auffassenden. Und der Spiegel selber, sein reines oder unreines Glas, ist von hier bis Bacon, ja Lenin immer wieder als Auge des Erkennens bemüht worden, nicht nur im Gleichnis. Das Spiegelbild gibt danach das gleiche wie ein Abbild der Gegenstände, die außerhalb seiner sind; *alles* Erkennen sollte derart ein Abbilden sein. Dabei störte wenig, daß ein Spiegel doch nicht selber sieht, wie es der Mensch tut. Daß zur Messung vor allem, ob das Abbild treu und also wahr sei oder nicht, nicht der Spiegel ausreicht, sondern ein Drittes, nämlich ein Beobachter, geradezu erschlichen werden muß, damit er das Spiegelbild mit dem Gegenstand »vergleichen« kann. Und wer sollte dann den zweiten Spiegel, den zwischen dem ersten und seinem Gegenstand sozusagen hin und her blickenden, selber auf seine wahre Wiedergabe prüfen, woran sollte diese wieder gemessen werden? Es war aber genau dies Mißbeschaffene, welches die Abbildlehre schließlich wachsend umgab. Bis ohnehin der Macher, Erzeuger, der homo faber, Arbeit als des Bürgers Zierde in der Neuzeit gesellschaftsfähig wurden; bis Hobbes, dann vor allem Kant das Erzeugen gerade in die Erkenntnis einsetzten. Nach Hobbes (im Einklang mit Galilei) kann überhaupt nur insoweit erkannt werden, als der zu erkennende Gegenstand aus seinen einfachsten Elementen konstruiert werden kann. Und Kant gab der passiven Abbildlehre vollends den Rest, indem er alle wissenschaftliche Erfahrung als synthetisch erzeugte gedacht wissen wollte. Darnach soll in jeder Wissenschaft nur soviel Wissenschaft sein, als mathematisches Denken, Herstellen ihres Gegenstandes in ihr anzutreffen ist. Vor allem aber sollten dadurch die Kennzeichen einer wahren, mit ihrem Gegenstand übereinstimmenden Erkenntnis gänzlich vom Gegenstand weg in dessen Erkenntnis verlegt werden. Nur im Erzeugen a priori also, nicht in einem angeblichen Abspiegeln nachträglicher Art soll derart Wahres als solches geprüft werden können. Der Verstand kann darnach so wenig aus sich heraustreten, wie der angebliche Spiegel aus sich heraustreten kann, um das in ihm erscheinende Bild mit dem außer ihm befindlichen Gegenstand zu vergleichen. Aber zum Unterschied vom Spiegel soll der Verstand vollkommen die inneren Bedingungen enthalten, aus denen und gemäß denen der Gegenstand der wissenschaftlichen Erfahrung selber entspringt. Wonach also die Schau insgesamt, auch als noch so gedankliche, in der neueren Erkenntnisart nichts mehr zu melden hat. Arbeit kommt auch hier zu Ehren, in der Folge zu solch ungeheuerlichen, daß sie außer ihr nicht einmal einen Rohstoff voraussetzen wollte.

War also vorher dem Spiegeln zuviel gegeben, so machte Erzeugen das mehr als wett. Es kam in Gefahr, schließlich nur noch eine Art Stricken des Strickens zu werden, mit einem Machen, das nur noch sich selber antraf. Und am wenigsten die auch *außerhalb* seiner, geschichtlich, welthaft, vorliegenden Bedingungen, gemäß derer überhaupt gemacht, erzeugt, erkannt werden kann. Auch wurde der Anspruch auf formale Erzeugung von nicht selber formalen Gegenständen, also von geschichtlich gegebenen, ja gar nicht erhoben. Es gab geschichtlich zu viele Inhalte, nicht nur zu sehr einzelhafte, sondern vor allem zu reich ausgebreitete, als daß pure Erzeugung ohne alles Erbe von »Abbildung« da ausgereicht hätte. Dabei freilich hätte gerade das aufbauende Denken, als das das erzeugende ebenfalls erschien, das kompositive, wie Galilei sagt, den Gang ins inhaltliche Geschehen selber, den geschichtlichen Mitgang erleichtert. Um so mehr, da Hobbes nachher außer der beschreibenden Bestimmung eine genetische auszeichnete, eben eine aus dem Vorgang der Erzeugung selber definierende. Wird nur beschreibend bestimmt, so sind Kreise ebene Figuren, deren Grenzlinie von ihrem Mittelpunkt überall gleich weit entfernt ist. Genetisch bestimmt hingegen sind Kreise ebene Figuren, die durch Drehung einer Linie um einen ihrer Endpunkte erst entstehen. In der Tat hat Vico, als einer der frühesten Geschichtsdenker der Neuzeit, genau den Begriff des Erzeugens, als eines ebenso genetischen, verwendet, um gerade nun Entstehen selber als Wissenschaft zu haben und zwar als – einzige. Denn wenn nur das erkannt werden kann, was von uns erzeugt wurde, dann rangiere die Geschichte am höchsten, weil nur sie von uns gemacht wurde, die physischen Körper aber nicht. Und als die Zeiten gekommen waren, nicht nur natur-, auch geschichtswissenschaftlich zu denken, ging eben die Erzeugung, jetzt als nicht-mathematische, einen besonderen Bund mit geschichtlich »abzubildendem« Reichtum ein; das bei Hegel. Hier allerdings um den Preis allzu enger Annäherung von »Denken« und »Sein«, bis zum völligen Zusammenfall beider. Doch bleibend richtig wurde die *Bewegung* als Gemeinsames zwischen solchem Denken und solchem Sein erfaßt, also zwischen erkennend Erzeugendem und erkannt darin »Abgebildetem«. Beide sollen nun in ihrem Fortgang die gleiche Schwimmrichtung haben, so daß ebenso von einem sachlich-vermittelten Erzeugen wie von einem arbeitend-vermittelten Abgebildetsein die Rede sein könnte.

Indes, die eingreifende Hand bleibt auch hier vor dem Sehen weit zurück. Die noch so betonte Arbeit tritt nicht als ebensolche Mitarbeit am fortwaltenden Gang der Sache auf. So meldet sich doch auch die *alte* Abbildlehre wieder, die untätige, hinnehmende, betrachtende, als hätte Kant sozusagen umsonst gelebt, als gäbe es keine eigene, ob auch dem Sein höchst verpflichtete Tätigkeit des Bewußtseins. Gut ist gewiß, daß die sinnlose Übertreibung eines Erzeugens an sich gedämmt wurde; daß die sachhafte Mitsprache; ja Hauptsprache, die im Abbilden immerhin vernommen war, wieder auftauchte. Aber wenn ein Erzeugen an sich, ein weltloses, nun wegfiel, so fiel aus dem neuen *Abbilden* auch das Einzige aus, was eine Hochzeit mit dem *Erzeugen* fruchtbar machen könnte: das *Fortbilden*. Als eines, das seine Sache auch überholen kann, in ihrer Schwimmrichtung, versteht sich. Und das den tätigen, nicht wie bisher belassenden, Anteil hinter sich hat, den Anteil am Heraufkommenden in der Sache, dem die erkennende Treue vor allem gehalten wird. Ein Auge kommt hier durchaus wieder, doch keinesfalls mehr als nur betrachtendes. Es sieht vielmehr, wie schlecht die Dinge sind, wie gut sie sein könnten, und leitet so an, sie mitbildend zu verändern.

DAS AUGENLICHT UND DAS BELEUCHTETE GEGENSTÄNDLICHE

Mit einem falschen Schuh aber kommt man nicht weit. Ein trübes Glas macht auch das trübe, was hineingegossen wird. So müssen die Menschen sich erst über sich selber verständigen und klar sein, bevor sie Neues beginnen. Nicht nur sittlich gibt es so ein Insichgehen, vor allem dann, wenn Reue empfunden wird.

Es gibt auch eine Prüfung, die die Grenzen gerade der fortbildenden Fähigkeit kennen will und muß, damit sich nichts übernimmt. Der rechte Mann am rechten Ort, darauf ist mindestens der äußere Ort selber aus. Desto besser, wenn der Start schon weiß, ob er in Form ist. Wonach dann das Können stimmt, und auch der Ort richtig ist, der ausgesucht ward.

Doch wieweit können denn die Menschen, selbst ihrem Können nach, über sich entscheiden? Sein Sosein hat sich niemand ausgesucht, und seine Anlage bleibt, so sehr sie mit den Zwecken wachsen mag. Die äußeren Verhältnisse, in die einer geboren ist, nicht nur als der, der er ist, sondern als das, wozu er gemacht wird, hat sich ohnehin keiner ausgesucht. So kommt jeder schon disponiert in die Welt, er ist vor seiner Geburt mindestens der Anlage, den Anlagen nach schon vorgebildet. Und die Stelle der Welt, wo er aus dem Mutterschoß auftaucht, die Zeitstelle der gesellschaftlichen Welt über dem Teich, aus dem jeweils der Storch den Ankömmling herausholt, braucht mit den Anlagen, den mitgebrachten, nicht übereinzustimmen. Da gibt es zwar oft Glück, öfter wohl einen Bruch, der dem Können des hineingeborenen Menschen, aber auch dem möglichen Auftrag, den eine jeweilige Gesellschaft an ein jeweiliges Können hätte, nicht wohltut. Denn wie häufig fand sowohl ein großes Geschlecht einen kleinen Moment, wie ein großer Moment ein kleines Geschlecht. Wie wichtig ist von daher das Dasein von Personen in der Geschichte, wie nackt und leer aber auch konnte eine Epoche dahingehen, überhaupt keine sein, wenn ihr zu ihren gesellschaftlich vorhandenen großen Aufträgen die »geborenen« Täter fehlten.

Das ist das eine, ebenfalls zu den Augen und der Hand gehörend. Zu wenig wurde dieser biologische Faktor in der Geschichte, dieser vom ökonomisch bestimmenden noch fast unabhängige, bisher beachtet; das obwohl er zur ökonomisch-sozialen Geschichtsauffassung sowohl durch seinen gesellschaftlich wirkenden Zuschuß wie vor allem auch durch seinen Ausfall hinzukommt. In unserem Zusammenhang, die Macht der Prüfung und Reinigung des bloßen kritisch fruchtbaren Selbstverständnisses betreffend, ist der Ausfall am lehrreichsten. Und zwar als *negativ*-organischer zuerst, eben indem die Menschenfrucht ihre organisch-fehlende Anlage, vor allem der Begabung nach, weitgehend bereits dahin hat. Sie kann in diesem Betracht nicht »umgezeugt« werden, sie kann durch Aufträge, durch ein »Begabtwerden« mit diesen Aufträgen seitens der jeweiligen Gesellschaft zwar »geweckt«, aber nicht ersetzt und angesetzt werden. Hier hat die Kraft des eigenen geistigen Augenlichts, als nun einmal organisch weithin vorgegebene, eine Schranke ihrer selbst. Die *positiv*-organische Anlage selber hat ihre Schranke an dem gegebenenfalls rauhen Klima, noch schlimmer: schalen oder gar epigonalen Zeitcharakter, zu dem eine Menschenfrucht, eine reich dotierte, aufgetaucht ist. So beschränkt und ohne Auslauf finden sich zu früh oder zu spät geborene Begabungen, große Momente in kleinem Geschlecht, lauter ausgesetzte Iphigenien, ihr Land der Griechen mit der Seele suchend, und verkümmernde dazu. Auch dann noch, wenn eine sehr spezifisch disponierte Begabung eine volle Zeit, doch von ganz anderem »Geschmack« vorfindet: was hätte ein Mozartsches Wesen in der Zeit des romanischen Stils angefangen, was ein Grünewaldsches im Rokoko? Ja gerade bei *leuchtend* vorhandenem Augenlicht, dem einzigen, das schließlich zum Zweck des wahren Sehens interessiert, gehört entscheidend, daß es das Licht der Welt auch als helfendes Licht erblicken kann, nicht etwa als ungastliches Minus.

Wie also, wenn zwar Auge und Hand noch so kräftig geschickt sind oder dazu gefördert werden können? Wenn aber das von ihnen »denkjenseitig« zu Erfassende selber so wenig beleuchtet ist, daß es in Nacht und Nebel liegt? Dann kann auch der bedeutendste, der geprüfteste Erkenntnisapparat wenig leisten, er bringt nur einen geringen Teil der Sache an sich, und der noch ist bedenklich. Bacon wollte den abbildenden Spiegel reinigen, Kant prüfte die konstituierenden Bedingungen des Erkennens und suchte, zusammen mit ihrer Gerechtsame (quaestio iuris), deren Grenzen auszumitteln. Wie, wurde so gefragt, muß der Erkenntnisapparat beschaffen sein, der Erkenntnis liefert (bei Kant notwendig-gültige), und wie weit kann er sie liefern? Doch offenbar betrifft diese kritische Frage nur die eine Seite der Erkenntnistheorie, die ihres treffenden Bewußtseins und seiner Erkenntnis »gründenden« Beschaffenheit. Die Frage geht aber weiter, und zwar durchaus als fortfragend-kritische, obzwar die in ihr *mitbedeutete andere, objektive* Seite der erkenntnistheoretischen Selbstverständigung betreffend. Die Frage lautet dann nicht nur: Wie muß das Instrument beschaffen sein, damit es Erkenntnis lieferte (und nicht etwa Schwärmerei, »mit Vernunft rasend«), sondern dazu: Wie muß die *Welt* beschaffen sein, damit sie eine konstitutiv-*erkennbare* sein kann? Ist freilich der Gegenstand der Erkenntnis einzig die Erkenntnis selbst, dann bleibt von der Welt nur das gänzlich unnuancierte, totale Dunkel des Dings an sich. Doch diese Nacht, als eine, in der die Katzen nicht einmal grau, ja überhaupt keine Katzen sind, drückt immerhin, wider Willen, ein Illuminationsproblem der anderen Seite aus, ja genau dieses selber, obzwar als total negativ erledigtes. Weniger »kritisch« gesprochen, so sind die objektiven Schranken der Erkenntnis zwar geschichtlich stets vorhanden gewesen, eben durch den Horizont der Gesellschaft determiniert, in der sie auftauchte und vor sich ging, doch die Schranken waren ebenso variabel, das Dunkle im X des Erkennbaren war nicht gleichförmig, sondern – auch in seinem »Widerstand« gegen Erkanntwerden – wechselnd geschichtet und nuanciert. Was gerade wieder, vom bloßen Erkenntnisinzest weg, auf das echte Objektproblem des beleuchteten und so nur letzthin erkenntnisfähigen Gegenstands zurückführt, also auf das Lichtproblem *in der Welt selber.* Als der letzten Voraussetzung, die nötig ist, um die bloß inseitigen Bedingungen zu geschehender Erkenntnis objektiv komplett zu machen. Lehrreich hier, sich an die alten, die leider zu bald abgebrochenen Fragen zu erinnern, ob nur *Gleiches* Gleiches auffassen könne oder ob, umgekehrt, *Ungleiches* dazu geeigneter wäre. Behauptete doch das erstere Empedokles (und vorher Parmenides), das zweite Anaxagoras, aber Empedokles hat gesiegt. Sein Aperçu vom notwendig Gleichen in Auffassung wie Aufgefaßtem geht neuplatonisch wieder auf, und Goethes Vers vom Sonnenhaften im Auge, das nur deshalb die Sonne erblicken könne, ist die wörtliche Übersetzung eines Plotin-Satzes (Enneaden I 6,9). Vor allem aber muß danach ein Sonnenschein selber einfließen, damit das Auge der Vernunft ihn mit wechselseitiger Entsprechung fassen könne. Und schließlich, gerade im Hinblick aufs nötige Licht in der lichtempfänglich erfaßten Welt: nicht weit von hier zu Augustin, nämlich zu dessen sogenannter Illuminationstheorie. Sie ist zwar durchaus nicht objektiv-objekthaft, sondern dogmatisch-verschoben, auch noch neuplatonisch-jenseitig; doch ihr Problem ist davon, wie zu sehen sein wird, fast unabhängig. Augustin hatte behauptet, daß wir die körperlichen Dinge und auch die unkörperlichen überhaupt nicht erkennen könnten, wenn wir sie nicht »in rationibus aeternis« erkennten. Das ewige Licht der göttlichen Ideen lasse ein Licht in unseren Intellekt einfließen, und dieses Licht sei das außen helfende Erkenntnismedium, ohne das die Welt auch für die Erkenntnis tohu wabohu wäre, wüst und leer, wie vor der Schöpfung. Malebranche, der französische Oratorianer des 17. Jahrhunderts, eher noch mehr dogmatisch-jenseitig allerdings, lehrte sogar eine intelligible Körperwelt in Gott, dergestalt daß Wissenschaft überhaupt alle Dinge nur in Gott schaue, und daß es sonst eine Erkenntnis der körperlichen Außenwelt gar nicht gäbe. Ja dergleichen reicht noch bis zum vorkritischen Kant selber, sogar mit Berufung auf Malebranche; auch Kants Inaugurationsschrift läßt den Verstand die Dinge »gewissermaßen« nur in Gott sehen. Erinnert aber wird das einzig deshalb, um eben das darin intendierte Beleuchtungsproblem *in der Welt selber* kenntlich zu machen; diese *andere* kritische Seite ist unerledigt. Nicht das angeblich einfließende göttliche Licht im Menschen ist dabei wichtig oder die neuplatonisch angeblichen Ideen; das gehört nicht hierher. Wohl aber sieht sich, auf so krausem Umweg, die Frage der Erkenn-*barkeit* selber gestellt, damit Erkenntnis nicht nur über sich verständigt, sondern vor allem real sein könne. Und ihre Welt veränderbar, als so wenig fertig wie der Begriff, der sie gemäß ihrem eigenen Hellsein, Hellwerden beleuchtet.

Lügen und Irren

Sehr leicht wird ein Kind ermahnt, nicht zu lügen. Sittlich nämlich wird das gesagt oder gepredigt und als selbstverständlich wird vorausgesetzt, daß es weiß, was es als wahr zu sagen hätte. Aber gewiß nicht so selbstverständlich ist das Wahre im außersittlichen Sinn des Wortes. Sein Gegensatz ist dann nicht Lüge, sondern Irrtum; und ist er menschlich, so kann er doch nicht sittlich bewertet, bereinigt werden. Es sei denn, der ihm Unterliegende beharre auf ihm, aus Eitelkeit oder Trägheit oder was sonst, so daß er dann allerdings auf die Stufe des Lügners, auch des leugnenden Angeklagten zurücksinkt. Oder sophistische Worte werden gewählt, gar bewußt betrügerisch, um die durchschaute, mindestens leicht durchschaubar falsche Sache immer noch kursfähig zu halten. Aber auch das gehört dann zu dem, was intellektuelle Unredlichkeit heißt, mithin zum Feld des sittlich-, nicht des intellektuell-Wahren, diesesfalls Unwahren, so sehr es sich phrasenhaft herausreden oder drapieren mag. Auch wenn es noch oder wieder besonders schwebend in einem Gebiet hergehen sollte, auch dann ist bloße Schlauheit, gar Feigheit, die sich mit der Antwort nicht festlegen will, von der rein wissenschaftlichen Vorsicht wohl unterscheidbar. Der Lügner (oder auch bloße Aufschneider) wird überführt, gibt auf und gesteht, was er ohnehin wußte, aber verschwieg. Der Suchende, Denkende, Forschende dagegen ist aufrichtig ohnehin, das hier Wahre dagegen muß gerade für ihn und von ihm selber noch gefunden werden. Das auf Wegen, die immer wieder auf etwas gerichtet zu sein haben, treffend, was noch niemand weiß.

Über das Richtige und das Wahre

Hierbei macht sich Denken als solches die noch etwas kahle Mühe, rein zu sein. Indem es den sauberen, noch formalen Weg geht, scharfe Begriffe zu bilden, aus ihnen ebensolche Urteile, aus ihnen ebensolche Schlüsse. Man hat es hier also mit formal Wahrem, also *Richtigem*, zu tun und noch nicht mit jenem eigentlich Wahren, das sich auf *Inhalte* der Aussage bezieht. Und so freilich das richtige Verfahren der Aussage, wie es in formaler Logik untersucht und gehütet wird, voraussetzt. Aber nicht, als wäre das Denken des Richtigen und seine Prüfung vom Erkennen dessen, was der Fall ist, oder gar vom weiteren Verhalten der Sache, der tiefer zusammenhängenden Sachverhalte trennbar. Wurde doch die Kenntnis des Richtigen selber erst aus Bemühungen ums andere, ums inhaltlich Wahre gewonnen und so – als conditio sine qua non – formalisiert. Gewiß, logistisch wird das Formale völlig selbständig zu machen versucht; das sowohl rückwärts, sozusagen, gegen die Beiwirkung der Sprache hin wie vorwärts, sozusagen, gegen nur »faktisch«, nicht »logisch« verifizierbare Realaussagen hin. Dergleichen ist aber einzig zu dem Zweck selber richtig, daß mit logistischen Zeichen abkürzender, gleichsam stenologisch gearbeitet werden kann, und dann können diese Zeichen das Kramen in vieldeutigen Worten, auch Irrtümer, die rein durch die Sprache fortgeerbt werden, abservieren. Solche logistischen Absichten, wenn sie nicht übertrieben werden, liefern unzweifelhaft ein Gegengift gegen die gleichfalls oft übertriebene Ehrfurcht vor einer Weisheit der Sprache schlechthin, nicht zuletzt gegen heideggernde Kalauer höherer Ordnung (vom Zukommen auf Zukunft kommend, oder, warum nicht auch?, von der Rose auf Geröstetes). Doch solche Polizeidienste erschöpfen den Logos des Richtigen nicht, die Logistik täte also besser, beim Zweig einer mathematischen Disziplin zu bleiben, die sie bestenfalls ist. Gerade die Prüfung des formal Richtigen, also logisch Gültigen im Rücken des eigentlichen Erkennens ist seit alters von der Logik selber besorgt worden; es ging ganz gut, auch ohne Prothesen. Der »herumliegende Vorrat und Unrat der Sprache«, wie der Dichter Wilhelm Lehmann mit so viel Recht sagte, wurde von Karl Kraus, als einem Wortkenner, auf den Mist geworfen, nicht von Formelschreibern, die von Sprache überhaupt nichts verstehen. So wenig verstehen, daß sie die Umgangssprache, mit der man so umgeht, ja meist selber fühllos außer Dienst sprechen und schreiben. Ebenso wie beamtete östliche Logistiker das elendeste Funktionärsdeutsch ganz ungestört von ihrem Kalkül in ihm pflegen, all die wirklich unsauberen Phrasen, die wirklich das Wirkliche verstellen und verschmieren. Und davon abgesehen, in wieder reinerer Schicht: wie wenige wirkliche Denker brauchten oder vermißten je den logischen Kalkül, wenn sie scharfe Begriffe von einem bisher äquivoken Sprachgebrauch getrennt haben. Ja, wenn es *Logistiker* gewesen wären, die als erste etwa den Unterschied zwischen Erkenntnisgrund und Realgrund deutlich gemacht hätten (gegen das Mehrdeutige im *Wort* »Grund« also). Es waren aber *Logiker,* zuerst der altmodische, ob auch geometrisierende Crusius aus der Wolffschen Schule, dann gar der Erzmetaphysiker Schopenhauer, welche dergestalt sauber die logische Beziehung Grund–Folge von dem realen Verhältnis Ursache–Wirkung schieden. Das war aber gerade nur dadurch möglich, daß das Formale als nicht autark, sondern eben als präformierend zu realen Erkenntnissen gedacht war, das heißt als Treiben der Welt bereits im logischen Treiben, das darauf formal gedrängt sich richtet. Nicht die Sprache, sondern ihre Sache läßt so sagen: S ist P, das Subjekt bezieht sich im Urteil durch die Kopula auf sein Prädikat; es gibt die Urteile, Folgerungen, Schlüsse des Einzelnen und des Allgemeinen, ja des Pochenden und des Sammelnden, alles gemäß der Welt, zu der bereits ihr Denkenkönnen sich formal geschickt verhalten soll. Weshalb die Logik noch weniger als die Logistik sich autark verhalten darf, das ist hier: zu Formalem um seiner selbst willen verdinglicht. So Konzises wie die sogenannten logischen Grundsätze (vom Widerspruch, von der Identität) macht das Vorschattende, dadurch aber Silhouettenhafte im Formalen besonders deutlich. Ein gedrängter Umriß geht auf, in dessen Kürze das beziehende Denken sich aber übersichtlich bewegen kann, bevor es in die weiten Felder des sachlich-Wahren geht. Insofern hat die Lehre vom Richtigen, strategisch gesprochen, alle Vorteile einer inneren Linie, mit besonders übersichtlichen Verbindungen; und das Denken des Wahren hält sich immer wieder in diesem nur scheinbar trockenen Feld auf, diesem nützlich-abstrakten. Subjekt ist Prädikat: – in nuce steckt darin alles, was zum Bestimmen eines X, zum Erscheinen, Manifestieren eines Was gehört. Samt: S ist noch nicht P, das heißt, es ist in seinem Was noch nicht erschienen, herausgekommen, gar voll identifiziert.

So viel, selber sehr einleitend, über das Richtige, sich sauber haltend. Das *Wahre* in eigentlicher, nämlich *inhaltlicher* Bedeutung wurde davon wohl unterschieden. Als nicht formal, sondern objektiv-objekthaft Stimmendes, Treffendes, als ein den Sachverhalt, gar Sachgehalt Antreffendes. Hierbei ist wichtig, daß das noch so klärend formale Denken es leichter hat als jedes Erkennen, in seinen weniger reinen, häufig verwickelten Gegenstand verstrickt. Der Schillersatz: »Leicht beieinander wohnen die Gedanken, doch hart im Raume stoßen sich die Sachen« gilt auch im formal-materialen Übergang, im Übergang von der formalen Bucht zum materialen Meer und eigenen Widerstand. An diesem Punkt tauchte zuerst die Frage auf, wie das Erkennen beschaffen sein müsse, um seinen Gegenstand treffen zu können. Es ist die *instrumentale* Frage, und der erkenntnistheoretische Stachel in ihr hat sich eben von der Abbildtheorie bis zur Erzeugungstheorie und darüber hinaus zur Fortbildtheorie immer bemühender vermehrt. An dieser Stelle tauchte aber auch – obgleich, wie gesehen, viel weniger Begriff und Schule machend – die Beleuchtungsfrage in der Welt selber auf, meistbedeutet in Augustins erwähnter *Illuminationstheorie*. Sobald also das präformierende Denken des Richtigen ins Erkennen des real-Wahren geht, ist die Frage des Treffenkönnens eines *Antreffbaren suo loco* brennend. Denn wie soll bereits die formale Urbeziehung S ist P, wie sollen gar die Sätze vom Widerspruch, von der Identität wissenschaftlich elementar sein, wenn die Welt auch der Erscheinungen, nicht nur des sogenannten Dings an sich zu all solch Logischem fremd steht? So eben hatte Anaxagoras statt der Lehre, daß nur Gleiches Gleiches auffassen könne, den Gegensatz gemeint: Nur Ungleiches könne auffassen und aufgefaßt werden, nur Warmes durch Kaltes, nur Kaltes durch Warmes. Immerhin wurde es hier noch – aufgefaßt, sollte gerade als Konträres erkennbar sein; wie aber als Disparates, gar Absurdes? Womit man also, im Riß zwischen logisch und objektiv Wahrem, im Subjekt-Prädikat-Bruch, vollen modernen Nihilismus anliefe. Camus auf mehr blinde, Sartre auf mehr gesprenkelte, widerspruchsvolle Weise haben geistig-Sinnvolles so vor dem objektiv-Seienden vereinsamen lassen. Camus macht sogar die menschliche Freiheit sinnlos, sisyphoshaft: wir haben nur die Freiheit, den Sisyphoskampf eines Sinnvollen im Unsinnigen zu wollen, diesen Kampf in einer absurden Welt mit immer wiederholter Frustration. Sartres Freiheit dagegen meinte immerhin noch eine eigene, ja besonders heroische Funktion zu haben, wenn sie trotz Ekel und Übelkeit in einer ständig situationshaft schwankenden Welt noch tun und bessern will, zuletzt auch mit Marxanleihen; indes doch das »Sein an sich« unvermittelbar disparat bleibt. Und bei Camus eben total absurd, samt dem ewig vergeblichen Werk und Tag darin: »Das Absurde, unzurückführbar; nichts, nicht einmal ein tiefes und geheimes Delirium der Natur kann es erklären. Vor dieser großen rauhen Pfote hatten weder Ignoranz noch Wissen irgendeine Bedeutung, die Welt der Erklärungen, der Gründe ist nicht die der Existenz.« Und es ist nur zeitlich, nicht sachlich weit von diesem Plus-quam-Agnostischen zu einem Miserabilismus, der sich sogar des logischen, ja des dialektischen Gewands bediente, um seinen Horror zwar unlesbar, doch grell vorzuführen. Gemeint ist der längst vergessene, nie reüssiert habende, doch gerade hier höchst einschlägige Absurdist Julius Bahnsen, als verschollener Camus mit Bildung. Camus hatte das Absurde der Welt nicht zuletzt darin notiert, daß es nicht etwa keine Wahrheit, aber erst recht nicht Eine Wahrheit, sondern unendlich viele gäbe, eine zusammenhanglose Welt von Einzelobjekten. Dieser unendliche Pluralismus kulminierte gerade bei Bahnsen (»Der Widerspruch im Wissen und Wesen der Welt«, 1881): ein in unendlichen Widersprüchen entzweiter Wille macht ihn als Wesen der Welt zu jedem Wissen inkommensurabel; es sei denn zum Wissen um unaufhebbare Selbstzerfleischung überall, au fond. Schopenhauer also am Ende, selber mehr redivivus heute, als der Absage an objektiv-Logisches, an einen Übergang vom Logischen zur Welt bewußt ist; mutlos wirft die Hoffnung auf mögliche Übereinstimmung von Gedankenwelt mit »Weltgedanken« hier Anker und weiß nicht einmal, wohin ihn werfen. Ist sogar schlimmer dran als Schopenhauer, der noch mono- und nicht polysatanisch war, der vor allem (»Sein ist schrecklich, Sehen selig«) sein ästhetisch-platonisches Kabinett auf der

Entsagungsseite der Philosophie hatte. Wie anders aber, auch wie allzu einig wiederum war der Übergang von Logischem zu Weltwesen eben unter der Maxime des *Gleichen,* das *Gleiches* erkennt, vor sich gegangen, mit dem Axiom des Parmenides vor allem: »Denken und Sein sind dasselbe.« Das wiederum war *panlogisch schlechthin;* more geometrico siegreich bei Spinoza, more dialectico (mit gut eingemeindetem »Nachtpunkt« des Konträren, mindestens Kontradiktorischen selber) bei Hegel. Spinoza sähe das Absurde als die irrtümlichste, die inadäquateste aller nur denkbar »inadäquaten« Vorstellungen an; denn so zweifelsfrei steht hier das Panlogische, daß jede »adäquate« Erkenntnis eo ipso in ihm ist. »Ordo et connexio idearum eadem est ac ordo et connexio rerum«; ja, der Erkenntnisgrund aus logischer Folge und der Realgrund (notwendiges Hervorgehen der Dinge aus Gott) fielen vollen Umfangs zusammen. Was bei Hegel, wenn er die Weltinhalte aus Logik-Ontologie restlos, auch finit sich entwickeln ließ, sogar noch ein besonders erprobter, nämlich per aspera ad astra siegreicher Panlogismus werden sollte: antithetisch mit Negativitäten verwundet wie nie, synthetisch mit Eingemeindungen des Negativen gestärkt wie nie. Das Axiom des Parmenides, die angebliche Identität von Denken und Sein, soll hier selbst das Nichts regieren, das Parmenides, dessen Denken undialektisch war, geleugnet hatte. Nun finden Nachtseiten, Schmerz, Schädelstätte, Chronos, der seine Kinder frißt, kurz, alle cruces des alten Panlogismus Platz, doch sie sind ebenso in geschlossenen Lichtdienst gestellt, e contrario, kraft der Hegelschen Dialektik, die das Negative allzeit fürs Positive schaffen läßt, damit es noch positiver sei. Da heißt zwar die Negation, als pure logische Differenz, gar Differenz vom Logischen und nicht etwa als wendender Nachtpunkt, »die Sphäre, in der Gott« (also der Logos der alten Denken-Sein-Einheit) »nicht wohnt«. Und doch soll dem die Dialektik machen, daß sozusagen der Teufel, und gerade er, das Kirchlein baut, wie in der Legende von St. Martin; wonach also die Dinge restlos auch Urteile sind, und wodurch also gerade mit dem negativen Abbruch inmitten die Logik und nichts anderes als sie sich restlos zugleich als Realontologie darzustellen hatte. Und das tote Festhalten, die Schädelstätte, die harte und härteste Negation im

Panlogismus? – gewiß doch, nur eben nicht als totbleibende, eher als todsicher ins Positive wieder umschlagende. Fast überall kommt so – durch zuviel ausgemachten logisch-realen Einklang – dem Tod selber der Tod, der Negation ihre Negation, gar hinter Golgatha sein termingemäß wie inhaltlich fest bestimmtes Ostern. Also zahlt dem *allzu Absurden* ein *allzu Panlogisches* heim: zweifellos nicht leicht, zweifellos mit der sauren Arbeit eines ganzen Mannesalters von Welt, doch ebenso mit Harmonie im Kopfe, als wäre sie ebenso gleich und voll in der Welt. Absurde Untertreibung eines objektiv-Logischen in der Welt bei den Absurden, todsichere, noch gegen den Tod sichere Übertreibung bei den Panlogikern – beides folglich ist falsch. Ist abknappend in diesen Alternativen, als wären sie samt Eintritt und Inhalt entschieden, sozusagen vordatiert. Noch ist nicht Nacht im Haus, und noch werden die Konflikte nicht zu Glücksfiguren begradigt. In den Statuierungen des Absurden wie des Panlogischen ist selber Statik; kurz, es fehlt der *Ernst des Utopischen.*

Vom Denken zum Erkennen gehend ist selbst ein vorhandener Weg nie gleich rauh oder hart. Auf die Verhältnisse kommt es hier an, in denen nicht nur der Mensch, sondern auch seine Sache angeht. Und sie sind in dem zu Erkennenden selber, in seinem Wahrsein, sowohl zeitlich-geschichtlich wie der gegenständlichen Schicht nach jeweils wechselnd-verschieden. Folglich auch: nicht alles kann zu allen Zeiten gleichmäßig, das heißt mit *gleicher Reichweite des Begriffs* erkannt werden. Gibt es hier doch einen ökonomisch-sozial bedingten und variierten Fahrplan, ja eben eine Schrankenfolge, die den logischen Weg, den Methodus in die Sache schließt, erleichtert, wieder – nämlich vor anderen Aspekten – schließt. Nicht als ob einige dieser Aspekte sich nicht andrängend gemeldet hätten, aber es stand vor ihnen der Verstand still, sie wurden vom jeweiligen ideologischen Habitus einer Gesellschaft nicht bewältigt. Wie gesehen, drangen so die Griechen nicht zum Arbeitsbegriff, Erzeugungsbegriff vor, von dem der irrationalen Zahlen zu schweigen. Eine andere Sperre verhinderte in der mittelalterlich-feudalen, der hierarchischen Gesellschaft den dynamischen Funktionsbegriff, anstelle der subsummierenden Gattungsbegriffe oder neben ihnen. Wieder eine andere Sperre steht in der bürgerlichen Neuzeit vor dem Ideologiebegriff, das heißt vor dem erkannten Zusammenhang zwischen Unterbau und Überbau. Zwischen den herrschenden Produktionsverhältnissen also und dem herrschenden »Geist einer Zeit«, als einem, der ja nicht aus sich selbst entsteht, wie die Idealisten meinen, und sich ebenso nur parthenogenetisch verändert. Und wie nicht alles zu allen *Zeiten des Bewußtseins* gleich leicht oder schwer erkannt werden konnte, so geht es fürs Erkennen, auch zu gleicher Zeit, nicht in *allen Strukturen des Seins* gleich homolog her: Literatur-geschichte ist strukturell einfacher als etwa Thermodynamik. Das deutet auf wechselnde Unwegsamkeiten im Prozeßstand der Schichten selber und der objektiv verschiedenen Selbsterhellung, worin Geschichte und physische Natur noch stehen. Wobei gewiß gerade Geschichte weit von dem schön geschlossenen, fix logisierten Zusammenhang vor sich geht und expeditioniert; geschieht sie doch als menschliche ganz besonders an der offenen Front der Welt. Ja, in der menschlichen Geschichte und durch sie wird erst deutlich, was am ganzen Weltprozeß auch logisch noch fragwürdig und unentschieden ist: »Sie ist keineswegs, wie bei Spengler, zerfallene Bilderfolge, keineswegs auch, wie im säkularisierten Augustinismus, ein festes Epos des Fortschritts und der säkularisierten Vorsehung, sondern harte gefährdete Fahrt, ein Leiden, Wandern, Irren, Suchen nach der verborgenen Heimat; voll tragischer Durchstörung, kochend, geborsten von Sprüngen, Ausbrüchen, einsamen Versprechungen, diskontinuierlich geladen mit dem Gewissen des Lichts« (Thomas Münzer als Theologe der Revolution, 1969, S. 14 f.). Aber geschieht solche, sage man: unregelmäßige Logik am grünen Ast der *Geschichte*, wie dann erst am relativ ungeblüht habenden der *Natur*. Der organischen, aus der der humane Alogos des individuellen Tods kommt, der anorganisch-kosmischen, in der noch die riesige Anschlußlosigkeit (Inkonsequenz) aller unserer Zweckreihen ihren Platz, ihre Entropie, ihr Nihil hat. Daher denn: die der ordnenden Logik gegenüberstehende Welt ist zwar nicht, gewiß nicht ein Absurdes, worin überhaupt kein Weltlicht ist, das Erkennen mit-illuminierend, aber es steht dem Erkennen auch keineswegs ein ordo sempiternus rerum gegenüber, der logischen Ordnung selber schlüssig und abschlußhaft korrespondierend. Sondern die Welt ist *Unterbrechung*, und sie ist es negativ, ihrem darin *umgehenden* nihilisierenden Nihil gemäß, in dem sie durchgehends korruptibel ist, sie ist es *positiv*, indem sie noch durchgehends *prozeßhaft veränderbar* ist. Diesem ihrem Zustand entspricht also auf Seite des Erkennens am wenigsten ein geschlossenes System, als ebensolches der Geschlossenheit, des übertünchten Fragmentcharakters aller Objekte. Dem noch so wenig arrondierten Experiment- und Fragmentzustand des Weltlaufs und seiner Gestalten entspricht vielmehr einzig ein *offenes System,* das ist eines mit diskontinuierlichen, obzwar dialektisch vermittelten Einsätzen und – dem Fragmenthaften *positiv* gemäß – mit ununterschlagenem, unverstelltem Horizont. Objekthafte Offenheit ist also vor allem auch das gleiche wie objekthafte *Veränderbarkeit;* wonach denn gerade die Wahrheit einer *Theorie* sich letzthin nicht am beobachteten *Fixum* von *Tatsachen* verifiziert, sondern in der möglichen *Praxis* einer Veränderung von *Prozessen* und deren *Resultaten.* Das also meistert erst die Wege vom Denken zum Erkennen und im Erkannten zuletzt; wobei, um Kants Umfunktionierung der Philosophie als »Magd der Theologie« zu gebrauchen, auch die dienende Erkenntnis dem Weltsein »nicht die Schleppe nachträgt, sondern die Fackel voranträgt«. Ja, es ist die *erkannte* Wahrheit der veränderbaren Sachen, welche gerade der *essentiellen* Wahrheit in den dazu veränderbaren Sachen selber zum Durchbruch verhelfen mag. Wahrheit wird also auf dieser Stufe befördernder Hervortritt des in der Sache Wesentlichen, das nicht mehr mit einem ihm Fremden behaftet ist. Item: Hat das formal Richtige transparent für das Wahre zu sein, so dieses Wahre für das *Hervortreibbare, Tendenzhafte, ja Postulierende, utopisch Wesenhafte einer Sache.*

Logisch und objektiv Wahres, Fortsetzung

Derart geht also Wahres weit über die Sätze hinaus, worin es ausgesagt wird. Freilich gilt das nur mit Maß für die faktisch hinnehmenden Aussagen dessen, was der Fall ist. Denn in diesen fehlt genau das Wahre als selber bedeutender Wert, der nicht genug daran hat, die Dinge zu nehmen, wie sie sind, und an diesem Vorhandenen sich erschöpft. Während doch auch die *tiefdringende* empirische Bestandsaufnahme und Erklärung über diesen bloß faktisch beruhigten Begriff des Wahren hinausgeht. Das bereits intentional, also in der Absicht des Forschens, die diagnostisch, gar marxistisch ans Vorhandene herangeht, aber um es ursächlich zu verändern, nämlich auf ein »Besseres« hin. Und das Vehikel dieses Veränderns ist nicht die Faktizität, sondern der Prozeß, worin statt nochmaliger Verdinglichung von Dingen Wahrheit im Hinblick auf *Tendenz* statthat. Solch anderer Rang von Wahrheit gilt hier erst recht in den Gehalten, den positiven Möglichkeiten der Tendenz, zu deren Beförderung der angegebene utopische Sinn der Wahrheit das Amt hat; wie dieser utopische Sinn, so stehen seine Sinngehalte, statt einzig vérités de fait zu sein, in der normativ-eingedenkenden Vernunft des *Postulats*. Eben deshalb wurde oben, im 14. Kapitel, auf der Stufe »Weisungen utopischen Inhalts«, eine Unterscheidung »Wissenschaftliche Phantasie in Tatsachenkenntnis, Prozeßkenntnis« vorentwickelt, deren Macht sich auf vorliegender Stufe, der des logisch-offenen Substrats, systematisch erweitert. Gemäß einem daran fortgeführten »Plus ultra der Philosophie« (vgl. oben S. 112), wie es Abstraktionsbegriffe ex facto von jenen Postulatsbegriffen normativ-eingedenkender Art distanziert, die in facto sich zwar stets berichtigen lassen müssen, gegebenenfalls bis zu ihrem temporären Ansatz herab, die sich aber von ihrem »Wesentlichen« (ihrer utopisch-konkreten Forderungs-Wahrheit) nicht fakthaft herunterhandeln lassen. So vor allem, um ein höchst aktuelles Beispiel utopisch-konkreter Wahrheit zu nehmen: Das Anliegen des Marxismus, das in ihm Intendierte wie das durch ihn zu Prozessierende wird durch seine gekommene faktische Entstellung so wenig »widerlegt«, daß diese Entstellung selber ja nur durch marxistische Analyse genuin zu begreifen ist und vor allem nur vom marxistischen Tendenz-Postulat her (eines »Übergangs vom Reich der Notwendigkeit in ein Reich der Freiheit«) in Grund und Boden zu kritisieren ist, also immanent. Doch weiter zum Topos konkret-utopischer Wahrheit insgesamt, so hat diese eben mit Bedeutung jenes Eigentümliche, von vérité de fait Unterscheidende, das unabdingbar heißt. Es ist genau in der Eigentlichkeit der Frage, in der von Pilatus so lehrreich unverstandenen: was etwas *in Wahrheit* sei, als einer, die nicht von der bisherigen Vorhandenheit ist. Die vielmehr – das ist entscheidend – mit einem Eros, nachhause zu gelangen, also mit einem *Prinzip Heimat* zusammenhängt. Darum nochmals (vgl. oben S. 116) und jetzt im Feld *objekthafter Wahrheit ante essentiam pro essentia zugleich:* »Denn das, was ist, kann nicht wahr sein, aber es will durch die Menschen zur Heimkehr gelangen. Was also darin wirkt und fortarbeitet nach dem Grundsatz: ›begonnen ist der Weg, vollende die Reise‹, ist nicht mehr die Frage, was die Dinge im jeweils Gegenwärtigen seien, in ihrer empirischen Verhaltungsregel und deren einzelwissenschaftlicher Kodifizierung, sondern es ist, anders betont und mit dem nicht Entsagenwollen religiöser Art, die Frage, was die Dinge, Menschen und Werke *in Wahrheit* seien, nach dem Stern ihres utopischen Schicksals, ihrer utopischen Wirklichkeit gesehen« (Geist der Utopie, 1918, S. 338 f.). Einleuchtend ist dieses nicht hinnehmende, sondern aktive Pathos Wahrheit im Kampf gegen Entfremdung angesiedelt und im letzthinnigen Postulat: statt dieser Entfremdung der Menschen und anders der Dinge von sich selber wachsend vom »Wesentlichen« zu handeln. Von diesem noch nicht herausgebrachten, noch nicht prädizierten, identifizierten, gemäß dem Experimentstand der Welt, worin das Produkt: Sein = Wesen noch derart das Real-Postulat selber ist.

Sehr viel einfacher wird schon in der täglichen Sprache das wahr genannt, was mit sich überein geht. Wobei deren Ansprüche wesenhafter Art gewiß viel »bescheidener«, auch oft nicht durchdacht genug gefaßt sind, doch stets – Unverfälschtes bedeuten. So wird von einem »wahren Freund« gesprochen, als einem nicht nur inwendig echten, sondern: er kann sich als Freund auch sachhaft sehen lassen. Er entspricht sichtbar dem »Begriff eines Freundes«, leibhaftig herausgestellt; und so gibt es auch viel lebloser Ausgestaltetes, etwa einen Sommerabend, »wie er im Buche steht«. Wesentliches scheint hier bereits in Seiendes hereingezogen, auf freilich so wenig mehr weiterforschende Weise, als wäre noch viel mehr »Vernünftiges wirklich«, schon wirklich. Es überrascht daher nicht, daß der apologetische Hegel allzu viel Vorhandenheiten, besonders politische, so wesenhaltig auszustatten suchte, »wie es im Buche steht«. Nur die Naturdinge sollten darnach außerstande sein, sich zu ihrem »Begriff«, als der Gestalt ihres Wesens-Wahren, konkret zu verhalten, nicht aber die Geschichtsgestalten, die angeblich panlogisch gesättigten. Wobei freilich, ja gerade deshalb, die *Prävalenz des wahren Wesens als Lichtwesen* hervortritt, zielhaft aufsteigend zu seinem wahren Begriff. Daher nennt Hegel vorzüglich »die teleologische Betrachtung die wesentliche«, hier trotz Verlust ihres weltunzufriedenen, ihres Postulatscharakters. Aber nun muß selbst Hegel bekunden, daß *dies Wahre* nicht nur erkennend, sondern auch objekthaft noch unerreicht ist, also *im Objekt selber noch unzureichend adäquiert* sein kann. Der entscheidende Satz heißt in der Einleitung zur Phänomenologie: »Nennen wir das Wissen den Begriff, das Wesen oder das Wahre aber das Seiende oder den Gegenstand, so besteht die Prüfung darin, zuzusehen, ob der *Begriff* dem *Gegenstande* entspricht. Nennen wir aber das Wesen oder das Ansich des Gegenstandes den Begriff und verstehen dagegen unter dem Gegenstande ihn als Gegenstand, nämlich wie er für ein anderes ist, so besteht die Prüfung darin, daß wir zusehen, ob der *Gegenstand* seinem *Begriff* entspricht« (Werke II, S. 76 f.; Philos. Bibliothek, S. 71). Oder, das Gleiche am Negativen, am objekthaft Unwahren ausgedrückt: »Unwahr heißt dann soviel als schlecht, in sich selbst unangemessen. In diesem Sinn ist ein schlechter Staat ein unwahrer Staat, und das Schlechte und Unwahre überhaupt besteht in dem Widerspruch, der zwischen der Bestimmung oder dem Begriff und der Existenz eines Gegenstandes stattfindet. Von einem solchen schlechten Gegenstand können wir uns eine richtige Vorstellung machen, aber der Inhalt der Vorstellung ist in sich ein Unwahres« (Enzyklopädie § 24, Zusatz 2). Wie bemerkt, ein auffallender Satz für einen Philosophen, dem Panlogos manifest geworden ist, im Großen, Ganzen, doch ebenso ein notwendiger Satz für einen Dialektiker, dem im Unterwegs und Detail dieses Panlogos gerade die Nicht-Adäquatheit von Vorhandensein und Wesen das Zielagens dieser Dialektik ausmacht. Wahrheit bleibt, daß es allemal, philosophischen Sinnes, nicht nur eine Adäquation des Verstandes an den zu erkennenden Gegenstand zu geben hat, sondern ebenso, in dieser erkennenden Adäquation, einen Bedeutungs-Zug der Gegenstände selber zu ihrer tieferen Wahrheit, der ihres ihnen angemessenen Wesens. Diese lebt durchaus nicht, trotz Hegel, in der Landschaft der Platonischen Idee, der über den Dingen thronenden, fix und fertig am himmlischen Ort. Wohl aber lebt ein Anklang dieser wesenhaften Wahrheit in den Aristotelischen Entelechien als denen, deren geprägte Form sich lebend entwickelt, und die vor allem auch, Leibnizisch gefaßt, zu dem Geschlecht gehören, das aus dem Dunklen ins Helle strebt. Das Aufdämmernde dieser konkret-utopischen Wahrheit steht allemal am Horizont der »unvollendeten Entelechien«, und radikal steht es, wie hier nicht erst nachzutragen, gegen jene *konträre Folie* des wahrhaft-Wahren, die ihm gleichfalls zugehört, nämlich als das Nichts gegen ein postuliertes Alles, und die deshalb vom rein faktizitätshaften Wahrheitsblick gleichfalls nicht getroffen, wohl aber hart vom Denken dessen, was *wertgemäß in Wahrheit* eingedenkbar ist. Gerade als solches und nur als solches Eingedenken, wie es sich eben nicht davor hütet, rechten Orts antifaktisch zu sein, steht sein hochfragmentarisches Lichtwesen gegen den so viel mehr bekannten, so viel riesiger vorhandenen Vorrat der konträren Folie des Wahrhaft-Wahren, steht es gegen jene mächtig-finsteren Negationen, deren Grunderscheinung der Tod und deren Chef das Nichts ist. Die Dialektik kann diese Negationen in die Mitte nehmen und sie in den Dienst von Unum, Bonum, Verum einprozessieren, doch sie wird sie deshalb nicht vergolden, mit wahllosem Verschlungensein in einen doch noch schwerlich errungenen Sieg. Wobei das utopisch Wahre sich erstens am wenigsten in subjektiv-weltfernen Programmen und Deklarationen zu ergehen hat und sich zweitens, eben wegen wirklicher Weltnähe, konkreter Prozeßnähe, am wenigsten die zahlreichen Karfreitage, auch niederer Ordnung, denen keine Negation ihrer Negation gekommen ist, dialektisch überschlägt. Soviel jetzt zu diesem Wahren, als dem des Überhaupt: weltkundig durchaus, doch erst recht postulatskundig, also empirisch sich berichtigend, doch nicht kapitulierend. Es ist eine Wahrheit, die unter anderem im revolutionären Naturrecht, ja in jedem Kampf gegen das goldene Kalb und was es an der herrschenden Vorhandenheit erhält, zum Ausdruck kommt, und die sich, wenn sie, hart wie nichts sonst, Illusionen, Ideologien zerstört, doch auch nicht davor hütet, erbaulich zu sein. Ihr heftigstes Eingedenken steht sogar in einem Psalmwort: »Meine Rechte soll verdorren, wenn ich dein vergesse, Jerusalem.« Soweit konnte ein Gewissen-Wissen reichen, ein gutes Wissen, auch wenn es, bestenfalls, seinem Inhalt nach in bloßem Vor-Schein steht und seinem Seinsgrad nach, bestenfalls, in der Latenz einer realen Möglichkeit. Das Problem der wahren Wahrheit braucht gewiß, um nicht im Flor eines so unreinen wie abstrakten Wunschdenkens an sich zu bleiben, Vermittlung mit Welt; und diese Vermittlung kann nicht konkret genug sein. Doch eben, es ist keine Vermittlung mit verdinglichten Fakten, sondern mit jener geschichtsträchtigen Welt, die selber noch im Begriff des Wegs ist, sich zu – verifizieren.

Über künstlerische und religiöse Wahrheit

Durchaus wurde eingangs ein Lügen, das nur nicht herausrückt, vom Irren getrennt. Wahrsein heißt sittlich, aufrichtig zu sein, und ist damit tugendhaft, nicht induktiv oder spekulativ. Wie aber steht es nun mit anderen nicht-wissenschaftlichen Gebieten außer der Moral? Gibt es ein eigen zur Wahrheit Gehöriges in den Aussagen von Kunst und Religion? Also nicht nur im schön eingekleideten Lehrstück oder, mehr umgekehrt, im rational eingekleideten Mythos. Beide Formen machen Anleihen bei wissenschaftlich als wahr Behauptetem, gleich wie wenn ihnen eine Art Wahres in ihnen selber nicht ausreiche, ja verdächtig wäre. Letzteres aber zeigt bereits, daß die forschende Wahrheitsfrage künstlerischen, dann religiösen Aussagen gegenüber immerhin stellbar ist und auch »Lüge« in Kunst, dann vor allem Religion, nur bei ganz dubiosen Fällen (Komödiantentum, Priesterbetrug) mit dem anders Unwahren moralischer Art gleichgesetzt wurde. Das desto weniger, als an Künstler und wie erst an Priester die *sachliche* Wahrheitsfrage der von ihnen vertretenen Sache wachsend gestellt wurde. Hierbei schnitt die

Kunst meist besser ab als die Religion; denn erstere sollte mehr zum Vergnügen da sein, folglich wurde ihr mehr Narrenfreiheit zugebilligt. Die Religion aber tritt a limine mit einem Ernst auf, der zu Vergleichen auffordert. Vor allem hat sie in ihren Mythen eigens vorwissenschaftliche oder aus anderen »Weltbildern« stammende Behauptungen eingesprenkelt, die sich nicht etwa als »übervernünftig« geben können, sondern sich zu vernünftiger Messung anbieten und dann ein »starkes Stück« sind. Das Fahren unreiner Geister in Säue und viel dergleichen gehört an der Oberfläche hierher, die Erschaffung der Welt, der himmlisch vorhandene Thronstaat Jahwes, diese mythisieren sich in der Tiefe, und das überdeutlich leere Grab Christi. Das alles begünstigt Abwendung, eben indem es wissenschaftlich sozusagen konkurrieren will, fern vom Schutz eines möglicherweise anderen (dann sehr auf anderes bezogenen) Wahrseins. Es ist gewiß eine widrige Dummheit, wenn Plattköpfe versichern, der Sputnik habe keine Spur vom lieben Gott entdeckt. Aber am sozusagen naturwissenschaftlichen Ton dieser Dummheit ist so etwas wie der Katechismus selber schuld. Und es ist auch keine Anderheit, sondern die gleiche Ebene, wenn entgegnet wird: Gott sei eben unsichtbar. Die *Kunst* dagegen wartet sehr oft heiterer auf, goldene Äpfel in silbernen Schalen, und die Bühne, sagt der Genießende, ist ohnehin nur abends und nur so lange hell, als man darauf spielt. Das erlaubt der Kunst eben mehr vor- oder außerwissenschaftliche Züge, auch Erinnerungen, ohne daß Entzauberung hier das Spiel verdürbe. Vulgär konnte Darwin gegen »Moses« ausgespielt werden; an die Hilfe der Athene bei Homer, an den Teufelspakt Fausts glaubt ohnehin niemand. Trotzdem wird auch bei der Kunst auf eigne Wahrheit gepocht, selbst dort, wo sie selber, wie im sogenannten sozialistischen Realismus, zum unwahrsten Kitsch wurde. Schon das Wort Kitsch aber wäre ohne Wahrheitsfrage nicht entstanden, so wenig wie der Kampf gegen Flitter, Phrase, Schönfärberei. Dieser Kampf ist gewiß anders beschaffen als der antimythische in der *Religion*, doch Naturalismus, Verismo hier, irreligiöses Zu-Verstande-Kommen dort gingen nicht nur gleichzeitig vor sich, sondern standen sich in der Haltung realistisch, wie man sagte, bemerkenswert bei. Auch das sowjetische Gegenbeispiel: religiöse Entzauberung und besonders fauler Draperiezauber zugleich – besagt gegen sonstige Verismo-Entsprechungen nichts; denn Niveauloses (zum Unterschied von der Sowjetkunst der zwanziger Jahre) kann Verschiedenes in sich verbinden. Auch die Kunst jedenfalls hatte öfter beträchtliche Mühe, sich der Wahrheitsfrage zu stellen. Diese Frage, selber recht gestellt, ist ästhetisch nicht weniger legitim als vor religiösen Aussagen (wo sie nur scheinbar älter ist).

Was Kunst angeht, so wurde auch die klarste mit Nebel verglichen. Das geschah sogar von außerordentlich verschiedener Rangart eines messenden Verstandes her. Volle Farbenblindheit hat gewiß nichts zu melden; vor dem Kammerdiener gibt es auch hier keinen Helden. Doch ist es bereits ein Bedenken, das etwas zu denken gibt, wenn ein französischer Mathematiker, im 18. Jahrhundert, bei einer Aufführung von Racines »Iphigenie« so töricht wie auch immer, gefragt haben soll: »Qu'est-ce que cela prouve?« Und weit pauschaler sogar als dieser Banause haben hohe und künstlerische Geister, haben Platon und Nietzsche sozusagen gemeinsam bekundet: Alle Dichter lügen. »Der Flor unreinen Denkens« ist es, den der mittlere Nietzsche, der »der freien Geister«, an Kunst denunzieren wollte. Übrigens merkwürdig konform mit etwas ihm so Entferntem wie der deutschen Quasi-Aufklärung der Wolffschen Schule, mit Baumgartens »Aesthetica«, 1750. Gerade diese entschuldigte sich ja gleichsam dazusein, also gelehrte Würde an ein solch Unmännliches, sicher Unweises wie Kunstgenuß angewandt zu haben, woran nichts als »confusa conceptio« sei, sinnlich tief unter der »conceptio clara et distincta« des logischen Verstands. Eine Schattenseite mithin findet sich in der Kunst immer wieder; ihre Lehrsache hat sich davon erst bei Kant, Schelling, Hegel ganz befreit. Mittels des spezifischen Verstands eines »interesselosen Wohlgefallens«, einer »real-ideal einheitlich brennenden Flamme«, eines »sinnlichen Scheinens der Idee«. Das Amt, »die Natur zu erweitern, ohne über sie hinauszugehen«, fügt Schiller insbesondere der ihm höchsten Kunstweise, der naiven, hinzu. Und nun, in Sachen spezifisch-künstlerisch entdeckter Wahrheit, spezifischer Sachwahrheit: was ist es, wenn, wie oben schon angemerkt, ein Freund, auch ein Sommerabend ist, »wie er im Buche steht«, das heißt hier: künstlerisch ausgeformt? Was bedeutet es, wenn Juvenal einen Sturm, der sozusagen wissen läßt, was das heißt, und mit Recht, gleichsam ausgetragen, so heißt, eine »tempestas poetica« nennt? Was ist also dies in künstlerischer Form zu ersichtlich spezifischer Bestimmtheit Gebrachte selber, kurz, was unterscheidet doch Kunst, sofern und indem sie durchgeformt Durchgeformtes zeigt, schließlich ganz von dem doch Nicht-Wahren, das hier nichtiger Schein, auch Blendwerk sein müßte? Bis zu jenem an den Sirenen geschulten, ihnen neu gemäßen Blendwerk, das Rilke sagen ließ, das Schöne sei nur des Schrecklichen Anfang. Was macht aber, von »tempestas poetica« her, was erlaubt, ja verpflichtet, von einer durchaus eigen wahr behauptbaren *Stellung des »Schönen« im Weltall* zu sprechen? Dazu wären Kriterien nötig, um künstlerische Wahrheit spezifisch von empirischer wie auch philosophischer abzuheben, so daß sie als eigene Schicht und Eigenes antreffend legitimiert ist. Wobei der »tempestas poetica« und ihrer unvollendeten, hier vielmehr als vollendet vor-formierten Entelechie, zwar neue Probleme erwachsen, aber prinzipiell genau ansteht, der Schicht der *philosophischen* Wahrheit benachbart zu sein, nämlich suo modo helfend. Etwa in Ansehung dessen, daß künstlerische Aussagen (vorzüglich in Landschaftsmalerei, Landschaftsdichtung) sinnliche Qualitäten hochhalten, die die mathematische Naturwissenschaft fragwürdig aus ihrer Wahrheit hinausgeworfen hat, und die eine spekulative Naturphilosophie noch fragwürdig hoch, allzu hoch romantisiert hat. Doch näher zu soliden Kriterien einer künstlerischen Wahrheit, wie sie zweifellos gilt und sich unterscheidet, so sind es diese zwei: *Rettung des Besonderen* und darin *Artikulierung eines fortgestaltet Wesenhaften* (geringer, cum grano salis, gesagt: Typischen). Das *Besondere*, es ist hier immer nur das Besondere des Allgemeinen, auch wenn das letztere zu manchen Zeiten und Stoffen das Allgemeine eines Scherbenhaufens sein sollte, Joycehaft, und nicht etwa nachgemacht klassisch. Das Besondere ist in solchen Zeiten sogar sonderlich lehrreich, nämlich über sein nirgends mehr verabredetes, klischierbares Gesicht. Und dann über ganz entlegen-aufgehende Zusammenhänge selber, die bisher nahe beieinander Wohnendes als weit getrennt, bisher weit voneinander Entferntes ungeahnt nah verbunden erscheinen lassen. Geordnete, sozusagen ordentliche Zeiten jedoch und ihre Stoffe lassen das Besondere ihres Allgemeinen überall bündig situiert und wohl am Platz erscheinen. Die künstlerische Gestaltung, die ungefährlichere Rettung ihres Besonderen lohnt sich dann durch jene unvergleichliche, nur in Kunst gelingende Dichte der dargestellten Personen, Situationen, Schicksale, welche eben wieder der Fleischwerdung im *Detail,* als einer hier eingebauten, zu verdanken ist. Wichtiger aber ist auch hier, gerade hier das der künstlerischen Gestaltung so eigene Zu-Ende-Treiben der Personen, Situationen, Schicksale auf ihr *Wesenhaftes* hin, gemäß dem zweiten Kriterium künstlerischer Wahrheit. Ein Zu-Ende-Treiben gesehen im Medium des Scheins als eines virtuell ausgestalteten Vor-Scheins ausgeborener Entelechien, immanent vollendeter Art. Wieder und wieder ist dafür das Kronzeugnis wichtig, das Lessings »Emilia Galotti« den Maler Conti folgendermaßen sprechen läßt, utopisch-entelechetisch: »Die Kunst muß malen, wie sich die plastische Natur – wenn es eine gibt – das Bild dachte: ohne den Abfall, welchen der widerstrebende Stoff unvermeidlich macht, ohne das Verderb, mit welchem die Zeit dagegen ankämpft.« Verwandt rühmt Keller, gegen alles Zufällige, Shakespeares kanonische Kunst, welche seine Männer und Frauen »ganz das Metier ihres Charakters betreiben läßt, mit vollem Karat«. Und mächtig in gleicher Verlängerungslinie Brecht: »Über die abendliche Heide schrieb / uns der Elisabethaner Verse, / die kein Beleuchter erreicht, noch / die Heide selber.« Von unnotwendigen Zufällen und Störungen befreit, auf den Austrag der hier einschlägigen Essenz gebracht ist dieses künstlerische wahr und wahrer Machen jedoch *gänzlich immanent.* Das heißt: Jago oder Richard III. oder die Schärfe des Schwerts ebenso »vollkommen« darstellend wie Desdemona oder, bei Tasso, den Zaubergarten der Armida. Und ist die Kunst, nach Schopenhauer, überall am Ziel (obzwar stets nur virtuell), so ist ihr Grundgeschäft doch nicht das Verklären. Daher bleibt folgende Fassung des zweiten Kriteriums: des fortgestaltet *Wesenhaften, Essenzhaften* in der Kunst, auch noch für »Schönheit« als Trostgesang so gültig wie beherzigenswert: »Wie könnten die Dinge vollendet werden, ohne daß sie apokalyptisch aufhören« (Geist der Utopie, 1923, S. 141), »ohne daß diese Welt, wie im christlich-religiösen Vor-Schein, gesprengt wird und apokalyptisch verschwindet« (Das Prinzip Hoffnung, 1959, S. 248). Die Gefahr solcher Schönheit und ihres doch nur virtuellen Vor-Scheins ist die, daß sie in ihm bleibt, daß sie neben sinnloses Sein nur eben seinlosen Sinn setzt; Sartre etwa unterlag episch dieser Gefahr. So ganz anders steckt sie auch, das Virtuelle überpointierend, in Kants Lehre vom »interesselosen Wohlgefallen«, nämlich als dem reinen Wohlgefallen am ästhetischen Vorstellungsbild des Gegen-stands, »gleichviel ob dieser für die Erkenntnis objektiv vor-handen ist oder nicht«. Doch gerade wieder das ebenso Vor-laufende wie als vorläufig Erscheinende des künstlerischen Vor-Scheins und seines spezifischen Wahrseins machte Schönheit viel seltener quieszierend als zum – weiteren Austrag begierig.

Was Religion angeht, so braucht auf die Nebel nicht erneut hingewiesen zu werden. Sie sind bekannt genug, heißen noch viel mehr blauer Dunst als je Erdichtetes hieß. Auch kommen Spott und Abneigung gegen die sonderbaren religiösen Mären immer wieder, selbst wenn es öffentlich noch so scheinheilig hergeht. Der Satz vom Pfaffenbetrug blieb unter der Hand näher und selbstverständlicher als der, daß alle Dichter lügen; was ohnehin nur ausgeruhte Köpfe zu vernehmen pflegen. Da-gegen wie gewaltig, mit welch politisch genauem Auftrag hat der antireligiöse Kampf gewirkt. Wie trat er gerade als Kampf der Wahrheit schlechthin auf, gegen etwas, das nichts als Fin-sternis sein sollte. So wurde, von Epikur und Lukrez bis zu den Enzyklopädisten, bis Marx und Engels Religion fast nur als Produkt aus Furcht und Unwissenheit dargestellt; was in An-sehung der vielen Vitzliputzli darin auch nie ganz falsch war. So nannte Marx die Religion Opium fürs Volk oder auch das beste Mittel, um durch Blumen an der Kette das Volk an der Kette zu halten, mit ihr sich zu versöhnen; was, trotz Thomas Münzer und Bauernkrieg mit Christo, in Ansehung von Weihwasser und Säbel, Thron und Altar erst recht nicht ganz falsch war. Wobei Marx dem Satz von der Blume und Kette zwar hinzu-fügte, daß entscheidend sei, »die Kette abzuwerfen und die –

lebendige Blume zu brechen«. Aber dies auch religiös Andere als Mohnblume, Verneblung, Vertröstung wurde oft durch die Kirche so praktisch desavouiert, daß es bei Marx an dieser Stelle ein Aperçu blieb, in der Sozialdemokratie eine Privatsache wurde, im Bolschewismus so gut wie unterging. Wie heftig sticht also die Wahrheitsfrage an Religion, diese ihrem Mythos wie ihrer Praxis zusetzende, vom bißchen Achselzucken übers Komödiantische, Illusionäre in der Kunst ab. Sogar Anti-Kunst, obwohl sie beim Künstler Platon die Künstler aus seinem Staat entfernen wollte, grenzte doch nie an die Erbitterung Voltaires, gar an den Antichrist Nietzsches an, konnte nicht daran angrenzen. Dieser Unterschied stammt aber letzthin nicht nur aus der Kirchenmacht der Religion (verglichen mit der Ohnmacht oder abhängigen Macht der Kunst); er stammt viel genauer aus dem verschiedenen Ernst der Sache, worin Kunst und Religion das Ihre intendieren. Kam doch selbst der gegen die Kunst gerichtete Bildersturm (in der Reformation, halbislamisch in Byzanz) nicht aus Haß gegen Erdichtetes, sondern aus dem erzbiblischen Pathos des Unsichtbaren. Mit dieser Feststellung, als einer des unnachlaßlichen Ernstes, wie ihn am deutlichsten die Bibel zeigt, kommt in die fast ganz religionsfeindliche Wahrheitsfrage an die Religion zugleich ein *neuer,* ein zweifellos *paradoxer* Zuschuß. Er ist nichts Geringeres als eine gerade auch *innerreligiös* vorhandene Wahrheitsfrage, also Kritikfrage an die Religion. An Kunstwerke konnte diese Frage nicht eigentlich aus ihnen selber herantreten; dazu fehlt ihnen eben das Unnachlaßliche, das schlechthin Behauptende. Ist doch die Kunst in ihren Gebilden *pluralistisch* und nicht *zentralistisch,* wie es alle nichtpolytheistischen Religionen sind (zu höchst die auf die Bibel gegründeten, aber auch, suo modo, Buddhismus, Taoismus). Was sich in der regierenden Aussageform selber sogleich entscheidend kenntlich macht: Die pluralistische Kunst bewegt sich darstellungsmäßig, trotz eindeutigem Verwesentlichen, im Umkreisenden, Mehrdeutigen von *Allegorien;* die zentralistische Religion faßt sich darstellungsmäßig, trotz allem Gebrauch transparenter Poesie, im eindeutig Gerichteten, letzthin Konvergierenden von *Symbolen.* Dadurch aber macht das biblisch Zentrierte hier selber gegen ein Mythisches empfindlich, sofern dieses sich auf die »Heidengötter« bezog. Zwar wurde lange nicht an ihrer Existenz gezweifelt, doch jeder Anteil an ihr galt als lästerlich und vor allem ihre Macht galt gegen die Eine Jahwes als null und nichtig. So verspottet der Prophet Elia (1. Kön. 18, 27) die Baalpriester und ihren Gott mit fast voltairischem Spott: man müsse lauter zu ihm schreien, vielleicht schlafe ihr Gott oder er dichte oder er sei auf Reisen. Ja wäre Elia so naturwissenschaftlich und zugleich so geschmacklos wie Haeckel gewesen, so läge seinem Spott der weitere nicht fern: Baal sei ein gasförmiges Wirbeltier. Aber nun, weit höher hinauf, nämlich bei den großen Propheten, so treten die heidnisch-mythischen Züge, die Gemeinsamkeiten mit ihnen, auch im Jahweglauben zurück. Mit Kampf gegen Brandopfer, gegen Äußerlichkeit des Kults und viel anderes, was Jahwedienst mit den polytheistischen oder »Abgöttern« bisher gemeinsam sein konnte. Ja bei Jesajas wird sogar der Mythos der Schöpfungsgeschichte kaum erwähnt, vielmehr tritt der Jahwe des Sechstagewerks völlig zurück vor dem Exodusgott der Auszugs aus diesem Ägypten, vor der Schaffung eines neuen Himmels und einer neuen Erde, worin nicht irdischer Druck seinen Herrengötzen wahre, sondern Gerechtigkeit fließe wie ein Strom. Bis dann ein Menschensohn selber den Topos Jahwes einnimmt (»Ich und der Vater sind eins«), ohne allen Mythos des Furchtbaren, des polytheistischen Hofstaats und zum Menschen Heteronomen (Auch die Griechen, sagte Hegel, in Ansehung dieses Cur deus homo, haben ihre Götter nicht zu viel, sondern zu wenig vermenschlicht). So wird denn gerade hier jene erste *innerreligiöse* Kritik, jene eigentlichst *humane* Wahrheitsfrage in Religion an Religion gesetzt, die mindestens die Herren-Hypostase im Mythos, in Jahwe als Mythos abtut. Aut Christus aut Caesar heißt von hier ab deutlich die Alternative unter den Inhalten im Topos Jahwe selber. Die Frohbotschaft und ihr Zentrum wird demgemäß – atheistisch *im Hinblick auf alles Machtgötterhafte,* alles die Macht reflektierende und zugleich ideologisierende *Herren-Mythische* auch im Baal-, Marduk-, Ptah-, Jupiter-Jahwe zuletzt. Innermythologisch auf befreiende Art ist also der Reflex abgetan (ob auch gewiß nicht durchschaut), den Furcht und Tyrannei in einen recht hohen Himmel geworfen haben: nicht kein Mythos schlechthin tritt an die Stelle, aber ein heller, gerade was Licht ohne Kette, mit Blume und in seinem Eschaton angeht. Gewiß, dem Mythischen als solchem, als Reflex und Apologie von Herrschaftsverhältnissen, ist Finsternis angestammt; der regierende Archetyp darin ist und bleibt daher, wie Adorno mit Recht sagt, antikisch das unentrinnbare Zug-um-Zug-Schicksal, im Christlichen die Hölle. Doch eben: mit dem Protest, dem Exodus, dem Christusimpuls geschah im Mythos selber ein Anti-Mythos, ein *Sprengmythos* der Befreiung (also auch fern der zahmen Reihe, worin Bultmanns neubürgerliche »Entmythologisierung« steht). Soweit eben der paradoxe Zuschuß, den die Wahrheitsfrage an die Religion *aus vorhandenen Antithesen zum Mythos,* als Fremdmythos, *in der Religion erhält,* soweit sie selber kein Opium, sondern Protest, Zentriertheit ohne Heteronomie, Symbol-Intention eines Unum, Verum, Bonum ohne Aberglauben zu sein vermag. »Das ist religiöse Protestaktion, sich zum Selbst nicht mehr als zu einem Unaufgedeckten (Verschütteten) verhaltend und zum Sursum corda nicht mehr als zu einem hypostasiert Oberen, worin der Mensch nicht vorkommt: Eritis sicut Deus ist die Frohbotschaft des christlichen Heils« (Das Prinzip Hoffnung, 1959, S. 1504). Dies Eritis ist offensichtlich das subversivste Wort in allen anthropozentrisch hell gemachten Mythen; von der Schlange bis – Prometheus, bis zur Auflösung des unter Gott Ersehnten, Gedachten im »tertium evangelium« christförmiger Gemeinde. Indem seine anthropologische Kritik der Religion dergestalt nicht entmythologisiert zu werden braucht, fällt endlich auch auf das möglich Legitime, einzig Legitime an *religiöser Wahrheit* ein von Aberglauben freihaltbares Licht. Es ist aber – viel mehr als bei immanenten Austragungen der Kunst – ein noch schlechthin utopisches, gar eschatologisches; seine Form ist Verkündigung eines in Hoffnung Stehenden, Kommenden, das »aufgedeckte Angesicht«, menschliches Heil in seiner Essenz betreffend. Die Wahrheit der vorhandenen Welt ist, im Text der Propheten wie im Logion Christi (Marc. 13) wie gar in der Apokalypse, dargestellt als der Untergang dieser so vorhandenen Welt; sehr eben zum Unterschied eines durchaus nicht-apokalyptischen Zum-Austrag-Treibens im Vor-Schein der Kunst.

Oben wurde gesagt, das Wahre brauche sich nicht schlechthin davor zu hüten, erbaulich zu sein. Indem letzteres ja nicht stetig mit rosa Verschmierendem oder auch weltlos fliegender Schwärmerei erschöpft zu sein braucht. Der wichtigste Akzent, den die Bibel auf die Welt legt, ist der des Zukünftigen: damit sich falsch, finster, tödlich Vorhandenes darin breche und wende. Die *philosophische* Wahrheit aber, was kann sie, darf sie, vielleicht gar muß sie von dieser mächtigen Offenbarung aus Hoffnung erfahren, sich erfahren lassen? Daß Kunst ein philosophisches Organon sein könne, kraft der sinnlichen Besonderheit ihres herausgetriebenen Wesentlichen: die kritische, die illusionsfreie Erfahrung aus dieser Art Vor-Schein ist aus der Bedeutung klar, die nicht nur die Erkenntnis für die Ästhetik, sondern die Ästhetik für die Erkenntnis, bei Kant, Schelling, Hegel, gewonnen hat. Bei der Religion eben liegt das, wegen der ungeheuren Menge Aberglauben, reaktionärem Mythos, törichtem Anspruch auf Wissenschaftsersatz, weithin anders. Auch das »Credo quia ineptum, quia absurdum«, wie es seit Tertullian nicht etwa nur das christliche Paradox und das echte Absconditum bezeichnen will, sondern Widervernünftiges hochspielt und Übervernünftiges wider beschränkten Untertanenverstand ausspielt: dieses erhabene Dunkelmännertum steht zu einem Organon philosophischer Wahrheit schiefer als je ein Blendwerk in der Kunst. Indes, wie gesehen: die totale Hoffnungsexpansion des Humanismus kam nirgends anders als in der Bibel auf die Welt: welches Grundbuch von Hoffnung könnte einem Transcendere auch ohne Transzendenz, ohne eine als seiend gesetzte, inhaltlich dick erfüllte, philosophisch wichtiger sein? Und erst die Bibel brachte der Philosophie das Bewußtsein des *Bösen* in ihren Weltbegriff, brachte es gerade seit Augustinus in jeden Illuminationsbegriff der Welt. Von daher dann auch die Schärfe im *Postulatsbegriff* des Rechten, indem er an der dunklen schwierigen Erde erst seinen Auftrag hat, als Kampfauftrag aus Unvorhandenem, Gesolltem. Von daher vor allem, gegen das drohende Nichts, der philosophische *Wagnisbegriff* selber; tritt er doch als experimenteller auf, als einer des Zielmodells durch und durch. So sieht er zwar für das ausstehend *wahre-Wahre* im Unterwegs der Welt immer erst nur, bestenfalls, Proben aufs

Exempel, aber er führt von der darin währenden Richtung keinerlei Relativismus mit sich. Die Welt ist voller variierender Versuchsmodelle, auch immer wieder fortreifender, nachreifender Zeugnisse und Werke eines moralischen, ästhetischen, religiösen Vor-Scheins. Es ist der Vor-Schein von »aufgedecktem Angesicht«, und als solcher, in sehr seltenen Bekundungen, zu einem gegenwärtigen Dasein erst von – Vor-Schein gediehen. Aber was diese Zeugnisse vor jeder bloßen wechselnden »Interessantheit« schützt und sie als wirkliche Experimente des Ernstfalls auszeichnet, ist stets die Invarianz einer *utopisch-zentralen Richtung*. »Wer an einen Stern gebunden ist«, sagt dergestalt Leonardo, »kehrt nicht um«; was *vom Religiösen her* zuverlässig auch meta-religiös überall gilt. So bleibt die invariante Richtung auf das Praktischste, was es gibt, nämlich auf die Potenz, Ideal zu haben und zu halten, genau in der Welt, von der die Bibel sagt, daß ihr Wesen vergeht (1. Kor. 7, 31), als das noch nicht wahre. In religiöser Hülle war damit der »bessere Aion« bedeutet, ja ein messianisches Omega, was, wieder in religiöser Hülle, Optimum Maximum hieß. Aber eine bereits *»präsentische«* Eschatologie daran zu setzen, ist, im Blick auf die Welt, die auch nach dem Kreuz noch sehr im Argen liegt und immer anders dahin fällt, nicht nur in empirischer Hinsicht irreal, sondern in Ansehung des wahrhaft-Seienden selber, dessen Seinsgrad auch metaphysisch Noch-Nicht heißt. Indes präsentisch ist durchaus, daß es die Welt im Argen nicht aushält, und daß es auch jenes unverwüstlich Kritisch-Antistatische in ihr gibt, das die Wahrheit in Unruhe ihrer zeigt. Also nicht an angehaltenen Dingfakten und, im wahren Wahren, nicht in einer hypostasierten Himmelfahrt, sondern – treibend und dialektisch, latent und noch ungelungen – im Prozeß.

> Daß die Wahrheit nicht eine ausgeprägte Münze
> ist, die fertig gegeben und so eingestrichen wer-
> den kann.
> *Hegel, Vorrede zur Phänomenologie*

Murren unterwegs

Wie still wäre alles, wenn eins auf das andere glatt folgte. Bloßes Zeigen auf dieses, dann jenes mag noch glatt vor sich gehen.
Auch Zählen nacheinander, von eins zu zwei zu zehn und so
fort, ist an sich gleichförmig bewegt. Doch wie, wenn gesagt
wird, allzu scharf mache schartig oder höchstes Recht werde
höchstes Unrecht. Dann wölkt sich etwas, schlägt um, setzt ein
Gegenteiliges zum Bisherigen. Auch das Zählen läuft nicht mehr
gleichförmig weiter, sobald mehr als formell gereiht wird.
Dann murrt es in der Reihe, unterbricht sie, wechselt dialektisch um. Sonst gäbe es nirgends ein Verändertes, vom Vorher
sich deutlich absetzend.

Zeugen des dialektischen Denkens

Erst zwar muß das von mehrerem getrennt werden, das einen
Witz daraus machte. Dialektisches Denken schreitet durch auf-
tretende Widersprüche im Sachverhalt eines Denkens fort. Aber
ein Mensch, der sich dauernd widerspricht, ist dadurch noch
kein Dialektiker, nur ein *Fasler*. Und auch Faselei, die logisch
benennbar vielleicht etwas zu denken gibt, selbst widersinnige
also, steht auf einem anderen Blatt. Ein einfach Widersinniges
von der Art wie »hölzernes Eisen« bringt es, weil nur aus Worten bestehend, nichts bedeutend, trotz des Widerspruchs ebenfalls zu keinem dialektischen Stil. Immerhin ist hier auch Vorsicht geboten: ein viereckiger Kreis etwa, der ist purer Wider-
sinn, ein unendlich-eckiger Kreis dagegen mitnichten. Er ist
gerade die richtige, die wohlanklingende Definition des Kreises
als eines unendlichen Vielecks. Weiter aber hat, außer dem Fasler, auch der *Verdreher* mit Dialektischem nichts gemein. Mehr-
deutiges wird hier ausgenutzt, um in jeder Sache einen Haken

zu finden, doch nur, damit selber Krummes, gar Betrügerisches daran aufzuhängen sei. Advokaten in alten Volksbüchern waren dafür berüchtigt, Sachen mit Dreh überhaupt, mit diskreditierendem Anschein von Dialektik. Bedeutsamer gehören sogar mehrere Fangschlüsse der alten Sophisten noch etwas in rabulistische Gegend. Sie nutzen begriffliche Mehrdeutigkeit oder auch absichtliche begriffliche Verengung, um – wie etwa im bekannten Beispiel vom Kreter – die Lösung widersprüchlich zu verwirren. Doch auch hier wieder ist Vorsicht ratsam; gerade bei den Sophisten (obzwar nicht bei den Rabulisten) geht auch echte Dialektik um. Zu erinnern ist nur an die anderen Fangfragen: »Beim Ausfall welchen Haares entsteht ein Kahlkopf?, bei welchem Korn entsteht ein Haufen?« Hierbei ist, trotz frivoler Hülle, ja durch sie befördert, bereits echt Dialektisches mitgedacht, nichts Geringeres als plötzliches begriffliches Umschlagen. Verwirren wurde ein Mittel, ein hier ernstlich nötiges, um jetzt schon Begriffe *flüssig* zu halten, in anstoßender Reizung.

So gesprenkelt ging es folglich, im widersprüchlichen Denken, gegen den glatten Trott her. Das war eine schwere Geburt, trotz Solon, der keinen Menschen vor seinem Ende, als gälte ein Ja dauernd, glücklich preisen wollte. Flüssige Begriffe, gar ein Zugleich entgegengesetzter, waren und sind nichts für den gesunden Menschenverstand, sofern dieser nur ja und nein kennt, und was er darüber hinaus sagt, ist vom Übel. Der von dem sokratischen Satz also weit entfernt ist: Wenn zwischen zwei Dingen zu wählen sei, so mache man es wie die Kinder und nehme beide. Selbst *Sokrates* führt Dialektisches mehr als bloßes Dialegein, als Gespräch also, das sich selber durch Einwände vorantreibt. Nur an den Suchenden tritt es heran und vorher an den Unwissenden, damit er sich in jene Widersprüche verwickle, aus denen er nicht herauskommt, und die ihm seine billig-fertige Ansicht erschüttern. Lange bleibt so die dialektische Weise wesentlich mehr eine des *Forschens*, keine der bewegten Sache selber, des Glücks oder der Tugend. *Zenon*, der Eleate, hat die Unruhe des Widersprüchlichen rein methodisch sogar dazu verwendet, um – Bewegung als ungereimt zu widerlegen. Ohne Anschluß also an etwaige Entzweiung in der Weltsache

selber, mit einer auch *objektiven* Dialektik. Letzteres hat obzwar lange vor Sokrates und vielleicht auch von persischen
Dualismen unterstützt, erst *Heraklit* kenntlich gemacht. Denn,
wie Diogenes Laertius glaubhaft berichtet, war Heraklit nur so
lange über die immer wieder auftretenden Widersprüche in reinem Denken beunruhigt, bis zur Verzweiflung, als er an eine
einheitliche Welt glaubte. Nicht mehr, sobald er auch sie als
voller Entzweiung sah und gerade ihre Einheit, wo sie auftrat,
als eine von Gegensätzen, von Abwärts und Aufwärts, von
Winter und Sommer, von Hades und Dionysos zugleich. Dieses also und nicht allein die pädagogisch-methodische »Hebam-
menkunst« seines Lehrers Sokrates, durch Bereinigung der Widersprüche, hat schließlich auch Platons objektive *Ideenlehre*
mit Dialektik erfüllt, ja Platon, neben Heraklit, in diesem Punkt
zum Lehrer Hegels gemacht. Der philosophische Grundtrieb
selber, der Eros, ist hier schon von Hause aus dialektisch, ist
das Haben und Nichthaben, Reichtum und Armut (deren Sohn
Eros ist) zugleich. Vor allem der Dialog »Parmenides«, mit der
Dialektik des Einen im Vielen, des Vielen im Einen, setzt ein
Exempel gespanntester Zuordnung antithetischer Begriffe als
Ideen. Der (vermutlich echte) »Siebente Brief« des späten Platon lehrt ein dialektisches *Werden* (Heraklits Fluß contra Zenons Unbewegtheit) in den, vordem so statisch gehaltenen,
Welt-Ideen an sich. Der Neuplatoniker Proklos gar, die eine
Bewegung als »Emanation« der Idee zur Welt herab in die
Ideen geradezu kosmogonisch hereinbringend, formulierte zuerst die Reihenfolge von Thesis–Antithesis–Synthesis in der
Dialektik; hier als monē, proodos, epistrophē, als Einheit, Her-
ausgang, Rückkehr zum Ur-Einen. Die Heraklitisch angestammte Spannung von Gegensätzen trat dabei allerdings zurück, gemäß einer so hoch herkommenden Dialektik, voll Prius
des Urlichts. Doch desto folgenreicher machte sich der Widerspruch in der *Mitte* dieser Trias geltend, als Abfall, Unterbrechung, auch Aufstörung einer Einheit, die sonst, nach einem so
viel späteren Ausdruck Jakob Böhmes, nicht »schiedlich« würde,
nach einem noch viel späteren Hegels, des bewußten Proklos-
Erben, »der leblose Einsame bliebe«. Aber *Hegel* nun ist nicht
nur Proklos-Erbe, sondern er totalisierte in seinem System die

ganze bis dahin entwickelte Objektdialektik überhaupt. Er hat, hochidealistisch und doch mit konkret pointierender Fleischwerdung, aus einer »dialektischen Selbstbewegung des Begriffs« den gesamten Weltinhalt zu entwickeln geglaubt. Wieder als Dialog, aber nicht als einen zwischen Personen, Gesprächspartnern, sondern als den des Weltgeistes mit sich selbst. Dessen Dialegein, Dialektik wird abgekürzt in der Philosophie wiederholt, die aber bei jedem Ruck und Umschlag im Innersten des Weltprozesses dabei gewesen ist; so eben kommt es, konkreter als je, darauf an, die Begriffe *flüssig* zu halten, veränderlich. Der Sprung gehört zu ihnen, den alten Stand abreißend, am bekanntesten als Umschlag vom Quantum ins Quale. Der Widerspruch im erreichten Stand, gegen ihn, wird so in der ganzen Schärfe seines *Wühlens* kenntlich gemacht, des »Maulwurfs sous la terre«. Keinesfalls wird dabei der Satz des Widerspruchs, in seiner ersten, Aristotelischen Formel überrannt: wonach eine Aussage in bezug auf denselben Gegenstand sich nicht widersprechen dürfe; vielmehr genau wegen dieses Ungültigen, Unhaltbaren treibt ja ein entstanden Widersprechendes im Gegenstand so heftig auf seine Lösung auf neuer Stufe. Der Widerspruch ist bei Hegel also gerade das, was es nicht bei sich *aushält,* und das Überalterte, Einengende, drückend Widerstandshafte am Status, das den Widerspruch unvermeidlich macht, ist das *Unhaltbare* schlechthin. Freilich ist ebendadurch das Widerspruchslose unterwegs am wenigsten das Zeichen des Wahren, des Wahren eben als eines Prozesses und nicht als einer einstreichbaren Münze. Was aber den Prozeß derart mit Negationen und dann wieder mit Negationen dieser Negationen treibt, dies dialektische Sprengpulver hat nicht nur den »Maulwurf sous la terre« für sich, sondern, was fast utopisch hereinwirken könnte, noch ein Verborgenes ganz anderer Art, nämlich das zu der vorhandenen Existenz *noch unangemessene Wesen.* Ja letzthin ist es die nur *inadäquat* manifestierte *Vollkommenheit,* die bei Hegel im Widerspruch *zielhaft* anwesend ist und ihn so erst immer wieder – heliotropisch macht. Das sogar wider Hegels Abrede; denn so sehr der Philosoph des Absoluten jede Harmonie und Einheit anfällig werden läßt, so identisch soll Hegels dialektischer Prozeß *im Ganzen* bereits gerundet, ja ewig geschehend-geschehen sein. Trotzdem findet sich, aus der dialektischen Hauptsache heraus, folgender Zusatz eines umgehenden »Noch-Nicht«, wenn auch gewiß nicht im ausgesorgten Absoluten: »Es ist der verborgene Geist, der an die Gegenwart pocht, der noch unterirdisch, der noch nicht zu seinem gegenwärtigen Dasein gediehen ist und heraus will, dem die gegenwärtige Welt nur eine Schale ist, die einen anderen Kern in sich schließt, als der zur Schale gehörte.« Ein Gewissenssatz aus Perspektive, obwohl der Leugner der Zukunft auch das hier verwendete Noch-Nicht in einem bereits Absoluten präsent sein ließ. Doch gerade wieder zum »Maulwurf sous la terre« findet sich dann folgende Ergänzung, nämlich aus seinem Wühlen zum Licht, um des Lichts willen: »Innerlich sich entgegengesetzt ist er innerliches Fortarbeiten, bis er, in sich erstarkt, jetzt die Erdrinde, die ihn von seiner Sonne, von seinem Begriffe schied, aufstößt, daß sie zusammenfällt« (Werke XVI, S. 685). Selbst der Maulwurf also hat hier die Sonne zu seinem »Begriff«, wie sehr erst haben wirklich subversivere Widersprüche auch einen Eros zum verhindert Besseren, ausstehend Vollkommenen als objektives Agens in sich. Soviel hier zum Expansiven in Hegels Dialektik; es setzt zweifellos zu seinem und in seinem Aufbegehrenden auch ein Größeres, wohin es aus der Enge aufbegehrt, zu dem es sich wendet. Und in jedem Fall: dialektisches Denken geriet, weit weg vom nichtigen Denken des Drehs, als eines der methodischen Drehung, der objektiven Wendeform.

Widerspruch, auf den Boden gestellt

Was sich aber derart wendete, hatte eben seinen Lohn bereits dahin. Es war im Vergangenen bereits geschehen und ausgetragen, Hegel datierte dahin jedes Künftige zurück. Deshalb lief auch die Wendung nur in rückkehrender, in Kreisbewegung: es gibt nichts Neues im Dreitakt Anfang, Mitte, Schluß, das nicht der auf höherer Stufe reproduzierte Anfang wäre. Die Thesis des Anfangs enthält hier die Synthesis des Schlusses bereits in nuce; allerdings, wie gesehen, mit einem gewissen noch »formellen«, »abstrakten« Modellcharakter der Thesis. Doch auch diese abstrakte Vor-Zeichnung verhält sich zum ausgeführten Schluß sehr oft, als wäre sie, über die Antithese hinweg, nun nur noch zu füllen gewesen, farbig, plastisch, konkret. Und nicht, als gäbe der dialektische Prozeß bedeutend mehr hinzu als bloße Rückkehr, bloße Auswirkung des in nuce-Inhalts der Thesis. Entscheidend aber ist, dies Regredierende aus der immer nur *betrachtenden* Erinnerung fundierend, aus der Begriffs-Minerva des Wirklichen post festum und in ihm: Hegel ließ die dialektische Entwicklung rein im Geist vor sich gehen; eine dialogische Selbstbewegung des Weltgeistes, nachvollzogen im Kopf der Philosophen. Wobei gerade auch die Negation, die Antithesis sogleich durch die Synthesis danach wieder entspannt werden konnte, – den guten, den optimistischen, den Vorsehungs-Manieren in einer so sicheren Gegend wie dem Hof des Weltgeistes entsprechend. Das trotz Hegels betroffener Worte über den Schmerz, den Ernst, die Härte des Negativen in der Welt; denn wo so unausweichlich, so panlogistisch auf jede Dissonanz ihre Auflösung folgt und auf jede neue Dissonanz in dieser Auflösung wieder Harmonie, dort wird die zerreißendste Negation eine gefahrlose Würze, wird selbst Karfreitag zur bloßen Zeremonie ewiger Auferstehung. Genau ging darum die Marxkritik an der Hegelschen Dialektik auf dieses Geistwesen, auf diese Entspannung aller realen Konflikte zu solchen im Kopf, sei es dem philosophischen, sei es dem hypostasierten eines Weltgeistes selber. Das Dialektische wurde aus solch sicherem Port deshalb in die Unruhe des wirklich Konkreten gebracht, ins Gegenwärtige wie Zukünftige des Wirklichen, des materiellen Prozesses. Das ist der Sinn der Marxschen »Umstülpung«, zum Zweck, die stete Neuerzeugung der Widersprüche und ihren weltverändernden Ausbruch vom bloßen Reflex im Kopf endlich auf die Füße zu stellen. Dadurch sollte vor allem das Erzkritische aus der mystifizierenden Hülle hervortreten, wie sie schließlich alles rechtfertigt, panlogisiert, gerade auch den Maulwurf der Negation zum bloßen Zeremonienmeister eines längst Gutgewordenen, ewig Guten maskiert. Daher konnte Marx sagen: »In ihrer mystifizierenden Gestalt war die Dialektik deutsche Mode, weil sie das Bestehende zu verklären schien. In ihrer rationellen Gestalt ist sie dem Bürgertum und seinen doktrinären Wortführern ein Ärgernis und ein Greuel, weil sie in dem positiven Verständnis des Bestehenden zugleich auch das Verständnis seiner Negation, seines notwendigen Untergangs einschließt, jede gewordene Form im Flusse der Bewegung, also auch nach ihrer vergänglichen Seite auffaßt, sich durch nichts imponieren läßt, ihrem Wesen nach kritisch und revolutionär ist« (Nachtrag zur zweiten Auflage des »Kapital«). Derart nannte der russische Demokrat Alexander Herzen, im Bedenken von 1848, recht unabhängig von Marx, die Dialektik die »Algebra der Revolution«, direkt auf die Hegelsche Linke bezogen. Ja, was das »Kritische« angeht: als expandierende Statthalterschaft eines Zukünftigen im vorhandenen, hemmenden Zustand, so hat, weit entfernt von Hegel und doch sein Erbe beeinflussend, der dynamische Leibniz bekundet (als wäre die Tradition die Revolution der Abgeschiedenen, die Revolution aber die Tradition der Zukünftigen): »Wie in dem elastischen Körper, welcher eingeengt, seine größere Dimension als Streben liegt, so in der Monade ihr zukünftiger Zustand.« Weiter gar, mit der ganzen antithetischen »inquietude poussante« des Leibnizschen Dynamismus und seiner Tendenz: »Man kann sagen, daß in der Seele, wie überall sonst, die Gegenwart *mit der Zukunft schwanger geht*« (Brief an Bayle, 1702); kurz, auch von hier ist die Gewalt des Widerspruchs als nicht nur logisch, gar nur zeremoniell in die Dialektik eingezahlt (vgl. Subjekt–Objekt, Erläuterungen zu Hegel, 1962, S. 132 f.). In der Tat wird die »Algebra der Revolution« verständlicher (trotz der Konzilianz des sonstigen Leibniz, des Konservatismus des sonstigen Hegel), wenn die Gegenwart mit der Zukunft schwanger ist wie eine eingeengte Gasmenge mit ihrer größeren Dimension. Hat doch das berühmte Marxsche Diktum von der Gewalt als der »Geburtshelferin einer Gesellschaft, welche mit der künftigen schwanger geht«, mit dem Leibnizschen nicht nur das Bild gemeinsam, sondern eben die Sphäre Zukunft, welche bei Hegel fehlt. Dafür reflektierte Hegel, am stärksten seit Heraklit, das Weltgesetz Dialektik so sehr als »Puls der Lebendigkeit selber«, daß nachher gerade auf materiellen Füßen zum *objektiven* Widerspruch der *subjekthaft-aktive* hinzutrat. *Objektiv fundiert* hinzutrat, gemäß der Einsicht, daß jedes fruchtbar Unterbrechende des *Zusammenhangs* ebenso in einem fortschreitenden Zusammenhang des *Unterbrechenden* steht, um fruchtbar zu sein. Auch der Zusammenhang freilich wurde dergestalt auf die Füße gestellt, also aus dem idealistischen Geistwesen zu befreien versucht, das heißt, aus der rein geisthaften Parthenogenesis, ja Inzestform der Dialektik. So kam *materialistisch beschaffene* Dialektik in den Begriff: nicht eben als vermenschlichende, anthropomorphe, aber auch nicht als eine selber nur begriffhafte Verbindung, gleichsam als Hochzeit der Dame Dialektik (aus so vornehmem idealistischem Haus) mit dem plebejischen oder plebejisch gewordenen Burschen Materialismus. Vielmehr: Dialektik und Materie wurden nun als gleichen Stamms gelehrt; ohne das rein Geisthafte der Konflikte hier, ohne das rein Klotzhafte von Materie dort.

Derart hört auch alles gleichförmige Klappern dessen auf, was sich entzweit und höher eint. Dieser ewige Dreitakt war als solcher nur formal herangebracht; statt dessen ergibt sich das Dialektische gerade durch seinen jeweiligen Stoff als jeweils selber gewandelt. Das Haben als ebensolches Nichthaben geht durch den ganzen Fluß, qua Fluß, zwar hindurch, aber da dieser Fluß keiner des überall schon korrespondierenden Geistes, sondern ein hart gebrochener ist, setzt er immer wieder an. Die Konflikte haben nun wirklich etwas zu nagen und beißen, müssen es fort und fort, auf wirklich harte Weise. Sie sind durch nichts Voriges, nichts Nachheriges in ihrem prekären Verlauf bereits präjudiziert; so ist *materielle* Dialektik, anders als Hegels ideelle, auch in ihrem Taktschlag, erst recht in ihrem wirklichen, inhaltlichen Zusammenhang diskontinuierlich. Was bedeutet: sie ist selber voll Unterbrechungen und voll jener Nova, die ihr nicht in irgendeiner Thesis–Antithesis–Synthesis-Form des Anfangs oder gar Endes bereits gesungen worden sind. Erst derart, nicht im reinen Geist also, aber gewiß auch nicht an einer mechanistischen Klotzmaterie, vom Fluß höchstens dekorativ umspült, kommt die Dialektik zum Zug, den sie wirklich hat. Und weder das verdinglichte Denken der »Positiven« noch der ebenso verdinglichte, der bürokratisch wie ideologisch versteinerte, der nicht nur mechanistisch, sondern monolithisch gewordene »Diamat« treiben das aus. Mit toter Ausgemachtheit historisch, als wäre die Zukunft ein auswendig gelerntes Schema, mit Abgestandenheit metaphysisch, als wäre das Realproblem Welt selber nur ein vulgärer, monolithischer Klotz. Statt dessen also gibt es, am »Puls der Lebendigkeit«, nur dort einen (falschen) Halt, wo die Lebendigkeit im Vorhandenen angehalten, ja vernichtet worden ist oder aber, wo – wie im gesamten Idealismus bisher – die Welt als eine im Ganzen bereits geschlossene dargestellt wird. Während sie doch allenthalben, der gleichsam ins Unreine geschriebenen Welt gemäß, nicht nur unglatte, sondern schöpferische Offenheitsrelationen aufweist. Da ist, ganz nahe zu uns, die *Anlage* zu etwas, mit dem peinlichen und kräftigen Gefühl, zu sein, was man doch ebenso nicht oder noch nicht ist. Da bewegt sich die *Bewegung*, die Engels den sinnfälligsten Widerspruch nannte, indem mit ihr ein Körper am selben Ort zugleich ist und nicht ist. Das reicht bis in den, von Eddington sprachlich formulierten, Widerspruch des sogenannten Wellikels hinein, als eines entgegengesetzten Zugleich von Partikel und Welle im kleinsten subatomaren Bewegungselement. Unter Menschen aber – nun gerade höchst anschaulich – tobt der Widerspruch im Gleichen als die reiche, überreiche Spannung der *Konflikte;* mit nur vorübergehender Widerspruchslösung. So vertraut ist diese Art Polarität, daß Stichworte (im buchstäblichen Sinn) genügen; vor allem während der Dauer unserer noch so antagonistischen Gesellschaft. Da sind die Widersprüche zwischen den jeweils Einzelnen in ihrem Lebenskampf, zwischen der Klasse der Abhängigen und der Herrschenden, zwischen den Freiheitskräften (facultas agendi) hier, den Ordnungsmächten (norma agendi) dort. Da ist der Reflex und experimentelle Austrag solcher Widersprüche in den Antithesen der *Tragödie,* ambivalent in ihrem Antigone-Typ, rebellisch in ihrem Prometheus-Typ; so auch in den allerhörbarsten Entzweiungen, Tagbildungen, denen der Beethovenschen *Symphonien.* Da gibt es nicht zuletzt – durch die genannte Reihe der dialektischen Prozesse hindurch – den *Umschlag* eines gesättigten Zustands zu einem qualitativ neuen Zustand, der im vorigen heranwuchs und nun, wenn das Maß voll ist, mit einem Sprung es sprengt. Genau das Neue hat darin jene Vermittlung in der dialektischen Reifung des Vorhergehenden, die realiter vom anorganischen Sprung zum Leben, vom biologischen Sprung zum Bewußtsein bis zum Durchbruch (wenn »die Zeit erfüllt ward«) unerschöpfter Transzendierungen und Transparenzen in die Kulturen, ja in Exodus und Reichs-Religion hinausgeht. Das alles geschieht mithin genau ohne das Mißverständnis und Gefängnis einer Klotzmaterie, ist in dem unfertigen, sich immer wieder selber aufsprengenden Substrat der Welt fundiert. Der Welt, die nicht aus Fakten, sondern aus Prozessen besteht und darin – mittels des immer wieder brechenden, aufbrechenden Widerspruchs zu unzureichend Gewordenem – aus Unterbrechung, Abbruch, Umbruch. Eben aus lauter *Versuchsgestalten, Auszugsgestalten,* kurz *Realmodellen* eines noch nicht Gelungenen, woran erst Einheit der *Einheit und der Widersprüche* offen wäre. S ist noch nicht P (der Kern des Seienden ist noch nicht manifestiert): »Dieser dialektische Grundsatz bedeutet derart in Ansehung des inadäquat Bestimmten, hemmend Gewordenen: Ceterum censeo Carthaginem esse delendam. In Ansehung der bevorstehend adäquaten Bestimmbarkeit (des inhaltlichen Novum) bedeutet er: Quidquid latet apparebit« (Subjekt–Objekt, 1962, S. 517). Und letztere Ruhe »am Ende«, als *Erfüllung* gedacht, ist nicht etwa eine Abdankung der Dialektik oder Kirchhofsfrieden hernach, sondern ihrer Bewegung inhärent. Damit sich diese unterwegs nicht vergebliche Unruhe mache oder aber gerade in falsche Ruhe-Inhalte vergaffe. Nur Bewegung also mit *dem zu Erfüllenden* in sich ist die wirkliche Dialektik der Unruhe, nämlich der Unerfülltheit, Unangemessenheit. Eben darauf, auf die unvorhandene Anwesenheit des Vollkommenen im Unvollkommenen, damit letzteres überhaupt ein so schmerzliches wie stachelndes sein könne, zielte Hegels tiefer Satz: »Das Unvollkommene als das *Gegenteil seiner selbst* ist der Widerspruch, . . . der Impuls des Lebens in sich selbst, die Rinde der Fremdheit seiner selbst zu durchbrechen« (Werke IX, S. 55). Hegel hat seine dialektisch schwierige Erde freilich schon im Himmel seiner geschlossen-gelungenen, absoluten Idee; gleichwohl läuft auch in besserer Einsicht, im noch ungeschlossenen System dialektischer Aufklärung die dialektische Unruhe nicht als endlose, folglich letzthin fruchtlose Bewegung, sondern mit jenem latenten Omega Vollkommenheit, ohne dessen Utopie es gar keine Geschichte und deren Experimentum gäbe.

DER BOGEN UTOPIE–MATERIE

Das Draußen als äußerlich

Im Innen, worin man webt, geht es mehr luftig her. Draußen dagegen, im Getasteten, steht alles dicker, fester, obwohl sich doch gerade dort auch die Luft erst faßlich findet. Innen und Außen, man sah es und sieht es täglich, machen so die Grenze, wo das übliche Bild vom Stoff beginnt, dem auswärtigen. Sein Draußen ist allemal ohne uns da, so wie er auch selber, der vorzugsweise tot genannte, ohne sich da zu sein scheint. So wirkt dieser Stoff als nur von außen bewegt, und wenn die Steine, samt Luft und Wasser, nichts anstößt, dann liegen sie scheinbar ruhig. Stoff ist hier nur das, worauf ein Stoß wirkt; er selber liegt hernach wie vorher. So fern vom Ich wird er nun gesehen, nachdem die frühen, spukhaften Belebungen, als Innen und Außen noch ineinander liefen, abgezogen sind. Was derart herumgeworfen wird, gilt nur als Ding und so als äußerlich.

Der Stein fällt, die Flamme steigt

Ich und Innen aber, ohnehin spät eingetreten, trennen nicht allein ab. Viel älter ist der Riß zwischen Unten und Oben; das wirkt im Bild vom Stoff erst recht nach. Desto mehr, als diese Trennung im äußeren Raum selber geschieht, schon in dem des eigenen Leibs. Stehen die Füße unten, der Kopf oben, so ist das mit der Empfindung der Schwerkraft verbunden, und die Erde liegt zu Füßen, die Wolken segeln oben. Das Feste setzt sich unten an, das Leichte, das schon nicht mehr so ganz als Stoff erscheint, schwebt frei. Indem es derart nicht lastet, sich vielmehr in die Höhe schwingt, wo auch die Herren thronen, setzen sich hier mühelos Wertungen an. Zugleich sexuelle: rückte das Weib in der patriarchalischen Zeit immer mehr nach unten, das Weib als Leib, so steigt der Mann als Geist auf, als Verstand gegen Trieb, als Weite gegen Höhle, als Flamme, die aufwärts brennt, während der Stein wie Eva fällt. Freilich zählte diese Wertung weder im hetärischen, vorehelichen Zeitalter noch in dem demetrischen, mutterrechtlichen, wo die bergende Höhle, die fruchtbare Erde gerade über alles geehrt wurden. Die aufwärts brennende Flamme, sogar das Hochschwebende, Schwerelose von Äther ließ sich auch bei den vorsokratischen Denkern nicht gegen den Stoff ausspielen, den angeblich nur lastenden; im Gegenteil. Hat doch Heraklit, stofftrunken, stofflebendig, hylozoistisch wie nur einer, die Flamme selber dem Stoff als Feuer zugeschlagen; und Anaximenes lehrte, ebenso materiell, genau die Luft, den Äther als Wesen der Dinge. Auf sie trifft also der Spott nicht, den Nietzsche, ganz nach unten abschätzig, gegen Thales machte: man suchte das Wesen der Welt, und als man es hatte, war es Wasser. Und was wirklichen Stoffspott angeht, so fand er gerade nach Platon, dem idealistischen, eine besondere, eine selber emotionale Umkehr. Das bei Epikur und seinem späteren Dichter Lukrez: nun erhebt sich zwar der Geist aus dem Dunst, doch dieser selber soll gar nicht der diesseits drückende Stoff sein, sondern der jenseits drückende Aberglaube. Die Linie geht hierbei, wenn sie zum Unten gehört und ihm treu bleibt, durchaus auch hoch: jedoch nicht für Zeus, sondern für Venus und nicht zu ihm und dem Oben auffahrend, sondern gegen ihn aufsässig. Lukrez will ausdrücklich von der Furcht befreien, die er vom Himmel erregt sein läßt, als einem nun selber abgewerteten Droben. Und der entzaubernde Verstand, vom olympischen Aberglauben befreiend, soll sich desto sicherer zur Erde kehren, der Quelle aller Freuden; ihr und der epikurischen Lust zum Lob. Aber trotzdem: die buchstäbliche Herabsetzung des Materiehaften ins Unten, als sozusagen Unfeines, wurde auch durch die noch so vornehmen Hexameter des Lukrez bei Idealisten nicht beseitigt. Desto weniger als in der Neuzeit etwas materialistisch auftrat, was dem antiken Stoffdenken allerdings fremd war. Und wozu auch der entschiedenste Materialist im neueren Sinn, Demokrit, keinen sozialen Auftrag hatte: nämlich von einem deutlich auch politischen Unten her, rebellisch. Trat doch letzterer Gebrauch vom

Unten, vereint mit der alten Diesseitigkeit des Standpunkts, erst mittels des aufsteigenden, revolutionär werdenden Bürgertums vor. Im achtzehnten Jahrhundert kulminierend, eine Brechstange gegen Adel und Klerus, gegen das nun deutlich soziale Oben, das vom möglichst jenseitigen Äther sich seinen Glanz herleitete. Grund genug, um auch so die neuen Stoffdenker, die materialistischen Diderot und Holbach, im Unten zu sehen, samt dem Aufrollen der Höhen von der angeblichen Niederung, ja dem Niedrigen her. So verschieden gelagert also, so parteiisch und werthaft wirkte sich demgemäß die Schichtung Erde–Äther, Stoff–Geist aus. Dem entsprachen die gewollt-irdenen der Welt aus sich selber, die gewollt-feinen aus lauter Überbauten, lauter Nichts-als-Geist.

Die Umkehr des Oben-Unten und ihr Maß

Wie aber, wenn der Blick von unten nun wirklich entzauberte? Wenn er die Schuppen von den Augen fallen ließ und entfernte, was nicht zu des Pudels Kern gehört? Wenn also zunächst die einfachsten Elemente aufgedeckt, erforscht, bei Namen genannt werden, so die libidinösen, vor allem aber die egoistisch-interessenhaften im Getriebe? Dann reicht das fortklingende, selber interessenhafte Minus, das dem Unten beigebogen wurde, nicht aus, nicht weiter. Wohl aber reichte das alte Lukrezsche »rerum cognoscere causas« scharf ins bloß Hochgestochene, auch in den Überbau hinein. Es fiel das Wort Überbau, er ist nach Marx, wie bekannt, der Ort für Recht, Staat, Kunst, Religion und Philosophie. Ihm zugrunde aber liegt die ökonomisch-technisch-materielle Basis, und zwar, nach Marx, gerade mit solchem kausalen, auch inhaltlichen Vorrang, daß alles im Überbau schließlich nur ein mehr oder minder dunstiger Reflex materieller Vorgänge sein soll. Diese materiellen und so vorrangig wirklichen Vorgänge werden als die der jeweiligen Produktions- und Austauschweise bestimmt, als das Unterbau-Ensemble von Produktivkräften (samt Produktionsmitteln) und Produktionsverhältnissen. Recht, Staat, Kunst, Religion, Philosophie, das sind, genau in gleicher Reihenfolge, die Hegelschen oberen Sphären und das qua »objektivem, absolutem Geist«; mit besonderer Retourkutsche hat so gerade die ökonomisch-materielle Geschichtsauffassung dem Wert-Idealismus durch eine ganz andere, eigentlichst ökonomische Wertlehre pariert. Also bedingt nun das materielle Sein das Bewußtsein, nicht umgekehrt, und in weiterer Zuspitzung folgten die bekannten Sätze, die e contrario wahrhaft grell erleuchtenden, über Geschichte als eine von Klassenkämpfen, über die herrschenden Gedanken einer Zeit als die ihrer herrschenden Klasse, über die Geschichtsmacht des ökonomischen Interesses, nicht der Idee, über die Handmühle als stille Bedingung der feudalen Gesellschaft, die Dampfmühle als revolutionierende der kapitalistischen. Lauter Bewegungen also, um, nach dem berühmten Satz von Marx, nicht nur die Dialektik, sondern eben auch das Wertverhältnis Oben–Unten vom Kopf auf die Füße zu stellen. Insofern, freilich nur insofern gilt dafür Rickerts altes Diktum, das sonst ahnungslose: historischer Materialismus sei Platonismus mit umgekehrtem Vorzeichen.

Das Unten ist recht gegen den Nebel, der es verdecken soll. Und außer diesem Entzaubernden gibt es vor allem die Stelle ab, wo der Hebel angesetzt, wo ursächlich verändert werden kann. Jedoch: nicht Marx, sondern die vulgären Nichts-als-Retourkutscher nachher haben das Unten nun wieder übertrieben. Haben es zugleich derart einseitig verplattet, daß selbst die ebenso einseitigen idealistischen Nebler gegen die ökonomischen Stoffhuber noch ein Innen und Oben, wenn auch ein selber vulgäres, immer wieder aufputzen und im Schilde führen konnten. Der Vulgärmaterialismus hat derart, gerade auch als ökonomistischer, selbst soziologistischer, das alleinige Phrasentum von oben herab geradezu erfrischt. Marx hat großartig detektivisch gesagt: Wenn ein Interesse und eine Idee zusammenstießen, so sei es (bisher) allemal die Idee gewesen, welche sich blamiert; er sagte aber noch mehr. Er lehrte, daß der Mensch und nicht, wie bisher, die Wirtschaft das Maß aller Dinge zu sein habe. Ermahnte (contra jeden Ein- und Alles-Ökonomismus): Wenn das gesellschaftliche Sein das Bewußtsein bedingt, wenn es die Umstände sind, die den Menschen bilden, so müssen die Umstände menschlich gebildet werden. Und Engels ergänzte den heuristisch-polemisch übersteigerten

Lehrsatz, wonach allein die Produktions- und Austauschweise den Überbau regiere, dahin, daß sie ihn einzig »in letzter Instanz« bestimme. So ist also – um eine der irrealsten Grotesken des Vulgärmaterialismus zu zitieren – die Reformation wirklich etwas mehr gewesen als »der ideologische Ausdruck tiefgehender Veränderungen auf dem europäischen Wollmarkt«. Und weiter dürfte so etwas wie der späte Schelling, wie Nietzsche oder Joyce oder Kafka wohl durch Klischees wie Reaktion, Imperialismus, Dekadenz nicht ganz erschöpft sein. So gewiß auch sich die Geschichte nicht idealistisch-parthenogenetisch, als reines Geistergespräch und Ideen-Austauschweise fortpflanzt, fortbewegt, verursacht hat. Unterbau–Überbau insgesamt: es gibt zwischen ihnen dauernd Vermittlungen, wie sie ohne ein relatives Eigenleben des Überbaus überhaupt nicht möglich wären. Es sind Vermittlungen, die aber nicht nur die scheinhafte Autarkie des Überbaus aufheben, sondern ebenso die isolierte der Basis. Überall gibt es hier Zwischenglieder, Wechselwirkungen, nirgends steht ein ideologisches Dach direkt auf dem Boden der Wirtschaft, und nirgends auch ist eine Wirtschaftsweise feudalistisch, kapitalistisch, sozialistisch umgesprungen, ohne daß psychisch-ideologische Veränderungen und Ideen vom Überbau her am neuen ökonomischen Unterbau mitgewirkt haben. Kein Zweifel hierbei: die materiellen Prozesse an der Basis, die gerade über den Köpfen der Menschen wachsenden, ihnen über die Köpfe wachsenden Widersprüche zwischen Produktionsweise und Produktionsverhältnisse geben den letzthin entscheidenden gesellschaftlichen Anstoß; das bleibt fürs ökonomisch-kausale *Prius* wahr. So gibt auch im Ganzen einer Gesellschaft ihre jeweilige ökonomische Hauptkategorie die Prägung für den gesamten »Geist der Zeit« her: das Grundeigentum bestimmt primär den Geist des Feudalismus, die Ware und ihr Umlauf bestimmen den Geist des Kapitalismus (samt den Rebellionen dagegen). Doch eben: der ökonomisch disponierte Geist im Überbau ist nicht nur Reflex, er kann vielmehr so kräftig in Wechselwirkung stehen, daß er den Unterbau gar noch aktiviert. Ja ihn gegebenenfalls so sehr mit *Primat* aktiviert, daß die Aufklärung der Französischen Revolution vorherging oder auch ein ideologischer Import des ab ovo westeuropäisch fundierten Marxismus die Veränderungen im sowjetischen Unterbau (»Sozialismus plus Elektrifizierung«) nicht etwa nachträglich spiegelt, sondern gerade erst verursacht hat. Wobei zudem, erst recht entscheidend, einige besonders erhellende Gestaltungen des Überbaus auch noch *posthum* von ihrem gewesenen Unterbau sich abheben können. Nämlich als die großen Werke einer Zeit: in so viel späteren Epochen weiterlebend, mit immer neuer Nachreife des Tua-fabula-narratur, auch wenn der Unterbau, worauf sie entstanden sind, den sie an Ort und Stelle gespiegelt haben, längst vergangen ist. Der Unterbau kann nicht nur vergangen, er kann sogar vergessen oder actualiter ganz gleichgültig geworden sein, wie Hekuba: und doch lebt seine »Ilias« weiter, Odysseus und Ithaka geschehen keineswegs nur auf ihrem längst passierten, historischen Boden, Marx nennt die griechische Kunst, mit Recht oder Unrecht, sogar ein ewiges Muster, die Pyramiden, die Kathedralen heben sich von ihrem damaligen gesellschaftlichen Unterbau desto betreffender und transzendierender in die Zeiten, je länger die altägyptische, die romanisch-gotische Gesellschaftsweise abgetan ist. Verwandtes gilt für große Philosophien der Vergangenheit (zum bezeichnenden Unterschied vom Gang der Einzelwissenschaften, worin bedeutend mehr Vergangenes, »Erledigtes« ist); denn eben: Philosophie ist nicht nur, wie Hegel sagt, »ihre Zeit, in Gedanken gefaßt«, sie blickt vielmehr, falls sie auf zureichender Höhe steht, auch in die nächste Zeit, ja, falls sie in zureichender Tiefe steht, ins ganze Zeitanliegen hinein. Item, es ist so das *Utopische* in bedeutenden Werken, das diese, viel mehr als dem Historismus, aber auch dem Soziologismus und dem Ökonomismus und zuletzt dem Vulgärmaterialismus lieb ist, aus der bloßen Verabsolutierung, ja nochmaligen Verdinglichung des Unterbaus heraus zu einer eigenen Materie im Stand des Überbaus hinführt. Das organische Leben ist ja selber schon eine Art Überbau, verglichen mit den Kohlenstoffverbindungen, die seine Basis sind; also liegt auch gegenüber der Bewußtseinsschicht, dann Ideologieschicht zunächst mehr ein dualistisch-idealistisches Begriffserbe, wo nicht bloßes Worterbe vor, wenn wohl organische, doch keine psychische, kulturgeschichtliche *Materie* graduieren soll. Obwohl Marx doch bereits eine halbe Bresche mit dem Begriff einer materialistischen *Geschichtsauffassung* schlug, mitten also in zwischenmenschlichen Beziehungen, ins nicht mehr physische Ensemble sozialer Verhältnisse. Das sind bereits mächtige Begriffserweiterungen des als Materie Bezeichneten; die Aggregatzustände des geistigen Überbaus, seiner durchaus materiellen Gewalt, sobald er die Unterbauten ergreift, schließen sich prozessual auf. Also muß der Begriff Materie endlich wieder durch den offenen, auch transparenten Begriff des Substrats erläutert werden, weit genug, um nicht nur die äußere Sonne in sich aufgehen zu lassen. Auch mindestens so vornehm wie ein Oben, das immer pneumahafter von Leben und Konkretheit weg verschießt, statt daß es – einem sehr dialektisch-materialistischen Programm gemäß – den Menschen naturalisiert, die Natur humanisiert.

Formal, mechanisch, spekulativ
und die dialektisch-materialistische,
schließlich: utopisch-materialistische Union

Seit längerem soll im Draußen nichts mehr sein, was sich auch sehen lassen könne. Alles, was hier gerechnet wird, gerät unanschaulich, formal, als hätte der Stoff sonst nichts mehr zu melden. Seine Teilchen sollen nur noch in Formeln, ja als diese, zerstrahlen, schwingen, schweben. Welch eine Wendung gegen eine Physik, wo das Atom noch als fester, unveränderlicher Baustein galt, als sehr einfacher und, wie der Name sagt, unteilbarer. Diese Zeit liegt gar nicht weit zurück; ihr gehört die Meinung zu, daß alles immer simpler würde, je weiter man herunteranalysierte. Nur so waren die schäbigen Kraft- und Stoffhuber Büchner und Moleschott einmal möglich, 1855, denen die ganze Welt zu gestoßenen Klötzchen einschrumpfte. Nur so aber auch der Mensch als Maschine bei Lamettrie, 1748, das Uhrwerk letzthin als Weltmodell in Holbachs »System der Natur«, 1770. Freilich ist dieser Clou der Aufklärung, qua Aufklärung, mit dem Aufkläricht im vorigen Jahrhundert unvergleichbar; dennoch konnten auch in ihr die Bausteine nicht einfach und starr genug sein. Bis allerdings kraft der vordringenden Chemie die Retorte das Uhrwerkmodell ablöste und neben, über der bloßen mechanischen Veränderung des Orts die qualitative von Eigenschaften wieder vortrat. Damit auch der Begriff einer *gärenden,* vor allem *prozeßhaften* Materie, die sich physisch zum Licht, organisch zum Bewußtsein zu organisieren versteht. Der junge Schelling ging den leider bald vergessenen Weg dieses neu-epikurischen und, über Paracelsus, zugleich neu-alchymischen Begriffs; mit dem Menschenkind als eigenem Kind der Materie selber, worin sie ein Auge aufschlägt, sich reflektiert. Eben die Goethische, die organische Naturauffassung stand hier bei, und mit ihr stand der hylozoistische Gedanke wieder Pate, zusammen mit dem renaissancehaften einer natura naturans, wie er bis zu den hylozoistischen Aristotelikern Avicenna und Averroës zurückreicht. Gewiß, der stofffreie Geist triumphierte über dergleichen bald wieder stark, im Verein von himmlischer Reaktion und spekulativem Idealismus (»Die Jakobe der Theologie«, sagte später der englische Naturforscher Huxley, »haben der Materie ihr Erstgeburtsrecht geraubt.«). Auch ist die große, oft tolle Phantastik der eigentlich romantischen Naturphilosophie bekannt, gerade auch in Ansehung dessen, daß sie in ihrer Naturretorte zuviel Organisches auf- und niedersteigen, ineinanderwirbeln, sich analogisieren sah. Aber das Problem einer sich aufschließenden, aufschließbaren Materie schlief hier trotzdem nicht ein, bei aller Enteignung schließlich durch Geist und nichts als Geist. Ja gerade ein von Haus so theologischer (hierin freilich eschatologischer) Begriff wie der einer künftigen »Verklärung der Natur« korrigierte eine Behauptung wie die überraschende Hegels: die einzige Wahrheit der Materie sei, keine Wahrheit zu haben. »Verklärung« also wurde die Kategorie von der ganz anderen Seite, wodurch, bei einem wichtigen religiösen Philosophen der Hegelzeit, der Geist im Menschen die Materie nicht absetzte, sondern vollendete. Franz von Baader verkündete derart, in seiner sonderbaren Schrift »Über die Begründung der Ethik durch die Physik«, folgende Potentialität der Materie: »Wie im Aufgang des äußeren Sonnenbilds der ganze äußere Organismus sich entfaltet, so sollte im Aufgang des Gottesbilds im Menschen diese äußere Natur zur Entfaltung und Auswirkung eines inneren, höheren Organismus befähigt und bekräftigt werden.« Ob auch mythologisch kam so ein neuer Schuß, ein perspektivischer Stoß in den Hylozoismus der romantischen Natur, und das durch Analogie der Sonne im Frühling mit dem – Geist des Pfingstfestes. Zwar war der Materie auch in dieser Spekulation das Erstgeburtsrecht geraubt, doch genau der Logosmythos zeigte sich ihr zur Neugeburt gnädig. Nach innen geht der geheimnisvolle Weg, sagte Novalis; nach außen geht der geheimnisvolle Weg, intendierte Goethe. Das Baadersche aber, über die »Verklärung« des Draußen hin, goß sogar den christologischen Erntesatz ein, ja den paracelsisch gewendeten Satz von Thomas: Gratia natura non tollit, sed perficit.

Wie weit ist das freilich von jedem nur halbwegs nüchternen Blick aufs stoffliche Draußen entfernt. Und auch von dem, der neuestens, eben als *formaler* Blick, auf andere Art geisthaft sein will, nämlich rein beziehungshaft überall, abstrakt. Auch das Zerstrahlen des Stoffs wird hier, wenn es erfaßt wird, ein Gedankending gleich diesem selber; die großartige energische Auflösung des mechanischen Klotzes gerät so aufs neue nur idealistisch. Auf andere Art, wie gesagt, nämlich nicht panlogisch wie in dem immerhin objektiv-panlogischen Schellingsatz: die Natur sei sichtbarer Geist, der Geist unsichtbare Natur, sondern freischwebend insgesamt, gemäß dem Berkeleysatz: alle Körper, gerade als mathematisch erfaßte, seien Vorgestelltwerden und alles Sein der Außenwelt beziehe sich auf keines von eigener Substanz, sondern auf Ideen. Bei voller mathematischer Setzung verdinglicht sich das rein Mathematische, Formalisierte ganz, und nichts auch nur quantitativ Anschauliches soll übrig bleiben, geschweige ein nichtformaler Inhalt. So Eddington: »Wie sieht es im Inneren der Atome aus?, es sieht überhaupt nicht aus«; denn auch die Strahlung und ihr Feld, gerade diese, soll nur mehr ein rein mathematisches, freischwebendes Beziehungsgefüge sein. Eben auch die Quantitäten der Anschauung, der euklidische Raum, die historische Zeit, sind in den rein logischen Strukturen der subatomaren und der makrokosmischen Natur gegenstandslos geworden, in der immer großartiger formulierten Abstraktheit dieses totalen Niemandslands. Das ist der stärkste Gegenschlag sowohl gegen die alte noch quantitätsverschworene Mechanistik partout wie erst recht gegen das qualitätsbesessene Dichtungswesen und Dichtungsunwesen der romantischen Naturphilosophie. Zugleich aber, mit dieser Ausweisung aller Anschaulichkeiten, der doch so reich vorhandenen in der menschlichen Erfahrungswelt Natur, werden diese Anschaulichkeiten, mit ihren tönenden, farbigen, blühenden Inhalten, noch weit mehr als in der Mechanistik wissenschaftlich heimatlos. Wenn Goethe das Holbachsche »System der Natur« als »kimmerisch« empfand, das ist, als so licht- und eigentlich weltlos wie die Arktis der sagenhaften Kimmerier, dann müßte ihm das totale Niemandsland (wohlverstanden: als Weltphilosophie, nicht als Forschungsgebiet) wie Spuk und, trotz der »Ideen«, gerade als Anti-Schau erscheinen. Ein Vergißmeinnicht der heimatlos gewordenen qualitativen Naturinhalte findet sich derart allmählich auch auf der Höhe des neuen physikalischen Bewußtseins, und ein Bedenken. Es entsteht als eines gegen Verapparatlichung auch hier, meint die total gewordene Entfremdung von Qualitäten und ihrer Materie. Wobei außer dem formalen Denken auch noch das quantitative zur Abstraktheit geworfen wird, als das *von Haus aus Qualitäten auskreisende.* So in folgendem Menetekel aus der physikalischen Werkstatt selber: »Die Welt, einschließlich der Lebewesen, wird zu einer sinnlosen, mechanisch-quantitativ ablaufenden Maschine ... Aber diese Auffassung bedeutet nicht nur eine Überbewertung des Quantitativen, sondern gleichzeitig auch eine Abwertung von allem, was nicht quantitativ ist, also auch des Menschen, im Extremfall eine Abwertung auf den absoluten Nullpunkt ... Demgegenüber bleiben die eigentlichen Naturerscheinungen, die stark durch Qualitäten beherrscht werden und die von der Physik ausgeschlossen sind, weithin unverstanden ... Offenbar bestehen Räume, die wissenschaftlich bis jetzt kaum oder gar nicht betreten sind. In diesen Räumen muß alles vorkommen, was nicht quantitativ ist, also die Farbqualitäten, Ton, Geruch und so weiter; es muß auch alles vorkommen, was sich überhaupt auf den Zusammenhang von physikalisch-chemisch-materiellen Vorgängen mit dem tierischen und menschlichen Innenleben bezieht – und vieles mehr« (Heitler, Der Mensch und die naturwissenschaftliche Erkenntnis, 1961, S. 21 f.). Die so bekundete Vermissung gebraucht auch für die n-dimensionale Mannigfaltigkeit, für die völlig unanschaulich gewordenen mathematisch-physikalischen Strukturen noch das Wort Quantität; gemeint ist es jedenfalls als der angestammte Gegenbegriff zum Qualitativen schlechthin und als inhaltsfremde Leerform des Kalküls. Wonach also die mathematische Physik überhaupt, seit sie in der Renaissance, bei Galilei, aus einem neuen Pythagoreismus geboren worden ist, nur den *halben Pythagoras* an sich gebracht hatte, nämlich den Denker der quantitativen, nicht aber der qualitativ betreffenden Zahlen im »Buch der Natur«. Gewiß sind die qualitativen Zahlen und ihre Figuren bei Pythagoras sehr oft nur abergläubisch qualitativ, gar wertgeladen (etwa das Quadrat für Gerechtigkeit und so fort), doch das dispensiert nicht vom ebenso zweifellos vorhandenen Problem und Postulat einer Mathesis des Qualitativen. Vorzüglich in Ansehung einer nicht oder nicht nur quantitativen, nicht nur abstrakt strukturierten Materie. Nun ist es allerdings nicht so, daß das Quantifizierende selber, wenn es die Natur durchaus nicht erschöpft, wenn es sie im Gegenteil nur mit halbem Pythagoras darzustellen vermag, deshalb, mit seinen Modellen, überhaupt nichts an ihr, selbst in ihr antreffen könnte. Das wäre ein Agnostizismus, zu dem zwar der physikalische Formalismus, qua Inhaltlosigkeit, selber neigt, dem aber erstens seine ständige Beziehung zu »verifizierenden Fakten« wie vor allem die Früchte seiner technischen Praxis widersprechen. Das gilt für die alte rein quantifizierende Physik ebenso wie für die so sehr viel kompliziertere »Weltmechanik« der neuen, formalisierenden, und für letztere nicht weniger. Die euklidische Geometrie gab eine taugliche Grundlage für die klassische Mechanik und diese war durchaus zutreffend, um ihr gemäß die funktionierenden Maschinen der ersten industriellen Revolution zu bauen. Die nicht mehr euklidische, die Riemansche Geometrie gab eine taugliche Grundlage für die Relativitätstheorie, die Gruppentheorie gab sie für die Quantenmechanik, damit für die Theorie der Elementarteilchen, ist also ihrerseits durchaus zutreffend, um ihr gemäß die funktionierenden Atomreaktoren einer vermutlich zweiten industriellen Revolution zu bauen. Folglich zeigt hier die Praxis (und daß sie möglich ist, daß sie gelingt) einen *Sektor in der Natur,* wo auch der nichtqualitative Pythagoras objektiv so mächtig gilt und statthat. Aber – und das ist entscheidend –: das von Qualitäten Abstrahierende betrifft und trifft eben nur einen Sektor, nicht jedoch den *ganzen farbigen Kreis* und gar das *Zukunfthaltige der Natur*. Quantitatives betrifft so weder jene Materie, die, wie gerade Marx gegen den bloß »naturwissenschaftlichen Materialismus« des siebzehnten und achtzehnten Jahrhunderts sagt, »den Menschen in ganzer sinnlicher Fülle anlacht«, einschließlich des »Quallens, Quellens« bei Jakob Böhme, den Marx (»Heilige Familie«) hier gleichfalls zitiert. Noch betrifft der halbe Pythagoras jene Materie, die von Aristoteles, erst recht von der Aristotelischen Linken (Avicenna, Averroës bis Bruno und Goethe) als Schoß der Weltgeburten, als *Dynamei on, in Möglichkeit-Sein*, als Substrat der objektiv-realen Möglichkeit insgesamt bezeichnet worden ist. Es bleibt also, bei aller Verehrung auch des halben Pythagoras und des pythagoreischen Demokritismus dazu, es bleibt also dieser qualitativ-potentielle Rest, und er ist die *Hauptsache in der Natur*. Ersichtlich aber gehört das Plus ultra des Philosophierens dazu, dem eigentlichen, dem unabgeschlossenen Prozeßwesen Materie, mit allen Tendenzgestalten und Latenzen, seinen qualitativen Topos zu halten und sein per se unmanifestes Substrat: das Dynamei on. »Mit dieser letzteren Bestimmung« (der des materiell Unerschöpften) »ist genau die freundliche, wo nicht die Hoffnungsseite der objekt-realen Möglichkeit eröffnet worden, solange es auch dauerte, bis sie begriffen wurde; das utopische Totum ist im Dynamei on impliziert« (Das Prinzip Hoffnung, 1959, S. 238). Insgesamt: nicht einmal die *Materie nach rückwärts*, die bisher manifeste, hat im Qualitätslosen und im mechanisch-Abgeschlossenen ihren volleren Begriff. Geschweige denn die *Materie nach vorwärts*, die weiter in Gestaltung steht, der die historische Dialektik ihr Leben ist und eine »Verklärung der Natur« ihre eigenste, ob auch fernste Utopie.

Das ist es, was gerade den sonderlich geheimnisvollen Weg ins Draußen ausmacht. Dabei haben sich Verbindungen gezeigt, die noch so kühne Feldgleichungen weit überbieten. Das, obwohl sie anschaulich, darin konkret und trotzdem paradox sind, das heißt gegen die bisher gängige Meinung. Die *erste*, bekanntest gewordene Verbindung ist die zwischen *Dialektik* und *Materie*. Eine auffallende Hochzeit zwischen zwei von Haus aus so verschieden scheinenden Begriffspartnern, aber von Marx nicht etwa gestiftet, sondern objektiv am Werk erblickt. Die Dialektik freilich ist philosophiegeschichtlich wie eine Tochter aus sehr vornehmem idealistischem Haus (Heraklit, Platon, Cusanus, Hegel; und Jakob Böhme, der nicht vornehm, ist immerhin höchst spekulativ). Der Materialismus dagegen verhält sich dazu wie ein Mann, der, wenn auch nicht immer von plebejischer Herkunft, so doch unter den erlesenen Philosophen bisher selten war, trotz Demokrit. Dennoch gelang zwischen beiden, über die Welt als Geschichte und Prozeß, die objektiv bestehende Allianz; und Aristoteles gab den Begriff der Schichten hinzu, den Startpunkt des Umschlags von der Schicht bloßer Ortsveränderung (kinēsis im engsten Sinn) zur Eigenschaftsverwandlung (alloiosis), zur organischen Verwandlung (auxēsis-phtisis). Die *zweite*, viel paradoxer erscheinende Verbindung aber wird durch den Bogen: *Utopie und Materie* bezeichnet. Dieser Bogen freilich ist gegenstandslos beim mechanischen Materialismus, bei einem Materiebegriff also, der lediglich analytisch und zuletzt vor allem statisch ist; der nur Ortsveränderung unveränderlicher Teilchen kennt und keine Geschichte, gar Perspektive, Horizonte einer Verwandlung. Ebenso ist ein abstraktes Utopisieren, als bloßes wishful thinking welthaft, prozeßhaft unvermittelter Art, mit Materie per definitionem nicht vermittelt; sie verhalten sich noch disparater zueinander als leicht beinander wohnende Gedanken und hart im Raum sich stoßende Sachen. *Konkrete* Utopie aber, genau diese, ist ja eine solche, weil sie sich mit dem Geschichtsindex der historisch-prozeßhaften Materie vermittelt hat. Und sie ist als *reale* Utopie überhaupt nur deshalb in der Welt, weil die Materie der Welt selber noch nicht geschlossen ist, weil der Prozeß dieser Materie weder vereitelt ist (was Utopie erstickte) noch bereits gewonnen (was Utopie zur Ankunft machte). Und hier wieder bewahrheitet sich die Begriffsbestimmung, die Aristoteles eben der Materie eingeschrieben sah: die Begriffsbestimmung des Potentiellen. Und zwar sowohl des potentiellen Kata to dynaton, des nach-Möglichkeit-Seienden, den Fahrplan der jeweils vorhandenen Bedingungen setzend, wie zentral des Potentiellen überhaupt, eben des Dynamei on im *Substrat der Welt*. Bedeutet doch das Kata to dynaton in der Folge genau so die nötige Anzahl der partialen Bedingungen, damit Utopie eine konkrete, eine materiell durchführbare sein könne, wie das Dynamei on die Grundbedingung überhaupt angibt, wodurch Utopie in der Welt noch ein Substrat hat. Beide Bestimmungen aber gehören der Aristotelischen Realdefinition der Materie an, und sie sind zugleich solche von *vermittelt-utopischer Art im Kata to dynaton, von fundierend-utopischer Art im Dynamei on.* Daß solche Definition der Materie nicht an ihrem ersten Aristotelischen Ort stehen bleibt, braucht nicht versichert zu werden, und ebensowenig, daß der bisherige, reichlich dem subjektiven Faktor zugeschriebene Begriff Utopie sich durch solche Extraversion mächtig in seiner Objektivität erfassen läßt. Wie nun völlig erkennbar, gibt lediglich der Mißbegriff einer mechanistisch fertigen, statischen Materie hier eine Raumbremse ab, am wenigsten aber die historisch-dialektische, die Prozeßmaterie. Sie ist selber lautere Utopie als das so unfertige wie immanente Substrat der Welt, wie es auf dem dialektischen Feuer seines Prozesses sich auskocht. Im eigenen Laboratorium versuchter Selbstbestimmungen des letzthin noch ausstehenden Was von unser aller Materie. Nur derart läuft ihr Organisationsprozeß über Leben, Bewußtsein, Artikulierungs-Geschichte, Werke des sinnhaften Vor-Scheins in der nicht aus ihrer Möglichkeit gestoßenen Materie, sondern in der nach vorwärts offenen. Was ist Materie?, diese Frage ist derart, an diesem Perspektivpunkt, das eigenste, das noch in seinem welthaften Lösungsversuch befindliche Problem *aller Materie selber.* Es ist das Wasproblem des menschlichen Inhalts samt dem der uns nicht nur tragenden, sondern kosmisch so ungeheuer, so ungeheuerlich umgebenden Natur. Mensch und Möglichkeit, dieser jetzt erst auftauchende Dichtungs-, Philosophie-, Politikstoff, sein Possibile, wie ist es möglich? Einzig in einem Weltsubstrat noch offener, disponibler, latenter Eigenschaften; Prozeß überhaupt wäre ohne solch utopisch beschaffene Materie nicht möglich.

Wie geht es an? Denken muß wo beginnen. Dies Wo hat gewechselt, zuweilen wurde mittendrin angesetzt, recht voll bereits, auch von oben herab. Aber ein Denken, das weit zu gehen hat und worin sich etwas entwickelt, setzt klein ein, scheinbar wenigstens, und gering. Das, womit angefangen wird, muß
wachsen können. Nur von unten hebt sichs an.

22   NOCHMALS DER ZUGANG FÜRS OFFENE

Je näher uns, desto besser? Gewiß, doch wann leben wir
denn? Im Jetzt, wird gesagt, hier stockt man schon, denn nicht
immer ist frisch oder auch in bar, was unmittelbar ist. So klar
und mit Da geht es im gerade gelebten Jetzt durchaus nicht her.
Dafür ist es zu flüchtig, vor allem schattet etwas darin, ist zu
nahe, zu wenig heraus. Was da treibt, ist zwar immer ganz zuerst, aber nicht da, nicht mehr als Nicht. Als solches befindet es
sich, was Darstellen angeht, noch *vor* dem ersten Satz, der philosophisch bis auf weiteres überhaupt geschrieben werden kann.
Das heißt, es ist, obwohl alles damit anhebt, an sich noch nicht
angehoben. Ist im philosophischen Heben erst als Nicht, das aus
sich heraustreibt, das heißt, als Nicht-Haben. Und *damit* setzt
erst philosophisches Bezeichnen ein, so deutlich wie an diesem
Punkt angemessen, nämlich erst deutlich-vag (mehr wäre hier
falsch), gleich demjenigen selber, womit das Bezeichnete anfängt. Nicht-Haben, Mangeln also ist die erste *vermittelte* Leere
von Jetzt und Nicht. Mit Hungerndem als erstem bezeichneten
Melden des Nicht, mit Fragendem als erstem bezeichneten Scheinen des X, des Rätsels, des Knotens im Nicht, das es nicht bei
sich aushält. Und so das Daß ist, von woher überhaupt etwas
erscheint und weiter erscheint, Welt geschieht. Läuft doch die
ganze Welt aus ihrem treibenden, in jedem Jetzt immer wieder
andrängenden Daß ihrer selbst, das ebendeshalb treibt, weil es

sich noch nicht adäquat kennt und hat. Also ist, wegen dieses keineswegs gesättigten Habens in der aus dem Nicht sich herausmachenden Welt, jedes Nicht-Haben in Ansehung des ihm Gewordenen allemal auch ein Nochnicht-Haben. Ja, der *wirklich ausgebrochene*, der welthaft-offene Anfang von allem, was sich bildet und gebildet hat, ist ein Noch-Nicht; so hat auch das Darstellen und Abbilden dieses sich Bildens und Erscheinens nicht nur allererst, sondern – sich konkret verändernd – allemal auch *unterwegs* im jeweils auf dem Sprung Seienden immer wieder zu beginnen. Also in den Tendenz und darin mit jenem erst partial Bedingten, das objektive Möglichkeit heißt. Daraus erst hebt sich das verwirklicht Erscheinende und kann genetisch verstanden werden, wohlverstanden: mit all seinen fronthaft-offenen, immer wieder neu utopischen Rändern.

Wo aber setzt das Anhebende ursächlich an? Wo ist das Prius, sobald das so aktuell wie immanent Anstoßende sich herausbegibt und welthaft ist? Wirkt das Daß, der intensive Ursprung, primär »innen« oder »außen«? Auf Geschichte bezogen: im wollenden, fühlenden, vorstellenden, denkenden »Bewußtsein« oder im davon unabhängigen, obzwar beeinflußbaren »objektiven Sein«? Nun, hier entscheidet einzig das gegenständliche Denken, das sich mit seiner Sache herausmacht. Es entscheidet kein dauernd introvertiertes, das sein wertes Befinden über alles und über allem schätzt. Das Innen ist schon deshalb nicht die primäre Bestimmung des Anfangs, weil auch das seelischst Tönende am Nicht-Haben allemal vom Haben bestimmt wird, auf das hin sich das Nicht-Haben inhaltlich spannt. Die bloß innere Straße ist daher kurz und wäre nicht einmal, wenn sie nicht gegenständlich bezogen wäre. Vor allem: wenn sie nicht letzthin immer gegenständlich herkäme, auch noch in ihrem Trotzdem durch die äußeren Verhältnisse bedingt wäre, worin sie liegt. Das Bewußtsein spiegelt und erhellt, aber das Sein bedingt letzthin und trägt. Nur indem und soweit das Bewußtsein auf dies tragende Sein dauernd bezogen ist, gehört es ebenfalls zum Bedingenden und Tragenden in der Welt. Gehört dann freilich und gegebenenfalls zum Verändernden *entscheidender* Art, doch primär bleibt auch dann, soll Verändern glücken, das objektiv *Veränderbare*. Dabei dann allerdings mit dauernder Wechselwirkung zwischen »Drinnen« und einem davon mitaktivierten, wo nicht leitend aktivierten »Draußen«. Ohne »subjektiven« Anteil gibt und gab es keinerlei neues Anheben in der objektiv dazu noch so fälligen geschichtlichen Welt. Nie aber als wäre da, gar im außermenschlich Anfangenden, ein Erstes als Geistiges gesetzt. Das Anhebende des Nicht-Habens ist *intensiv*, keinesfalls geisthaft, und sein Stoff ist wie bleibt gegenständlich. Alles Erscheinen ist ein herausgemachtes, mit bestimmendem Draußen, einem sich oft verdinglichenden und mechanischen, doch wird es wieder in Fluß gebracht und in Ursprung, so wird es gewiß nicht in ein Inneres zurückkommen. Konträr: der Ursprung wird geäußerter als vorher, macht sich objektiver im Draußen, als geglückteres Draußen, geltend. Auch künstlerisch, bei so viel subjektivem Ausdruck oder Anteil daran, lebt nur das »Werk«, als objektiv, mitsamt seinem eigenen Stoff, wie er zu dem der Welt sehr hoch gehört. Nach außen geht selbst der geheimnisvolle Weg, gerade dieser, nicht nur der tägliche. Sehr gut dem Nicht-Haben, daß es von innen her kaum lange nachgibt, wohl ihm, daß es nicht inwendig bleiben muß.

Und stets muß beides beteiligt sein, das Tönende und das Greifbare. Sonst bleibt das eine verblasen, das andere kalt, und nicht das eine noch das andere geht die Menschen an. Die Welt soll wie ein Haus werden können, aber in einem Haus wohnt niemals es selber. Die Menschen sind dafür das Erste wie auch das Letzte; das, wozu überhaupt angefangen wurde, arbeitet in ihnen welthaft am stärksten. Diejenige Frühe ist wichtig, die in diesem ihrem Tag wachsend aufgeht. Das Denken kann kein höheres Amt haben als dazu die Weichen zu stellen.

23 LOGIKUM / ZUR ONTOLOGIE
DES NOCH-NICHT-SEINS

Bereit sein

Nur von unten her hebt sichs an. Darum kommen wir nicht herum, lebend, wollend, so wie wir sind. Und mit einemmal ist nichts da, wohl aber zu einem hin. Denken hat darum wohl breit zu sein, sieht sich vielfältig in so viel Nach- und Nebeneinander um. Ist immer mitten darin und vermittelt, nicht lieblos überschlagend, plötzlich mit der Tür ins Haus fallend, auch immerdar zu hoch hinaus. Doch wenn es etwas taugt, verliert es das nie, um dessentwillen es gekommen ist. Erwünscht ist ein durchgekochtes Denken mit viel instanzenreichem Nebenbei, das trotzdem, ebendeshalb bei der Stange bleibt. Es faßt sich, während es links überholt, ineins nach vorn.

Magnetnadelhaftes Denken

Der Trieb dazu liegt in uns, hungernd, sehnend. Er kommt aus dem Nicht, das nicht hat und so in allem unmittelbar dunkelt, treibt. Wir leben nicht, um zu leben, sondern weil wir leben, doch gerade in diesem Weil oder besser: diesem leeren Daß, worin wir sind, ist nichts beruhigt, steckt das nun erst fragende, bohrende Wozu. Dergestalt, daß es das Nicht des unausgesuchten Bin oder Ist nicht bei sich aushält, darum ins Noch-Nicht sich entwickelt, das es vor sich hat. Und worin der Trieb, als der zum nicht vorhandenen besseren Leben, nun geschichtlich wird, dort gärt, kämpft, vorträumt, vorbildet, probt, ändert. Das also ist der Grund, weshalb Denken dringender als je nicht zu irr-lichterieren hat, sondern ineins nach vornhin blickt. Vom jungen Marx her, über ihn hinaus, ist es der kundig-hoffenden Beförderung des Noch-Nicht verschworen.

Dazu müssen die Begriffe denkbar scharf tätig sein. Doch ebenso, genau deshalb nicht um ihrer selbst willen, sondern um Wissen zu haben, wohin, wozu. Das überlegt Genaue steht seitdem im Dienst, die Schärfe des Gedankens erlaubt hierfür keine Müßigkeit in ihrer Mühe. Ist vielmehr Handwerk, um zu gestalten, schließlich um den Weg des Gehens zu schlagen, des Gerichtetseins aufs Eine, das nottut, zu markieren. Auch wo es nötig ist (*erster* Sinn der Schärfe), mit der Radiernadel zu philosophieren, dann, wenn überlieferte Worte schwimmend, Gegenstände, wie etwa Affekte, ineinandergleitend sein können, arbeitet gerade die scharfe Nadel nicht verdinglicht für sich, sondern um der *treffenden* Radierung willen, die zu bilden ist. Und vom Treffenden zum Antreffenden, Betreffbar-Betroffenen ist es in philosophischer Wissenschaft niemals weit. Sogleich also tritt – nach diesem ersten, sozusagen selbstverständlichen Sinn von Scharfsinn – der *zweite* kostbarere, auch rangmäßig entscheidendere hinzu. Gemeint ist eben die durchgehaltene Schärfe des Wozu; ihr eignet die genaue Einstellung auf jenes sachhaft Unbeirrte, um dessentwillen ja alles bloß formal Abirrende oder Schiefe vorher beseitigt wird. Solch genaue Einstellung wird zur Verfolgung der implizierten *Weiterungen,* der sich ebenso konzentrierenden, in den Begriffs-, in den dadurch angetroffenen Sach-Bedeutungen selber. Ist es doch diese Art Schärfe des Zielens, wodurch echtes Philosophieren überhaupt antritt, weit in seiender Breite sich umsehend und voll Detail und doch in seinsgemäßer Richtung sich bindend und darin am wenigsten verarmend. Das Denken macht sich auf den Weg des bewegt-Seienden, methodisch, meta tēs hodēs, mit dem Weg der Sachen und so erst gerade ein Denken, Bedenken, Eingedenken des darin umgehenden Seins. Als welches eben im geschichtlichen Umgang seines Noch-Nicht keinesfalls auf der Platte liegt, auf der Platitüde positivistischer Unmittelbarkeit, schon-der-Fall-seiender sinnlicher Gegebenheit. Es gibt vielmehr einen legitimen *Bedeutungshof*, und zwar gerade ums Genaue der Worte, ums Treffende der Begriffe, das heißt letzthin um die methodisch mitgemachten Sachen selber; und das Meinen dieses ihres Hofs, das Mitzielen darauf ist am wenigsten meaningless. Schärfe im *zweiten* Gebrauch will also diesen Hof in seinen Umrissen schärfer, will vor allem den Grundzug dieses *sich selber erst Meinenden, Umreißenden* distingieren, unverwechselbar. Bedeuten ist etwas, das zieht und sich weiterschickt zu dem, was es bedeutet und was derart noch nicht voll da ist, vielmehr das Volle erst darin hat, daß es in seinem Zug und Grundzug des Noch-Nicht voll ist. Dieser Grundzug ist im geschehend Seienden der von jeweils Noch-Nicht-Seiendem, darin aber stets von versuchtem Sein als Noch-Nicht-Sein. Dazu hin macht einzig *magnetnadelhaftes* Denken scharf zum Zweck; denn es erfaßt, indem es immer wieder die Pointe des Bedeutens erfaßt, – als des einen Gemeinten in der vielsträhnig geschehenden Breite. Ein Zeichen dieser zweiten, wichtigsten Schärfe ist auch, daß Philosophieren, im weisenden Gebrauch, lakonisch sein kann, sich auf konzisen

Geschmack und Gehalt seiner versteht. Es tragen Verstand und rechter Sinn auch mit viel Kunst sich selber vor. Sie haben keinen Nachgeschmack nötig, dessen immer nur angeschmecktes Vielerlei den Magen verdirbt, und gewiß auch kein Eintopfgericht, das nach gar nichts mehr schmeckt. Was ein philosophischer Gedanke ist, dessen Schärfe ist durchschlagend, dessen Lehrwort von allen seinen Teilen sammelnd sichtbar.

Das Denken freilich ladet nur, indem es immer mehr in sich einladet. Vom Seienden her, worin es wachsend bewegt und vielfach sich gestaltend hergeht. Seiendes ist Erscheinendes, das sich aus einem Anfang schlecht und recht herausmacht, doch immerhin – herausgemacht hat. Das einend Wesenhafte im Erscheinenden findet sich von diesem nie abgetrennt, und jenes gründlich Wesenhafte, das das volle Sein wäre, bereitet sich, wenn überhaupt, erst in den prozeßhaften Versuchen seines Unterwegs. Weshalb also Suche nach dem Sein durchaus nicht, wenn sie fruchtbar sein will, beim Keim bleibt, statt bei fruchttragenden Blüten. Durchaus nicht am Grund, gar Ansatz bleibt, als einem Ursprung, aus dem dann überhaupt nichts entspringt außer seinem eigenen Stottern und Raunen, dem festgehaltenen, deuterisch-überzogenen. Wahr ist vielmehr: Die wachsende Höhe der Sache, die Instanzen des vielfältig kommenden Details, das Licht in Kategorien, das ihnen nicht an der Wiege gesungen wurde, all das enthält gerade mehr *Tiefe* der Sache als ihr nur archaisch bleibenwollendes Raunen. Fundus, Fundamentales zwar durchaus, Denken aus dem Grund macht genau das Grübelnde in der Philosophie, es gehört zu ihr, wie allemal Jakob Böhme zu ihr gehört, genau wie das vorsokratische Orakelfeuer Heraklits. Aber gerade auch was das Graben und Grübeln im wirklichen Ursprungdunkel angeht, so ist die Archē nicht selber archaisch, im Gegenteil. Das legitime Entsinnenwollen auf den Grund, also aufs primum agens von Ursprung, findet seinen Fundus im Jetzt weit näher als im Sagen als Saga, und sein Worin und Woher wird nur im Wohin und Wozu ex fundamento aufspürbar. Es gibt kein Entsinnen von Grund ohne Jetzt-Gedenken wie ohne Eingedenken des letzthin, in der Tiefe der Zeiten vorleuchtenden Seins mit Grund, als einem erfüllbaren, als einem Grund mit erlangbarem Sinn. Das ist ein Eingedenken, welches eben das Grübelnde, vor allem das Entsinnende darin nach *vor-wärts* ziehen läßt. Scharf, streng und treu auf der Straße der Affinität zu endlich wahr-werdendem, wahr-gelingendem Sein, und nicht umgekehrt.

Also nicht ins Raunen umkehrt, weit dahinten. Sich wohl aber an das kehrt, was sich daraus auf den Weg des Gestaltens macht. Auf den allemal geschichtlichen und so im Seienden geschehenden Weg. Wohlgemerkt immer: in einem bewegt Seienden mit Noch-Nicht-Seiendem darin und einem gestaltet Seienden mit stets darin bedeutetem Noch-Nicht-Sein. Ontologie des Seins quer durch Seiendes hindurch ist so – als Lehre von den nicht etwa allgemeinsten, sondern wesentlichsten Seinsbestimmungen – nur eine des Seienden als bewegter Gestaltreihe offener, nach *vornhin offener Seins-Bedeutungen*. Grundfalsch bleibt hier der vornehme Ton von angeblich abgehobenem Sein gegen das bloß Seiende; so wie Husserl das einmal aussprach und Heidegger mutatis mutandis fortspricht: Seiendes könnte, gemessen am reinen Begriff von Sein, ebensogut nicht sein. Vielmehr ist das Sein – zwar nicht im formalen, wohl aber im vollen Begriff seiner – nicht verloren, sondern überhaupt noch nie präsent; so ist es schlechthin auf das Seiende, als seinen möglichen Bereitungsort, angewiesen. Hierbei ist der modale Index, der vorzüglich allen Aussagen des Noch-Nicht-Seins im Noch-Nicht-Seienden zukommt, erst recht dem Gegenstand dieser Aussagen, gewiß nicht irgendwelche fixe Vorhandenheit, erst recht nicht unausweichliche Notwendigkeit, sondern erst partial bedingtes Kannsein, *Möglichkeit*. Diese umgibt auch das Seiende, gemäß seinem offenen Noch-Nicht, seinen zukunfthaltigen Eigenschaften; sie ist im Seienden nur jeweils faßbarer, in ihren Bedingungen kompletter und relativ bestimmter als in der Schwebe des vollen Seins. Es ist bezeichnend, daß die Kategorie Möglichkeit im selben Grad von den Ontologien affinitätslos geleugnet, mindestens wegen des Kontingenten in ihr, des unangenehm ungeschlossenen, herabgesetzt wird, als diese Ontologien eben die Zukunft scheuen und Abgeschlossenheit oder aber Archaismus erstreben. Ohnehin wurde die Möglichkeit als *objektiv-reale* von den Weltschließern aller Zonen nur unwillig behandelt; diese Grundkategorie des noch Entwickelbaren ist deshalb ontologisch die selber noch unentwickeltst gebliebene. Dabei ist es genau im Noch-Nicht das objektiv real-Mögliche, das immer erst, doch vor allem auch das immer noch Mögliche, welches vorhanden Seiendes nach vornhin in noch Unvorhandenes realiter offenhält, samt dem völlig ausstehenden, lediglich vorleuchtenden Sein in Fülle, vollem Sein. Indes greift dies hier selber vor; Orientierungspunkt bleibt: Ontologie des Noch-Nicht-Seins ist die des prozessual-gestalthaften Seienden mit ständigem Bezug zu Sein als seiend vermitteltem In-Aufgang-Sein. Dies einzig so erst gewahrbare Sein hat in der Mensch- wie Welt-Mühe des Seienden seine versuchte Vermittlung. Es selber aber hat seine Archē als vollen Ursprung, als voll erlangten Grund seiner noch gar nicht angefangen. Weit vom Raunen eines scheinbaren, noch weiter vom perfekten Geist eines mythischen Anfangs entfernt ist rebus sic fluentibus, gar erst rebus sic stantibus volles Sein, ontos on, keine Wirklichkeit, sondern erst ein real-mögliches Utopikum.

Nochmals konziser Sinn: Laboratorium possibilis Salutis

Denken, wurde eingangs gesagt, muß ineins gefaßt werden können. Neu anhebend mit Sätzen in nuce, die ebenso in der Mitte stehen und alles Weitere implizieren, so gehört etwa dieser hierher: »Ich bin. Aber ich habe mich nicht. Darum werden wir erst.« Das ist genug, um einen Griff zu haben, der immer wieder die rechte Stelle berührt. – Oder: »Wir sind Subjekte ohne Namen, Kaspar-Hauser-Naturen, die mit unbekannter Ordre fahren und sie noch immer nicht erbrochen haben.« Der Mensch also wird hier verstanden und angezeigt als etwas, das sich selber noch unmittelbar, grundhaft verdunkelt ist, ja noch gar nicht gegenwärtig ist und ebendeshalb Geschichte hat. Mit seiner ganzen Welt noch auf Fahrt befindlich, die Ordre ist noch nirgends ausgemacht, doch in der Entdeckungsfahrt ihrer selbst möglicherweise erhellbar, ja überhaupt erst bildbar. – Oder: »Besonders in der schöpferischen Arbeit wird eine eindrucksvolle Grenze überschritten, die die Übergangsstelle zu einem Noch-Nicht-Bewußten (objekthaft: Noch-Nicht-Gewordenen) bezeichnet. An ihr hebt sich, bei gelingendem Durchbruch, das Land, wo noch niemand war, ja das selber noch niemals war. Das den Menschen braucht, Wanderer, Kompaß, Tiefe im Land zugleich.« Die rechte Welt also steht nach diesen Worten sowohl vor der Tür, auf die wissenden Menschen als Rufer und Bahnbrecher angewiesen, wie noch unentschieden-latent hinter der Tür; Philosophie, mit Noch-Nicht im Begriff, artikuliert beides. – Schließlich, das Noch-Nicht selber betreffend, in kategorialer Form, mit dem Nicht zuvor, mit dem Nichts oder Alles am umgehenden Ende, es wird das im »Prinzip Hoffnung« (S. 356 ff.) erst recht verdichtet: »Was an sich und unmittelbar als Jetzt vor sich geht, ist so noch leer. Das Daß im Jetzt ist hohl, ist nur erst unbestimmt, als ein gärend *Nicht*. Als das Nicht, womit alles ansetzt und beginnt, um das jedes Etwas noch gebaut ist. Das Nicht ist nicht da, aber indem es derart das Nicht eines Da ist, ist es nicht einfach Nicht, sondern zugleich das Nicht-Da. Als solches hält es das Nicht bei sich nicht aus, ist vielmehr aufs Da eines Etwas treibend bezogen. Das Nicht ist Mangel an Etwas und ebenso Flucht aus diesem Mangel; so ist es Treiben nach dem, was ihm fehlt. Mit Nicht wird also das Treiben in den Lebewesen abgebildet: als Trieb, Bedürfnis, Streben und primär als Hunger. In diesem aber meldet sich das Nicht eines Da als ein Nicht-Haben, und zwar durchaus als ein Nicht, nicht als ein Nichts. Weil das Nicht Anfang zu jeder Bewegung nach etwas ist, so ist es eben darum keineswegs ein Nichts. Vielmehr: Nicht und *Nichts* müssen zunächst so weit voneinander gehalten werden wie möglich; das ganze Abenteuer der Bestimmung liegt zwischen ihnen. Das Nicht liegt im Ursprung als das noch Leere, Unbestimmte, Unentschiedene, als Start zum Anfang; das Nichts dagegen ist ein Bestimmtes. Es setzt Bemühungen voraus, lang ausgebrochenen Prozeß, der schließlich vereitelt wird, und der Akt des Nichts ist nicht wie der des Nicht ein Treiben, sondern eine Vernichtung.« Also »das ganze Abenteuer der Bestimmung« liegt zwischen Nicht und dem nirgends zugrundeliegenden, sondern allemal erst an einem möglichen Umsonst liegenden Nichts; dies Abenteuer der Bestimmung aber, einzig dem Nicht entspringend, das es als Nicht-Haben nicht bei sich aushält, wird ontologisch abgebildet eben als *Noch-Nicht*. Als dieses geht das Nicht aus sich heraus, dergestalt daß es von sich weggeht, fortgeht, auf den Weg geht, sich aus seinem Nicht-Haben ausführt, das ausstehende Haben meinend, vorwegnehmend, vorgestaltend ausführt. In den Menschen mit noch-nicht-bewußten Dämmerungen vor sich, in der Welt insgesamt mit noch-nicht-gewordenen Real-Möglichkeiten vor sich. Wobei dem in Menschen Intendierenden wie dem in der Welt Tendenzhaften durchaus erst das *Alles* am Ende wesenhaft gemäß wäre, diese radikal-utopische Heilskategorie; doch eben, das Nichts am Ende bleibt, wenn die Beförderung der guten Möglichkeiten nicht gerät, zum Alles die keineswegs gottvertrauende oder auch hurrapantheistische Alternative. Weiter also im zitierten Hoffnungs-Text, um der Konzisheit willen: »Das *Noch-Nicht* charakterisiert die *Tendenz* im materiellen Prozeß, als des sich herausprozessierenden, zur Manifestierung seines Inhalts tendierenden Ursprungs. Das *Nichts* oder aber das *Alles* charakterisiert die *Latenz* in dieser Tendenz, als die zu uns negative oder positive, vorzüglich am vordersten Frontfeld des materiellen Prozesses ... Derart zeigt sich aber auch das Nicht – in diesem seinen Fortgang genommen – zugleich unweigerlich als Noch-Nicht; es geht geschehend-geschichtlich als dieses auf. Das Nicht als *Noch-Nicht* zieht quer durchs Gewordensein und darüber hinaus; der Hunger wird zur Produktionskraft an der immer wieder aufbrechenden Front einer unfertigen Welt. Das Nicht als *prozessuales Noch-Nicht* macht so Utopie zum Realzustand der Unfertigkeit, des erst fragmenthaften Wesens in allen Objekten. Daher ist die Welt als Prozeß selber die riesige Probe aufs Exempel ihrer gesättigten Lösung, das ist, auf das Reich ihrer Sättigung.« Was aber noch nie mehr heißt als: Auf dies Reich kann gepeilt werden, während sein Sein noch durchaus und überall im Noch-Nicht steht. Das Leere und Wüste des in jedem Pulsschlag des Jetzt forttreibenden Nicht oder unmittelbaren Daß-Grunds an sich hat sich erscheinend zu einem versuchten Sein mit Grund herausgemacht, doch noch nirgends dazu fertiggemacht, wesenhaft. Item, in letzt illustrierender Kürze, formallogisch gefaßt: »*S ist noch nicht P*, Subjekt ist noch nicht Prädikat.« Das noch nicht erlangte P des S, Prädikat des Subjekts ist noch ausstehendes Quid pro Quod, das ist: ausstehendes Was der Essenz fürs Daß der Existenz. So viel hier von Bin und Ist, das sich noch nicht hat; die ganze Reihe dieser hier angeführten Verdichtungen markiert in einem Schlag die ontologische Einheit: Nicht = Nullpunkt, Noch-nicht = Utopie, Nichts oder Alles = Kern.

Hierbei freilich darf beim Schlagenden nicht des mindesten stehen geblieben werden. Es stempelt nicht ab, dergestalt daß auch Faule sich sogleich auszukennen meinen. Eben weil philosophische Gedanken ihre Kürze in sich haben, ist diese kein Clou. Zuerst war der springende Punkt durchaus nicht zu sehen, so wenig wie auf einem Vexierbild die Katze, aber hat man sie einmal gefunden, so sieht man überhaupt nichts mehr als die Katze. Doch unter Gedanken hält dergleichen Fixiertbleiben von ihnen ab, es wird eine Marke daraus, so billig wie falsch. Aus der gestoppten Kürze, dem nicht verfolgten Fingerzeig, dem unausgewickelten Satz in nuce wird ein Schlagwort, woran sichs dann allerdings ein bequemes Aha-Erlebnis haben läßt. Es heißt an Nietzsche Übermensch (und sonst nichts), an Schopenhauer Philosoph der Verneinung (und sonst nichts); Kant aber ist bekanntlich ein Agnostiker. Dieses und anderes Abstempeln ad usum stultitiae ist selbstverständlich nicht einmal Ersatz oder gar zulässige Art von Verdichtung; Sätze in nuce, wie sie konzentriertem Philosophieren möglich sind, machen keinen Extrakt, in den nur Wasser gegossen werden muß, diesesfalls das Wasser vulgärer Denkungsart; es gibt keine Nes-Philosophie. Solches vorausgeschickt oder nachgetragen, können also auch Ton, Thema und Tinktur einer Ontologie des Noch-Nicht einzig in ihrer tunlichst enzyklopädischen Durchführung aufgehen; so erst, dazu hin erst haben Kernsätze ihre Funktion. Haben den Charakter des Gehalts als solchen des Halts, nämlich der weisenden *Inschrift* über der Tür und in wichtigen Gemächern. Eher noch muß diese, dem Verschleiß gegenüber, sich hieroglyphisch halten, folglich der Enträtselung durchs Weitere und seine Zusammenhänge würdig sein als schlagworthaft erschöpfbar; alle Kernsätze haben ontologische Implikationen zu sein, obzwar nicht zu bleiben. Und nun, nach dieser Feststellung zum Thema zurück, zu der Inschrift *S ist noch nicht P* oder *Quid pro Quod*, so ist ihre Explizierung immer wieder, an jedem Ort der Abwandlung, diese: das Prädikat des zu bestimmenden Daß-Grunds des Seienden muß substanziell noch herausgebracht werden; es ist in der Welt viel versucht, oft gestaltend umkreist, noch nie zentral gelungen. Der Daß-Grund muß – um verschiedene Präzisierungsgrade des Herausbringens zu bezeichnen – noch fort und fort geäußert werden, als wachsend manifestiert, identifiziert, realisiert – bis hin zum Grenzbegriff der Realisierung seines Realisierenden selber. Worin der Daß-Grund zum vielen Etwas in der Welt sich in seinem entdeckten Wesens-Inhalt selber ergreift, – wie das menschliche Intendieren sich fragmentarisch und utopisch in gutmachendem Tun, in Betroffenheit schaffenden Werken bereits zu ergreifen vor-scheint. Begonnen aber ist dieses Heraus aus unmittelbarem Existere im gesamten Weltprozeß, als welcher nicht wäre, wenn das Daß des Nicht-Habens, das das Prozessieren dauernd anstößt und treibt, schon manifestiert, gar mit seinem gut realisierten Inhalt gesättigt wäre. Wenn das Unerfüllte in den bisherigen Manifestierungen von Geschichte, anders von Natur, nicht immer wieder, immer noch sich entfremdet wäre, dergestalt daß gewiß ist: es gäbe gar keinen Prozeß, wenn nicht etwas wäre, das nicht sein sollte und auch das so nicht sein sollte. Es gäbe kein Heraufkommen in Zukunft, wenn das Latente schon erschienen wäre, und es gäbe ebenso kein Vergehen in Vergangenheit, wenn das in ihr Erschienene, bereits zur Erscheinung Gelöste dem Überhaupt in der Tendenz entspräche. Der entscheidende Akt aber, das Welt-Seiende bis zur Kenntlichkeit seines Seins wachsend verändernd, ist der menschlichen Arbeit anheimgegeben – als Grenzbegriff ihrer Aufgabe. Aufs endlich aufgedeckte Angesicht unseres und alles Existere geht – in tausenden von Hemmungen, Versuchen, Etappen, Fragmenten – die menschliche Kultur, mit dem riesigen Schein ihrer Werkinseln, der, wo er »bedeutend« ist, ebendeshalb am wenigsten Illusion, sondern Vor-Schein einer möglichen Gelungenheit ist. Genau auf diesen utopischen Goldgrund sind all unsere gutmachenden Taten, ist der Auftrag voll-endeter Kunstwerke, sind alle nicht abgöttischen, sondern menschhaltigen, Heil formenden Religionsbilder aufgetragen. Ja, die Welt insgesamt, in ihrem *schwierigen* Prozeß, ihrer währenden *Experiment-Beschaffenheit*, steht so in einer Arbeit, von der die menschliche nur der letzte Akt ist in dieser Odyssee. Die Welt selber führt, von hier aus gesehen, die

Aufschrift: Per aspera; sie insgesamt ist ein höchst laborierendes *Laboratorium possibilis Salutis.* Lasciate ogni speranza steht hier noch nicht darüber, außer über dem Eingang zu Vernichtungen ohne dialektischen Rest, zu den Statthalterschaften des umgehenden Nichts, mit dem Sand aus immer wieder wachsender Entfremdung, dem Orkus der Dummheit, der Katastrophe des Umsonst. Darüber aber wacht Ratio auf den Strecken der Heimkehr, die Ratio der Geschichte als eines möglichen Lösungsprozesses des Grundinhalts, der in ihr treibt. Ein Laboratorium also dieses Sinns: Der Grund zum bereits Vorhandenen dieser Welt liegt als Schoß mit Nicht zugrunde, seine Gestaltungen und Gestalten ziehen in ihrem tendierenden Grund-Zug zu einem Sein mit Grund, als einem noch herauszuprozessierenden. Das ist der in der Welt anhängige Prozeß, der noch nirgends gewonnene; Sein mit erfülltem Grund, diese Substanz des Wozu kommt unter den experimentellen Staub-, Pflanzen-, Tier-, Mensch-, Kulturgestalten, wenn überhaupt, so zuletzt. Trotz aller Etappen, in denen unveröffentlicher Fortgang geschieht, mit Lorbeer, auf dem sich nicht ruhen läßt, mit Utopie, die ihre Ziele graduatim aussteckt, mit immer wieder geschehendem Übergang vom Nullpunkt weg, der es nicht bei sich aushält, mit Vor-Schein von noch nicht seinshaftem Kern.

Aporien des Noch-Nicht; contra Anamnesis, *pro Real-Problem*

Daß etwas noch nicht ist und daraus besteht, diese Weise erscheint gewiß fremd. Sein als Noch-Nicht von Sein, das hat gewohnterweise keinen Begriff für sich, ist fast anstößig. Und zwar nicht als Werden, sondern unterhalb angesetzt, eben als etwas, das in diesem selber erst als kommend ist. Daher wirkt das Ineinander von Sein als Noch-Nicht-Sein als einzige Aporie, als unwegsamste aller. Denn was ist allein schon das *Nicht* in dem Noch-Nicht, wie verträgt es sich mit einem Ist oder Bin, aus lauter Nullen? Ist es doch nicht einmal so wenig oder auch so viel wie das Nichts, das dem Sein immerhin in sozusagen gleicher Höhe entgegensetzbare. Wie kommt es also in die Umgebung von Sein, ja liegt diesem stets unmittelbarst zugrunde, als sein stoßendes Nicht-Haben? Weiter gar: *Noch-Nicht,* aus dem Nullpunkt, der schreit, aus dem horror vacui, den das Nicht vor sich selber hat, auf den Weg nach mehr gebracht, auf den dialektisch sprengenden, heraufbildenden, herausschaffenden, wie steht es als Sein da? Höchstens wenn man das Noch-Nicht nicht bis zu Ende denkt, dann erscheint seine Aporie geringer, nämlich bloß vordergründig, auf Abruf. Sie erscheint dann als bloßer subjektiver Abstand, dergestalt daß das Sein einer Sache nur psychologisch oder pädagogisch noch nicht erreicht ist, während es selber ganz außerhalb von Noch-Nicht steht. Noch-Nicht-Sein würde dann lediglich zur Wanderschaft gehören, und seine Aporie läge nur in der Wanderschaft, wo nicht im bloßen beschränkten Untertanenverstand des Erfassenkönnens, Erreichenkönnens. Erst recht läge im, gar ums Sein, als dem einer eo ipso wirklichen Wirklichkeit, nichts – Mögliches, nicht dieser schwierigste Topos von Noch-Nicht. Mögliches könnte sich dann einzig auf das In-Schwebe-Lassende von *Aussagen* beziehen, aufgrund bloß unzureichender *Kenntnis* der Sache, nicht aber aufgrund der unzureichend vorhandenen Seinsbedingungen in der *Sache selber*. Logisch gesprochen: Ein noch-nicht voll Mögliches käme dann nur im problematischen Urteil vor, nicht aber im assertorischen, als dem der festgestellten Wirklichkeit. Damit also wäre allerdings nicht nur die Aporie des Noch-Nicht sehr abgeschwächt, sondern dieses selber aus dem Sein entfernt, als einem schlechthin statischen, an und für sich überall erreicht-wirklichen. Das aber nur, weil das Noch-Nicht – infolge Tabus vor der Zukunft, dem Neuen – in seiner Sache nicht zu Ende gedacht, verfolgt wurde. Vielmehr eben bloß subjektiven Abstand für sich haben sollte, indes das Sein selber, auch bei Hegel, in all seinen Entwicklungen bereits fertig ausgeschüttet, ja in ewiger Vergangenheit, ewiger Gegenwart exul aller Zukunft liegt. Leider jedoch, zum Glück jedoch geht die Aporie des Noch-Nicht nicht so leicht aus der Welt, genau aus dieser nicht, tritt keinesfalls in bloße Erscheinungsgeschichte fürs Nacheinander des auffassenden Verstands zurück. Ist doch das Sein selber in lauter Unangelangtheit seines Marschs begriffen, in höchst aporetischer Realverhülltheit dessen, was es als wahres Sein, als ontos on ist, noch nicht ist.

Es gilt also, den ganzen Ernst des Noch-Nicht zu zeigen und was ihn verhindert. Er wurde einfach, vulgär verhindert durch die viele *unechte* Zukunft, die täglich, alltäglich vor uns liegt und in der so wenig wie bei dem Bett, das abends sozusagen heraufkommt, ein Neues geschieht. Oder: wenn wir auf der Straße wandern und wissen, daß nach dreiviertel Stunden ein Wirtshaus kommt, so ist das das vulgäre Noch-Nicht. Jedoch an der Straße, die wir in dieser prekären Welt wandern, ist das Wirtshaus, gar als rechtes, noch gar nicht gebaut, muß erst aus dem gut Möglichen, woraus es, selber erst möglicherweise, noch besteht, zum Wirklichen gebracht, erbaut, mindestens fertiggebaut werden. Dazu tritt weiter eine viel kompliziertere Sperre vorm Begriff des *echten* Noch-Nicht, und sie ist nicht durch die alltägliche Gewohnheit gesetzt, die fertiges Sein von Wirtshäusern am Ende des Wegs weiß, sondern ist gesellschaftlich bedingt, wissenschaftsgeschichtlich überliefert. Während das sichere Sein eines Wirtshauses am Ende das Noch-Nicht auf die Wanderschaft reduziert, gibt es aber auch die Annahme eines Perfectum am *Anfang,* vor dem Noch-Nicht schlechthin gar zur Täuschung wird. Diese andere Sperre wird gesellschaftlich vorzugsweise durch konservative Interessen aufgerichtet, dem Neuen jeden schöpferischen Beruf absprechend. So hielten und halten es alle reaktionären Romantiker, indem sie jegliche Hoch-Zeit bereits ins Alpha verlegten, und nachher kommt nichts Nennenswertes außer etwas Ährenlese, bestenfalls Säkularisierung, ci-devant-Mythos. Dagegen aber zeigte die Partei des Noch-Nicht, daß sie zwar, wie bei Rousseau, das Modell eines verschönten Anfangs verträgt, dies Rückwärts jedoch nur als Mahnung zum Vorwärts gebraucht, zur Aufblühung der »Natur« auf künftiger, höchster Stufe. So wie ja auch die revolutionären Sekten einen heilen »Urstand«, vor dem Sündenfall, nur imaginiert haben, damit das gekommene Elend desto gründlicher gerichtet, das ungekommene Glück desto paradiesischer illustriert werde. Ja, volles Pathos des Noch-Nicht hat aufs Alpha, vorzüglich aufs absolut erhöhte, nicht einmal im Gottesglauben Wert gelegt: die alten Propheten kannten das »Siehe, es war alles gut«, vom Anfang der Zeiten, überhaupt nicht, desto entschiedener beschworen sie »neuen Himmel, neue Erde«, am

Ende. Philosophisch nun wurde dergleichen noch kaum bedacht, wogegen wiederum die *Absetzung* des Noch-Nicht, gerade als eines guten, eine höchst durchdachte Lehre, Irrlehre für sich gefunden hat, dazu vom großen Lehrer des philosophischen Eros, malgré lui. Ist es doch Platon selber, der den erzutopischen Begriff dieses Eros wieder entspannt, indem er zuerst daraus eine Kreisbewegung machte, eine in den Ausgang philosophisch rückwärtslaufende. Alles Wissen, heißt es derart im »Menon«, alles Wissen ist nur *Anamnesis,* Wiedererinnerung der Seele an das vor ihrer Geburt im Wesensreich der Ideen bereits Geschaute. Das »ti esti« der Sokratischen Frage nach dem Was, dem Wesen ist also längst schon erledigt, steht vorzeitlich still, wird auch im kühnsten Auftrieb des philosophischen Eros lediglich nachgedacht. Und es war dieser Anamnesis-Bann, durch den Sein, vorab Wesens-Sein, ontos on, schlechthinnig nur als Gewesen-Sein galt: – Wesen ist Ge-wesenheit. Dieser Bann reicht noch bis Hegel, ja kulminiert in ihm, wenigstens in seiner abenddämmrigen Minerva, in der Zuordnung des Wissens einzig zur Gewordenheit seines Inhalts; in der Ablehnung des noch offenen Noch-Nicht, des Fundus unverwirklichter Möglichkeit. Und die Aporie des Noch-Nicht-Seins ist danach nicht einmal auf bloße Wanderschaft und ihren Abstand reduzierbar, sondern – bei Hegel – aufs noch-nicht-Kapable des beschränkten Untertanenverstands dazu. Aufs bloße Meinen der Privatheit also, lediglich in den »Falten des Herzens« wohnhaft, in einem »weichen Element, dem alles Beliebige sich einbilden läßt«. Wogegen alles, was im Himmel und auf Erden geschieht, bereits »ewig geschieht«, »mit kalt fortschreitender Notwendigkeit der Sache«, an der wirkliches Noch-Nicht-Sein nicht statthat. Ein Apriori der Geschlossenheit hat so immer wieder die Dialektik der Offenheit zu sich zurückgeholt; selbst die Entwürdigung von Bahnbrechern zu dogmatischen Hemmschuhen, epigonal angefesselt, ist unter anderem noch eine Provinz von Anamnesis ante rem, usque ad finem. Genug davon, es gilt von einer Irrlehre Abschied zu nehmen und das eben, um gerade die *echte Aporie* des Noch-Nicht-Seins zu retten, das heißt fruchtbar zu erhalten. Minus bloßer Abschiebungen seiner aufs Pädagogische und pure Erkenntnis-Mühe, aber auch – darin impliziert – minus der Schönfärberei der Sache selber zu einer kompletten. Wonach dann freilich alles Sein schon steht und so wenig Noch-Nicht in sich selber trägt wie ein satter Ehemann Eros, wie Tyrannei Revolutionäres oder Notwendigkeitskult insgesamt noch Unkodifiziertes, Möglichkeit zu Neuem. Konträr jedoch: Das Aporie-Problem des Noch-Nicht-Seins bleibt auch nach Abzug all seiner subjektiv-abstandshaften Beschaffenheiten; denn es ist das *real-ontologische Problem seiner Sache, als der Welt, selber*. Ist folglich Realproblem höchst objekthafter Art, genau des Sinns einschlägig, daß genau die Welt als solche im Laboratorium ihrer Noch-Nicht-Lösung steht. Hier laboriert folglich das Problem jenes Wesens-Seins der Welt, das in seinem treibenden Daß-Grund, ausstehenden Was-Sinn sich *realiter noch in Aporie* befindet, nicht schon zweifelfrei wissend, wo ihm der Kopf steht, wo ihm die Lösung totaliter erwächst. Im Gewissen der die fixe Anamnesis allemal überschreitenden Utopie des Rechten schlägt das Beste an der Dialektik contra Fetischismus. Ja die gesamte Versuchsreihe der Weltmanifestierungen ist noch eine unabgeschlossene Phänomenologie unserer *wirklichen* Materie, als eines Ultimum, nicht Primum. Ist ein dialektischer, in seiner Dialektik von Nicht-Haben getriebener, mit utopischem Haben schwangerer Prozeß, ein Prozeß von Proben auf das immer erst dämmernde Exempel eines aus seinem Noch-Nicht gewonnenen ontos on-Seins, Sustanz-Seins. Was die Welt in Wahrheit ist, nicht hinsichtlich ihrer jeweils faktischen, sondern ihrer noch un-faktischen, das heißt un-gewordenen Essenz-Wahrheit, der einzig substanziellen: das ist in ihr selber noch ein Utopikum und um ihre Gestalten ein Bedeutungshof, ein meist erst real-allegorisch vieldeutiger, selten schon realsymbolisch geordneter. Das dergestalt selber im Abstand von seinem Wesen befindliche Sein hat so durchgehends Noch-Nicht als ontologische Bestimmtheit; und ein Philosophieren, das die vorhandene Welt nicht in Kauf nimmt, wird desto bedenkenloser das Bedenkliche ihrer Noch-Nicht-Aporie in Kauf nehmen, mit immerhin möglichem Hoffnungsinhalt eines gut werdenden Existere, gut aufgedeckten Weltgrunds inmitten. Das freilich bei dauernder Gefahr des Abirrens, statt des schließlich möglichen Definitivum: Alles = Heimat. Item: Die Aporie Noch-Nicht-Sein ist das nur mäh-

lich und unzureichend gelichtete Dickicht des Realproblems
Welt insgesamt, in dem sie so geht wie besteht.

Ad Front, Novum, Substrat des Real-Möglichen: Materie

Da also muß Ernst mit dem Vor-uns gemacht werden, mit dem
Fahrenden, das es ist. Das Nicht wie das Noch-Nicht wie vor
allem auch ihr umgreifender Halt, diese müssen nun ihre
keineswegs adverbhafte Losung ausgeben. Müssen bei dem Namen ihrer weiteren, nämlich sachhaft entwickelteren Bestimmung genannt werden. Und das gemäß dem Auftritt, dem stets
verschränkten, in folgenden drei Kategorien: Front, Novum,
Materie. Das *Nicht,* dies Mangelnde und so Treibende im Jetzt,
geht jederzeit an als *Front.* Das *Noch-Nicht,* dies eigentlich Zeit-
hafte, nämlich Heraufkommende in der Zeit, öffnet sich als immer noch mögliches *Novum,* in echter Zukunft. Das im Nicht
gärende, im Noch-Nicht gebärende, das Novum noch garantie-
rende Möglichkeits-Substrat ist, mit umgreifendem Halt, die
Materie, und zwar sowohl als bedingend-tragende wie als resul-
tierend-wölbende. Reale Möglichkeit selber, soll sie nicht in
weniger als Luft schweben, ist einzig die der Materie, einer vom
ahistorischen Klotz freilich weit entfernten, höchst utopisch geladenen.

Zum Ersten, die *Front* ist so zu definieren: Sie ist der jeweils
vorderste Abschnitt der Zeit, wo wir uns lebend und handelnd
befinden. Also liegt die Front jedesmal im Jetzt, das eben wiederum das Jetzt des Nicht ist, des aus sich heraus drängenden
und so immer wieder vorwärts stürzenden. Das Nicht an der
menschlichen Front ist im gerade gelebten Augenblick, einem
gelebten, jedoch wegen seiner noch völlig unsichtigen Unmittelbarkeit nicht erlebten. Nur als gerade vorbeigegangen wird das
unmittelbar Gelebte auch erlebt und ist darin nicht dasselbe,
was es unmittelbar birgt; indem dieses unmittelbare Bin und Ist
sich nicht hat, liegt es sich selber noch im blinden Fleck. Auch
die Schwäche, zum erfahreneren Jetzt, das üblicherweise Gegenwart heißt, diesem nicht mehr so nah und steil vor uns
aufragenden, sich auch geistes-gegenwärtig zu verhalten, kommt
ganz unten her, vom Dunkel des gelebten Augenblicks. Das noch

völlig ungehabte Grundsein des Existere dunkelt darin und ist doch durchaus an der jeweils aktuellen Front. Die nicht immer eine wogende zu sein braucht, wohl aber der einzige Ort ist, wo sich die *Gelegenheit* findet, die so leicht zu versäumende. Römisch wird daher die Gelegenheit sehr augenblicksgemäß mit einer Stirnlocke und sonst kahl dargestellt; wird die vorübergehende nicht an der Locke ergriffen, dann überhaupt nicht. Wobei die flüchtige Gunst, vor allem auch der Tag, da der Mann sich noch rühren kann, immerhin da ist, so dauernd sich auch das Nicht-Haben des Jetzt an jedem Carpe diem bemerkbar macht. Das hierin dunkelnde Nicht unseres gelebten Jetzt bietet sich noch nicht an, aber sein wenigstens aktuell vermittelter Ort bietet als Front sich an, vor allem, geschärfter Weise, in Wendezeiten. Dann eben, wenn Front den vordersten Abschnitt jener Zeit darstellt, in der es so wie bisher nicht weitergehen kann, und worin der nachfolgende Zustand, im Sprung stehend, auf der Kippe stehend, entschieden wird oder nicht. An unserem Jetztsein aber, es klärend, sein Gesicht aufschlagend, hat die Front sich letzthin zu bewähren.

Zum Zweiten, das *Novum* ist zu definieren: Es geschieht und gründet sich in der realen Möglichkeit des Noch-Nicht-Bewußten, Noch-Nicht-Gewordenen, und zwar mit Prävalenz eines gut-Verheißenden, sobald die finsteren Möglichkeiten theoretisch-praktisch verriegelt, die hellen theoretisch-praktisch befördert werden können. Hierbei gilt nicht etwa ein Zukünftiges ohnehin, sondern nur eines, das so noch niemals war und derart allein echte Zukunft ist. Das freilich nicht als jakobinisch-abrupte, ohne vorige Zeugen und Zeugnisse, die davon gekündet haben; Neues, vorab gutes Neues ist derart niemals ganz neu. Mindestens ein Traum von seiner Sache ging in der Vergangenheit, und eine reiche Heerschar fruchtbarer Gestaltungen füllt die bisherige Geschichte. Das jedoch wiederum nicht restaurativ-museal, mit lähmendem Historismus, auch Archaismus-Kult; damit wird die Tradition, statt gewahrt zu sein, nur auf umgekehrt-radikale Art abgebaut, entmannt. Es gibt vielmehr Zukunft auch in der Vergangenheit und ihren Werken, in den abgebrochenen nicht nur, mit dem Reif in der Frühlingsnacht, sondern vorzüglich in jenen wohlgeschöpften, wohlgeschaffenen, die gerade deshalb im Vergangenen (ihrer Zeit also) nicht lokalisiert bleiben. Die statt dessen wie Berge zu beiden Seiten mit dem fahrenden Wagen der Zeit lange mitgehen, wofern sie sich nicht – herrlicher als an ihrem ersten Tag – fort und fort in Brautfahrt befinden, mitten ins Novum hinein. Vergangenheit, wohin Augenblick und soi-disant-Gegenwart immer wieder versinken, weil noch nichts Erschienenes, zur Erscheinung Gelöstes der gemeinten Grundsache entspricht, findet sich genug, doch Zukunft in der Vergangenheit eben steht auf einem anderen Blatt, auf dem des Unfertigen aus Bedeutung, des Unabgegoltenen aus ganzem, niemals nur historischem Zeitanliegen. Als Kriterium wie Konstituens dessen, was auch unspießig Kulturerbe genannt werden mag und besser Geburt jeder Antike aus dem Geist ihres Novum, gilt daher: Nur darauf ist produktiv rückgreifbar, was ebenso auf unseren Fahrtgang vorgreift; so reist alles wahrhaft Informierende der Menschheit auf dem gleichen Schiff. So zeigt sich – zielmäßiger gesprochen – jede bedeutende Bekundung, ob tausende von Jahren alt oder eben erst im Begriff seiend, hier zu sein, mit jenem *utopischen Goldgrund* beschäftigt, auf den große Kunstwerke und nicht nur ideologisch gebundene Religionen, am unerschöpftesten das Christentum, letzthin aufgetragen sind. Christlich-mythisch, in der Stimme von Patmos, war dieser Goldgrund ans Ende der Zeiten, nicht eines jenseitigen Raums verlegt, an ein Zuletzt, wo nicht Sonne noch Mond scheint, sondern seine Leuchte ist das Lamm, ein anderer Tag als der der äußeren Natur. So geht allerdings im Novum der *Grenzbegriff* eines *Ultimum* um, auch ohne allen Mythos, ja gegen jeden transzendent-fixen Mythos, ist eschatologisch beschaffen. Das hier am Rande gesagt, am Rand einer konsequenten Sachlichkeit, die auch am guten Novum, gerade an diesem, keine schlechte Unendlichkeit hat, sondern einsehen läßt, daß es sonderlich hier – evidenter und ganz anders als beim Leid – ein Ende haben muß. Unterwegs jedoch, worin sich das Seiende wie das Sein prozeßhaft befindet, ist das Novum das Perspektivland des Prozesses selber, als welcher sonst in purer Vergangenheit stillstünde. Bedient wird es vom bitternötigen Grund dazu, als einem Grund-Zug darauf hin, subjektiv in *Intention*, objektiv in *Tendenz* tätig. Und der Garant beider, in *Latenz* stehend, ist und bleibt, toto coelo oder auch toto inferno, noch unerledigt, eben die objektiv-reale Möglichkeit. Worin gewiß weder aller Tage Abend ist, mit Verzweiflung, noch aller Abende Tag, mit Zuversicht, vielmehr: im Novum wird jene Dimension der Geschichte geöffnet und offen gehalten, worin allererst die tätige Hoffnung ihr Feld hat. Ihre Welt ist voll Anlage zu etwas, Tendenz auf etwas, Latenz von etwas, nämlich von prozessual vorgehender Lösung des Grunds dieser Welt. Quidquid latet apparebit, das wäre dann das entscheidende Novum, und alle guten anderen vorher sind, mit unnachlaßlicher Utopie in den Fenstern, darauf bezogen; versuchend, farbigen Abglanz verwirklichend.

Zum Dritten, die *Materie*, so ist zuerst zu sagen, wie sie nicht ist: Sie ist kein toter Klotz, der nur von Druck und Stoß geschoben wird und sich immer gleich bleibt. Derart, daß sie, selbst wenn die Bewegung von ihr als untrennbar verstanden wird, bei allen Formen immer wieder auf die alten, die dauernd quantitativen Füße fällt. Das ist die Auffassung des *mechanischen* Materialismus, ehemals zur bürgerlichen Aufklärung so wichtig, dann aber nicht mehr revolutionär, sondern vulgär geworden. Und dem Vulgären entspricht auf der anderen, nicht eben volkshafter Seite, daß dem bürgerlichen Geistesadel und der seelischen Geistlichkeit von heute überhaupt nichts als ein abgestandenes, nur mechanisches Materiebild mehr bekannt ist. Es kommt ihnen sehr zupaß, wird auch tunlichst von oben herab noch verengt und vergröbert dazu, das ist, mit unterschlagenem Prius völlig auf den Ludwig Büchner, Vogt und Moleschott gebracht. Oder nach einem Wort des englischen Naturforschers Huxley: Die Jakobe der Theologie haben der Materie das Erstgeburtsrecht geraubt; so ward sie denn doppelt Esau. Erstgeburtsrecht, das muß aber weiter im Prius heißen: Vorsokratiker, »linker« Aristoteles samt Avicenna, Averroës, Renaissance-Dimension der Materie, natura naturans, Bruno. Gern wurde am Materialismus insgesamt vergessen, daß er doch am sichersten von allen Weltbildern entzauberte, die Sparren abtrug, aufs irdische Glück drängte, die jenseitige Furcht verscheuchte, die Welt aus sich selber verstehen lernen wollte. Es ist von allen Göttern Venus allein, die Lukrez zu Beginn seines epikurischen Lehrgedichts aufruft: »Die du allein zum Lichte des Tags die Wesen emporrufst, / Spenderin jeglicher Lust, Verleiherin jeglicher Anmut, / Hilfreich nahe dich jetzt, da vom Weltall hebet mein Lied an«; und »die nährende Mutter des Alls« wird zugleich erinnert, die Wurzel mater in der materia, die allen sonst so hermeneutischen Etymologen durchaus nicht mehr interessante. Eine ganze umgekehrte Schleiermacher-Rede wäre also fällig: Über den Materialismus an die Gebildeten unter seinen Verächtern; und es schadete nichts, wenn die selbe Rede, im gleichen Zug, sich an die Ungebildeten unter seinen mechanistischen Bekennern richtete. Gibt es doch jene Bequemlichkeit, die sich auf allen Seiten in alten Formeln ergänzt, die auch den *dialektischen* Materialismus so wenig kennt oder so wenig ins Philosophische aufzunehmen fähig ist, daß sie ihn, ganzen Umfangs, mit dem mechanischen verwechselt. Vergebens hat hier Marx unsere, die wichtigste Welt nicht auf das Atom oder auch den Affen gebracht, sondern auf die ökonomisch-gesellschaftliche Beziehung der Menschen zu Menschen und zur Natur, auf die ganz unmechanistische Dialektik dieser Beziehungen und hat erklärt, die Wurzel aller Dinge sei der Mensch. Rein ökonomistische Wurzelsucherei gab es dabei gewiß nachdem genug, eine Art Mechanistik im historischen Gewand, doch die *Dialektik* wäre keine, wenn sie gesellschaftliches Sein und Bewußtsein, Bewußsein und gesellschaftliches Sein, Unterbau und Überbau nicht dauernd als verschränkt zeigte. Und der Materialismus als solcher wäre keiner, wenn er aus seiner keineswegs nur mechanischen Tradition zwar die Sparren des falschen Bewußtseins am besten kritisierte, um danach freilich, das ideologische Gewäsch durchschauend, die echte Ideologie desto unbetrüglicher freizulegen. Dazu gar, betreffs Mechanistik nochmals, auch unerwartet: Nicht alle sind von ihr frei, die darüber spätbürgerlich erhaben tun, und ebenso: nicht alle haben ein Recht, sich über den Schein dieser Erhabenheit selber zu erheben, die ihre eigene Mechanistik nur noch nicht durcherfahren haben. Also in Unkenntnis von Konsequenzen stehen, die gerade der Westen aus dem falschen Materiebegriff noch nachspielt oder bereits vorspielt. Haben sich doch diese Konsequenzen so weit davon entfernt, Brechstange gegen

Adel und Geistlichkeit zu sein, daß sie vielmehr totale Trostlosigkeit geworden sind, kurz: Die heutige Frucht einer Mechanistik von allem und jedem ist – Nihilismus. Und gerade die spätbürgerlichen Nicht-Mechanisten, indem sie sich nur aus Idealismus nicht mehr so nennen, sind bei der weltanschaulichen Konsequenz der Nicht-als-Mechanei angelangt. Sie hat ihnen zu der direkt-gesellschaftlichen Prämisse: der Trübsal aus Oberfläche, aus Zukunftsmangel der Gegenwart, gerade noch gefehlt; das also ist der Tribut einer mit Recht dürftig genannten Zeit an ihre nur verdrängte Mechanistik auch hier. Ja, trotz fehlender Prämissen dieser Art ist auch ein Materialismus, der nur den halben dialektischen Humanismus an sich brachte, sofern er nämlich mechanistische Stereotypie alles wieder umrahmen läßt und die ganze Öde eines bloßen Ektropie-, Entropie-Karussells in Ewigkeit um sich trägt, vom Nihilismus nicht dispensiert. Mindestens nicht von der kalten Schulter dispensiert, die eine bloße mechanische Welt den Menschen zeigt, den Qualitäten, den kulturellen Zweckreihen und das auf mehrfach ausgekochte Weise.

Indes: lasse man hier den nur mechanischen Materialismus und seine nihilistische Quittung, nachdem doch zugedeckt der dialektische gekommen ist, mit Hegel im Leibe, mit noch ganz anderen Affinitäten in wahrer Konsequenz. Denn der kühnste Bogen selber ist fällig, der ebenso sachgemäßeste. Das gerade qua materialistischer Dialektik: der *Bogen zwischen Utopie und Materie,* vielmehr in der Materie. In einer kraftgeladenen, energieverdichteten Materie, einer unstatischen, die ihre Atome nicht mehr als feste »Bausteine« hat, ihre Struktur nicht mehr im starren euklidischen Raum. Statt dessen geht es bereits in den Atomen bildend zu, sie können als elektro-magnetische Felder dargestellt werden mit einem Kern als »Energieknoten«, ja als Erregungszentrum, von dem das Feld sich mit Lichtgeschwindigkeit ausbreitet. Und wie unmechanistisch erst ging die »Ausbreitung« in den organischen, sozialen, kulturellen »Feldern« weiter; der so sich aktivierenden Möglichkeit sind keine Grenzen gesetzt. Immer neue Gestalten kamen und kommen aus dem bildenden materiellen Schoß, aus der Materie als dem Substrat stets bedingter, doch noch nie begrenzter, erschöpfter Möglichkeiten. Und es ist genau der Möglichkeits-Begriff, der bereits vom »linken« Aristoteles, ob auch passiv, mit dem der Materie verbundene, welcher Utopie in Materie sehen läßt und umgekehrt; – geeint nicht zuletzt in der revolutionären Funktion von Utopie und echtem Materialismus. Was die Hegelsche Dialektik für Marx wurde, das kann die eingesehene utopische Funktion in der Welt dem Materialismus werden, dem seiner Neugeburt so höchst bedürftigen, seiner nicht-mechanistischen Renaissance-Dimension so höchst fähigen. Ja, es mag sogar sein Gutes haben, daß durch die Vulgären und die damit Hand in Hand arbeitenden Jakobe der Theologie der Materialismus dermaßen unbedeutend gemacht oder gehalten wurde; denn wurde er dadurch nicht auch ein Untergegangenes, mehr: ein zum Auftauchen an ganz anderem Ort als dem gewohnt, oft übel gewohnt gewesenen Taugliches? Bisher kannte man nur einen Materialismus nach rückwärts, einen – auch in historischer Gestalt – wesentlich nur herunteranalysierenden; dazu trete nun ein offener, ein Materialismus nach vorwärts. Ein nicht wie der mechanistische zur Unkenntlichkeit, nämlich zu Spott und Seifenwasser veränderter, sondern ein zu neuer Kenntlichkeit veränderter; er braucht so nicht, wie der junge Marx erst vorschlug, die Moleschotts ahnend, realer Humanismus zu heißen, er ist es. In so zu begreifender Materie hat auch die Phänomenologie und Enzyklopädie der menschlichen Hoffnungsinhalte ihren vom bloßen menschlichen Bewußtsein unabhängigen Halt; der pure Geist (übrigens nannten weder Spinoza noch Leibniz ihre Substanz so) ist keiner. Derart wird nicht überraschen, daß die objektiv-reale Möglichkeit, die einzige *Garantie* des Novum, in Materie ihr einziges *Substrat* hat.

Zum Dritten also, die *Materie* ist so zu definieren: Sie ist nicht der mechanische Klotz, sondern – gemäß dem implizierten Sinn der Aristotelischen Materie-Definition – sowohl das *Nach-Möglichkeit-Seiende* (kata to dynaton), also das, was das jeweils geschichtlich Erscheinenkönnende bedingungsmäßig, historisch-materialistisch bestimmt, wie das *In-Möglichkeit-Seiende (Sein)* (dynamei on), also das Korrelat des objektiv-real-Möglichen oder rein seinshaft: das Möglichkeits-Substrat des dialektischen Prozesses. Es gärt, wie gesagt wurde, im Nicht, gebärt sich aus im Noch-Nicht, trägt, füllt und umgreift alles, also sich selber.

Die Materie ist bewegt, indem sie in ihrem zu sich offen Möglichen ein ebenso unausgetragenes Sein ist, und sie ist nicht passiv wie Wachs, sondern bewegt sich selber formend, ausformend. Und der Geist ist darin kein Trumpf gegen sie, worin sie verdampft, die dann immer als unverbesserlicher Klotz gedachte, sondern ihre eigene Blüte, aus dem Substrat keineswegs herausfallend oder auch heraussteigend. Dies Substrat, als unser ebenso eigenes, ist es, das sich in Myriaden Werdegestalten, Organisationsformen seiner ausspannt; es steht, als natura naturans wie naturata, gerade im Laboratorium Salutis voll-inhaltlich auf Feuer, in Feuer. Materia ultima, das ist ihr realisierter Weltgrund in Latenz: und dies ohne Spur von Antichrist gesagt, vielmehr mit lauter Spur von neuem Himmel, neuer Erde. Allerdings mit selber durchaus noch unentschiedener Alternative während ihres Prozesses, vor allem in dessen Eschaton von Resultat. Daher braucht Materie ihre kühnste Organgestalt, Organisationsgestalt, den Prometheus Mensch, um der Zukunft zu begegnen, um ihr aktiv die Weichen des heilsam laufenden Prozesses zu stellen, um die Welt mit dem Feuer zu übergießen, das hinter ihrer erreichten Vorhandenheit ist, vielmehr angezündet werden soll. Die Alternative Nichts oder Alles am Ende ist zwar als solch radikale eben nur im Eschaton, im real-hypothetischen Grenzgehalt der Materie, doch sie ist in jedem Unterwegs-Resultat ebenso schon teilhaft erscheinend, vordrohend oder vorleuchtend: als Alternative zum Nichts des Staubs, zum Alles der gefundenen Substanz. Das erste ist der hochmephistophelische Grenzgehalt des Eschaton Welt, der zweite – als Materie mit darin erfülltem Grund – ihr Grenzgehalt Fausti ohne Wehklag, mit Erdgeist, der alles gab. Das bereits Wirkliche ist von einem Meer von Möglichkeit umgeben, und immer wieder, immer noch steigt aus diesem Meer ein neues Stück Wirklichkeit auf, nicht zuletzt oder auch möglicherweise ganz zuletzt, mit diesem Nichts oder Alles, aus der Materie der *anorganischen* Natur. Hier vor allem doch wurde fälschlich der au fond immer gleiche Klotz angesiedelt, nicht nur im mechanisch bleibenden Materialismus, auch und gerade im Idealismus des Geistes, dem das Anorganische nur als Vorbei ins System einspricht. Sonst ist es durchaus nützlich, sich auch bei Idealisten über den Materiebegriff Rats zu holen; denn bei ihnen ist Materie eine Verlegenheit, folglich ein stoßendes Problem und nicht, wie bei den Materialisten, eine Selbstverständlichkeit. (Umgekehrt ist es ratsam, materialistische Philosophen über den Geist zu befragen; denn bei ihnen wiederum ist dieser ein Problem und nicht, wie bei den Idealisten, die Lösung.) Hier aber, in Ansehung vor allem der *anorganischen* Materie, ist der Idealismus lediglich abschiebend, setzt Physisches aufs Altenteil, Hegel sieht die Erde nur als Riesenleichnam an, erloschen zu unseren Füßen, und die Natur, die wahrhaft prähistorisch bei ihm erledigte, nur als Hülse, woraus das Korn, als der vorhandene Mensch, lange heraus ist. Während das lange nicht so ausgemacht ist, auch das dynamei on der Materie nirgends und wohl am wenigsten in der Physis Avicennas, Brunos, Goethes ein erloschenes Dasein hat, ein gänzliches Phlegma am Boden des organischen Spiritus. Sollte also die anorganische Natur und ihre – ja quantifizierend kaum erschöpfbare – Materie ihren systematischen Platz nicht nur unterhalb der menschlichen Geschichte haben, sondern auch rund um sie her, genau als kosmisch, immer noch kosmisch über ihr? Das setzt eine systematische Reihung des Kulturvorgangs in eine wieder renaissancehaft zu betretende Natur, in eine ohne mechanistische, aber auch ohne idealistisch-abtuende Grabschrift: Vorbei. In eine auch qualitativ beschaffene Natur, mit den Fingerzeigen (gewiß nicht mehr) des Schreckens oder der Schönheit oder der Erhabenheit, die solchen Natureindrücken auch objektiv nachgehen wollen. Mit qualitativ erfaßter Materie, die in Landschaftsmalerei, Landschaftsdichtung zwar gänzlich außerhalb ihres Sektors Physik fällt, aber nicht gänzlich außerhalb der vollen Physis fallen dürfte und ihrer Latenz. Der Sektor der mathematischen Naturwissenschaft ist großartig durchlogisiert und die durch sie erst ermöglichte Technik erweist ihn tausendfach als gültig; aber ein Sektor ist nicht der ganze Kreis und philosophisch hat dieser ganze seit langem nicht mehr gesprochen. So wird das anthropologische Realproblem (was wir Menschen in Wahrheit sind) von dem kosmologischen (was das Ungeheure der Natur in seiner Selbstverschlossenheit führen kann) letzthin umfaßt. Ein weites Feld, ohne Zweifel, und überhaupt nur mit der Vorsicht betretbar, die der *bloßen* Möglichkeit zukommt, aber erst recht mit der Vor-sicht, die der *latenten* Möglichkeit, minus aller Schwärmerei, mit sachlicher Konsequenz, zukommt. Die Frage eines auch *qualitativen Verständnisses der Materie* hat mit unfreien Rückwärtsgelüsten romantischer Zeit so wenig gemein, daß sie ja gerade die Frage der Materie nach vorwärts ist. Hauptsache: nur bei dauernd betroffener Einbeziehung der anorganischen Natur trifft der historische Grund-Zug zum Sein wie Heimat nicht den Anschein von kalter Schulter, sondern den möglichen Vor-Schein von Heimat auch hier. Vor allem hier, im riesigen Um-uns Materie, im schlechthinnigen Boden wie Hochgebirge dieses Substrats der objektiven Möglichkeit. Auch die anorganische Natur, nicht nur die menschliche Geschichte, hat ihre Utopie, und diese sogenannte Natur ist kein Leichnam, sondern ein Strahlungs- und Figurenraum, dessen Substanz sich erst bildet.

Wendung zum Menschen

Jedes Denken des Noch-Nicht aber geht zuerst wie zuletzt auf das Unsere hin. Hat dazu einen weiten Blick, einen gemäß seiner Sache konkret-utopisch arbeitenden. So ist das längste Fernrohr vonnöten, um das Nächste, wohl gar im Stern Erde, zu entdecken. Gerade die fernste Höhe biegt sich darin zur nächsten Nähe unseres Treibens – Tua res agitur, De te fabula narratur. Die fernste Höhe freilich, der Brückenschlag zu dem damit Gemeinten hin, das muß es sein, Philosophie hat diesen Stil, sie geschieht nicht auf dem Kanapee statistischer oder soziologischer oder auch existentieller Betrachtung. Sie ist in ihrem Besten aktive Metaphysik; nur so stellt sie sich dem ungeheuren, ja ungeheuerlichen Daseinsgeheimnis, diesem Selbsträtsel der Welt und unserer darin. Was sonst zu sagen ist und sei es das blühendste Detail, läuft darauf hin, scheint erst von dort auf Tage und Etappen richtig hin. Auch das kommt aus dem Ganzen, das zwar noch nicht die Wahrheit ist, ohne dessen Reichweite aber keine ist. Seit Aristoteles gibt es Philosophieren als universal, bis in sein Ende hinein, sein zusammengezogenes; auch Hieronymus im Gehäus, genau dies sein Gehäus, steht – wie nichts sonst sogar – im Totum.

Indes, so läßt sich fragen, was geht das die meisten im Leben an? Denen selber das meiste weit enger auf die Nägel brennt, und morgen sind sie tot. Was soll so der lange Blick, auch wenn es gar hoch und poetisch darin hergeht, ja gerade deshalb? Was ist an dämmernden Konturen und Gehalten, die wir als Kurzlebende, auch stete Stückarbeiter, nie erfahren können? Inhalte der Zukunft, auch des Real-Möglichen, schweben sie nicht, materiell hin oder her, dennoch in Luft, in nicht einmal atembarer, sofern sie nicht in die Gegenwart des kurzen Lebens eintreten? In die einzige, die wir haben, in jenes Carpe diem, das allerdings, wenn es der playboy treibt, eher umgekehrt erscheint, als wäre es geradezu mit: Tagdieb zu übersetzen. Trotzdem, ein Vor-uns als bloßes Nach-uns, durch keine Erfahrung für uns honoriert, scheint außerhalb des Meinseins zu liegen. Ohne Bargeld kein Interesse, das auch im übertragenen, existentiell-lokalen Sinn von Bargeld verstanden. Höheres Streben bleibt ein schöner Zug, nur: die lokalen Maße stimmen nicht dazu.

Wirklich aber, liegt das Noch-Nicht außerhalb, vorab dann, wenn es mehr Gänge hat? Lebt nicht selbst für Ich und Du und Müllers Kuh, im engsten Kreis also, eine Neugier aufs Kommende, ob auch mehr fürs Platte daran? Sollen es nicht sogar dem privatesten Babbit seine Kinder besser haben, der sich damit wider die Abrede in eine schmale, selbst echte Zukunft erweitert, von der die eigene Eintagsfliege nichts hat? Gewiß, der Tod ist allen das einzig Gewisse, dem sie entgegensehen, der Totentanz ohne Ansehung der Person. Gleich ob sie ihr Ich zum weitesten Zeitanliegen erweitert haben oder ganz und gar im Muff der Privatheit bleiben, der an sich schon verkümmernden. Der Tod schneidet auch dem menschlichen Genius, ja dem Genius der Menschheit selber in die künftigen Zweckreihen, wenn ihm nicht begegnet werden kann, wenn es nichts gibt, woran man sich gegen ihn, mindestens außerhalb seiner halten kann. Aber bei all diesem gemeinsam furchtbaren, furchtbar gemeinsamen Ernst: nicht deshalb oder wenigstens nicht täglich deshalb mag sich die Eintagsfliege auch noch brüsten und sperren damit, daß sie horizontarm zu bleiben gedenkt, fast wünscht. Da ist weniger Entwertungsdruck vom Tod her als eine durch den Tod nur ideologisierte Entwertungstendenz, die gleiche, die philiströsem Solipsismus ohnehin gegen Übergreifendes eignet. Daher auch der sehr geringe Anteil von Todeskomplex in den erwähnten Abwendungen vom Horizont; der wirkliche Ernst aus Grab gar genereller Nichtsfratze überhaupt, steht bei solch engem Meinsein überhaupt nicht zur Diskussion. Wohl aber steht der Einwand zur Diskussion, daß der Horizont Noch-Nicht sozusagen kein gemachter Mann ist; und dieser Einwand ist keiner, kommt auch nur in leerer Gesellschaft vor, in implikationsloser. Er ist keineswegs allgemeinmenschlich, auch wenn der Bourgeois, nach Marx, wirklich nicht weiter sehen sollte als bis zu seiner Nase; was nicht einmal stimmt. Noch weniger aber kann sich falsche Immanenz auf jenes Fürsich hinaufspielen, das immerhin Stirners verrücktes Meinsein und der totale Rekurs darauf oder gar – Kierkegaard heißen mag. Denn das Stirnersche lehnte mit den »metaphysischen Sparren« Menschheit und so fort nicht auch das subjektive Übersteigen ab, als welches er eher zum aufgeblähtesten machte. Und das Kierkegaardsche, sofern es damit überhaupt zusammengenannt werden kann, das »kleine Dänemark« seines Philosophierens, ausgespielt gegen die »riesige Weltkarte« des Hegelschen, mit der man keine Fußtour machen kann: genau dieses »Sich-Nicht-Herausprozessieren« aus dem Privatum des Existere soll das Unsere doch gerade in seiner paradoxen Verbindung mit Unendlichem zeigen, spannen, deprimieren, bewähren. Und es bezieht sich ausschließlich auf raumhaftes Draußensein mit schlechthinniger Extravertiertheit, nicht auf die Horizonte eines anredend zeithaften, Zukunft haltenden. Wird die Zukunft nicht vergessen und die Zeit, die wirkliche Zeit, nicht zu einem Anamnesis-Kreis von Kreisen abgesetzt, wie in der Hegelei, so gilt mehr als je Hegels Grundsatz: ein Gedanke sei nur genau so tief als er sich ausbreiten zu können zutraut. Für die Ausbreitung in Zeit-Perspektive man allerdings ganz andere Worte und Weisen fand als die Hegelschen, auch noch gegen die unleugbaren Gefahren in dieser Ausfahrt plus ultra, gegen die Gefahren des Übereilens, Überschlagens, der raschen Heldentat, des Putschismus insbesondere auch der *abstrakten* Utopie. Die anderen Worte und Weisen heißen aber, aufgrund der Marxschen ökonomischen Analyse und gesetzkundigen Veränderungswissenschaft, nicht keine Utopie (das ergäbe Ökonomismus), sondern das Novum: *konkret* werdende Utopie. Mit den Besorgungen des nächsten Schritts, mit der Ratio und Ration von Etappenzielen (nach Maßgabe des Möglichen), mit der – wenn anders Sozialismus im Gang ist – ständig leitenden Perspektive: Herstellung der Bedingungen zum Reich der Freiheit, Offenhaltung seiner Latenz. Zum Unterschied also von jeder Babbitwelt, extra muros et intra, jeder freiwilligen oder unfreiwilligen Entfremdung zum geistigen oder auch weniger geistigen Tierreich, ist konkrete Utopie aufrechter Gang mit allen Implikationen seines Umblicks; Menschsein heißt wirklich: Utopie haben. Ja, dies Mehr ist selbst im noch so kurzsichtigen Meinsein-Praktizismus, sofern er das Noch-Nicht als Dimension immerhin wahrnimmt, wenn auch abtut (bei Strafe der objektiv entstehenden geistigen Trübsal). Denn wie könnte doch die Schranke vor den Dimensionen des Noch-Nicht immerhin wahrgenommen werden, wenn selbst der mit ihr Zufriedene, gar der mit ihr Unzufriedene sie nicht nolens volens schon überschritten hätte? Dieser Unterschied der Schranke vor etwas, von der bloßen Grenze zwischen etwas, der ruhig liegenden, wurde von Hegels »Logik« unwiderstehlich notiert, – so wenig hier auch das Darüber-hinaus seinen echten, eben utopischen Platz fand. Und anders noch; wie könnte Unvollkommenes als solches wahrgenommen werden, wenn es nicht an dem hierzu unvermeidlichen Denkbild eines Vollkommenen *gemessen* würde, an dem das vorhanden Unvollkommene erst recht antizipiert übersteigenden? Auch ein Empirismus, der sich beim Unvollkommenen bescheidet, ohne Unzufriedenheit und Eros aus ihm heraus, hat der Metaphysik Tribut gegeben, ja er könnte seine Endlichkeit, fälschlich Immanenz genannt, nicht einmal sinngemäß fassen, um sie zu bejahen. Dies andere Überschrittenhaben von Schranke haben Descartes' »Meditationen« gleichfalls unwiderstehlich notiert – obwohl das Utopische hier wiederum durch den Mißbegriff einer »eingeborenen Idee« überdeckt ward, gar durch den vermeintlichen Beweis eines Ens perfectissimum, Gottes also, im fixen Jenseits. Das Subjekt, die Klasse, die Epoche, die ihre Schranke spüren, haben sie jedenfalls bereits überschritten, ob Subjekt, Klasse, Epoche das kenntnisgemäß reflektieren oder nicht. Können doch nicht zuletzt die Luftschlösser von heute, im Jenseits der Schranke, vorausgesetzt, daß sie nicht windigen oder auch muffigen Sinns aus Luft bestehen, zu einem recht soliden Diesseits von morgen werden; gerade die Revolutionsgeburt der bürgerlichen Welt war davon ein Zeugnis. Die Rolle des Utopischen ist auch zivilisatorisch (und selbstverständlich kulturell) nicht geringer als die ökonomische und hat den Unterbau selber mehr als einmal aktiviert. Es ist ein Transcendere ganz ohne Transzendenz, ja im Ernst, als echtes Novum, nur ohne alles Vorhandensein von Transzendenz möglich; das samt den Geheimnissen des transzendierenden Humors, dieses rätselhaften Leichtsinns. Aufs *durchdacht*-Antizipierende allerdings kommt es an, auf den bon sens und die docta spes dieses Transcendere; daher denn lauter Immanenzforschung eingeladen wird und kein Jenseits. Eingedenken im utopisch-prinzipiellen Begriff geschieht, zum Gegensatz von abstrakter Verstiegenheit oder auch *unaufgklärter* Mystik, schlechterdings in der *Weltrichtung* aller begonnenen guten Wege. Wobei sich der Geist der Utopie gewiß nicht davor hütet, erbaulich zu sein, sobald er, kraft seiner eigenen Skepsis, entdeckt, daß auch unsere Tränen nicht ganz stimmen und nicht nur unsere Zuversichtlichkeiten. Immer wieder aber steht die – in dieser prekären Welt so sonderbare – Potenz: Hoffnung darin, jenes ganz und gar nicht Schwärmerische, das sich im Psalm so ausdrückt: Meine Rechte soll verdorren, wenn ich dein vergesse, Jerusalem. Ein Begehren wird mit solch fernnaher Richtung bezeichnet, das in der Geschichte keinesfalls reüssierte, doch ebenso nie unterschlagbar war, das sich nicht den Appetit verlegen ließ, sich nicht in noch so unumgänglichen Etappenzielen niederlegte. Das ist der langhin, weithin ausgehaltene Ton des Noch-Nicht-Seins im schönsten Sinn; er ist zugleich, die Wurzel betreffend, der radikalste. Pro rata, unaufdringlich, ja scheu, leuchtet noch im Kleinsten vor, wo immer etwas geschieht; sub specie *essentiae* creandae aber macht konkrete Utopie das Sinnproblem der ganzen menschlichen Geschichte aus, samt der sie umgebenden Natur. Sehen, wie unzureichend die meiste Welt ist, veränderndes Wissen darum, wie

anders sie immanent werden könnte, wie erträglich im Un-
wesentlichen, wie heimatlich im Wesentlichen, das ist die vernünftige Praxis der Ontologie des Noch-Nicht-Seins. Enthält
sein In-Möglichkeit-Sein das Nichts in petto wie das Alles, so
ist keines von beiden, am wenigsten das Alles, inhaltlich schon so
bestimmbar, als ob es nicht mehr – utopisch wäre. Beides aber
geht historisch um, das Nichts, in dessen Störung, Vereitlung,
Dummheit so vieles auch täglich stolpert, das Alles, für dessen
Ausbleiben es unterwegs immerhin Unterbrechung, Trostgesang, entgegen geltende Bekundungen gibt. Und die wirklichen Vorgefühle von höchstem Augenblick, in der Gewalt des
Glücks, im Befreiungsklang jeder Erhabenheit, muten stets,
fern von Pathetik, voll Richtigkeit an; so ungekommen, so einleuchtend steckt das uns Übersteigende, uns deshalb besonders
Angehende doch im Prozeß.

Optimismus mit Trauerflor

Nichts zuviel, der alte Spruch ist gut. Wer das Unverhoffte
nicht erhofft, wird es nicht finden, dieser andere Spruch ist besser. Wir leben nicht, um zu leben, sondern weil wir leben, das
ist für unser blankes Daß-Sein richtig. Danach aber gilt als einzig wahr: Das Nichtwissen um den Ursprung ist der einzige
Grund für die Erscheinung der vorhandenen Welt, das Wissen
darum, als beginnendes, gibt den Grund der besseren an und
mit. Es läßt Hand anlegen an der besseren Zukunft, deren letzter Impuls die sich selber, ohne Entfremdung, erfassenden
Menschen sind. Laßt uns in den Garten gehen und arbeiten,
sagt derart Voltaires Candide in der keinesfalls besten aller
Welten, erst recht nicht der besten aller möglichen. Optimismus
mit Trauerflor wäre hier das rechte und dies Rechte bleibt, ja
ist die so kritische wie positive Beschaffenheit der Hoffnung.
Der klugen und nicht nur geprüften, sondern prüfenden, der
Desillusionierung bedürftigen, nicht damit sie resigniere, sondern konträr, damit sie sich berichtige. Aus der Geschichte,
wurde gesagt, kann nur gelernt werden, daß nie etwas aus ihr
gelernt worden ist: berichtigte Hoffnung, nicht auf Gott, König,
Tribun vertrauend, hat sich durchaus stetig aus ihr gelernt. Und

darüber also: Nicht was nie, sondern was noch nie und nirgends sich hat begeben, aus immer einsichtiger werdenden Ursachen und Hemmnissen, das allein veraltet nie. Die vorhandene Welt füllt eo ipso nicht die Möglichkeit des Seins aus, doch erst recht nicht die mahnende eines besseren Seins. Zu ihr hin ist daher die Hybris aufgerufen, die eigen fromme, deren vornehmster Heiliger Prometheus heißt. Sie ist moralisch wie nichts sonst fällig und objektiv deshalb, weil ihr Feuer, weil ihr Schaffen an besserem Bilde im Möglichen durchaus noch Platz haben, latenten Raum. Gewiß bedeutet das Übergewicht solcher Tendenz und Latenz in den Dingen über Vergangenes und Vorhandenes noch nirgends, daß es ein gefahrlos ausgemachtes Übergewicht zum Guten wäre; jeder Tag zeigt für sich das Gegenteil. Doch ein Tag ist und bleibt auch weiter vorn, so unüberhörbar, daß selbst den Geiern und denen, die ihre Knie gebeugt haben vor dem Baal, vor der prometheischen Unsterblichkeit graut. Ein Eingedenktag, der in der Versuchswerkstatt Welt zu möglichem Heil fortarbeiten läßt, sogar mit immer heftigerem Besorgen des Nach-Maßgabe-Möglichen und des In-Möglichkeit-Seienden. Als prometheischer Satz steht voran: Die rechte Genesis ist kein Fiat, gar Faktum des Anfangs, sondern ein Versuch des Unterwegs und ein Problem des Endes. Tantae molis erat humanam condere gentem – diese Mühe wurde nicht geringer, doch ihre Aussicht, auch e contrario, deutlicher. Derart läßt sichs übers Schicksal, das nicht unabwendbare, mit Candide und seinem Garten beruhigt sein. Einen größeren Garten jedoch vorausgesetzt und keinen aus der Welt nur ausgesparten, sondern aus ihr selber erforschten, tapfer umgeschaffenen. Der Willensgedanke, der Gedankenwille zum gemeinsam besseren Leben ist ein starker Magnet, in unsere, in die Zukunft der Welt hinübergerichtet, wie sie beständig nach uns blickt und allein der schlaffen Wahl Böses wie Gutes vorbehält. In der Welt muß man selber nach dem Rechten sehen, als einem zu Erwartenden und Betreibbaren; dann ist Segen dabei und Optimismus mit Trauerflor, kämpfend.

Nicht als Nicht-Haben, Mangel

Das Wer, das im Jetzt treibt, ist nicht. Da trotzdem davon gesprochen werden kann, ist dieses Nicht nicht oder nicht mehr ein eigentliches. Es wäre sonst nicht einmal möglich, ein Wort für Nicht zu haben, geschweige eines, bei dem sich durchaus »etwas« fühlen und denken läßt. Das Wort Nicht ist ein Zeichen, das sinnvoll auf das Seine zeigt. Also kann das Nicht gemeint werden, und es kann gemeint werden, weil es selber in dem, als was es gefühlt und ausgesagt werden kann, nichts als ein Meinen ist, aber auch nicht *weniger* als das. Nicht ist der abgezogene Begriff für jenes in uns befindliche Null an Haben, das aber bereits Nicht-Haben ist. Das so lebende, wenn auch keineswegs greifbare Meinen an sich ist Mangeln. Dieses ist unruhig und von sich *weg treibend* an sich; so ist es das Daß des Hungers, des ungesättigten Suchens, Sehnens. All das sind Namen für das gleiche Nicht als Nicht-Haben, worin das erste Befinden eingetaucht ist. Das Kochen und Treiben darin, dieses in sich befindliche Nicht, kann sich nur erst als völlig dunkel innewerden. Immerhin aber als soviel, als Dunkel des Jetzt und Hier, sogar Da, freilich nicht im mindesten als ein gehabtes Jetzt, Hier, gar Da. Das Nicht ist gerade nicht da, soll heißen, es ist nur als das flüchtigste, immer wieder entweichende Da in seinem unmittelbaren Sich-Befinden, es hat keinerlei von sich abgehaltenes Da-Sein. Ist dieses Nicht zwar bereits ein uneigentliches, so »gibt« es dieses Nicht doch gleichfalls nur erst uneigentlich; genau sein Da gibt es nicht. Denn so sehr es das Befinden eines Wer und seines Was ist, so ist in ihm, als Nicht-Haben, doch noch kein Wer hervorgetreten, dem gegeben werden könnte, und kein Was, das sich gibt. Das leere Daß darin, dieses: daß überhaupt etwas ist, kommt so über das Ist des bloßen unmittelbaren Bin nicht hinaus. Das Nicht ist logisch in dem leeren Es beginnender Urteile, wie: »Es schmerzt«, »Es regnet«. Dies Es ist noch keineswegs als beschaffen bestimmt, sondern durch das, was von ihm ausgesagt wird, nur auf dem

Weg dazu hin. Als innewerdend ist Nicht das Nächste, das ebendeshalb nicht in eine Nähe kommt. Dieses erste Befinden hat kein Licht, in dem etwas gefunden werden kann.

Nicht als Mangel von Etwas-Sein und Erscheinung-Sein

Tritt das Nicht deutlicher hervor, so wiederum nicht als es selbst. Sondern nur in bezug zu dem Haben, das nun nicht mehr nur Nicht-Haben ist. Das Nicht als Nicht-Haben ist das, was es nicht bei sich aushält und doch wiederum nichts haben will als sein in ihm angelegtes Was, aber als herausgeführtes. »Das Nicht hält es nicht bei sich aus«: dieser Satz ist keineswegs falsch belebt. Ist keineswegs innerlich ausgemalt, gar so, als würde einem Wörtchen ein Fühlen zugefügt. »Das Nicht hält es nicht bei sich aus«: damit wird kein sprachliches Partikel absurd vermenschlicht, sondern das durch dieses Partikel bezeichnete originäre Innewerden eines Nicht, das sich auf Haben bezieht, wird ausgesagt. Und emotional wird ausgesagt, was an der Wurzel von allem Innewerden, sodann Gewahrwerden, sodann Erfahrenwerden sich unruhig-emotional noch befindet. Es ist so schließlich das Bedürfen, das unerfüllte Meinen als Nicht-Haben selber, das die Belebung solcher Begriffe ausmacht, eine mithin keineswegs nachträglich oder gar aus anderer Schicht hinzugefügte. Und weiterhin erhellt: auch die logische Aussage, gerade sie, die seit Jahrtausenden von den Gefühlen und Leidenschaften getrennt gehaltene, ist mit diesen legitim verbunden. Denn eben das Meinen als Nicht-Haben ist das *Meinen* als *Sehnen* und zugleich logisch faßbar als *Intendieren*. Das Denken und Gedachtwerden des Sehnens ist das Neue, aber nicht Andersartige daran; es vertreibt zwar die Süchte, aber nicht die Leidenschaften. Es erhellt, erschließt, artikuliert primär diese Bedürfnisse und sodann, was ihnen in der Welt entspricht. Als Sehnsucht ist das Meinen emotional, als Intention logisch, dieses Ineinander an der Wurzel des Meinens gibt den Grund ab, weshalb legitim gesagt werden muß: das Nicht im Nicht-Haben hält es auch logisch nicht bei sich aus. Weshalb auch weiterhin jeder logische Bezug, statt in der Luft zu schweben oder gar tautologisch leer zu sein, in der Auseinandersetzung eines Emotional-Intensiven sich befindet. Die logischen Zeichen und Bezüge, gerade die noch so trocken oder abstrakt scheinenden, haben ein Sich-Regendes und Erregtes hinter sich, das so immerhin gefaßt, wenn auch keineswegs schon erfaßt wird. Nicht, Noch-Nicht, Entweder-Oder, Sowohl-Als-Auch, »das eine Wörtchen Und«, der Widerspruch als Streit, das Mögliche, die Grundformel S ist P, das Identische geben sämtlich Exempel ab, in denen der Lebensatem aufgenommen und unüberhörbar ist. Mit alldem wird keinerlei Erlebnisserei in Begriffen das Wort geredet, dem halbschürigen Wesen, das weder im Leben noch im Denken seinen Mann stellt. Auch nicht Kierkegaard kommt dem Paradox nahe, das man Genauigkeit des Brennens nennen könnte, das ist: »Anwendung« von Logischem auf Intensives; am meisten noch steckt es, malgré lui, in Hegels »Phänomenologie«. Und nicht grundlos wurde von dieser her der Begriff befähigt, ohne Verlust des Schulgerechten auch weltgerecht zu werden, ja trotz des behaupteten panlogischen Geisteswesens auch konkret. Derart ist alles Logische so auf Intensives bezogen, wie dieses das Logische zu seiner Erschließung braucht. Wer in den feinen Strichen der Logik nicht die Unruhelinien der Sehnsucht aufgezeichnet sieht, wer in dieser scharfen Seismographie nicht das Beben unter der Rinde, die Spannungen des Umtreibenden hört, verwechselt die Logik mit einem Herbarium von Redeblumen oder auch nur, positivistisch, von Tautologien. Soviel zum Emotionalen logischer Sauberkeiten, wo immer diese vom Schulstaub gesäubert worden sind. Als welcher nicht zur Forschung gehört, sondern zum Epigonentum, nicht zu den Implikationen des Urteils S ist P, sondern zu dessen besonders großer, mäusereicher Rumpelkammer. – Also ist der Gang des Nicht, mit dem es aus sich bestimmter hervortritt, in jeder Aussage bedeutet. S ist P, dies drückt in sprachlicher Hülle erstes Beziehen, erste Wegbildung aus. Jeder Bezug läßt sich auf diese Form zurückführen: S ist das Wer, P ist das Was, Kopula ist der Weg der versuchten Bestimmung des Wer durch sein Was (praedicatum inest subjecto). Und ohne das Nicht-Haben des Was, ohne dieses Ungenügen im logisch bezeichneten Subjekt wäre überhaupt kein Bezug. Denn wenn das Subjekt nicht *Nicht*-Haben wäre, so wäre ein Bezug zu dem versuchten Haben seiner in der Was-Bestimmung des Prädikats weder nötig noch möglich, und ebenso bestimmte das Was im Prädikat ohne das Nichtbestimmte im Subjekt gar nichts. Derart äußert sich auch das Nicht in der abgekürzten Beziehungskarte, die das Formallogische darstellt, und das, wie nun gesagt werden kann, *dreifach*. Es äußert sich schwebend in der Frage, mit verneinter Kopula im negativen Urteil, mit verneintem Prädikat im unendlichen. *Schwebend* sind alle Fragesätze, es ist zwar kein volles Nein und Nicht in ihnen, aber doch soviel, daß kein Ja zustande kommt, daß weder die Zuordnung von S und P bejaht, noch das P anders denn als gesucht bestimmt wird. In der Frage: »Was ist geschehen?« ist Was das Prädikat; es braucht nicht immer so unbestimmt zu sein, aber immer fehlt das zureichend Bestimmte, das ein: S ist P (oder auch nur ein: S ist vielleicht P) möglich macht. Erlangt die Frage eine *Antwort,* so tritt das Nicht hervor als *Verneinung:* »S ist nicht P, Zucker ist nicht grün.« Das verneinende Urteil kann freilich nur eines sein, indem es ein Haben in seinem Prädikat hat, auf das die *Kopula* sich verneinend im negativen Urteil bezieht, so daß hier einzig die *Kopula* (»ist nicht«) negativ ist; ein positiv angebbares Prädikat ist vorausgesetzt, um es verneinen zu können. Das auch, wenn die sprachliche Urteilsform logisch ersetzt wird: »X ist nicht Neffe von Y«, diese verneinte Neffe-Relation lautet dann: N (xy) mit Minusstrich über dem N; dieser bezieht sich also auf eine bereits positiv angesetzte Neffe-Relation. Es gibt auch hierin keinen Bezug, ohne daß ein Haben wäre, auf das sich das Nicht an ihm, also das es Verneinende, bezieht. So zuletzt besonders deutlich im sogenannten *unendlichen* Urteil, mit dem Nicht im *Prädikat,* statt in der Kopula. »S ist Nicht-P, Zucker ist Nicht-Grün, Ärzte sind Nicht-Kombattanten«: diese Art verneinendes Urteil ist vom negativen durchaus verschieden. Hier ist gerade die Kopula bejahend, und das Prädikat enthält das Nein, wenngleich nur in bezug auf Grün oder Kombattanten. Das Prädikat kann alles andere sein, es schließt nur die eine Bestimmung aus, die es bezeichnet, es läßt unendlich viele andere Bestimmungen, minus der einen verneinten, zu. Keines von diesen unendlich vielen anderen Prädikaten wird freilich bejaht, sie werden ja nicht einmal, auch nicht im mindesten, benannt. Dennoch sagt das unendliche, besser: ausschließende Urteil über dasjenige wenigstens, was es ausschließt, ein deutliches Nicht aus – in bezug zu einem hervortretenden bestimmten Etwas.

Das Nicht bleibt daran überall bezogen auf ein Haben, das es nicht hat. Bereits formal wird das sichtbar, wie voll erst ontologisch, in den Seinsformen. Diese sind dann deutlich auch inhaltliche, Formen des Wer und Was im Nicht, zu denen der Hunger Nicht-Haben sich herausbewegt. Gewiß, aus dem Hunger selber kommt keine Nahrung, er kann sich nicht selber essen, um satt zu werden, er kann den Stoff nicht aus sich herausklauben. Aber er kann das nur dann nicht, wenn er ein *pures* Nicht ist, ohne ein Wer und Was des Nicht-Habens in ihm. Und er ist dies pure Nicht nicht; denn er wäre sonst nicht Hunger oder Sehnsucht, er würde diese als das Innewerden seiner selbst nicht implizieren. Das Haben des Was liegt in dem Nicht-Haben angelegt, noch verschlossen, unerlangt, ungereift. Das Hungrige klaubt aus sich als *gemeint* das Was der Nahrung heraus, das in ihm als Stoff des *Habens* intensiv angelegt ist. Das Herausklauben ist so ein *sammelndes* Vorfinden und ein *produzierendes* Vermehren seines im Nicht-Haben *intendierten* Inhalts. Das Wer im Nicht, das es nicht bei sich aushält, macht sich auf den zeit-räumlich äußeren Weg seines stofflich geäußerten, sich stofflich fortentwickelnden Was und sucht sich daran zu füllen, zu erfüllen. Dieser Übergang ist keiner von »Geist« in Stoff, der schon deshalb unmöglich ist, weil der »Geist« eine sehr späte stoffliche Daseinsweise ist. Der Übergang ist einer von bewegtem Intendieren, von *Bewegung* in Stoff, allerdings nicht in jenen, der mechanisch als die unlöslich starre Masse erschien, auf die die Bewegung wirkt. Zu dieser Art Masse gibt es in der Tat von der Bewegung keinen Übergang in dem Sinn, daß Stoff Bewegungsprodukt wäre; oder wie noch F. A. Lange, entsprechend seiner Geschichte der bloß mechanistischen Stoffauffassung, das ausdrückt: »Der unbegriffene und unbegreifliche Rest unserer Analyse ist stets der Stoff.« Aber die Setzung des Stoffs durch Bewegung ist nicht mehr so schwer zu denken, seit die Masse nicht mehr als unveränderlich gilt, sondern von der Geschwindigkeit als abhängig gedacht werden muß. Seit vor allem die sogenannten Bau-»Steine« der Welt, am Boden ihres Seins, als elektromagnetische Felder dargestellt werden, mit einem Kern als »Energieknoten«, ja als bloßem Erregungszentrum, von dem das Feld sich mit Lichtgeschwindigkeit ausbreitet. All das wird hier nur erwähnt, um daran als einem Beispiel zu zeigen, wie homogen der Übergang reiner Bewegung zu dem als Stoff Erscheinenden denkbar ist. Der Ursprung des Seins aus *Denken,* der Welt aus *Geist:* das heißt in der Tat, die Welt auf ihren – sehr späten – Kopf stellen. Aber der Ursprung des Stoffs aus der *Bewegung,* als der Unruhe des Nicht-Habens, stellt die Welt buchstäblich auf ihre materiell *schreitenden* Füße. Es ist gewiß nicht so, daß diese dynamische Auffassung des Stoffs ihn verschwinden läßt, doch sie läßt ihn (übrigens bereits seit Leibniz, seit dessen primär erfaßten »Kraftpunkten«) als unableitbaren Rest verschwinden, auch als starren, trägen, unveränderlichen Grund. Er ist dieses nicht; Anfang wie Grund des Seins ist sich bewegendes Nicht-Haben, ist die so entspringende Bewegung des Wer auf den Stoff seines Was. Nicht nur das Wer, auch das Was, insgesamt also: die Urbeziehung Subjekt-Objekt, sind im Nicht als Nicht-Haben angelegt; intensives, tendentielles Nicht-Haben also ist der dynamisch-materielle Ursprung alles zeiträumlich Gehabten. Und das Nicht bleibt dem Gehabten; gerade *bewegte Materie* ist nicht das, was liegt und besitzt, sondern was sich dauernd in Prozeß befindet, dauernd bis auf weiteres in ihm umgebildet wird und umgebildet werden kann. Bewegung setzt und verändert den Stoff der Natur, Arbeit an ihm setzt und verändert den Stoff der menschlichen Geschichte. Hereingehend in das offene Bewegungsprodukt als das ebensolche Bewegungs-Veränderungssubstrat, also in dies noch *offen Mögliche* von Stoff, zutiefst voll Noch-Nicht. Und das der Veränderung Bedürftige wie zu ihr Fähige zeigt, daß auch das Was, wenn es jeweils und unzureichend Etwas geworden ist, immer noch voll Nicht bleibt und jedes herausgesetzte Sein vom Noch-Nicht umgeben ist. Zugleich aber ist das Etwas, wenn es als Ding steht, obwohl es gerade als Etwas unter vielen alles andere als gesammeltes Was ist, dasjenige, worin die Bewegung ihre

Tätigkeit vorübergehend zu enden scheint und an immer wieder »Anderem«, immer wieder anderen Etwassen sozusagen zusammenfaßt. Das derart *ausgebreitete* Etwas nun ist die *Erscheinung;* an diesem *Erscheinungs-Sein* wird das Nicht als *Nicht-Erscheinung* weiterhin gegenbezeichnet. Diese ist zugleich die letzte Bestimmung des Nicht, als welches ja vom *Nichts,* gar von einem – gleich dem Nicht – uranfänglichen, *durchaus unterschieden* werden muß. Die Nicht-Erscheinung zeigt sogar besonders einfach und deutlich, wie Nicht vom Nichts durch alle Abenteuer des Geschehens getrennt ist. Denn Nicht-Erscheinung ist auch alles Zukünftige, in dem Sinn, daß es noch nicht erschienen ist, vielleicht auch nie erscheint, doch eben kein urgründig *ausgemachtes* Nichts ist, hoffnungslos und fertig. Ja selbst das in der Erscheinung nicht mehr Vorhandene, also Vergangene, enthält noch ein starkes vom Nichts verschiedenes Nicht. Die Nicht-Erscheinung als vergangene kann erinnert werden, sie geht nicht klanglos, also nicht völlig zum Orkus hinab. Und sie ist erinnerbar, weil auch im Nicht-Mehr ein Noch-Nicht stecken kann, ein Brütendes, Unabgestorbenes, das abgebrochen, doch nicht erledigt ist. Nicht erledigt im drohenden wie im gut fortwirkenden Sinn; beides wäre unmöglich, wenn Vergangenes bereits völliges Nichts wäre. Nur das *Nicht* in der Nicht-Erscheinung kann überhaupt einen Zeitmodus haben, den des Nicht-Mehr oder den des Noch-Nicht. Und selbst das Nichts am *drohenden* Ende von etwas ist immer noch mehr Noch-Nicht als Nichts, eben deshalb, weil es als erst drohend noch möglich ist; selbst die Drohung ist noch nicht starr, sie läßt nur erst erstarren. Das Nicht-Haben gibt sich somit als Nicht-Etwas-Sein, Nicht-Erscheinung-Sein – auf ein Etwas und sein Erscheinen bezogen; es ist das intendierend-intensive Daß selber, das sich darauf bezieht. Nicht als Nicht-Haben ist gerade also von Haus aus die suchende, gärende Leere, um die alle Dinge noch gebaut sind, nicht die süchtige, saugende, die sie verschlingt.

Zum Nicht gehört es, daß es hungert und sich füllen will. Es ist nicht Etwas, nicht Erscheinung, aber es zieht dazu hin, setzt sie auf dem Weg zu seinem Was, das es nicht hat, heraus. Das *Nichts* dagegen verhält sich zu Etwas und zu Erscheinendem fremd und zu den weiteren Gestaltungen eines entwickelnden Habens feindlich. Logisch tritt das Nichts (Nihil) nicht wie das Nicht (Non) in dem verneinenden und unendlichen Urteil auf, sondern im schiefen Verhältnis zu jeder sinnvollen Aussage überhaupt. Es erscheint als noch dem Schwindel verwandt in Sätzen des *Unsinns,* von der Art: »Ein Messer ohne Klinge, dem der Griff fehlt« oder, mit Nähe zum Wahnsinn, in »erschöpfend« disjunktiven Urteilen von der Art: »Ein Dreieck ist entweder grün oder jähzornig.« Das Nichts erscheint weiter, als absurde Zumutung oder schale Unverschämtheit, in Sätzen des *Widersinns,* von der Art: »Ein viereckiger Kreis« oder »Da Cajus allein war, vermehrte er sich zahlreich«. Daß ein Dreieck jähzornig ist, enthält an sich noch keinen Widersinn, das Nichts in dieser Aussage beruht darauf, daß das Prädikat zum Subjekt *fremd,* noch gleichgültig disparat ist. Aber daß ein Kreis viereckig ist, diese Aussage involviert ein Nichts als *unverträglich* und blickt in ihrer Bedeutung darauf hin. Formal scharf wird Nichts weiterhin im *Gegensinn* bezeichnet, in dem der *unversöhnlichen* Andersheit, sei es konträrer, von der Art: »Gut und Nicht-Gut«, sei es gar kontradiktorischer Andersheit von der Art: Gut und Böse. Das Nichts erscheint in diesem Gegensinn freilich nur dann, wenn die Setzung eines Prädikats als eines Positivum, demgegenüber das andere Prädikat nur das Negativum darstellt, nicht beliebig und gegenseitig auswechselbar ist. Zum Beispiel derart: Links kann ebensogut ein Negativum oder Nichts von Rechts sein, wie Rechts ein Negativum oder Nichts von Links, da beide Prädikate noch völlig gegeneinander relativierbar sind. Dagegen in einem Gegensinn wie dem des Guten und Bösen ist das Negativum oder Nichts im Bösen nicht durch die willkürliche Setzung des Guten als Positivum bestimmt; das Gute hält vielmehr kraft seiner eigenen überlegenen Seinsbestimmung den Primat des Nicht-Nichts oder Positivum. Zwar kann es infolge des Prozesses, worin sich die Welt befindet, das heißt hier, infolge der noch nirgends endgültigen Sammlung und Ausgemachtheit des Guten einen »Gegensinn der Urworte« im experimentellen Sinn eines noch währenden Gegenscheins ineinander geben (Furcht und Hoffnung, ja Gut und Böse selber); aber dieser Gegenschein des Positiven im Negativen hebt den Primat des Positivum über sein Nichts nicht auf. Er ist auch logisch überall dort einwandfrei, wo sich die Bestimmtheit des Was über bloßes Etwas und Erscheinung hinaus weiterentwickelt hat, im Sinn einer Seinssteigerung als zeitlich wie hierarchisch unumkehrbarer Wertsteigerung. Dergestalt, daß das *werthaft* Nichtige auch weniger *Sein* haben soll, vernichtend dem Nichts mehr zugehört. Vernichtendes Nichts ist dann das ausgebrochene Un-Wesen an der ausgebrochenen Sache selber, an der über Etwas und Erscheinung an sich weitergediehenen. Und schließlich ist zur Gestalt eines rein zum Nichts gehörenden negativen Nichts vorausgesetzt, daß es sich so feindlich wie hart gegen das Positivum festhält, also noch nicht oder nicht mehr dialektisch einbezogen oder einbeziehbar ist. Zu diesem harten Nichts gehört vor allem eben das nicht gleichgültig, sondern *vernichtend Disparate,* das ist jenes Disparate, das nur in einem einzigen Schnittpunkt, in dem des Vernichtens, der Katastrophe, keines ist. Item, der Unterschied zwischen Nicht und Nichts ist bereit im formallogischen Unterschied kenntlich, den die das Ja suchende Verneinung von Unsinn, Widersinn, Gegensinn aufweist. Ist das Nicht Hunger und zugleich noch unerlangbares Was an Brot, so reicht das Nichts ausschließlich Steine statt Brot. Dieses dem Nicht so Unvereinte und die Feststellung dieses Unvereinten konfrontieren nun allerdings *besonders nah* die Frage, wieso der Auftritt des Nichts im Nicht-Haben *überhaupt Platz habe.* Wieso öffnet sich gegen alle Bewegungen und Versuchsgestaltungen des Was immer wieder an ihm selber der Abgrund und Einsturz zum Nichts? Diese stets gellende Frage nach dem Ungeheuerlichen ist desto unabweislicher, als sie die aufgenötigtste, die entfremdend-entfremdetste aller ist; wieso also versteinert der Prinz? Alles in der Welt ist aus dem intensiven Drang- oder Willensbezug des Nicht-Habens auf sein

Haben produziert, kommt aus Bewegung und Arbeit hervor: *wo aber gründet der Ursprung des Nichts?* Mythologische Ursprungsbezeichnungen wie der Teufel oder auch die Zulassung eines Teufels durch einen Gott oder Gott als der Teufel selber oder auch urgründiger »Abfall« von Gott, das kann hier überschlagen werden. Was von dem »Geist« als Ursprung der Welt gilt, gilt erst recht von diesen mythologischen Produkten des Geistes: sie sind Blüten, sogar besonders krause Blüten einer interessierten Theodizee, nicht eine existentiell-dynamische Wurzel. Wieso also zieht das elementare Nicht-Haben, als Wurzel *aller* Dinge, sich die Negation seines Was zu? Woher der Umgang jenes dezidierten, wenn auch noch nicht definitiven Mangels, der in unserer Welt Nichts heißt, wo ist sein ontologischer Geburtsbrief? Einsehbar hierbei ist mindestens dieses: es kann kein anderes Gebären des Nichts notiert werden als das Nicht, das heißt: als das Nicht-Haben; denn im originären Anfang tritt einzig Nicht-Haben auf, dieses Mangeln, dieser Hunger, diese Sehnsucht. Nicht-Haben hat alles begonnen, nichts fällt aus ihm heraus, also auch nicht das Nichts selber: stets bleibt Nichts auch eine Art, eine Gegenart Haben, nämlich Nichts-Haben. Und wichtigst: stets bleibt Nichts, obwohl und weil es ständig dem Sein entgegensteht, eine Art, eine Gegenart Sein, nämlich Nichts-Sein. Sein ist auch am Nichts-Sein der übergreifende Begriff; was dem Nichts entgegensteht, ist nicht Sein *überhaupt*, sondern ist *positives* Sein, ist Wasbestimmtheit als Seins-Fülle, statt als Seins-Zehrung. Jetzt schon also geht auf: es ist nicht ein Zweites außer dem Nicht-Haben, außer der Sehnsucht, das gegen diese wirkt, vielmehr: es ist die *zehrende Sucht in der Sehnsucht selber, die, dieser entfremdet und unfrei, endlos in sich gebannte, welche dem Nichts im Sein den ontologischen Ursprung gibt.* Die Sucht, jagend-gejagt, geht allemal auf Nichtiges und setzt zuletzt das Nichts; das Zerstreute, Taumelnde draußen, das böse Amoklaufende, zugleich Gestockte ist selber nichts anderes als angeschaute Sucht im Intendierenden. Und diese ist die von sich und ihrem Kurs abfallende Sehnsucht, die Schwäche und das Irrsal, womit sie stets beginnt, die Leidenschaft als bloßes Leiden, statt als kraftvoller Affekt. Beide, ungeregelte wie gezielte Intention, sind im selben Gemüt, der

Mensch ist sein eigener Teufel und sein eigener Gott, so die Welt; Nichts wie Alles sind subjektiv in der Intention, objektiv in der Tendenz impliziert. Die Ontologie des Nichts braucht keinen eigenen Ungrund, aus dem von nirgendwoher die schwarze Todeskarte gereicht wird; das ist mythologischer Dualismus. Dieser mag zwar besser sein als die sogenannte Seinstrunkenheit in Bausch und Bogen, die den Teil des Nichts fast ganz aus ihrem Weltbegriff verloren hat, wonach es dann in allen panlogischen Weltbildern nicht nur keinen Platz für Übel gibt, sondern auch keinen rechten für Zeit, gar für Utopie; denn alles muß dann dargestellt werden, als sei es wie gelungen. Trotzdem ist die Finsternis kein originäres Weltprinzip, dualistisch neben dem Ursprung; auf manichäische, Schellingsche Art. Abgrund wie Berg gründen in dem Desiderium, das, im Menschen sich innewerdend, im Grund von allem treibt und zieht. Derart also ist die Begründung des *dezidierten* Mangels oder Nichts (mit seinen Ausbrüchen und Zerschellungen) dem aufgeschlossenen Bedenken des Mangelns, des Nicht-Habens so wenig unerreichbar, daß sie der zehrenden Sucht mensch- wie welthaft immaniert; was weiter zu begründen ist.

Jedes Treiben zum Haben führt etwas mit sich, das sich unfrei fühlt. Ein Zug darin kommt sich lediglich als getrieben vor, als süchtig, als jagend-gejagt, als Meinen, das vergißt, was es meint. Das Getriebene macht sich darin endlos, verdinglicht sich, wird zur ebenso zehrenden wie bloß leidenden, erleidenden Leidenschaft. Die Sucht ist die vergebliche Unruhe, mit angstvoller Leere in sich, mit nichts als Wirbeln um sich her. Die Sucht ist das *verlängerte Übersteigerte* im Nicht-Haben, es ist dies Übersteigern, Verlängern, Isolieren, das das Nicht aufreibend macht. Das Süchtige zeigt sich als von selbst besessen, sein Treiben wächst ihm über den Kopf, den es nicht hat. Ohnehin ist Hunger verzehrend und aggressiv, er verzehrt sein Was, wird darin freilich ebenso gestillt und mit seinem Was vermittelt. Aber wird das Verzehrende *verdinglicht,* das ist: wird das Nicht darin endlos verlängert, gegen und schließlich ohne das Was, dann reibt es sich und all das Seine endlos auf, es wird vernichtend schlechthin. Sucht wird dann völlig zum *Sich-Verlaufen* in die Irre und zugleich zum *dämonischen Verharren* in diesem Sich-Verlaufen. Es kommt darin ein immer mehr sich selber wie alles Verzehrendes herauf, ein subjektiv wie objektiv Urböses. Geilheit, Machttrieb, alle endlosen Begierden gehören hierher, aber auch jeder Erwartungseffekt, dem sein Was ein Abgrund ist, mit endlosem Fall; Angst, Furcht, Verzweiflung sind solche besonders zerstörenden Unfreiheiten in einem Zerstörenden. Hier erst also, in der *verdinglichten Isolierung* des Nicht am Nicht-Haben ist der Anfang des Nichts. Und nicht nur der Anfang, sondern der fundierende Ursprung bis zuletzt: Was aus Sucht, als dem zum Was gemachten Fehlen, begann, muß im Nichts enden, zu dem der Abweg führt. Wohlverstanden, es ist nicht das Nicht im Nicht-Haben mit seinem lebendig-intendierenden Bezug aufs Haben, sondern lediglich das verdinglicht isolierte Fehlen des Habens, das vom Haben *Abgebrochene* des Nicht, welches das Nichts begründet. Indem es das Nicht zwar auch hier nicht bei sich aushält, aber sich nicht zum Haben von Was ermannt, setzt es die Endlosigkeit seiner, also Verdinglichung der Intention und darin die Gegenintention und Stockung. Die Endlosigkeit setzt diese Gegenintention und Stockung, *weil sie, als Perpetuierung des Mangelns zum dezidierten Mangel, das Fehlen des Was selber zum Was macht.* Dadurch entspringt aus der pervertierten, das heißt, vom eigentlichen Was immer weiter abgelenkten Kraft des Wer zu seinem Was die immer weiter abgelenkte, immer weiter verdinglichte Gegenkraft. In dieser verstockten Sucht, im Trotz des zum Bösen und zur Lüge pervertierten Willens werden *Irre und Stockung, endloses Getriebensein und Versteinerung das gleiche*. Sie sind die im Substanzlosen gleichen Modi des Satanischen: *Medusa als der erstarrten Unruh Bild.* Die endlose Offenheit und die würgende, aufs Nichts bezügliche Verschlossenheit sind das gleiche; das dämonische Rasen des Amoklaufs, gar der vernichtenden Bosheit in ihm, und die Gefängnismauer des Nichts sind das gleiche. All das fällt zusammen im Nichts des verdinglichten Intendierens, worin sich das Intendieren in sich selber abgeriegelt und abgeblendet hat und das Was seiner Substanz verrät. Immer vereitelt die abgelenkte Kraft zum Was, und immer ist das mit ihr scheinbar Gewonnene eitel, Leere, Abgrund, Unsache. So zeigt das Satanische riesige Macht, aber da es kein

Was hat, außer dem fälschlich zum Was gemachten perpetuier-lichen Fehlen und Mangeln, also dem Götzen der eigenen Mo-lochhaftigkeit, so hat es keine Wahrheit, keinen Inhalt. Es ist so wirklich Nichts, woran man sich halten kann, es ist die Mäch-tigkeit und die Nichtigkeit des Nichts zugleich. Das Nichts hat aber seine Mächtigkeit nicht nur darin, daß es einmal seine Kraft aus der Ur-Intention, Ur-Intensität des Nicht-Habens per-vertiert (abgelenkt, umgelenkt) abgeleitet hat, sondern die Ver-dinglichung dessen bringt zugleich eine wachsende *Verselb-ständigung*. Dergestalt, daß das Nichts gegenüber dem bloßen Angelegtsein seiner im Nicht eine größere Kompaktheit in sei-nem *ausgebrochenen Umgang* besitzt; sodann, daß das positive Sein noch zur beständigen Relation auf das Nichts gezwungen ist und gar nicht ohne diese *Korruptibilität* gedacht werden kann. Dialektik des Nichts, die hier naheliegt, hat auf dieser Stufe noch keinen Platz, da, wie oben bemerkt (vgl. S. 251), das durchgehends negative Nichts sich noch »so feindlich wie hart gegen das Positivum festhält, also noch nicht oder nicht mehr dialektisch einbezogen oder einbeziehbar ist. Zu diesem harten Nichts gehört vor allem eben das nicht gleichgültig, sondern *vernichtend Disparate*, das nur in einem einzigen Schnittpunkt, dem des Vernichtens, der Katastrophe, keines ist.« Beispiele für dies harte, durchaus zu keinem positiven Umschlag gelangende Nichts sind mehr da als jedem Dialektiker und nicht nur ihm lieb ist: bereits das zertretene Saatkorn gehört hierher, dann die vielen menschlichen Störungen, Dummheiten, Schicksalsschläge ohne Rettendes am Nächsten gar mitten darin, und der Pelo-ponnesische, der Dreißigjährige Krieg mit nichts als Vernich-tung und so manche Schädelstätte ganz umsonst. Um also dialektisch zu funktionieren, muß das Nichts nicht sich selber überlassen bleiben, total negatives Nichts bleibend, sondern von einem *Gegenzug* ergriffen und gebraucht sein, von jenem, der, wie später hier spruchreif werden wird, nicht aus der Sucht in der Sehnsucht stammt, sondern aus der wirklichen Bewegung der Sehnsucht, hin auf ihr Was. Erst dieser echt tendenzielle Gegenzug macht das Nichts dialektisch, indem er es zur Nega-tion seiner selbst gebraucht und so gerade zur Weitertreibung der eigentlichen Was-Bestimmung, Was-Gewinnung. Auch das noch unbezwungene Nichts entwickelt seine disparate Mächtigkeit allerdings lediglich innerhalb des Prozesses, worin das unpervertierte Nicht-Haben selber steht, und wohin es sich als das Noch-Nicht des Habens hineinschickt. Aber des Prozesses als eines ungewonnenen, folglich eines noch so beschaffenen, daß das verlängert übersteigerte, zum Endlosen isolierte Nicht des Habens als Umgang des Nichts sich austoben kann. Im bloßen Nicht, das als Nicht-Etwas, Nicht-Erscheinung lediglich die Verneinung und die gleichsam noch unschuldige, obzwar der Sucht entspringende Verstreutheit, Andersheit alles Seienden fundierte, kam das Nichts der Vernichtung noch keinesfalls zum Auftritt. Um sich als eigentlicher Abgrund neben dem Sein korrelativ zu eröffnen, dazu sind selber weiter entwickelte Seinsbestimmungen notwendig; so die des *Lebendigseins*, des *kosmischen Zusammenhang-Seins*, des *Vernunft- oder Sinn-Seins*, des *Gelungen- oder Alles-Seins*. In diesen *historisch-konkret entwickelten* Seinsbestimmungen bricht erst das Nichts als die eigentlich giftige Andersheit auf und aus; mit der dem Lebendigsein und so fort entsprechenden Klimax: *Krankheit, Chaos, Anti-Sinn, totales Umsonst*. All das bildet Tod, und das Nichts, das als dieser sich effektuiert, zeigt seine völlig geschichtliche Relation zur aufsteigenden, utopisch aufsteigenden Seinsbestimmung des Prozesses gerade darin, daß es mit dieser Klimax als ebenso gegliederte Anti-Klimax aufsteigt. Das Schlachtfeld des *ungewonnenen* Weltprozesses ist folglich so der Nährboden für die *Mächtigkeit* des Nichts, wie das endlos isolierte Nicht ihr terminus a quo ist. Die Sucht, der dezidierte Mangel an sich selber sind geschichtslos, das Nichts hat keinen zeitlichen Horizont, aber es schmarotzt und frißt an der Zeit, die sich erfüllen will. Infolgedessen findet sich eine allemal nur indirekte und negative Geschichtsphilosophie des Nichts, im gleichen Zug mit der Geschichtsphilosophie des versuchten Fülle-Seins. Steigende Nacht und steigendes Licht, Herodes und Jesus, Nero und Urchristentum, Faschismus und Anfang der klassenlosen Gesellschaft, höchste Drangsal und mögliche Nähe der höchsten Rettung gehören historisch wie in allen Rettungs-Archetypen zusammen: die Unheilsgeschichte ist mit der Heilsgeschichte verschränkt, wird eben mit ihr erst groß. Das ist die Explikation des Nichts im Prozeß oder der Platz, welchen das Endlose, also Wider-Eigentliche im Weltprozeß als einer währenden Resultatlosigkeit findet. In dieser noch währenden Resultatlosigkeit (mit ungefundenem, unrealisiertem Ziel) ist der Freibrief für das schlechthin Unfreie des negativ Dämonischen. Hier ist der Ort mächtig-nichtigen Widerstands, der die positive Tendenz zu einem so schwierigen Fahrwasser, die positive Latenz zu einer so gefahrumgebenen Hoffnung macht. Der Umgang des Nichts als des *dezidierten* Mangels macht den Sieg des Nichts als des *definitiven* Mangels möglich; genau so, wie er den Sieg eines positiv Erfüllenden noch fern jeder Zuversicht hält. Daß allerdings auch der positive Sieg möglich ist, dieses Gegenbild zum Nichts-Resultat als ewiger Resultatlosigkeit, zum Tantalus-Ende: diese Zeit- und Horizontgnade steckt gleichfalls im Prozeß. Sie steckt in ihm als einem zwar ungewonnenen, doch ebenso als einem, der zum Tantalus-Nichts, Medusa-Nichts noch nicht definitiv geraten ist. Allem noch nicht Definitiven kann noch im Noch-Nicht und seinem Raum begegnet werden, das sogar mit besonders kräftigem, tapferem Gegenzug gegen das dezidierende Nichts, von der Intention Sein her, die nicht entsagt. So kommt also das Negativum nicht nur, als Medusisches, im Widersacherischen vor, sondern – wovon sogleich – in *jener Art Antithetischem,* die zur Dialektik gehört. Die Irre und finstere Erstarrung sind, nachdem sie sich immer noch innerhalb des Prozeßgangs befinden, dessen hemmender, doch nicht dessen konklusionsgemäßer, sieggemäßer Teil; dieser heißt zwar nicht zuversichtlich post nubila Phoebus, doch dialektisch per nubila Phoebus; aktive Intention vorausgesetzt, wenigstens im Menschenreich, mit dem guten Ziel im Bund.

Verschlingungen der Tapferkeit mit dem Umgang des Nichts, Mächtigkeit der Dialektik

Zum Nicht zurück, so bleibt es das, was es nicht bei sich aushält. Als Sucht geht es irre, alles wird finster, doch wo ein anderer Wille ist, ist ein Weg. Gemeint ist der verändernde, heimführende Wille, der Tag, in dem der Mann sich rührt. So sich rührend fällt keine Sucht vom Strich ab, sondern die Sehnsucht wird aktiv und fährt nach dem Was aus, um das sie sich nicht betrügen läßt. Auch dann freilich, gerade dann liegt ihr das Daß des noch unbestimmten *Meinens* zugrunde, das Daß, mit dem alles begonnen hat und beginnt. Das Daß des bloßen leeren unmittelbaren Bin und Ist, dies treibende, setzende X alles Treibens und Heraussetzens, diese noch allerdunkelste Kernglut jedes Intendierens im Existere. Hierin ist der Urimpuls allen Anfangs, der uns so beständig nahe, ja allernächste, und einer, der sich gerade deshalb im Dunkel des gelebten Augenblicks befindet, weil er sich überhaupt noch nirgends an und für sich selber objektiviert hat, ja überhaupt noch nicht in Geschichte eingetreten ist. Er ist das Rätsel, das zugleich der einzige Ort und der gesamte Was-Inhalt der ausstehenden Lösung ist. Er ist der Anstoß zur gesamten sich entwickelnden Erscheinungswelt, das ist: der versuchten Prädizierung des allerimmanentesten X, der versuchten Objektivierung seines materiellen Was. Dieser Daß-Faktor ist beständig vorweltlich: nicht, als wäre er in irgendeinem unvordenklichen, zeitlich wie räumlich längst passierten Jahr Null der »Schöpfung« lokalisiert, sondern er ist vorweltlich als dieses Jetzt und Hier, uns allernächst. Der Anstoß zur Welt, dieses Nicht-Haben und Lösungsbedürftige an sich, macht als gleiches noch unbestimmtes Meinen den Kern aller Dinge und Menschen aus. Item, das X des Weltanstoßes insistiert in allem Existierenden immer wieder durch alle Geschichte hindurch, sie als Grundtrieb betreibend und von ihren bisherigen Objektivierungen noch unbetroffen. Darum eben wohnt der Anstoß allernächst in der völlig ungelichteten Ursprungs- oder Brunnenstube des Existere an sich, im Erzeugenden der Subjekt-Objekt-, Objekt-Subjekt-Beziehung Welt. Aber wenn das sowohl treibende wie sich selber noch verborgene Meinen dieses Anstoßes zur Sucht mißraten kann, so meldet sich in ihm ebenso das unverbogene Original: Wille substanzvoller Sehnsucht, Richtung aufs Was. Letztere nicht erst in der menschlichen Geschichte, auch bereits in der vor- oder außermenschlichen; es ist der die Dialektik durchsetzende, das Nichts umlenkende Gegenzug zu Vernichtung und Nichts. Ganz tritt allerdings dieser Gegenzug: als Wille des substanzvollen Intendierens, erst menschlich-subjekthaft hervor: in *Tapferkeit* und *militanter Hoffnung*. Darin meldet sich das utopische Gewissen und Eingedenken des Alles, die Mannschaft des Anti-Nichts, oder utopischen Totum. Und aus dem gleichen Meinen, aus dem, als auch verdinglichter Sucht, die Irre und Versteinerung hervorkommt, entspringt auch, als aus heimwärts gerichteter Intention, deren Gegenzug zur Sucht und ihrem Nichts; es objektiviert sich daraus die Dialektik vom Leben, Zusammenhang, Sinn, Alles. Wie die Sucht der terminus a quo des Nichts, so ist aktives Intendieren mit militanter Hoffnung darin der terminus a quo der gelingenden Seinsfülle. Aus dem abgetriebenen Meinen oder, wie sich hier weiter bestimmen läßt: der entfremdeten Unfreiheit seiner, kommt die Deduktion des Grundschadens, aus dem eingedenkenden Meinen oder der unentfremdeten Freiheit seiner, als dem Einklang mit seinem Inhalt, kommt die Deduktion der Heilung. Und zwar nicht selber freisteigend, mit bloß abstrakter Utopie, abstrakt-metaphysischem Sursum corda, sondern eben in Verschlingung mit dem Negativen, im Gebrauch des jeweils zerstörenden Nichts. Der Gegenzug zum Nichts setzt dieses, soweit immer möglich, zur Antithese herab, zur selber zum Treiben gezwungenen; das steigend Negative wird dadurch zur objektiven Kritik des Gewordenen, wenn auch zu einer, die an sich, *ohne Willen, der sie gebraucht, nur zum Untergang führt.* Dialektik insgesamt, wo immer sie auftritt, arbeitet als Kraft in der Welt, die den Abweg zum Weg schlägt, die alles noch umfunktionierbare Contra sprengend auf dem Prozeßweg der Welt arbeiten läßt. So arbeitet das durch Widersprüche Vorschreitende erst recht in der bewußten, in der revolutionären Geschichte, wo das Subjekt als Antwort aufs Vorhandene die Vernichtung des Gewordenen ausnutzt und dirigiert, also die gebrauchte Negation dazu zwingt, befördert und überleitet, Vater der rechten Dinge zu sein. Hier wird der positive Anstoß, positive Daß-Faktor des Intendierens in der Welt nicht nur zur Richtung, sondern zur dialektischen Tendenz auf das eigentliche Was. Die Irre wird eingemeindet, das Gift in der Stockung macht diese selber zum Fall reif, – jedoch eben nicht bei bloßem, sich selbst überlassenen Automatismus der Widersprüche. Müssen diese doch wachsend vom Willensfaktor gebraucht, unterworfen werden, um nicht, ein Beispiel von Marx heranziehend, Proletariat und Bourgeoisie im gleichen Untergang (hier: Krise, Krieg) enden zu lassen. Diese Unterwerfung des Negativen, bis zur fortschreitenden Negation seiner selbst, ist die Mächtigkeit der Dialektik. Als negative wird sie Befreiung von etwas: dem Verrotteten, als positive wird sie Freiheit zu etwas: dem Novum eines mehr Adäquaten, dem zur Geburt verholfen wird.

Ein Mensch, der sich endlos widerspricht, ist unerträglich und faselt. Ihm muß gesagt werden: A ist nicht zugleich Non-A, fürs einfach-richtige Denken gilt dieser Satz vom Widerspruch. Aber ist das Denken nicht mehr so einfach, wird es geordnet fortschreitend, so verändert sich etwas darin, zusammen mit dem Gegenstand, mit dem es fortschreitet. Dann gilt der Satz des Widerspruchs nur als ebenso aufgehobener: A ist zugleich Non-A. Und zwar setzt der Satz: A ist zugleich Non-A den Satz: A = A noch keineswegs voraus, es sei denn als bloß denkgeschultes, nicht aber eigentlich logisches Festhalten an dem mit dem Begriff A Bedeuteten. Die Einheit des Widerspruchs, gar die Einheit der Einheit und der Widersprüche, dies echte Identischsein ist vor dem Satz des Widerspruchs noch gar nicht da, sie muß ja, als echtes A = A, durch viele Urteile von der Art: A = Non-A erst gewonnen werden. Der Satz des Widerspruchs sucht sich also ständig in den der Identität aufzuheben, ohne daß es ihm bereits völlig gelingt; so geht er an und weiter, entzweiend – entzweit. Es ist also wirklich so, daß das Nämliche dem Nämlichen in derselben Beziehung zugleich zukommt und nicht zukommt. Kontradiktorisch entgegengesetzte Urteile können also beide zugleich wahr sein, das heißt, einen Gegenstand und seinen Sachverhalt richtig abbilden, als den mit dem Negativen seiner, der Untergangs-, Übergangsreife, zugleich versehenen. Doch freilich eben; es deckt sich das *Nichts als solches*, das Negative, an sich gehalten, nie ganz mit der in den Prozeß hineingezogenen Negation, als die es in der Dialektik erscheint. Es deckt sich lehrreicherweise schon in der Geschichte seines Begriffs nicht, das heißt: in seiner philosophischen Entdeckung und versuchten Formulierung. Das Nichts als das Leere bei

Parmenides, als das Leere und räumlich Unbegrenzte bei Leukippos, als der gähnende Raum und zugleich die Nebenursache aller Vielheit, Andersheit, Unangemessenheit bei Platon, als das Leere und zugleich Finstere, Urböse bei Plotin: all diese Bestimmungen des an sich Unterbestimmbaren haben die Negation noch nicht eingemeindet. Selbst die Platonsche Dialektik, welche Dauerndes, Eines, Seiendes durchgehends als Bestimmtheit in und über dem Wechselnden, Vielen, ja Nicht-Seienden lehrt, zieht das schlechthinnige Nichts nicht als mit dem Sein verwoben herein. So sehr Platon lehrt, es sei keine Erscheinung, die nicht zugleich das Gegenteil ihrer selbst wäre, deren Sein nicht zugleich ihr Nicht-Sein wäre, so selbständig-dualistisch hält sich hier doch das leere Nichts als eines, in dem, nicht aus dem die Dinge geworden sind. Das Nichts wurde auch nicht voll dialektisiert, als sein Problem nach langem Schlaf wieder erwachte, vielmehr sich aus der Satanologie des Mittelalters rein philosophisch wieder herausbegab. So bei Nikolaus von Cusa: die Dinge, vor allem die Menschen in ihrem Desiderium sind zwischen Nichts und Gott gespannt, doch nicht an diesem Nichts und seiner Alteritas geschieht hier die Dialektik, die bei Cusa coincidentia oppositorum heißt. Diese geschieht vielmehr erst dort, wo gar keine Alteritas mehr herrscht: in der absoluten Einheit oder Gott, als der Einheit des absoluten Minimum und absoluten Maximum. Die mit der Alteritas sich deckende Vielheit der Dinge stammt als ein »Dicitur a non esse« zwar aus dem Nichts in Gott (De docta ignorantia II, 3), aber diese weltliche Vielheit kommt zu keiner »Einheit der Gegensätze«. Ihr Nichts gelangt nicht zur Dialektik, und die Cusanische Dialektik, sonst ein nächstes Vorspiel zur Hegelschen, gelangt nicht zum weltlichen Nichts. Wird das Nihil ebenso in Gott verlegt wie das Esse, so kommt es zwischen beiden nicht zu dem aufgeteilten, situationshaften Kontakt, der weltliche Dialektik heißt. Ein Verwandtes wiederholt sich beim nachhegelschen Schelling, in seiner Lehre vom vorweltlichen »Ungrund« des Seins, dem vernunfthaft völlig unauflösbaren. Auch dieses – rein negative – Gottwesen kann nicht in Dialektik eingehen, es sei denn in eine, die sich auf gar keine »Vermittlungen« mit diesem Negativen und seinen Weltausbrüchen einläßt, sondern nur auf Krieg und Zurückschleuderung. Gerade der »Ungrund«, bei Schelling mythologisch verdinglicht und vorweltlich fixiert, wird von einem selbsttätigen Per aspera ad astra ferngehalten. Die Finsternis wird hier nicht von selber Umschlag zum Licht, konträr: »Alles Böse strebt in das Chaos, das heißt: in jenen Zustand zurück, wo das anfängliche Zentrum noch nicht dem Licht untergeordnet war, und ist ein Aufwallen des Centri der noch verstandlosen Sehnsucht« (Schelling, Werke VIII, S. 374). Es ergibt sich also, daß die Begriffe des Nichts (und ihre Abwandlungen) bis Hegel keineswegs ganz mit der in den Prozeß hereingezogenen Negation zusammenfallen; es ist noch eine Art wilde, unvermittelte, auf keine Weltdialektik sich einlassende Negation an ihnen, ein Nichts höchstens als riesige Antithese zum Sein, nicht im Sein. Hegel zeigt zwar, wie vielfach die unvermittelte Antithese in kontradiktorischen Reflexionsbestimmungen (Laster-Tugend, Finsternis-Licht und so fort) eine der bloßen »beschränkten Verstandesbestimmungen« ist, die ihre Momente fixiert, statt sie dialektisch-flüssig zu erhalten. Auf diese Art erscheint bei Hegel allerdings Negativiät durchaus als eine *wie durch sich selbst dialektisch eingemeindete,* ja als der wesentliche Sauerteig, der den Prozeß zum Aufgehen bringt. Die Negativität ersetzt so die Intensität und Dynamik, die dem reinen Äther der in sich weilenden Idee ja keineswegs zukommen; die dialektische Negation wird dergestalt in Hegels Philosophie zum Erregenden schlechthin, zum Gegengift nicht nur der Stockung, auch der faden Zufriedenheit. Das ist das Große an Hegel, daß er das Negative auch begrifflich nicht ausläßt: »Nicht das Leben, das sich vor dem Tode scheut und von der Verwüstung rein bewahrt, sondern das ihn erträgt und in ihm sich erhält, ist das Leben des Geistes« (Phänomenologie, Vorrede). Dergestalt daß Dialektisches als überall fruchtbare Entzweiung erscheint, daß es die Sphäre der zerstörenden Differenz überall produktiv bewohnt, als Vernichtung des Vergehenswerten im Schoß des Vergehenswerten selber. Jedoch: es wird durch die so behauptete vollkommene Vermittlung des Negativum, innerhalb des dialektischen Prozesses, dem Nichts zugleich seine Furchtbarkeit hinweggenommen, das ist jene wie immer schneidende

Unvermitteltheit (Disparatheit), von der die älteren Denker des Nichts betroffen waren. Diese Unvermitteltheit beruht gewiß großenteils auf bloßen fixen Reflexionsbestimmungen des Verstands, wie von Hegel angegeben, ist jedoch dadurch nicht erschöpft. Sie lief und läuft in größerer Breite, als panlogistische Dialektik erfassen kann, noch unter und neben dem positiv funktionierenden Negativum her. Eben: es gibt durchaus Saatkorn, das stirbt und keine Frucht bringt, nämlich als zertretenes, ohne irgendeine positive Negation dieser Negation wirklich, gar notwendig danach. Hegel selber gibt derart »unaufgelösten Widerspruch« zu: die ganze Natur erscheint ihm als einer; und in der Geschichte rechnet auch er den Peloponnesischen Krieg, den Dreißigjährigen Krieg, die indische Witwenverbrennung und so fort keinesfalls unter die *produktiven* Mächte des Verderbens. Heute hätte er die Todeslager des Faschismus hinzugefügt, die Verbrennungsöfen von Maidanek: Moloch ist auch für Hegel ein Anderes als schaffende Differenz, ein Anderes als Karfreitag, der Ostern bringt. Besonders beachtbar ist eine auffallende Stelle in Hegels Ästhetik über das »nur Negative«, das »Negative in sich«, im Zusammenhang mit ästhetischem Wert: »Wenn der innere Begriff und Zweck bereits in sich selber nichtig ist, so läßt die schon innere Häßlichkeit noch weniger in seiner äußeren Realität eine echte Schönheit zu . . . *Denn das nur Negative ist überhaupt in sich matt und platt* und läßt uns deshalb entweder leer oder stößt uns zurück . . . Das Grausame, Unglückliche, die Herbigkeit der Gewalt und Härte der Übermacht läßt sich noch in der Vorstellung zusammenschalten und ertragen, wenn es selber durch die gehaltvolle Größe des Charakters und Zwecks gehoben und getragen wird; das Böse als solches aber, Neid, Feigheit und Niederträchtigkeit sind nur widrig, der *Teufel für sich* ist deshalb eine schlechte, ästhetisch unbrauchbare Figur« (Werke X[1], S. 285). Hegel spricht in diesem Zusammenhang auch vom Negativum an sich als einem »übertünchten Grab«, und nichts Lebendiges entspringt ihm aus dieser puren Nächtigkeit in sich selbst. Wonach hier also das Nichts in seiner alten fressenden Hohlgestalt doch nicht unerinnert bleibt, trotz aller total-dialektischen Vermittlung. Diese total-dialektische Vermittlung ist in Wahrheit nicht nur Triumph der Konkretion über abstrakt fixierte und so voneinander abgehaltene Verstandsbestimmungen; sie ist ebenso ein letzter Triumph säkularisierter Vorsehung, aus dem Geist des Panlogismus. Wobei trotzdem Hegel, in seiner gewaltigen Sachlichkeit, nicht umhin kann, das Negativum nicht schlechthin als Gottes Mühle zu feiern. Und nicht schlechthin auch als Positivum, in Hinsicht der Aufhebung und neuen Setzung, die der Widerspruch angeblich an sich bereits bedeutet. Ja, Hegel nimmt am Ende, mit einer verblüffenden, fast manichäischen Wendung, sogar die gesamte Negativum-Schicht aus seinem sonst allvermittelten Pan-Logos heraus; in einer Weise, die dem Nichts gerade keine Heilsökonomie an und durch sich selber zubilligt. Denn nach Hegel können in jeder Sphäre der Weltidee nur affirmative Bestimmungen, also die Thesis und Synthesis, als »Definitionen Gottes« gelten, nicht aber die negativen Bestimmungen der Antithesis, die in der Differenz sind. Die Andersheit und die Endlichkeit, worin das Negativum vorzüglich ausbricht, sind hier der »Unterschied von Gott« (Enzyklopädie § 83), und ebenso groß wie selbst das fruchtbare Negativum ist zu allerletzt für Hegel »die Unangemessenheit« des Endlichen, Unvollkommenen zum Vollkommenen, welche das Negativum zum positiven Umschlag bringt, hin zur – wahren für sich seienden Identität. Item, wie angegeben: so wenig ein Idiot, der sich dauernd in Widersprüche verwickelt, deshalb schon ein Dialektiker ist, so wenig kann das »nur Negative« sich von sich selber in den dialektischen Prozeß hereinziehen. So wenig auch kann es darin, als Heilsdynamik wider Willen und doch gleichsam aus eigenem Willen, ganz schon eingemeindet sein. Vielmehr, wie hier nun spruchreif wird: der Gegenzug ist notwendig, eben nicht wie das Nichts aus der Sucht in der Sehnsucht stammt, aus diesem eigentlichen terminus a quo des Nichtshaften, sondern aus der *wirklichen Bewegung der Intention, in das Nichts hinein, durch das Nichts hindurch, hin auf ihr Was.* Und erst dieser Gegenzug macht in der völlig ausgebrochenen und so deutlich werdenden *Menschengeschichte* das Nichts dialektisch, dadurch daß er es zur Negation seiner selbst gebraucht, dadurch daß er es gerade zur Forttreibung der eigentlichen Was-Bestimmung, Was-Gewinnung zwingt. Die Forttreibung selber, diese Aktivität im daseienden Widerspruch, kommt nicht aus dem sich selbst überlassenen Nichts, als welches vielmehr nur zum Abgrund giert. Sie kommt aus der Intensität des Daß-Faktors, der auf dem Weg zu seinem Was wirklich begriffen ist und der im Menschen, sofern er sich als historischer Erzeuger bewußt wird, diesen Weg auch nun wahrhaftwirklich begreift. Mit der Hoffnung begreift, die als eine Spes militans, Spes docta der leeren Mächtigkeit des Nichts so fern wie nur möglich und so überlegen wie nur immer möglich ist. Es gibt keine garantierte Umschlagstelle, keinen automatischen Übergang aus dem Nichts der Entmenschung zum hocherhobenen Haupt. Konträr, das sich selbst überlassene Negativum leitet einzig in das ihm Angestammte: in totalen Un-Sinn, Gegen-Sinn, Wider-Sinn, ins Chaos. Daher wäre mit Leiden allein, ohne Leidenschaft, nie etwas Großes vollbracht worden; daher müßten, um eben ein Exempel aus der aktuell-geschichtlichen Dialektik zu wiederholen, Proletariat und Bourgeoisie zusammen in der kapitalistischen Widerspruchskrise zugrunde gehen, wenn nicht der aktive, der revolutionäre »Widerspruch« sich dieser Krise annähme. Macht der Gegenzug in der Welt überall erst aus dem Negativum ein Instrument des Umschlags, des Geschehens, der Geschichte, so ist die revolutionäre Selbstergreifung des Widerspruchs zum erstenmal auch bewußt geschichtsbildend. Und das Ziel, das diesen Gegenzug letzthin hinanzieht, woran er auf dem Weg seinen terminus ad quem hat, ist das utopische Totum des Was. Sein mögliches Alles hat in jedem Sprengpulver gegen das Morbide seinen Vorausgruß, in jeder Freisetzung des besseren Neuen aus der verrottet, erstickend gewordenen Hülle seine Statthalterschaft. Dialektik bezeichnet so den Ostpunkt im Untergangspunkt oder allemal: die Verschlingung des Tods mit dem Sieg. Aber der Ostpunkt im Untergangspunkt wird einzig von der Intention auf ihn hin in dieser seiner Morgenröte erhalten. Nur im Maß, mit dem das utopisch-positive Gewissen wächst und handelt, sich erhellt und der objektiven Möglichkeit sich verbindet: nur im gleichen Maß verringern sich die Felder, wo das Negativum nichts als Krisis zum Tod ist. Die Mächtigkeit der Dialektik bleibt so entscheidend die Mächtigkeit des Daß-Faktors, der in allem seine unabgelenkte Prädizierung betreibt. Er ist in der menschlichen Geschichte der subjektive Faktor, in der vor- und außermenschlichen Welt (Natur), mit noch weniger ausgebrochener, bewußter Art, dieses, was als Natura naturans gedacht worden war. Dialektik insgesamt ist nur eine auf Grund dieses subjekthaften Motors, dieses Dominantzugs durch alle Widrigkeiten hindurch; so erscheint sie auch einzig als Subjekt-Objekt-Beziehung in der Welt, mit dem Subjekt als Objekt, dem Objekt als Subjekt am utopisch erhofften Ende. Das stärkste Subjekt, auch die, wenngleich noch unbezogene, Schlüsselstellung zu aller Natura naturans ist der Mensch. Daher wächst die Dialektik, obwohl in allem Geschehen wirksam, mit dem Fortgang der menschlichen Geschichte. Und daher ergibt sich, trotz aller aufsteigenden Mächtigkeit des Nichts, im Umgang tätiger Dialektik doch nicht ohne Trost: das Was der Subjekt-Objekt-Identität, wie es in aller positiven Hoffnung steht, ist dem Humanum am nächsten. Die hellere Mächtigkeit statt der des Nichts heißt Dialektik, und die völlige Identität ihrer beherrschten Widersprüche, die durchaus erst utopische, heißt: noch ungewordenes Menschengesicht in der Welt, als Welt.

Nochmals Nicht-Haben, Evidenz und Identität

Das Wer aber bleibt noch das dunkle Daß, das nach seinem Was auf dem Weg ist. Es ist auf diesen hingespannt, wirft tausenderlei Etwas und Erscheinendes aus sich heraus, bleibt dabei nicht stehen. Sich Hinspannen auf etwas ist auch dann möglich, wenn genauere Lage und Beschaffenheit dieses Etwas noch unbekannt sind. Vorausgesetzt ist nur, daß es nicht nach allen Seiten liegen mag und sodann, daß hinlänglich bekannt ist, was das Ziel *nicht* ist. Das erstere genügt bereits, um dem Suchen eine Richtung zu geben, eine selber versuchende, eine Hauptrichtung in den vielen, die kreuz und quer gehen. Das zweite: das (mit Ahnung eines Rechten erfüllte) Wissen, was das Gesuchte *nicht* ist, hindert die Vergaffung in noch uneigentliche Gebilde des Unterwegs. Und zwar wird dieses letzthin unbetrügbare oder Ahnungswissen dem Urteilsgefühl nach von der *Evidenz*, dem Urteilsideal nach eben vom Grundsatz der *Iden*-

tität regiert. Die Evidenz hat als Gefühl ein Genügen, das bereits im Wohlbefinden anklingt, im leichten und friedlichen Leben, im Haus, das gut in Gang ist. Einleuchtend ist derart das Glück, seine Gewißheit beweist sich selbst, so in der Liebe; muß diese ernsthaft, nicht nur zum Spiel, bewiesen werden, so ist sie bereits verschwunden. Das dem Unmittelbaren enthobene, das eigentlich *logische* Evidenzgefühl haftet bezeichnenderweise an allem vom Verstand formal Erzeugten, es haftet nicht an dem Empirischen der Wahrnehmungs- und der Erfahrungsurteile. Die mathematischen Axiome mögen willkürlich gesetzt sein: was aus ihnen folgt, die formale Konsequenz der Beziehungen, ist einleuchtend-notwendig, formal-evident. Das siebzehnte und achtzehnte Jahrhundert, die Blütezeit des Rationalismus, hatte aus dem Verstand erfließende Evidenz auch über Mathematik hinaus bezogen; am fruchtbarsten im Naturrecht. Der Verstand glaubte in dem von ihm Erzeugten nicht bloß formale Evidenz, auch eine von Inhalten zu sehen. Descartes nannte Vorstellungen, deren klare und deutliche Evidenz durchaus in sich selbst begründet ist, eingeborene Ideen; Leibniz zeichnete solche von selber einleuchtende Wahrheiten als »vérités éternelles« aus, und unterschied sie von den »vérités de fait«, den keineswegs evidenten (rational-notwendigen) Tatsachen der Erfahrung, bei denen auch das Gegenteil denkbar ist. Eben das Naturrecht galt als eine auch ihren Inhalten nach evident-beweisbare Wissenschaft, und es ergab sich gerade aus dieser Art Evidenz, aus dem Denken des Vollkommenen, ein bemerkenswerter Unterschied zu den »vérités de fait« des empirisch vorhandenen Rechtszustands. Dieser Unterschied führte zur Kritik des Bestehenden aus der Evidenz und gewann sich so die Prinzipienlehre der bürgerlichen Revolution. Und damit zeigt sich der Übergang zu jener Art von Evidenz, die allein im Zusammenhang des Ahnungswissens gemeint ist und die den Zusammenbruch des abstrakten Rationalismus überdauert. Darum überdauert, weil sie gar nicht zum Zusammenbruch gehört, vielmehr zum bleibenden Intendieren auf eine bessere Welt, wie es, unter mannigfacher Ideologie, im Rationalismus des Naturrechts lebendig war. Die Evidenz also, welche das *utopische* Gewissen und Wissen regiert, ist die der Freiheit als des Fürsichseins. Sie ist eine des Lebens und der Welt, worin nichts mehr mit ihm Fremdem, also Nicht-Evidentem behaftet ist. Sie ist – als Evidenz solcher Wahrheit – eine, worin Wahrheit nicht nur Adäquation des Gedankens an die Gegenstände ist, sondern ebenso Adäquation der Gegenstände an den Gedanken, das ist, an die durch ihn erfaßte, noch nicht gewordene Prozeß-Entelechie der Gegenstände. Dieses ist eine die Welt verändernde Wahrheit, wenn auch eine, die sich in beständigem Kontakt mit der geschichtlich vermittelten Tendenz erhält. So steht sie einem kriecherischen Empirismus, einem abstrakt-überfliegenden Idealismus gleich fern. Aber ohne zu vergessen, daß der kriecherische Empirismus heute die Form der Gemeinheit geworden ist, während der überfliegende Idealismus immerhin einer sein konnte, der sie – überflog. Der kriecherische Empirismus fälscht die Wahrheit, indem er sie »faktisch« erstickt, der überfliegende Idealismus fälscht die Wahrheit ebenfalls, aber indem er sie »spirituell« aus jeder möglichen Welt hochbläst und verhimmelt. Zurück zur utopisch-konkreten Evidenz: der zu ihr inklinierende Mensch wüßte allerdings überhaupt nicht, daß es die Welt in ihrer Inadäquatheit gäbe, wenn es sie nicht gäbe, das heißt, wenn sie ihm nicht, als aufgedrungen, »gegeben« wäre. Dagegen weiß er, daß es das unter dem Reich Erhoffte gibt, obwohl es dieses nicht gibt, ja weil es dieses nicht gibt, noch nicht gibt. Die gründliche Evidenz garantiert den Eintritt des Ihren nicht im mindesten, noch weniger als Utopie insgesamt, selbst die konkrete, Erfüllung garantiert. Aber gründliche Evidenz garantiert die Gültigkeit dieses ihres zentralen Inhalts, eine Gültigkeit, die selbst durch Vereitlung nicht vernichtet wird. Der Inhalt der absoluten Evidenz: das Reich, bleibt wahr, ja ist die Wahrheit selber, in ihrer, dem Empirismus so törichten, Hoffnungsgestalt. Die gründliche Evidenz hat ihren Inhalt im Eigentlichen, darum eben: »Denn das, was ist, kann nicht wahr sein, aber es will durch die Menschen zur Heimkehr gelangen. Was aber darin wirkt nach dem Grundsatz: begonnen ist der Weg, vollende die Reise, ist nicht mehr die Frage, was die Dinge im jeweils Gegenwärtigen seien, in ihrer empirischen Verhaltungsregel und deren einzelwissenschaftlichen Kodifizierung, sondern es ist, anders betont und mit dem nicht Entsagenwollen religiöser Art, die

Frage, was die Dinge, Menschen und Werke *in Wahrheit* seien, nach dem Stern ihres utopischen Schicksals, ihrer utopischen Wirklichkeit gesehen. Sobald das erkennende Ich derart gereinigt ist, läßt sich gerade die stärkste Abhängigkeit vom erlebenden, das heißt, qualitativ färbenden, vom auffassenden, das heißt, geschichtsphilosophisch beschleunigenden, und vom utopischen, das heißt werttheoretisch erfüllenden Subjekt in jeder Sphäre als Kriterium der philosophischen Realität auszeichnen« (Geist der Utopie, 1918, S. 338 f.). Und weiter, für die Evidenz des Alles, gegen die Kapitulation des Empirismus, schließlich Relativismus, schließlich Nihilismus: »Die bestehende Welt ist die vergangene Welt und das geistentleerte Objekt der Einzelwissenschaft; aber die menschliche Sehnsucht in beiderlei Gestalt: als Unruhe und als Wachtraum, ist das Segel in die andere Welt. Dieses Intendieren auf einen Stern, eine Freude, eine Wahrheit gegen die Empirie, hinter ihrer satanischen und erst recht hinter ihrer Inkognito-Nacht, ist der einzige Weg, noch Wahrheit zu finden; die Frage nach uns ist das einzige Problem, die Resultante aller Weltprobleme, und die Fassung dieses Selbst- und Wirproblems in allem, die weltdurchschwingende Eröffnung der Pforten der Heimkehr ist das letzthinnige Grundprinzip der utopischen Philosophie. Nur dann müßte das Intendieren auf die geheime, noch nicht seiende Freude über unserem Haupt, auf die Enthüllung des allösenden Existenzworts verzagen, wenn auch dasjenige in uns, das noch nicht geleuchtet hat, bereits geleuchtet hätte; so aber beginnt endlich die Philosophie nicht nur gewissenhaft zu sein, sondern zu ahnen, wozu, und Gewissen zu haben; ihr Eingedenken, ihr synthetisch erweiternder Messianismus a priori schafft endlich das Reich der zweiten, der allein wahrhaftigen Wahrheit: in der Welt, gegen die Welt und ihre bloße Tatsachenwahrheit die Spuren, die konzentrischen Promiskuitäten der Utopie zu suchen, zu beschleunigen, zu vollenden« (Geist der Utopie, 1923, S. 251 f.). Evidenz solchen Rangs ist volle Übereinstimmung des darin gedacht Intentionierten mit sich selbst; der Inhalt des Einleuchtenden wird darin voller Gegenstand und hört damit zugleich auf, nur und noch Gegenstand, das heißt, abgehalten, im Abstand von uns und sich selber zu sein. Nichts

Vorhandenes ist bereits in diesem absoluten Sinn evident, doch alles, minus des Nichts darin, ist auf dem möglichen Weg dazu hin. In einer Reihe verschiedener Affinität, in einer Reihe verschieden weiter Fernsichten und verschieden weit betretener utopischer Fernländer. Sie sind alle auf die zu sich gekommenen Menschen bezogen mit ihrer für sie gelungenen Welt: »Das Alles im identifizierenden Sinn ist das Überhaupt dessen, was die Menschen im Grund wollen. So liegt diese Identität allen Wachträumen, Hoffnungen, Utopien selber im dunklen Grund und ist ebenso der Goldgrund, auf den die konkreten Utopien aufgetragen sind.« (Das Prinzip Hoffnung, Frankfurt 1959, S. 368.) Die konstruktiven Wunschbilder sozialer, technischer, bildlich-ästhetischer Art gehen mit Evidenz in solche Horizonte, erst recht die existentiell-intensiven Wunschbilder moralischer, musikalischer, religiöser Art. Und sie alle konvergieren – in der Sehnsucht einig, in den Bestimmungen der Sehnsucht experimentierend – auf ein Unum, Verum, Bonum oder höchstes Gut.

Was immer so einleuchtet, hat nichts abseits vom Glück und fremd dazu in sich. So eröffnet es sich dem mit uns und sich zuletzt Übereinstimmenden und Selben, hat auch noch die Qual der Wahl ausgeschieden. Eben derart wird das Urteilsideal der Evidenz von dem logisch-ontologischen Grundsatz der *Identität* regiert. Das ist: von der Formel A = A, der so einfach klingenden, in Wahrheit, wie bemerkt, letzten und immer erst bevorstehenden. Wird allerdings lediglich nur so hingesagt: eine Pflanze ist eine Pflanze, ein Mensch ist ein Mensch, und wird daran festgehalten, so wird damit nicht eben viel gesagt; dies Tautologische ist albern. Auch zeigt sich in den vorhandenen, durch ein Gleichheitszeichen verbundenen Doppelgliedern von A = A, daß darin nicht einmal die alberne Einheit, sondern noch eine Zweiheit mit Abstand ist. Auch gibt es realiter gar keine Pflanze, gar keinen Menschen, von denen prädiziert werden könnte, sie seien mit Pflanze, Mensch, mit dem ganzen Inhalt ihres logisch bezeichneten Subjekts identisch; denn wenn sie es wären, so gäbe es keinen genetisch-dialektischen Fortschritt. Eine Pflanze ist also nicht einmal eine Pflanze in dem Sinn, der statt tautologischer Einerleiheit inhaltliche Einheit des prädikativ Ausgesagten mit seinem Subjekt meint; und ein Mensch ist erst recht kein Mensch. Er kann erst im Begriff sein, einer zu werden, das heißt, den noch unprädizierten, unexplizierten, unobjektivierten, letzthin unrealisierten Reichtum seines Wesens mit sich in Einheit zu bringen. Item: Subjekt und Prädikat stehen in allen diesen Aussagen im Verhältnis von Erscheinung und Wesen, folglich auch objektiv noch im Abstand A = A, folglich in keiner *totalen,* irgendwo schon erreichten inhaltlichen Identität. Daß eine tautologische Einerleiheit ganz und gar keine inhaltliche Identität darstellt, erweist sich besonders klar in dem Satz, dem ganz offensichtlich einfrierenlassenden, reaktionär gezielten: Ein Proletarier ist ein Proletarier. Er ist dieses eben seinem menschlichen Wesen nach durchaus nicht, vielmehr: sein gesamter genetisch-dialektischer Fortschritt deklariert das Prädikat: Proletarier als Vorläufigkeit. Wird andererseits der Satz: Ein Mensch ist ein Mensch pathetisch ausgesprochen, wie in der Aufklärungszeit, so enthält das Prädikat doch ebenso klar eine bloß erst geltende, keinesfalls in der Erscheinung bereits realisierte Wesens-Würde; mithin, es ist mehr in ihm als im Subjekt. Zweifellos enthalten alle diese Beispiele zum Identitätssatz begriffliche Verschiebungen, wonach das scheinbar mit dem Subjekt inhaltsidentische Prädikat zwei oder drei Bedeutungen annehmen kann; aber diese – ganz unvermeidliche – Verschiebung zeigt an, wie wenig gerade Identität noch steht, wie sehr sie – zwischen Subjekt-Erscheinung, Prädikat-Wesen – noch auf dem Weg zu sich ist. Wie sehr sie mithin *der utopischen Evidenz nur selber utopisch vorgeordnet ist:* als keine tautologische Einerleiheit, sondern als Bezeichnung einer Angelangtheit, des Gelungenseins, Alles-Seins. Dergestalt ist selbst der pathetisch-ideal betonte Satz: Mensch ist Mensch noch kein identischer im strengen, gar absoluten Sinn. Denn es steht dahin, ob der Mensch in der wirklichen Enthüllung seines dunklen Wer ein Mensch ist; es steht desto mehr dahin, als wirkliche Identität ihrem Inhalt nach ja Einheit von allem bedeutet. Welch Widerständiges – mit selber totalem Beispiel – stört aber vor allem kosmisch diese utopische Einheit von uns und allem als dem All, das auch uns das gänzlich und überall undisparate wäre. Ohne jeden Anschein eines

Verlorenseins, einer Einsamkeit und Verlassenheit der Menschen in der Leere astronomischer Natur, weit noch weg von Mensch als Frage, Welt als Antwort. Erst letztere Relation, ein Transcendere ohne immanenten Widerstand, aber auch ohne Transzendenz, würde ja in *strengster* Weise, ohne alle Alteritas, die Identität als regierenden terminus ad quem des Eingedenkens und seiner Evidenz ausmachen, herrscht in dem Urteilsideal: S ist identisch prädiziert in P. Erst diese Identität läßt ja sämtliche in der Welt bisher geschehenen Prädizierungen, Objektivierungen, Realisierungen des treibend-verborgenen X in allen Dingen mit der konkret-utopischen Weltformel ausdrücken: S ist noch nicht P. Solch total-konsequenter Wertbegriff von Identität ist aber auch aus dem gleichen Grund, aus dem hier die logische wie objekthafte Intention endet, das Ende der logisch-objekthaften Implikationen in den Dingen als Realproblemen ihrer selbst. Oder besser: Identität ist die letzte Implikation ihrer selbst, worin weder mehr eine Verwicklung noch Fragment ist. Das alles wäre darin im Werk, ist in ihrem Werk nicht nur als bedeutbar, sondern als erfüllbar gedacht. Der totale Nihilismus schließt die totale Identität allerdings auch noch als bedeutbare aus, seines Pudels Kern ist kernlos, und der Kernpunkt der nihilistischen Lehre ist, daß es überhaupt keinen Kern gibt. Aber indem der Nihilismus derart absolutes Nichts ins Zentrum und Ende setzt, bezieht er sich selber auf einen absoluten Grenzbegriff; er verläßt die Utopie nicht, er entscheidet sie nur auf voreilige Art als absolut negative. Dem steht die Evidenz toto coelo entgegen, und sie wäre nur dann selber eine voreilige, wenn sie ihren Inhalt – gleich dem Nichts-Inhalt des Nihilismus – als bereits entschiedenen und hervorgebrachten setzte. Davon ist sie weit entfernt: utopisches Gewissen und Wissen werden von der Hoffnung getragen und nicht etwa von der bequemen Zuversicht, als dem Pendant der Verzweiflung. Hoffnung und ihre Evidenz allerdings haben – gegen den Nihilismus – den Morgen für sich, der noch wiederkommt, die Arbeit, der noch kein Umsonst gesetzt ist, die Glückszeichen, die noch nicht erstarrt sind, die Lichtzeichen, die selbst die Erstarrung überdauern. Jede wirkliche Evidenz hat das unvorhandene höchste Gut im Horizont; seine exakte Umschreibung bleibt das Was des Daß, das ist: der gefundene Zielinhalt des Subjekts und seiner adäquaten Welt. Poetisch bedeutet ist dieser nächste Ferninhalt, fernste Nahinhalt im faustischen »Verweile doch, du bis so schön«, philosophisch im Begriff des Nunc stans als der Kategorie des erfüllten Augenblicks.

Das in jedem gelebten Augenblick ganz nahe wandernde Urrätsel; Anamnesis und Heimat

Was dunkel erscheint, kann oft ein falsches Grau oder Schwarz sein. Es verschwindet, sobald man näher herantritt, es ist dann keineswegs in dem eigenen Sosein der Sache gelegen. Aber das Dunkel des *Jetzt* und des *Wer in ihm* verdichtet sich gerade, sobald man in seine Nähe kommt. Damit weist es sich als Dunkel in der Sache an sich aus und dazu als das Rätsel der Nähe selbst. Die Nähe galt bisher als gar kein Ort für Rätselhaftes, gar für das Urrätsel; und zwar deshalb, weil man sich von Nähe, wenn sie bis zur Berührung mit uns selbst geht, gar keinen Begriff machte. Alles Geheime schien als solches von Ferne umwittert, aus Ferne hergetragen. Dort suchte man seinen Ort, dort suchte man – je höher droben, desto angemessener – auch seine Lösung. Aber das Urdunkel des gerade gelebten Augenblicks zwingt dazu, die Fern- oder Höhenhierarchie der Geheimnisse umzukehren. Es zwingt dazu, das transzendent oder auch unvordenklich verlegte Urproblem des ersten Woher und des darin enthaltenen letzten Wozu auf den Boden des Jetzt und Hier zu bringen, also auf den allernächst-immanenten. Das Nicht, das sich nicht hat, das sein Was nicht kennt und innehat, geht in jedem Jetzt um, wirft aus diesem im Menschen Wachträume, Bilder, Versuchsgestalten seines Was auf. Das Jetzt ist der wesensmäßig punktuelle, noch unausgebreitete Modus dieses Nicht; als solcher zieht er unter allem Wandel des Habens mit. Als solcher wandert er durch die ruhelose Folge dieser Augenblicke in den Zeitlinien aller Dinge. Aber als völlig unausgebreitetes, unaufgeschlossenes wandert das Jetzt ebenso nicht, obwohl es ruhelos ist; es tritt gleichsam auf der Stelle. Denn als punktueller Augenblick hat es sich noch nicht in Zeit und Prozeß begeben, und als unmittelbarst noch an sich gehaltene Nähe des Hier hat es sich noch nicht in den Weltraum begeben, worin es sich bewegen könnte. Und als noch nicht hervorgetreten ist dieses Jetzt in allen Dingen und für alle Dinge das ebenso gleiche wie nirgends das gleiche, das heißt: zu Identität mit jedem Existere gelangte. Das Jetzt ist so das Nicht-Existieren, Noch-Nicht-Existieren im Kern alles Existierenden, das S ist insofern noch nicht P, als es ruhelos seine Prädikatsrealität sucht und sich selber stets am Ort suchen läßt. Auch solch Auf-der-Stelle-Treten, das doch jede Bewegung von Grund auf treibt, darf nicht mit dem ewig sterilen Umgang des Nichts zusammengehalten werden, zu dem das Nicht abirren kann. Das Nichts hat überhaupt keine Geschichte als eine parasitäre, keine Implikationen und keinen Horizont; das Nicht dagegen ist nur aus dem Anstoß zur Geschichte, den es darstellt, noch nicht zur Geschichte herausgetreten. Wäre es herausgetreten, so wäre das, was alles zur Erscheinung bringt, selber erschienen, die Geschichte würde in ihren herausproduzierten Ursprung münden, *das Realisierende wäre endlich selber realisiert*. Das unruhigste Rätsel, das das Wer im Jetzt selber ist und zu dessen Lösungsversuch Geschichte und Welt entsprungen sind, dauernd fort entspringen, wäre enthüllt. Es wäre nicht, wie in der Verdammnis des Nichts, bloß als erstarrte Unruhe übriggelassen. Der *positive* Inhalt des treibenden Dunkels des gelebten Augenblicks ist vielmehr voll von unerstarrter Lebendigkeit und lauter Horizont. Dieser Inhalt steht als verschlossener ebenso im Grund alles Werdens, wie er als positiv bedeuteter im Goldgrund aller Hoffnungsbilder steht. Jede Verlockung macht bereits mit ihm ihren Zauber; jeder Traum vom besseren Leben hat das Absconditum der vollen (erfüllten) Existenz am intendierten Ende; jedes gemalte, gedichtete, gedachte Cythere ist nur eines als das des Augenblicks, zu dem gesagt werden könnte: Verweile doch, du bist so schön. Das Nicht-Haben des Wer im Jetzt, dieses Nicht, in dem das Alles zu finden ist, macht derart das Rätsel aus, woher die Welt kommt und zu dessen Lösung sie geht. Das in diesem Dunkel des gelebten Augenblicks enthaltene X seiner selbst ist die materielle Urfrage des Weltseins, von der alle anderen in der Welt entspringenden

Realprobleme nur Partikularitäten und prozessuale Varianten sind. Das Daß des Ursprungs ist auch genau die letzt utopische Einschlagstelle des Weltschusses; das Unruherätsel, die Rätselunruhe des Fiat wäre als gelöst und gestillt genau auch der gefundene Ruhe-Inhalt eines möglichen Perfektissimum. Daher ist der radikale Weltanfang, statt mythologisch in einem Schöpfergott oder auch prä-prähistorisch in einem Gasball zu liegen und damit abgetan, gewesen zu sein, dauernd so nahe, dauernd das *Erzaktuelle, Erzimmanente* selber. Dieser Anfang ist am wenigsten vergangen, sondern das im Jetzt, aus dem Jetzt vorwärtsstürzende Zukünftige katexochen oder die aus dem Prozeß selber immer präziser hervortretende Genesis des gelösten Anfangs, als des Weltresultats. Der Anfang wird nur dieser Art recht gelegt, in seiner Relation zum Weg, in seiner Identität mit dem Ende: »Da das uns so nahe Dunkel des gelebten Augenblicks immer noch das Anfangsrätsel, das Weltdaseinsrätsel in größter Stärke enthält, so erklärt ja gerade dieses den ganzen suchenden, das Rätsel lösenwollenden Weltprozeß der Wir-, der Dunkelverdeutlichung, des sich als Antwort gewinnenden Urproblems« (Geist der Utopie, 1918, S. 386). Das im dunklen Realisierenden der Welt Versteckte, Ungefundene und Ungelöste ist so zugleich die Zielursache der Welt, ihre utopische Entelechie – *das Wesen der Welt liegt an der Front.* Und nur an diesem Anfang auch als einem immer wieder nach vorn hin fortgesetzten ist die Tat.

Völlig falsch war es also, sich das, was alles begonnen, aus der Nähe wegzulegen. Dies Erste klopft unvermindert im Jetztsein überall, ein Daß vor den Türen jenes Etwas, das noch nirgends das lösende Was ist. Aber ebenso falsch wie die Entfremdung des Urrätsels ist die statische Entspannung des *Novum* im Lösungsweg. Gewiß, die Lösung versucht sich und geschieht als Einschlag des Was in das Daß, des Daß in sein Was; sie ist so »Rückkehr« oder Enthüllung des Alpha als Omega, des Omega als Alpha. Aber diese »Rückkehr« ist keine Wiederholung, ihre Methode ist nicht die Platonsche Anamnesis oder Wiedererinnerung, ihre Form ist nicht der Hegelsche Kreis aus Kreisen. Indem für Platon alles Lernen nur Wiedererinnerung an die vor der Geburt erschauten Urbilder ist, kommt lediglich ein vor- und außerweltlich Vollendetes philosophisch zum Wissen. Die zentrale Platonsche Konzeption des Eros, als der Sehnsuchtsmitte zwischen Haben und Nicht-Haben, wird dadurch um ihre Implikationen gebracht. Bei Hegel wird der geschichtliche Prozeß zwar mit ontologischem Rang versehen, es ist das die Linke in seiner Philosophie, aber die Rechte in ihr macht das zeitliche Werden zu einem bloßen Aspekt des unbewegt ewigen, an sich vollendeten Seins. Der Prozeß dieser Aspekte ist zuletzt ein restaurierender Zirkel, worin das Ende sich mit dem Anfang verschlingt, als wäre eigentlich nichts geschehen. Das Neue, das in Hegels Prozeßwelt auf jeder Stufe entspringt, wird dadurch nur dem Namen nach eines, als bloßer Erscheinungs-Hervortritt einer res completa, res finita. Bei Platon ist Werden den Ideen schlechthin fremd, ungeachtet einiger anderer Ansätze, so im späten Siebenten Brief; bei Hegel rollt die Weltgeschichte ab in einer vom ewigen Logos ebenso ewig festgelegten Szenenfolge. Anamnesis – bei Platon die des Philosophierenden, bei Hegel die des kosmischen Prozesses selbst – ist derart das zukunftslose, dem Novum entgegengesetzte Rückwärts, das seine Philosophen immer wieder in reaktionäre Statik trieb. Sein oder Bogen gab das letzte Hindernis für jede Entdeckung des Noch-Nicht-Bewußten, Noch-Nicht-Gewordenen in der Philosophie selber, samt der Psychologie. Das Pendant zur Anamnesis im Mythos ist die Gleichsetzung des Deus creator mit dem Deus salvator, ja, schließlich kommt sie von dort her. Anamnesis bezeichnet die Nicht-Utopie in der bisherigen Philosophie oder das Mittel, sich Front und Entscheidung nicht bewußt werden zu lassen. Anamnesis ist die Methode, worin Wechsel und Zukunft verächtlich sind, worin eine fixe Ewigkeit sich wiederkäut und Wesenheit eben nur als Ge-wesenheit sich kenntlich macht. Es gibt so in der Philosophie der Anamnesis die Offenheit nicht, von der die Welt an ihrer Front voll ist. Auch das dem Eros Zugeordnete sitzt irgendwo seit je fertig hoch auf einem Thron; desto größer war die Verführung, einen bereits vorhandenen Machtzustand auf diesen Thron zu hypostasieren. Ganz anders mithin ist die Struktur derjenigen »Rückkehr« zum Anfang, die dem Novum gerecht zu werden sucht, und die es auch nicht, wie Bergson, auflöst in wirbelnde Lebendigkeit um nichts. Der Einschlag des Daß in sein Was, des letzten Was ins erste Daß geschieht nicht in der Schließung eines Kreises. Er geschieht vielmehr als dereinst möglicher Blitz, senkrecht ins Nächste einschlagend, so, daß das Rätsel des treibenden X in seine Lösung gänzlich umgeschmolzen, gänzlich verwandelt wird. Das Novum als Ultimum und erhofftes Optimum identifiziert den Ursprung gerade mit einem Namen, den es nie besessen hat. Die durch solchen Namen bezeichnete letzte Materie des Seins ist in allen bisherigen Erscheinungsstufen, Daseinsweisen der Materie genauso experimentiert, wie sie in ihnen als noch nicht vereitelt latent ist. Doch eben die letzte Daseinsweise der Materie, als die der Identität mit ihrem Kern, setzt im logisch konsequenten, real aber nur denkbaren, letztutopischen *Grenzbegriff dieser Identität* eine Heimat, worin auch der Ursprung, nicht nur die Unterwegs-Erscheinungen der Welt, sich nie befunden hat. Greift also jedes utopische Eingedenken auf den Inhalt des Anfangs zurück, so einzig in dem Sinn, daß ebenso der dunkle Anfang auf den Inhalt des utopischen Eingedenkens vorgreift. Dieses Vorgreifen ist realiter der Weltprozeß, mit der Fülle seiner Versuchsfiguren, mit den utopischen Fronträndern um jede seiner Gestalten. Die Welt selber ist so die im Fluß befindliche Summierung geschehender Proben aufs Exempel, tendenzhafter Latenzgestalten einer noch völlig unobjektivierten Substanz. Am artikuliertesten erscheinen diese Proben und Gestalten in jenem Frontabschnitt des Weltraums, der menschliche Kultur heißt; sie selber ist einzig werthaft als das Schatzhaus solcher Bedeutungen. Die Kulturwerke sind einzig darin und dadurch bedeutende, daß sie auf das utopische Überhaupt in ihren Objektivierungen deuten. Dieses ist und bleibt ein Novum und eine Latenz, bleibt es so lange, bis das stets Gemeinte oder der Reichsinhalt des Intendierenden daraus hervortritt. Wofern nicht die unfruchtbare Macht des Nichts die psychischen und die objektivierten Wachtraum-Bildungen erdrückt. Im Nicht-Haben treibend, am Werden beglückt, ist die tätige Hoffnung dem Land verschworen, das mindestens Anti-Nichts heißt. Sein Alles liegt seit Anfang der Geschichte nirgends als in der arbeitenden Intention darauf hin; es leuchtet inhaltlich an Gegenständen vor, die eine Aura dieses Gutgewordenseins um sich bilden. Das darin überhaupt Gemeinte oder gemeinte Überhaupt wurde meist in ein Jenseits, oft in verlorene Paradiese hineinprojiziert, doch sein evidenter Inhalt eben war allemal nächste Vertrautheit – als menschenmögliche Immanenz in der Welt.

Erinnerung als die Mahnung, Hoffnung als das Eingedenken eines Aufgangspunkts oder der Anfang am Ende

Früher oder später, unten und oben, das wird nicht nur vom Blick darauf bestimmt. Nicht nur vom Menschen, der das eine hinter sich oder unter sich hat, während er dem anderen das Gesicht zuwendet. Denn auch wenn er das Gesicht nach rückwärts oder nach unten wendet, wird das Frühere nicht später, das Unten nicht oben. Beides bleibt, beides fordert, daß der Mensch sich hier erinnernd und versenkend, dort ahnend (mit Furcht oder Hoffnung) und vorangehend verhält. Der Gegenstand selber zwingt uns diese jeweils verschiedene Richtung des Blicks und Verhaltens auf. Das Später ist ganz objektiv dieses, worauf unser Tun und Lassen noch von Einfluß sein kann, das Früher ganz objektiv dieses, was hinter uns liegt, was überwiegend nur wißbar, nicht veränderbar ist. In die Vergangenheit kann nicht geschossen werden, sondern sinngemäß immer nur ins Später, in die Zukunft. Früher oder Später zeigen ihr Objektives auch darin, daß die Bewegung ins Später bereits als abstrakt-zeitliche, wie klar erst als prozeßhaft-zeitliche nicht umkehrbar ist. Analog sind auch Unten und Oben, sobald sie von der Zeit her, hier also archaisch, dort utopisch erfaßt werden, gegeneinander nicht austauschbar. Nur Raumstellen ohne Bezug des Rückwärts-Vorwärts lassen sich in ihrer gegenseitigen Lagebeziehung auswechseln, je nach dem Standort des Beschauers. So sind Links und Rechts, Osten und Westen, Süden und Norden allerdings zueinander relativ. Aber lehrreicherweise sind auch Osten und Westen, Süden und Norden nicht mehr, nach dem Standort des Beschauers, objektiv vertauschbar, sobald sie geschichtlich-qualitativ auftreten. Japan liegt auch von Amerika aus im »Fernen Osten«, das ist, in der orientalischen Welt; Italien bleibt auch von Timbuktu aus ein Südland.

Relativ ist die Lagebezeichnung der Körper nur im Raum-Zeit-Kontinuum der Physik, als einem unqualitativen, prozeß-losen, zielfreien. Im Weltprozeß dagegen und seiner Philo-sophie relativiert ein verschiedener Standort nicht, sobald und sofern er nur vom objektiven Früher oder Später, Unten oder Oben der Sache selber bestimmt ist; er *eröffnet* dann in diese eben den objektiven Zugang. Und das vor allem in den Zu-gangsakten der *überlegten Erinnerung,* der *überlegten Vor-wegnahme,* ja in ihnen gehen nun – ein wichtiger Bestand im Nicht-Mehr, im Noch-Nicht – die sonst *getrennten* Reihen-glieder: Früher und Unten, Später und Oben zusammen, als *verwandte.* Sie gehen zusammen als nach unten gelagerte *archaische Vergangenheit* hier, als nach oben ansteigende *uto-pische Zukunft* dort. Der Zugang zur Vergangenheit wird durch das überwiegend betrachtende Sich-Vergegenwärtigen der Er-innerung eröffnet, der Zugang zur Zukunft durch das über-wiegend gespannte, wo nicht aktive Gewärtigsein (in Furcht oder Hoffnung) der Vorwegnahme. Da Furcht und Hoffnung als Erwartungsaffekte ebenso auch intellektuelle Verhaltens-weisen sind, mit Vorstellung und Gedanke als ihrer intellek-tuellen Form, so kann die Erinnerung, die üblicherweise ganz als Vorstellungsfunktion erscheint, mit Furcht und Hoffnung als Vorstellungsfunktion parallelisiert werden, – obzwar ganz und gar nicht in der *Richtung* ihrer Parallelen, welche eine ent-gegengesetzte ist. Beide mithin, Erinnerung wie Vorwegnahme, treten als ebenso einander zuordenbare wie in ihrer Richtung entgegengesetzte Zugangsakte auf: der eine, retentionale, wen-det sich gegen die fressende Zeit, vergegenwärtigt das Ver-gehende, so daß es durch Gedenken, durch Gedächtnis als ein anderer Raum, als Zeitraum der Vergangenheit steht; der an-dere, der protentionale Akt, geht mit der gebärenden Zeit, gewärtigt sich des Heraufkommenden, so daß es durch Vorweg-nahme, durch Utopie als ein sich erst bildender Raum, als Pro-zeßraum der Zukunft nicht etwa steht, sondern aufgeht, ja zum Aufgehen erst gebracht und entschieden wird. Die Zeit ist für Erinnerung wie Hoffnung der Raum der Geschichte, aber für die eine der der gerettet-aufbewahrten, für die andere der der rettend-fortbetriebenen Geschichte, der Geschichte mit dem scharfen Akzent des Geschehens. Das Frühere ist der Erinnerung, wo sie historisch durchgearbeitet ist, desto geschlossener zum Gedächtnis geeignet, je weiter es zurückliegt. Denn je weiter zurück im Stillstand des Es-war-Einmal, desto weniger fällt von der nachfolgenden Zeit und dem Künftigen, das primär dem aktuell Gegenwärtigen, nicht dem Vergangenen sich anschließt, aktuelle Störung herein. Gar die Romantik, als der antiquarische Blick katexochen, ließ die Vergangenheit, je tiefer sie zurücklag, desto genauer an die Ewigkeit grenzen: ihr Wesen ist Ge-wesenheit im Sinn nicht nur der überlieferten, sondern einer völlig beschwörenden Anamnesis; im Unvordenklichen lebt ihr Gott, im tiefsten Unten wohnt ihr Oben. Die Vorwegnahme dagegen, am stärksten die Hoffnung in ihr, ist nicht nur dem Späteren verschworen, sondern Späterem *ohne irgendein Pathos der zeitlichen Ferne*. Konträr: das Himmelreich ist *nahe* herangekommen, dieser Glaube ist der unverhüllteste in der Hoffnung gewesen, und es war gewiß nicht sie selber, die ihn abgemattet hat. Auch wird die Zeit in ihr nicht, wie in der Erinnerung, zurückgerollt, sondern als verheißende, nun gezeitigte erfüllt. Auch wird der Anfang, das Erste, in ihr nicht zum verlorenen Heil gemacht, gerade das extremste Hoffnungsbuch sagt unverhohlen: »Das Erste ist vergangen« (Off. Joh. 21, 4). So entgegengesetzt laufen also, unmittelbar verfolgt, die beiden Linien, die ins vergangene und die ins künftige Einst. Trotzdem aber ist gerade für die Ontologie des Noch-Nicht-Seins, als einer konkreten, auch dieser harte Dualismus ein nur von der Romantik, nicht aber von der Utopie her fixierbarer, gar haltbarer. Und in der Geschichte selbst haben die beiden Köpfe des Janus nie aufgehört, sich miteinander zu unterhalten; ihr *Gespräch*, das der Tradition und der Revolution, ist erst das gründlichste.

Das nicht so, als hätte das Erinnern an sich etwas Besonderes zu melden. Als könnte der Bezug zum Rückwärts auch ohne den zum Vorwärts Schätze zeigen und wäre von ihm unabhängig. Davon ist keine Rede; keine Erinnerung, nicht die kleinste, kommt ohne eine an ihr weiterlaufende Erwartung in Gang, kommt ohne sie aus. Die Erinnerung käme ohne diese Art Betroffenheit gar nicht zustande, sie ist gar nicht fähig, lediglich betrachtend, lediglich eine an Gewesenes und Gewordenes zu sein. Sondern erinnert wird einzig, was für uns und, in den sachlich mitteilbaren, zur Geschichte tauglichen Fällen, auch für sich noch nicht fertig geworden ist. Erinnern setzt voraus, daß etwas vergessen worden ist, auch in der Sache, um nicht zu sagen: von der vergangenen Sache selber; ihr ganzer Zugangsakt steht, wie Prousts Werk, unter dem Titel: Suche nach der verlorenen, nach der ebenso noch *unabgegoltenen* Zeit. Auch die bittere Erinnerung, die ans Quälend-Unwiderrufliche, ist mit dem Ihren und in ihm nicht fertig; sie ist bohrend und vertieft dadurch das negativ allzu Zureichende, positiv allzu Unzureichende. Auch sie bezieht sich auf eine nicht vergehende, nämlich nicht verjährende Vergangenheit und hat so besonders sichtbar Wendenwollen in sich. Ihr auf den subjektiven Täter selbst anwendbares Umwendenwollen heißt Reue, ihr erbittertes, auf die objektiven Täter anwendbares heißt Rache: beides sieht schwerlich nach Erinnertem ohne Fortfahrt aus. Andererseits gibt es die süße, die vergoldende Erinnerung, das »Es sei, wie es wolle, es war doch so schön«, wie Goethe gerade die epimetheushafte Erinnerung sagen läßt. Als die Nachreife zu einem Guten, Leuchtenden, das gegebenenfalls an Ort und Stelle noch gar nicht so herausgebracht war, wohl aber die Anlage oder Anweisung darauf hatte. Auch mittels dieser Erinnerungsfunktion, der häufigsten, schafft sich ein Rückwärts nach vorn und oben, geht uns eine abgebrochen-bedeutende Vergangenheit gerade als Nach-Bild aus der Zukunft entgegen. Das sind die fast alltäglichen, jedenfalls relativ einfachen Formen, in denen das Gedächtnis in Zukünftiges hin und mit Zukünftigem arbeitet. Der *weitere Übergang* nun, zwischen Regression und Utopie, geschieht in der *Bilderschicht;* er wurde als solcher bereits im Ineinander der Traumspiele und im Doppelblick der Archetypen erkannt. Aus diesem Doppelten von Abgrund und Höhe in so manchen Regressionsbildern und ihren Archetypen entstehen die Paradoxe eines »styxhaften Blinkens«, ja eines Anscheins von »unterirdischem Jerusalem« (vgl. Das Prinzip Hoffnung, Frankfurt 1959, S. 111 ff.). Aber die Paradoxe entstehen auch hier, hier erst recht nicht deshalb, weil Erinnerung an sich ureigene Schätze zu vergeben hätte, sondern konträr:

das Mischlicht ist einzig das der Zukunft in der Vergangenheit, der ebenso mit vermittelter Vorwegnahme im Sinn neu zu bedeutenden, forttreibend-aufzuschließenden. Erst das utopische Eingedenken also schließt auch in den Archetypen das tief betreffende Material auf, das Material, das nur deshalb von Erinnerung getragen wird und in ihr sich hält, weil es der *Hoffnung* im Modus der Erinnerung, dem *utopischen Symbol* im Mythos der Versteinerungen angehört. Was am Erinnern die Hoffnung auskreist, von der Romantik bis herab zum Historismus, unterschlägt nur die Hoffnung, von der die Erinnerung ihre Kraft gegen das Vergehen hat. Und an allen Enden tritt deshalb das Utopische, als versetztes, im Vergangenheitskult der Romantik selber vor, als einem reaktionären, doch herauf-beschwörenden; nur der Historismus, den gar nichts mehr angeht, nicht einmal das Erinnern, gab alles dahin für Erloschenheiten. Item: der sogenannte Tempel der Mnemosyne gehört gerade dort, wo er ein Tempel ist, nicht der Mnemosyne. Ja, der *letzte Übergang* zwischen Regression und Utopie erhellt nicht einmal an der Erinnerung als Hoffnung selber, sondern an dem, worin beide *nachlassen*. Wenn Erinnerung voraussetzt, daß etwas vergessen worden ist, so ist Vergessen insgesamt die Unterlassung, woran und wogegen Erinnern und Hoffen als *Besinnung* sich letzthin begegnen. Vom Ausfall Vergessen her erscheint Erinnerung als *Mahnung*, Hoffnung als *Eingedenken;* beides ist im Gewissens-, Wissensbezug auf ein Unterlassen, Unbesorgtes, zu Besorgendes utopisch geeint. Das Vergessen ist kein Gegenteil des Erinnerns, denn dessen Gegenteil wäre vollkommener Ausfall, einer, an dem gar nichts betrifft, an dem keine Mahnung statthat, zu dem überhaupt kein besinnender Weg führen kann. Das Vergessen ist aus gleichem Grund auch kein Gegenteil des Hoffnungs-Eingedenkens, vielmehr: Vergessen ist ein Modus der Erinnerung wie des Eingedenkens, ist jenes Defiziens, das im Gedächtnis Verlassen, im Eingedenken Verrat heißt. Vergessen ist so Mangel an Treue und wieder nicht einer Treue gegen Erloschenes, sondern gegen Unabgegoltenes. Vergessen dieses utopischen Rangs macht sich in der Erinnerung, wenn es objektiviert, an Objekten erscheint, als ein Grauen der Mahnung kenntlich, nicht besorgt, nicht mitgenommen, nicht am

Weg aufgehoben worden zu sein: jedes Verrottete sieht in dieser mitvollzogenen Aufholens-Erinnerung dann aus wie eine verlassene Geliebte, jeder Seeteufel sozusagen wie eine schwere Unterlassungssünde. Vergessen in der Erinnerung kann sogar auf den Uranfang des Nicht ausstrahlen wollen, dergestalt daß darin ein nicht zur Besinnung gebrachtes, nicht gutgemachtes – Verbrechen vorliegt, wonach die gesamte seitdem gewordene Welt davon durchdrungen und eine Repressalie ist, ein bis zur gelingenden Besinnung unaufgebrochener Kerker. Dieses Sinns sagt Franz Baader zur Schuld des vergessenen Uranfangs ganz exzessiv, sie aus der Kette, also Kausalkette, aus der Gefängnismauer, also Endlichkeit unseres Daseins noch exzessiver erschließenwollend: »Die Ketten und Gefängnisse lassen mit Recht auf einen Gefangenen und dieser auf ein Verbrechen schließen.« Und macht sich Vergessen dieser Art im Erinnern als Verlassen bis zum Abfall kenntlich, so ganz analog in der Hoffnung und ihrem Eingedenken als Verrat: »Meine Rechte soll verdorren«, sagt derart der Psalmist, »wenn ich dein vergesse, Jerusalem.« In dem als Jerusalem Intendierten ist methodisch auch das Verlassene und Verrottete, das Unbesorgte und Grauenhafte des Unterwegs aufgehoben, sowie das in alldem vorbedeutete mögliche Nichts. Allerdings jederzeit und so auch hier, trotz aller Querverbindungen zwischen utopisch geladener Erinnerung und die Zukunft bedenkender Utopie: diese echte Utopie hat selbstverständlich durchaus – auch in den Gegenkräften zum Vergessen – über Erinnerung den *Primat*. Ist es doch genau die Treue des utopischen Gewissens-Wissens, die der Erinnerung erst ihr Unabgegoltenes zeigt, ihre Bedeutungen zeigt, als welche nicht nur aus Vergangenem herkommen, sondern selbst darin noch aus der Zukunft auf die Lebenden zukommen. Auf jene mit Eingedenken Erinnernden, die in die *Horizonte* großer Tradition einschreiten, nicht in deren Katakomben. Orientierende Aurora des Aufgangs also auch hier und erneut, ist gewiß nicht tauschbar relativ, ist vielmehr der schlechthin absolute Bezugspunkt des real besorgten Prozesses. Und stellt den Bezugspunkt, weil nur in dieser Richtung die Welt aus dem Jenseits ihrer, worin sie noch steht, in ihr erreichtes Diesseits gebracht werden kann. Das heißt, in ihren aufgeschlagenen Kern, in die identifizierte Sache ihres Prozesses, in ihre nicht mehr mit Anderem und Fremdem behaftete Identität. Auch in dieser Rückbeziehung auf den Kern und Anfang ist die Vorwegnahme das Organon jedes überhaupt nur – aussichtsreichen Entsinnens. Wenn überhaupt ein Blick hier geraten kann, so ist Vorwegnahme der primäre, der in die Nähe des vor-zeitlichen, das ist: des in jedem Augenblick treibend-versteckten, noch überall außer-zeitlichen, in den Prozeß uneingegangenen Daß-, Wurzel-, Grund-Faktors geraten läßt. Sich des Anfangs der Zeiten zu entsinnen: auch diese selber uralte und wirklich tiefste Grübelfrage der Erinnerung ist so keine der Erinnerung, sondern der Hoffnung. Denn eben das Weswegen ist in allem Geschehen das noch unmanifestierte, unidentifizierte Wozu; Alpha kommt, statt durch Wiedererinnerung, erst durch Treue zum Ziel und als Novum hervor. Und die »Schöpfung« der Welt kommt aus dem Ens imperfectissimum, nicht aus einem mythologisch rückprojizierten Ens perfectissimum. Nur so ist die Welt, was sie ist: harte, gefährdete Fahrt, mit dem Mangel in der Wurzel und in der Dialektik aller Erscheinungen, aber auch mit dem utopischen Fundus, der erst noch herauszubringen ist wie die Lösung eines Problems, hervorzubringen wie ein Resultat. Wobei die einzig fällige, nämlich *konkrete* Utopie erst entstehen konnte und sich nur in dem Maß entfalten kann, als die Analyse der gesellschaftlichen Entwicklung und ihrer Triebkräfte immer neu die Bedingungen einer möglichen Verwirklichung aufdeckt. Doch sich ebenso nur in dem Maß entfalten kann, als zwar die Wolke aus dem Aurorischen entfernt, dagegen die Feuersäule darin erhalten und triftig gestärkt wird. Da ist keine fertige Anlage zu etwas, aus der sich die Bildungen nur herauswickelten, kein fertiges Ziel, das sie, umgekehrt, doch ebenso ausgemacht, vom Ende her determinierte, und der schwere Prozeß dazwischen wäre ganz überflüssig ausgespannt. Nichts würde die utopische Funktion gründlicher verfehlen, sie gerade teleologisch statischer unterschlagen; gesetzte Anlage, gesetztes Ziel sind beide Abdankungen des Prozesses, der sein Haupt erst wachsen läßt. Er wäre dann nichts als Vergangenheit seiner, statt des ungeheuren Experiments im Noch-Nicht-Sein, das er ist. Statt der Dämmerung nach vorwärts, wie sie überall prävaliert, als Noch-Nicht-Bewußtes im menschlichen Subjekt, als Noch-Nicht-Gewordenes im gesamten Objekt. Beider Vorkommen gehört zum Vor-uns des erst partial Bedingten, also der realen Möglichkeit, ist erst innerhalb dieser, nicht in einer angeblich fertig determinerten Welt reflektierbar, besorgbar.

GRADE DES SEINS,
MATERIELLE REALITÄTSVERTEILUNG

Man zählt nacheinander, da ist nichts zugleich da. Erst recht zahlen sich die Sachen selber nur fließend aus, nicht mit einem Male. Da ihr Fluß einer des sich ausbreitenden stofflichen Seins ist, ist aber nicht alles auch gleichmäßig *seiend* da. Es gibt vielmehr Grade des Seins, so befremdend das von vornherein klingen mag. Das Wirkliche selber nimmt zu oder ab, ist in verschiedener Dichte verteilt. Auch in Ansehung des Ist selber gibt es ein Weniger oder Mehr seines seiend-Seins, je nach dem erlangten Weniger oder Mehr seines Was. Das Sein ist keine allgemeine Tunke, in der alles gleichmäßig angerichtet wird. Wenigstens dort nicht, wo es im Leben hier wichtig, dort unwichtig hergeht.

Wie wäre sonst möglich, daß Mehreres sogar in einem Zugleich verschieden stark da ist. Bezieht sich doch bereits das Erleben von etwas in seiner wechselnden Stärke auf das mehr oder minder intensive Sein, womit Menschen, selbst Sachen ein »Auftreten« haben oder nicht. Auch in Romanen (und nicht nur in durchgehends verblasenen, sondern in durchgehends gravierenden) werden einige Figuren in ihrem Sein (hier Da-Sein) blasser dastehen als andere, wichtigere, reichere; es geht auch dieses Sinns abgeschattet hier her. Der Satz also, daß auch Sein Grade hat, komparierbar ist, befremdet also nur scheinbar. Es macht vor allem in der Wissenschaft ganz hilflos, wenn Sein schlechthin als gleichartig, ohne Ab- und Zugeben, behauptet wird. Dann gibt es überhaupt nur Sein oder Nichtsein, auch wenn letzteres durchaus nicht schlechthin so ist, sondern doch vorkommt, sogar wirkt. Dann bleibt, wie etwa im Verhältnis: Sinnesempfindung – Vorstellung oder (wenngleich dem inhaltlich unvergleichbar) Produktions- und Austauschweise – ideologischer Reflex, nur noch unseiende *Spukweise* als Vorstellung, nur noch *Sparrenweise* als Ideologie übrig; die erste bei »entschiedenen« Sensualisten, die zweite bei ebensolchen Vulgärmaterialisten. Das Gleiche gilt selbstverständlich, wenn mutatis mutandis Idealisten Erfahrungswesen Schaum und Dunst nennen, weil mit dem Geist nicht ebenbürtig. Und hingewiesen muß werden, statt aller Schwarzweißmalerei von Sein und gar nicht Sein oder so gut wie gar nicht Sein: gerade Marx stuft Reales als solches ab; er gibt die Grade sowohl in Adjektiven an als in Hegelisch (Sein, Dasein, Wirklichkeit) nüancierten Begriffen. Auch was er völlig falsches Bewußtsein nennt (etwa das des Kleinhändlers über seine Lage) ist nicht völlig unwirklich (wie wäre es sonst wirksam), sondern mindestens realer Nebel. Und ein tüchtiger Überbau ist sogar so real, daß er einen noch gar nicht recht vorhandenen Unterbau aktivieren kann.

Daß das Sein gestuft sei, wurde sonst im vorigen Jahrhundert mehr und mehr vergessen. Dabei ist dieses eine sehr alte Einsicht, freilich von Haus aus eher eine idealistische als materialistische. Sie ließ derart das Sein nach obenhin sich verdünnen und nicht ansteigen, das Sein diesesfalls als etwas Grobes, das auch jedem Dreck eignet und zukommt. Was immer ins Sein tritt und sich so mit ihm in der Welt, zu der es gehört, gemein macht, wird danach geringer an Wert; mit anderen Worten: je *mehr* etwas ist, desto weniger *ist* es, je *weniger* etwas ist, desto mehr *ist* es. Diese Meinung kann mit Trauer auftreten, vor allem nach großen, zu großen Desillusionierungen; dann ist Freiheit nur in dem Reich der Träume, und das Schöne blüht nur im Gesang. Die Resignation kann aber auch grundsätzlich, in asketisch-mystischer Seinsfeindschaft schlechthin erscheinen; das nicht zuletzt dort, wo das Sein von unterdrücktem Volk, dem es in der Welt nicht wohl wurde, besonders ausschließlich aufs Welt-Sein bezogen wurde. Dann verhalten sich, durch Heraustreten aus der Erscheinung, durch dezidiert bildlose Mystik unterstützt, Sein und Wert, gar Sein und Vollkommenheit eben grundsätzlich entgegengesetzt, mindestens umgekehrt proportional. Dschang Dsi lehrte, höchste Freude sei Abwesenheit der Freude, und Sebastian Franck bekennt: Entwerdung in

Gott sei nicht nur Abtun der schlechten Welt, sondern, wohlgemerkt, auch der scheinbar guten und ihrer Wirklichkeit. Wo die Tiefe der Mystiker verschwand, blieb wenigstens ein mystisches Sentiment dem Nichtsein an der Vollkommenheit verpflichtet; das zuweilen bei Jean Paul, trotz seiner allegorischen Daseinsfülle, und durchgehends bei Schopenhauer. So berichtet Jean Paul vom Traum eines so vollkommenen Nicht-Seins, daß noch das glücklichste Weltbild, wie es beim Erwachen sich darbot, als viel zu dick und seinsstark verblaßte (»Der Frühling brannte mit vollen Freudegüssen . . ., ich aber schloß froh weinend das Auge und sehnte mich nach meinem Traume wieder«). So preist Schopenhauer, trotz seines ästhetischen Hedonismus, und wegen seiner, die Abnahme des Seins bekanntlich radikal, sei es durch Heiligkeit, durch wunschlose Betrachtung oder auch nur durchs Altern; Nirwana hat keinen Seinswert mehr von dieser »so sehr realen Welt«. Jedem asketischen Mystiker ist die Realisierung dasselbe wie Verweltlichung und folglich Trübung; die Realität der Welt ist dasselbe wie die *Welt* der Realität und folglich des Teufels. Erst wo das mächtig-nichtige Sein in seiner Dichtigkeit abnimmt, weht hier der unkörperliche Geist, erst wo noch der Geist stille wird und sich seines Seins entschlägt, ist Gott. Schwäche wie gewiß auch Tiefe der Mystik haben sich gleichmäßig in der secessio aus dem Seinszustand bewährt; das Element bloßer Ausweichung wirkt hier ebenso wie der Mahnruf unnachlaßlicher, das heißt, mit keinem Sein des Seienden beruhigter Utopie. Dem Mystiker war es stets leichter, ans Unsichtbare als ans Sichtbare zu glauben, und für einen Mystiker von Eckarts Tiefe läßt sich gar sagen: *Er wüßte nicht, daß es eine Welt gibt, wenn es keine gäbe, doch er weiß, daß es einen Gott gibt, obwohl, ja weil es keinen gibt.* Das ist ein ungewöhnlicher Atheismus, allerdings, einer des göttlichen Seins, nicht des göttlichen Werts. Eckarts »lautere Wüste« ist negative Theologie auch noch in Ansehung der *Realitäts-* »Eigenschaft« an Gott.

Genau umgekehrt wird Sein gewogen, wo es mit dem Geist einig zu gehen scheint. Dann hört das Gegenspiel auf, das Ausspielen der beiderlei Stimmen und Mächte gegeneinander. Viel gewisser im Sinn der ausgeglichenen Klasse, der mit dem ihr gewordenen Sein zufriedenen, ist so das direktproportionale Verhältnis von Sein und Wert; je *mehr* etwas ist, desto mehr *ist* es auch. Diese direkte Proportion ist begrifflich zuerst bei Platon gedacht, sie hat vor allem die ständische Weltideologie des Mittelalters bestimmt und zu erhärten versucht. Bei Platon erscheint hoch oben geradezu die Verdoppelung des Seins, das »ontos on«, das »seiend Seiende« der Idee; weiter drunten nimmt das Sein ab, wird wechselndes, also schwächeres bis herunter zum leeren Raum. Hier ist eine ontologische Herren-Ideologie (Macht gleich Sein, Macht gleich Wert, folglich Sein gleich Wert); das unterscheidet sie vom ontischen Kleinerwerden und schließlichen Verschwinden in der christlichen Mystik. Die Kirche wiederum, als Herrschaftsgebilde, konnte den Triumph des Seins in Gott (und seinen Dienern) wohl gebrauchen; er lieferte bei Anselm von Canterbury den sogenannten ontologischen Gottesbeweis. Bereits dessen rein logische Form setzt ein »Mehr« an Sein, freilich noch versteckt: Gott ist dasjenige, im Vergleich mit dem nichts Größeres gedacht werden kann (quo nihil majus cogitari potest); da aber Sein im Gedanken (intellectu) und in der Sache dazu (in re) mehr ist als Sein im bloßen Gedanken, so muß zugegeben werden, daß Gott, im Vergleich mit dem nichts Größeres gedacht werden kann, nun nicht etwa als nicht-seiend gedacht werden kann (Deus non potest cogitari non esse); denn sonst, wenn Gott auch als nicht-seiend gedacht werden könnte, so wäre ja ein seiender Gott größer als er. Das Größte von allem Denkbaren aber ist Gott selber, folglich, schließt Anselm rein logisch sozusagen, mit lauter Verwendung von Vollkommenem als Mehr-Sein implicite, ist Gott in re seiend. Doch das ist nur die formallogische (und als solche früh angefochtene) Fassung des »Beweises«; eine Fassung, wonach jede Schimäre, wenn sie nur als vollkommene gedacht wird, auch ihre Wirklichkeit in der Sache (in re) involviere. Der materiale Beweisinhalt liegt tiefer, er schließt Schimären (als den niedersten Seinsgrad) von vornherein aus dem Gebiet des Ens perfectissimum aus, er entfaltet sich schlechthin nur in Richtung des höchsten Objekts. Denn eben Anselms vertrackte Konzeption verwendet ausschließlich die platonisch aufsteigende *Komparierbarkeit des Seins parallel der Vollkom-*

menheit: das Welt-Sein steigt so in einer Stufenleiter bis zum Gott-Sein als dem höchsten, Gott ist folglich nicht nur wirklich, sondern ist gerade als Gott am stärksten wirklich, ist gerade als dieses Vollkommenste auch im stärksten Besitz der »Eigenschaft« Sein. Das Ens perfectissimum ist bei Anselm eo ipso das Ens realissimum, und zwar aus Gründen derselben Herrschafts-Harmonie, aus der Thomas später seine »Form«-Realitäten, je höher sie stehen, auch als desto realer aufsteigen und voller im Form-Rang subsistieren ließ. Noch Descartes war die Graduierung des Seins parallel dem Wert nicht ganz fremd, sowenig wie Spinoza (»denn die Substanz hat mehr Realität als das Akzidenz oder der Modus«), und Leibniz nennt die Vollkommenheit echt scholastisch »grandeur de la réalité positive«. Indem Kant freilich das Sein überhaupt nicht als logische »Eigenschaft« zuließ, warf er das ganze Gradproblem des Seins hinaus, solange bis es Hegel wieder aufgriff, geneigt, auf seine Art sogar den ontologischen Beweis Anselms zu erneuern. So weit das direkt-proportionale Verhältnis zwischen Seins- und Wertgrad; es ist – vermöge des stattgehabten Kirchen-Interesses an ihm – das logisch ausgebildetste. Wie bemerkt: die Schichtenlehre des Seins ist befremdlich, erst recht befremdlich mag ihre transzendente Auswirkung erscheinen. Doch überall sonst zeigte sich, sei es seinsfeindlich aus Weltflucht, sei es seinsübersteigend aus und mit Herrschafts-Harmonie, ein unleugbares Organ für Varietäten des Seins und für wohl überdachte inhaltliche Bezüge zu ihnen. Diese Bezüge waren in der mittelalterlichen Gesellschaft lebhafter als in der des bürgerlichen Kalküls; so blieb damals das Wirkliche nicht außerhalb des Begriffs, das Realitätsproblem beschränkte sich auch nicht auf Wirkliches an sich oder schlechthin, sondern *gestufte* Realitätsprobleme eben erhoben sich *innerhalb* der Realität selbst. Nur »Verstandsphilosophie« des Kalküls mußte wie den Inhalt so das Sein aus ihren abstrakt-logischen Bestimmungen verlieren. Hundert wirkliche Taler enthalten nach dem berühmten Diktum Kants nicht das mindeste mehr als hundert mögliche Taler, nämlich: jene wirklichen haben keine andere Inhaltsbestimmung als diese möglichen. Das Sein ist danach »kein reales *Prädikat*«, kein »Begriff von irgend etwas, was zu dem Begriffe eines Dinges hinzukommen könnte«, mit Minder oder Mehr, es soll überhaupt zu keiner Inhaltsbestimmung gehören und an ihr jeweils, nuanciert, teilnehmen können. Folgerichtig also mußte die Ablösung dieser reinen Kalkülphilosophie: die Hegelsche »Vernunftphilosophie der konkreten Geschichte«, im gleichen Augenblick, wo sie den Anspruch auf wiedererlangten und logisch durchdrungenen Inhalt erhob, auch das Sein wieder als logische Eigenschaft, ja als aufsteigende Kategorialbestimmtheit behaupten. Hegel hat derart aus bloßen Begriffen nicht nur wieder Sein herausgeklaubt, in der Meinung, empirisch Bekanntes dadurch zu philosophisch Erkanntem zu machen, er hat nicht nur Anselms ontologischen Gottesbeweis erneuert, indem er das Denken des höchsten Seins mit dem Sein des höchsten Denkens, das heißt, mit dem »Selbstbewußtsein Gottes« zusammenfallen läßt. Hegel hat auch, jenseits dieser Idealismen und Mythologien, das Seinsprädikat wieder in Stufen differenziert dargestellt; und zwar sowohl von verschiedenen Niveaustufen des Subjektseins her (in der »Phänomenologie des Geistes«) wie vor allem an verschiedenen Stufen der objektiven Vergegenständlichung (in der »Logik«). Derart zeichnet Hegels Logik als die erste Trias: »reines Sein, Dasein (Realität), Fürsichsein«, als die zweite: »Schein, Existenz, Erscheinung, Wirklichkeit«; die erste Trias ist die des unmittelbaren Seins, die zweite die des mit sich vermittelten Seins oder »Wesens«, das dem unmittelbaren Sein zu Grunde liegt. Wie immer solche Bestimmungen idealistisch-konstruktiv sind und dem wirklichen Seinsaufbau der Welt nur streckenweise nachfolgen: die Hegelsche Logik hat zum ersten Mal das Sein als logisches Prädikat *durchgängig* graduiert; ja sie hat – in idealistischen Grenzen – die Kategorien der Prädizierung bereits als Daseinsformen zu verstehen versucht. Sie hat vor allem versucht, Seinsweisen als selber sich entwickelnde, als neu bestimmte Träger eines neu bestimmten Inhalts darzustellen. Hegels nähere Bestimmungen gehören außer dem konstruktiven Idealismus auch dem metaphysischen an; folglich erneuern sie, in der Gradstufung des Seins, die alte platonische Klimax nach oben, nach der »höheren Idee« zu (so daß bei Hegel nicht nur das Wesen, sondern erst recht der Begriff und innerhalb seiner die Idee immer die höhere

Seinsstufe darstellt). »Sein hat die Bedeutung der *Wahrheit* erreicht . . .; es ist also nunmehr nur das, was Idee ist« (Hegel, Logik des Begriffs, 3. Abschnitt). Trotzdem hat der durch Hegel wieder nuancierte Seinsbegriff (zum Unterschied vom einschichtigen, inhaltslosen der gesamten Verstandesphilosophie) gerade dem Nicht-Idealismus die wichtigsten Dienste geleistet: und an dieser Stelle eben erscheint der Hegelschüler Marx wieder oder das Problem eines wohldifferenzierten *Seinsbegriffs im materialistischen Realismus.*

Hier erst recht wird verschieden laut betont, der erkannte Fluß bringt das mit sich. Je mehr er wirklich fließt, je schwerer er sich bewegt und abarbeitet, desto wechselnder ist der Stand des Seins in ihm verteilt. Genau Marx stuft daher, wie bemerkt, das Sein ab; die Bewegung ist ihm wirklicher als die Dinge, die Basis wirklicher als der Überbau, so jedoch, daß dieser nicht etwa unwirklich ist, sondern nur schwächer wirklich, ja selbst das nicht immer. Dadurch ergab sich gegenüber der realistischen Sturheit des bloß mechanischen Materialismus ein gewaltiger Vorteil: auch falsches Bewußtsein existiert selbstverständlich, nur vollkommene Narrheit könnte es leugnen und auch seine Existenz vollkommen auf die der ökonomischen Vorgänge zurückführen. Seine Existenz ist nur weniger dicht, weniger real als die der ökonomischen Vorgänge; ebenso bestehen bei Marx innerhalb des falschen Bewußtseins der gleichen Zeit und vom gleichen Gegenstand Wirklichkeits-Unterschiede (zum Beispiel ist Hegels falsches Bewußtsein realer (wahrer) als das Schellings). Ebenso besteht bei Marx innerhalb der Ideologie-Sphäre selber eine Wirklichkeits-Reihe (zum Beispiel ist Politik realer als Recht, dieses realer als Kunst und so weiter in den »Schatten« herab bis zur Religion). Doch auch innerhalb der Ökonomie arbeitet Marx mit gestuften Seinsbegriffen; er unterscheidet nicht nur zwischen »primären«, »abgeleiteten« und »überholten« Kapitalsformen innerhalb einer Epoche, er gibt dem industriellen Kapital einen Seins-Vorrang vor dem Handelskapital, dem Geldhandelskapital und so fort. Im falschen Bewußtsein der Ökonomie selber leugnet Marx nicht etwa den »Fetischcharakter der Ware« (ist er nach ihm doch die regierende Bestimmtheit der bürgerlichen Welt); sondern Marx setzt seine Realität zu der des Scheins (nicht des Nichts) herab, zur Schein-Realität gegenüber der wahren als »dem gesellschaftlichen Charakter der Arbeit, welche Waren produziert«. An anderen Stellen wird die ökonomische Geschichte, beispielsweise die Geschichte des Grundeigentums im alten Rom, als »Geheimgeschichte innerhalb der Geschichte« bezeichnet; sie ist aber nicht die einzig reale, sie ist nur die entscheidend, die grundlegend, die realst reale. Dieselbe Nuance gilt, sobald der Marxismus den »sich durchsetzenden Gesamttendenzen der Entwicklung« eine höhere Realität gibt als den »ökonomischen Tatsachen«, worin sich die Tendenzen im falschen Bewußtsein (also auch im objektiv vorhandenen Kulturgefüge) verdinglicht haben. Hier überschneiden sich sogar die Realitätsstufen: selbstverständlich hat das Interesse eine noch unvergleichlich viel wirklichere Realität als beispielsweise das Ideal, doch die »Totalität einer Zeit« (worin also ihre Ideale enthalten sein können) bezeichnet wieder eine wirklichere Realität als die des ökonomischen (gar ökonomistisch gefaßten) Partialinteresses. Kurz, die Realitätsdichte bei Marx ist nicht nur verschieden, sondern ein – gemäß der Realität selber – höchst fluktuierendes Wesen. Die Realität steigt gewiß nicht nach oben gleichmäßig auf, wie im Platonismus, auch nicht zum Ganzen hin, doch sie nimmt nach oben auch nicht gleichmäßig ab, wie im mechanistischen Materialismus (den Rickert einmal – in unserem Zusammenhang nicht ganz mit Unrecht – einen Platonismus mit umgekehrtem Vorzeichen genannt hat). Eben im Verhältnis von ökonomischem Unterbau und ideologischem Überbau nimmt die Realität bei Marx nicht gleichmäßig ab, mechanistischerweise. Erscheinen ihm viele Ideologien als bloße »Wolkenbildungen am Dunsthimmel der Phantasie«, so nicht alle: die griechische Kunst macht gerade in Ansehung ihres menschlichen Wirklichkeitsgrades eine Ausnahme, ja ein relativer Seins-Vorrang der mittelalterlichen Lebensganzheit (gegenüber der kapitalistischen Zerfällung und Erkältung der meisten menschlichen Beziehungen) schließt sich an. Ideologie überhaupt wird keineswegs per definitionem aus der Wirklichkeit ausgeschieden, weder in Marxschen noch in Leninschen Realbehauptungen dieser Art: »Sozialismus ist die Ideologie der kämpfenden Arbeiterklasse«, folglich ist diese Ideologie eine Realität sehr hohen Grads. Näher zur Veränderung der Welt, so ist auch die utopische Vorwegnahme, *sofern sie in der konkreten Tendenz steht,* in solcher Stufung nirgends Nicht-Sein schlechthin, weder im pejorativen Sinn des Luftschlosses noch aber auch in dem eines edel abnehmenden Seins (»Was sich nie und nirgends hat begeben, das allein veraltet nie«). Ist doch Traum nach vorwärts dermaßen stark im Schwange vorhanden, in Jugend, Zeitwende, Produktivität, daß er deren Sichvoraus-Sein selber darstellt. Hier ist keine Wolkenbildung im Himmel, worin ein irdisch Seiendes sich transponiert und vernebelt, sondern irdische Latenz, worin ein Noch-Nicht-Seiendes gärt und überholt. Marx spricht immerhin (Brief an Ruge, Sept. 1843) von einem »Traum über sich selbst« in Menschen und ihrer Welt und macht zum »Wahlspruch« eines so stärkeren wie helleren Voraus-Seins, »daß die Welt längst den Traum von einer Sache besitzt, von der sie nur das Bewußtsein besitzen muß, um sie wirklich zu besitzen«. Dies Noch-Nicht-Seiende wird im subjektiven Wunschtraum schwankend und fragwürdig repräsentiert, im *objektiven* »Traum von einer Sache«, wie Marx sagt, gelenkter und vertrauenswürdiger (jeder Wunschtraum, will er konkret sein und Aussicht auf Verwirklichung haben, muß sich deshalb an der objektiven Tendenz-Latenz berichtigen und an sie anschließen). Doch bleibt die Realitätsart dieses Noch-Nicht-Seienden, so tendenzhaft fundiert sie sein mag, auf alle Fälle schwierig; ja es wird mit dieser Realität eine völlig andere Stufe eingeführt. Denn während die bisherigen Stufen: Bewegung und Dinge, Wirtschaft und Überbau, Politik und Religion, auch Partialität und Totalität – wesentlich nur im Quantum der realisierten Realität sich unterscheiden, setzt sich die Stufe der lediglich utopischen Realität durch ein anderes Quale von allen ab. Sie ist nicht nur weniger oder mehr Wirklichkeit, im Vergleich mit den anderen Stufen, sie ist eine qualitativ andere Art Wirklichkeit, durch ihre andere Qualität selber noch von verwandt scheinenden Realitätsgraden, wie etwa dem des Ideals, verschieden. Kommt doch das Quale utopischer Wirklichkeit, eben als eigenes Quale, in allen Quanten der bisherigen Wirklichkeit vor: im Interesse so gut wie im Ideal; es ist ein omnia ubique, obzwar auch diesesfalls mit verschiedener Realitätsverteilung seines Quale. Am vertrautesten läßt sich das utopisch Wirkliche noch ein Sein der Möglichkeit nennen, mit Enklaven der Gärung auch noch im Geworden-Sein, mit einem Horizont des Neuen rings ums Land dieses Geworden-, ja Manifestiert-Seins insgesamt. Vor allem ist das Offen-Sein dieses Latenten (als Latenz der noch nicht seienden Zielinhalte in der Tendenz) nicht etwa selber schon realisiert-real und von den Menschen im Prozeß nur noch nicht erreicht, vielmehr: der Gärungs-, der wartende Offenheits-Charakter des Noch-Nicht-Seienden ist *einer dieser Seinsart selber*, und nur diese Vor-Existenz ist bestenfalls realisiert. Hier ist keine Fertigkeit mit sich, keine »Ewigkeit in der Zeitlichkeit«, kein wie immer vermitteltes oder auch sprunghaftes »Hereinscheinen der Substanz« (und ihrer kompletten Realität) »in die Geschichte«; denn eben, die utopische Realität ist auch für sich selber noch nicht real. Ja, das Noch-Nicht-Seiende der Latenz ist auch als künftiger Seins-Eintritt keineswegs garantiert, dieser Eintritt hängt vielmehr von allen Verwirklichungsfaktoren des Prozesses ab. Wäre die utopische Realität eine realisierte, dann wäre sie, gemäß ihrer Inhaltsfülle, ein Maximum von Wirklichkeit; so aber ist sie nicht einmal ein rechtes Minimum, es fehlt für diese eigentümliche Beschaffenheit sogar der entschiedene logisch-ontologische Name. Wird er gesucht, so bietet sich philosophie-geschichtlich höchstens der Terminus des *Wesenden* an (falls er neu, nämlich nicht nur im Grund, sondern aus ihm heraus im Ziel gedacht wird) oder besser noch der Terminus *Subsistenz*, zum Unterschied von der Existenz und ihren einzelnen Gradarten. Subsistenz aber allemal im Sinn des In-Möglichkeit-Seienden, also der noch nach vornhin offenen Materie. Volle utopische Realität ist derart ihrem Inhalt nach dasselbe wie die der letzten Materie, das ist des *eigentlichen Thesauros der Materie*. Mit dieser Subsistenz wären die, wohlgemerkt, jeweils variierenden Bestimmungen der Seinsstufen am Ende; den welcher Seinsart noch die allerletzt mögliche angehöre, die der Realisierung des Realisierenden selber: – diese Frage ist ebenso transzendent wie müßig. Desto wichtiger aber ist, für alle praktisch-konkrete und konkret-nuancierte Arbeit, den Standindex des Seins in der bisherigen Welt zu verstehen. Der Standindex ist in jedem Prozeßabschnitt, in jeder (ökonomisch-technisch-ideologischen) Sphäre dieses Prozeßabschnitts verschieden. Seinsfülle kommuniziert derart der Inhaltsfülle der jeweiligen Seinsarten, ja ist mit ihr identisch; nicht aber ist der allemal *intensive Inhalt* des *realisierend-Realen selber* mit einem der erlangten Prozeßgestalt-Inhalte bereits identisch. Weil er das noch nicht ist, mit *Realisierung des Realisierenden zuletzt,* deshalb ist ja das Sein wie der ihm jeweils zugeordnete Inhalt noch im Außereinander, im *chronologischen* des *Prozesses* und, was dem genau entspricht, im *topologischen* der verschiedenen Stufen, Schichten, schließlich *Sphären* des Welthauses selber. Die verschiedenen Seinsgrade, Standindexe des Seins aber müssen als solche des Daßhaft-Intensiven in der Welt tunlichst genau notiert werden, damit die logisch-ontologischen Bestimmungen oder Was-Kategorien nicht über *scheinbar gleichem* Seinsboden ihr dann gerade *realitätshaft unbestimmtes* Entwicklungsleben zu führen scheinen. Die Realität ist genau so verschieden verteilt und graduiert, wie ihre Materie im Nacheinander der zeithaften Perioden, im kontrapunktischen Übereinander ihrer Sphären (erkenntnishaft: Disziplinen) organisiert ist. Und das bedeutet, daß sie sich – seinshaft so wenig gleichartig wie kategorial gestalthaft – im offenen Versuch ihrer ungefundenen wirklichen – Seinsgestalt befindet.

Es kommt also nie darauf an, zu bloßem so gut wie unseiendem Traum zu entsagen. Und ebenso umgekehrt: Was ontische Stärke angeht, so wird eine unwesentlich gewordene Ökonomie nicht realer sein als eine wesentlich gewordene Ideologie. Nicht immer muß auch Noch-Nicht-Sein eines rechten Ideals abstrakter bleiben als scheinkonkrete Fakta mit Un- oder Schiefgelungenheit. Die Gleichung Sein = Wert als ohnehin, als prozeßlos gesetzte war freilich heillos und meist nur Apologie des Vorhandenen, doch als prozeßhaft und *darin* postulathaft wirkende wird diese Gleichung allerdings bedeutend richtiger als die umgekehrt proportionale, defaitistische: Nicht-Sein (Unsein) = Wert. Das Noch-Nicht-Sein hat zwar eine qualitativ andere Art Wirklichkeit im Vergleich mit den Stufen des Gewordenseins, aber es führt nicht nur, je nach dem tendenzhaft Vermittelten darin, selber verschiedene Realitätsgrade seiner, sondern es impliziert gerade eine stärkere Realität als die meiste bisher vorhandene. Und die utopische Antizipation ist diesem ihren ausstehend Realeren ebenso verschworen wie ihrem Vollkommeneren selber. Das wird dadurch deutlich, daß vorweggenommenes Besseres, sobald es realisiert wäre, genau in jener besonders *hohen* Seinstärke angenommen wird, die Hervortritt, Triumph, Sieg heißt. Das als Sieg eben gegen das Nichts selber in seinem Umgang, gegen das schwierige und wie oft furchtbare Fahrwasser der Welt, gegen das Widerständige im Objekt, gegen die kalte Teufelsfaust des Mißlingens, gegen das Ver-nichtende aus Abweg bis zum Abgrund. Weshalb bereits jede *Spannung* auf die Tonika des Siegs hin intensive Seinshaftigkeit im Stand seines Noch-Nicht-Seins involviert. Und das »Jauchzet auf, es ist gelungen« gibt, sobald es bedeutet werden kann, dieser Tonika sogar ein Siegel, wenigstens in den Versuchsländern Kunst und Glaube. Auch das Zart-Vollkommnere kann dieses Siegakzents teilhaft werden, sogar auf besonders schlagende, einschlagende Weise, und nur deshalb ohne eine *Gewalt* des Seins, weil es sie nicht mehr braucht. Soviel hier über einiges verschiedene Sein unterwegs, entsprechend der mehr oder minder relevant entwickelten Kategoriefülle seiner Manifestierung. Das Noch-Nicht-Sein im real Möglichen fällt am wenigsten daraus heraus, gehört es doch zur Front wie zum Horizont der unfertigen, unvereitelten, ungelungenen Welt.

26   NOCHMALS DAS MÖGLICHE,
    KONFRONTIERT MIT DEM NÖTIGEN
    UND DEM HEILENDEN

Was auch nur verändert werden kann, muß veränderbar sein. Die Endung: -bar, französisch: -ble, lateinisch: -bilis bedeutet ein possibile, ein Mögliches. Dieses ist vom Lauf, vom Verhältnis des bisher Gewordenen wenigstens halb determiniert. Das Mögliche gilt jeweils nur nach Maßgabe gewordener, noch vorhandener Bedingungen, vor allem der ökonomischen. Sonst könnte jeder noch so unvermittelte und abstrakte Putsch gelingen; was bekanntlich nicht der Fall. Andererseits aber ist das Mögliche von Gewordenem nie dermaßen festgelegt, daß die Menschen keine Handlungs- und Gestaltungsfreiheit hätten. Daher nicht imstande wären, das Determinierende überlieferter, noch gültiger Bedingungen, Bedingung-Folge-Zusammenhänge, also Gesetze zu gebrauchen, zu kombinieren, ja neue Bedingungen aus dem tendierenden Umbruch der alten zu schaffen. Das Mögliche hierzu ist gewiß ebenfalls determiniert, doch von jenem Tendieren in der Vergangenheit her, das – als ungeworden oder gehemmt – Zukunft in der Vergangenheit für sich hat, das erst recht in der Front der Gegenwart Offenes, noch Ungewordenes, Unentschiedenes vor sich hat. Das Determinierende vom bisher Gewordenen her wird, besser gesagt: ergibt sich dadurch als nur partial; wonach Möglichkeit überhaupt, gerade als die objektiv-reale, die hier allein gemeint ist, eo ipso das nur *partial-Bedingte* darstellt. Anderenfalls hätte darin keinerlei Freiheit des Gestaltens, Neu-Gestaltens Platz, er gäbe keinen Bezug menschlicher Aktionsfreiheit, durch beherrschte Notwendigkeit hindurch, zur Möglichkeit, zu der des Andersmachen-Könnens aufgrund eines Anderssein-Könnens der Welt. Was bei eben gar keiner Determinierung der Putsch, bei total geschlossener die absolute Knechtschaft, einzig Unterwerfung unter unabwendbares Schicksal wäre; was bekanntlich, auf die Dauer, wieder nicht der Fall. Die Welt wäre nach vornhin völlig zugeschlossen, ihr total determinierter Zustand erzwänge die Statik des Ewig-Gestrigen und die Stereotypie. Verändern, wie sehr erst als qualitatives Vermehren, setzt mithin eine unfertig-offene Welt voraus, eben eine Weltmaterie in währender Experiment-Beschaffenheit ihrer selbst.

Was aber macht dies währende Unterwegs, worin sich alles befindet, überhaupt nötig? Wieso muß überhaupt fort und fort gestaltet werden und wieso ist jedes Gestalten Mühe und Arbeit, oft eine schwere Geburt? Wieso nicht nur der Widerspruch, der zuweilen doch auch als bloß Negatives ohne Frucht vorkommt, sondern ebenso der davon verschiedene Widerstand in den Dingen, – ihr Erkanntwerden, gegen ihre Veränderung zugleich? Eine ungeheure Frage, und es gibt auf sie keine andere Antwort als die der Frage, die das Dasein der ganzen Welt, ja die sie sich in ihrem Prozeß selber stellt. Denn der ganze gestaltende Weltprozeß selber hat als Realproblem das Ungelöste seines Anstoßes und dessen Grundinhalts in sich; er geht ja sein während Unterwegs, weil in keiner Gestaltform das Experiment des Sinns, die Hauptantwort auf die Grundfrage seiner selbst gelungen ist. Doch ist dies *Nötige,* von dem her der Weltlauf grundhaft in Gang ist, ebenso das gleiche Nicht-Haben, das an der Front des Geschehens alles bereits Gewordene eines Habens, eines immer erst inadäquaten, mit dem offenen Gebiet eines Noch-Nicht-Gewordenen umgeben sein läßt. Dieses nicht nur partial Bedingte, sondern partial Bestimmte hat sein Sein nicht als gewordene Wirklichkeit, sondern eben als *objektiv-reale Möglichkeit* zu einer noch unvorhandenen Wirklichkeit. In dieser Möglichkeit liegen gewiß auch alle Latenzen der Mißgestaltung zu abgetriebenen Inadäquatem, ja zu Grauen, Tod und Nichts, doch nicht minder und zuweilen mehr liegen darin die beförderbaren Latenzen eines Heilenden, Antwortenden, Erfüllenden dessen, was mit Zutun der Menschen aus dem Dunkeln ins Helle strebt. Es gäbe keinen Prozeß, wenn nicht ein Ungelöstes, dann gar Hemmendes in der Welt wäre, das nicht sein sollte. Aber es gäbe auch keinen Prozeß, wenn nicht der Prozeß die Gestaltwerdung ebenso hervor und hinauf betreiben könnte, wie die Realantworten auf sein Realproblem. Ein schweres Fahrwasser bei alldem, ein Geschichts-, auch Weltbau mit mehr Treppen als Haus, ein Stückwerk auch im gerundeten Werk (im geschlossenen noch mehr). Kein Grund daher, gerade im Bewußtsein konkreter Utopie nicht, zu einer Art von Glauben, dem seine Essenzgestalt, die ohnehin vom irdischen Landesherrn nach drüben meist übertragene, fertig in einer jenseitigen Ur-Fertigkeit, Ewigkeit sitzt. Kein Grund auch zur Übertragung einer angeblich schon vorhandenen Essenzgestalt in die Welt, sei es als substantia oder als absolute Idee oder gar als Garant eines Hurra-Pantheismus, der oft nicht einmal das Pan für sich braucht. Eher ist Grund, mit der keineswegs ganz veralteten Gesinnung Candides in den Garten zu gehen, um mitzuarbeiten, in die schwierige Möglichkeit eines Weltgartens. Das Vermehrende im dialektischen Prozeß behebt das Nicht-Haben, mit dem alles begonnen, um das herum noch alle Dinge, Menschen und Werke gebaut sind, mit den Organisationen des latenten Habens seiner, das heißt der Materie auf dem Weg vom leeren Feld zu immer gefüllterer Ausprägung, Komplexion. Das eben dank der Modalität im Wirklichen, dank dessen wichtigster Eigenschaft überall, auch in der scheinbar abgeschlossenen anorganischen Natur: zukunfttragend sein zu können. Der Schoß der Materie ist ihrer Gestaltungen so bedürftig wie zu ihnen noch fruchtbar; steht doch genau das eigene Wesen, die Essenz der Prozeßmaterie noch aus, steht nicht als Ge-wesenheit am Anfang, sondern als An-wesenheit herausmanifestiert, einzig am Ende. Dies Unterwegs verlangt in der immer wieder dialektisch sprengenden, aufspringenden Morphologie seiner Gestalten endlich eine Ontologie des Noch-Nicht-Seins, vorzüglich im historischen Materialismus. Sie gründet letzthin im Noch-Nicht-Bewußten der Subjekte, im Noch-Nicht-Gewordenen der Objekte, dem das Subjekthafte, mit Wechselbezug von Mensch und Umwelt, so zu- wie eingeordnet ist. Diese offene Ontologie fordert eine offene Anthropologie, die letzthin fundiert ist auf die Akte und Aktinhalte des Bedürfnisses, der Intention und der gesellschaftlichen Tendenz. Sie fordert im gleichen Zug eine offene Kosmologie, eine nicht vermenschlichte, aber zu den menschlichen Angelegenheiten auch nicht mechanistisch au fond disparate; diese ist letzthin fundiert auf die Prozesse und Gestaltbildungen, womit die riesige, in den Aktionsradius der menschlichen Arbeit nicht eingegangene Außenwelt schwanger ist oder woran Hinweise sind, die – mit viel notwendiger Umrechnung, doch genuin – von der menschlichen Architektur etwa, ja schon vom Ornament her bezeichenbar sind, immerhin dieses. Alle Gestalten aber sind materiale Kategorien, und alle Kategorien stehen *senkrecht auf der Zeit*, ohne die sie, als der Prozeßzeit, gar nicht stünden, aufstünden. So wenig wie Gestalten ohne die im *Zeitfluß* befindlichen Inhalte (es gibt noch gar keine anderen), deren Lauf sie senkrecht anhalten und zum Topischen eines Manifestierens anweisen, selber einen Inhalt, ja auch nur ein Anliegen hätten. Derart bleibt es dabei, gerade in Ansehung der Reise in sich, worin sich die Welt als Frage, die Welt als Antwort noch befindet: Genese ohne Struktur darin ist blind, Struktur ohne den Inhalt der Genese ist leer. Erst im Zusammenhang beider kommt die prozessual anhängige Sache zur Metamorphose ihrer Erscheinung, zur Baukunst ihres Austrags. Der Prozeß als Gestaltengang selber ist experimentelle Baukunst, sichtbar in der menschlichen Geschichte, vermutbar im Fortgang, Aufgang einer mit ihr vermittelten Natur. Die noch so sehr ausstehende Stoff-Substanz des Was ist das Gleiche wie die – am Ende der Geschichte – aufgeschlossene Intensität des Daß, das als Realisationsfaktor in der Welt so treibt wie zugleich den letzten utopischen, identifizierten Sinn-Inhalt der Welt enthält. Es geht ein großes objektives Erwarten durch die Welt, wie oft vereitelt, doch nicht nur in Symbolen seinem Kern sich annähernd; der Generalstab dieses Erwartens heißt Philosophie.

Es ist nicht gut, nebenher zu leben. Aber aufs Nebenbei zu achten, ringsum, das ist ein anderes, hilft weiter. Der Blick hierfür
kann nicht scharf genug geübt werden. Er achtet auf das, was
nicht in den glatten Kram paßt, und achtet es besonders. Er
rauht auf, hält an, wo das übliche Auge nichts sieht, also weitergleitet.

Auch sprachlich drängt sich so ein Ruck herein, unterbrechend. Ein schlechter Gärtner, wer seine Blumen immer auf
gleiche Art bindet, ein schlechter Schreiber, wer vor neuem Eindruck nicht auch neu ansetzt. Er entspricht dem teils verknöcherten, teils zu allgemeinen Denker, Nichtdenker, der eh schon
weiß und daraus schematische Tunke über alles gießt. Wonach
alles gleich schmeckt, das nicht dazu Passende von vornherein
übersehen, ausgelassen wird. Oder als nicht nur klein, sondern
als klein und häßlich in einem dastehen muß, weil es den verabredeten, den zu lang gewohnten Reim nur stört. Statt daß
genau dies Störende, sofern und indem es aus bisher kaschiertem Nebenbei herstammt, mit zum Zug kommt. Als fruchtbar
Störendes, Stoßendes, Unterbrechendes; genau hier ist es zu
bejahen, wenn sich der Bock zum Gärtner macht, subjektiv wie
objektiv. Die entscheidenden Schläge, sagte Benjamin, werden
heute mit der linken Hand geführt, das heißt mit derjenigen,
die dem Beiseite, dem Nebenbei, ohnehin näher ist als dem routinierten Schwung im großen ganzen. Nur bei Gelegenheit
näher, gewiß, und nicht etwa so grundsätzlich, daß das Nebenbei nun seinerseits wieder alles verschluckt. So ewig aphoristisch
werdend, wie die ausgemachten Wälzer schematisch sind; hier
Sauce, dort Trick. Aber anders ist ein Unterbrechendes, das
gerade Alter hindert, fertig zu sein mit dem Wort, und ein
Zusammenhängendes, das sich gerade darin erneuert und bewährt, daß es sich ablenken läßt und darauf versteht. Ist das

doch die treuste Art, den Gedanken in der so wenig glatten Welt selber rauh und empfindlich zu halten. Bedacht Kleines beiseite kann derart wichtiger sein als pensionierter Gedankenzug, der nur noch mit sich selbst verkehrt.

Die Sinne melden sich immer neu und was sie zeigen. Es ist ein Einzelnes, das wird immer wieder dem reihenden Darstellen, sammelnden Gedanken übergeben. Und genau daran sticht das minder oder gar nicht Eingemeindete heraus, ein Unterbrechen, das gesammelt in die Schule mehr schlecht als recht benannter Dinge gehen läßt und ins Wirkliche als selber Unterbrechendes. Was eben aber nicht endloses Entlaufen, Verlaufen bedeutet, schreibenden Seitensprung um jeden Preis. Sondern hierher gehört das Ineinander eines sogar *bindenden* Zerbrechens, nämlich quer hindurch, bisher Entferntes nah zusammenbringend, eines *zusammenhängend* Unterbrechenden, wie es in der Welt und nicht etwa nur in einem sich wendenden Kopf ist. Das Nebenbei gehört folglich ebenso, ja allein um der *einen Hauptsache* willen hierher, weil bereits das Darstellen auf sie hin ohne dies anders lautende Einzelne nicht auskommt. Und auch nicht ohne jenes Besondere, dessen oft mehr oder minder bizarre Gestalt nicht oder nicht schon das Besondere eines reihbar Allgemeinen zu sein braucht. Zweifellos können genau in die Findung dessen, was am wenigsten Nebeneinander von Nebenbei ist, nicht genug Stoffe mit »Abseits, wer ist's?« eingegossen werden. Ist doch das große Ganze selber nicht nur abseits, sondern, indem es sich erst bildet, auch noch weniger als vorhandenes Nebenbei, nämlich noch nicht da. Ist utopisch wie nichts sonst, bedroht, mit keinem sicheren Ort, und braucht auch Vermehrendes wie nichts sonst. Also ist bloßes Vielerlei zwar ebenso unfruchtbar wie schematisches Einerlei, doch jede »irgendwie« berührte Hauptsache braucht auch entlegene Zeugen, so wie diese wieder nur zu ihr zu reden haben. Je einzelner das immer wieder absetzt, ansetzt, desto verantwortlicher hört auch die falsche, bloß gekonnte Glätte auf, von der das Seiende nichts weiß. Genau solch Absetzen ist wichtig, worin das nicht Fertige immer wieder ruchbar wird. Es hat lange genug Refrains gefunden, die zu rund waren, um wahr zu sein, und die das Unterwegs leugnen.

Sich es sauer werden lassen

Zu fragen ist, wieso das Denken nicht leicht sei. Im Lernen nicht, im Forschen noch weniger; – was keineswegs selbstverständlich ist. Außer der Begabung ist ein besonderer Fleiß dazu nötig, wie bekannt; doch wieso ist er nötig, und was krönt ihn? Der wissenschaftliche Fleiß ist dem des bloß aneignenden, vor allem sammelnden Lernens streckenweise verwandt, doch ist er aufwendiger und, was bezeichnend, härter zugleich. Andererseits ist dieser wissenschaftliche Fleiß vom künstlerischen verschieden, so sehr er sich schriftstellerisch, im anschaulichen Darstellen und gemäßen Ausformen, damit berühren mag. Im Formen selber ist es künstlerisch erlaubt, auch zu spielen, wissenschaftlich nicht. Hier gibt es eine eigene Mühe, oft genau wie mit dem Kopf durch die Wand. Daß solcher Fleiß so nötig ist, dies ihn nötigende Hemmnis zu finden, fällt selber nicht leicht. Und noch merkwürdiger, daß im Denken sich die Wand verschieden, bald schwächer, bald stärker sperrt.

Nicht nur verschiedene Begabung

Ohnehin ist der eine Kopf hell, der andere weniger. Dem Begabten geht die Arbeit leichter von der Hand, der Dumme hat durch sich selber größere Mühe. Aber diese Art Sperre reicht nicht aus, desto weniger, als ja kaum einer gleichmäßig und allgemein begabt oder unbegabt ist. Vielmehr spricht schon auf der Stufe des kindlichen Lernens der Stoff mit, den es anzueignen gilt. Nach ihm bereits sind die Begabungen verschieden gegliedert: der einen fällt das Rechnen schwerer als Deutsch, der anderen geht es, gerade was das Brett oder Nicht-Brett vorm Kopf angeht, umgekehrt. Die behandelten Dinge selber zeigen also eine dickere oder dünnere Schicht des Schwierigen, die durchbohrt werden muß. Schüler spüren das sehr genau, dergestalt, daß ein Knabe, der gefragt wurde, wieso die Dinge verschieden schwer seien, gar nicht auf das Staunen kam, das in ihm geweckt werden sollte, nämlich darüber, wieso Eisen schwerer sei als eine Flaumfeder und so fort. Sondern er verstand die Frage eben als die ihm schulmäßig naheliegende: wieso etwa Algebra ein härterer Brocken sei als Erdkunde oder auch umgekehrt Geschichte ein härterer als Algebra, auch wenn sie nicht rein gedächtnismäßig, als bloßer Anhang zu Jahreszahlen dargeboten wird. Dabei bleibt freilich der obige Einwand, daß dergleichen rein subjektiv sei, nämlich von der Begabung der einen oder der anderen Richtung abhänge. Das ist zum Teil gewiß richtig, dennoch ist die Frage, die hier zur Tagesordnung steht: die nach den verschieden harten Brocken im Stoff des Wissens selber, so einfach und so rein subjektiv noch keineswegs erledigt. Sie ist auf diese Weise nicht einmal sachgemäß verstanden, ja, ganz unabhängig von der jeweiligen Einzelbegabung zu den verschiedenen Stoffgebieten: gibt es nicht auch bei noch so entschiedenem, sozusagen einseitigem Fachtalent weitgehende Unterschiede der Schwierigkeit innerhalb eines doch gleichmäßig beherrschten Stoffgebiets? Gibt es im Feld der Zahlen oder der Vorgeschichte, der Linguistik oder der Kunstwissenschaft, der politischen Ökonomie oder der Geschichte der Philosophie nicht verschieden sprödes Material an sich, teils in Hülle, teils in Fülle? Und zwar nicht nur zufällig sprödes, das heißt noch nicht oder nur stiefmütterlich behandeltes, zum Unterschied von dem wohlrasierten, wohlarrondierten Material nebenan, sondern eines der Natur der Sache nach? Dem Verwandtes gilt also erst recht fürs *ganze* Feld des menschlichen Forschens und Wissens, für die objektiven Schwierigkeitsunterschiede zwischen den Wissensgebieten insgesamt, zwischen Thermodynamik etwa und Sittengeschichte, wohlverstanden noch ohne notwendigen Bezug auf die praktische oder humane Wichtigkeit beider Gebiete. Unsere Frage lautet derart: Was macht, daß das Fahrwasser der wissenschaftlichen Forschung sich dermaßen differenziert schwierig darbietet? Subjektiv verschiedene Anlagen reichen zweifellos zur Erklärung nicht aus; hier gibt es einflußreichere und selber objektivere Schranken als die der zufälligen Einzelbegabung, nämlich zunächst *soziale;* wovon sogleich.

Ernster jedenfalls als die jeweils verschiedene Anlage einzelner muß die jeweils allgemeine beachtet werden. Sie ist nicht mehr privat, sondern selber schon über die Hälfte objektiv, wenn auch nicht ganz. Gemeint ist aufs neue jene noch auf der Menschenseite stehende Schranke, welche nicht als persönliche, sondern – jeweils unaufhebbar und unausgleichbar – als *ökonomisch-soziale* erscheint. Sie eben läßt das Begreifbare in einer Zeit jeweils verschieden illuminiert sein, erlaubt helle Fahrt oder dunkelt ein. Wie nicht jede Produktionsweise zu jeder Zeit möglich ist, sondern dies vom erlangten Stand der Produktivkräfte abhängt, so ist auch im kulturellen Überbau nicht zu jeder Zeit jeder Auftritt oder jede Abfolge von Gedanken und Erkenntnissen möglich; dafür gilt vielmehr ein in letzter Instanz ökonomisch bedingter Fahrplan. Der gilt auch für das jeweilige Verständnis neuen Gedankengängen gegenüber, für die Fähigkeit, sie überhaupt wahrzunehmen, dann sie »interessant«, dann gar »einleuchtend« zu finden. Bis dahin aber, auf unentwickelten Stufen, läßt eine eigene Schranke gewisse Objekte und die Verhältnisse zwischen ihnen, gar an sich selber schwierige, nicht zur Erkenntnis kommen. Es ist also nicht nur kreatürliche und so geschichtlich wenig bewegte Trägheit, was den hier einschlägigen Widerstand ausmacht, besonders gegen alles Neue, und auch nicht nur das gemeine Ressentiment Unproduktiver. Vielmehr können, selbst bei vorhandener Bereitschaft, ohne den bekannten Widerstand der stumpfen Welt, die Masten eines Schiffs, das großenteils noch unter dem Horizont liegt, vom planen Standort her schwer gesehen werden. Gewiß bietet sich dazu, für interessierte Köpfe, ein Fernglas an oder, um das ganze Schiff unter der Linie zu sehen, ein erhöhter Standort, und Genie bleibt Genie. Gewiß kann eine große Philosophie, indem sie, wie Hegel sagt, ihre eigene Zeit ist, in Gedanken gefaßt, dadurch daß sie auf dieser Höhe der Zeit steht, auch in die nächste Zeit, wo nicht ins gesamte Zeitanliegen hineinblicken. Doch ist es immer wieder verblüffend, wie sehr gerade die wissenschaftliche *Perspektive* einer Epoche, einer Kultur den Aufträgen, Formen und Schranken der vorhandenen Produktions- und Austauschweise verhaftet bleibt. Eben daher, aufgrund eines überwiegend statischen Tauschverkehrs, blieben dem mathematischen Denken der Griechen die Brüche zwischen ganzen Zahlen, gar die veränderlichen Größen fremd, und Zenons Beweis gegen die Bewegung kehrte vor dem ganz nahen Begriff des Infinitesimalen um. Und eben wegen einer anderen ökonomisch-sozialen Schranke, der durch die Sklavenhaltergesellschaft direkt gesetzten, fiel, wie bemerkt, auch der Arbeitsbegriff in der griechischen Philosophie aus, vorzüglich in ihrer Erkenntnistheorie. Statt seiner kam es, auch bei so verschiedenen Denkern wie Demokrit und Platon, nur zum Begriff des passiven Empfangens, der »The-oria« als »Schau«. Das vor allem ist eine Hauptschranke in der antiken Philosophie, trotz eines »intellectus agens« bei Aristoteles, als freilich unpersönlicher Vernunft in uns, trotz einer mystisch-spontanen »Funktion« des Geistes bei Plotin. Und bezeichnenderweise hält sich der Widerstand dieser gesellschaftlich bedingten Schranke im Mittelalter, also bis zum entstehenden homo faber, bis zur besonderen Aufwertung des Arbeits- und Erzeugungswesens in der menschlichen Erkenntnis (Hobbes, Kant). All das gemäß der neuen, der unternehmerischen Entfesselung der Produktivkräfte in der gesellschaftlichen Basis. Item, solche sozialen Erkenntnisschranken (wie ebenso die relativen Öffnungen der Schranken dieser Art) sind durchaus *objektiv*, wenn auch noch nicht notwendig *objekthaft*, in der Sache selber gegebene; als sozial-objektive aber stehen sie eigens und deutlich über den jeweiligen Köpfen im sogenannten Geist der Zeit. Daher die Marxsätze: Jede Zeit stelle sich nur die Aufgaben, die sie zu lösen vermag; weiter: Die herrschenden Gedanken einer Zeit seien die Gedanken ihrer herrschenden Klasse; weiter: Ein Gedanke könne nur dann zur Wirklichkeit dringen, wenn die Wirklichkeit zum Gedanken drängt. Freilich, was letzteres, die Wirklichkeit angeht, so bezeichnet sie nicht nur die gesellschaftlich-menschliche oder die darin jeweils erlangbare *Erkenntnis*, sondern mehr. Zum Teil sind gerade mit den und in den sozial gesetzten Sperren, Hemmnissen solche im *Erkannten*, *Objekthaften* selber mitgegeben, also rein sozial nicht erschöpfte, nicht dadurch aufhebbare. Umgekehrt haben sogar gesellschaftliche Schranken, wenn auch durchaus täuschend, Gegenstände einfacher erscheinen lassen, als sie sich innerhalb des früheren Handicaps des alten Ideologieblicks darstellten (so etwa, im Aspekt des achtzehnten Jahrhunderts, die angeblich nur »heitere Schönheit« der Griechen oder das angeblich nur »finstere Mittelalter«). Bei all dem jedenfalls erledigt auch die sozial vorhandene Schranke, obwohl sie unschätzbar wichtiger und wirksamer ist als die bloße privatpsychologische der Begabung, die dritte, die Hauptschicht unseres Problems: die erkenntnistheoretisch-objekthafte, noch nicht; es gibt auch in diesem Betracht eine von Auffassungen unabhängige Außenwelt.

Hauptsache: erkenntnistheoretisch-objekthafte Schranke, die Probleme aufwerfend

Denn es bleibt ein Eigenes darum, daß alle Dinge selber etwas zu raten aufgeben. Freilich, wie steht es, gerade objekthaft, mit solcher Art von Rauhem, Hartem, Widerstehendem? Ist gerade diese Art nicht lediglich für den Auffassenden da, ja, gegen die Verabredung, besonders vermenschlichend? Stößt sich ein Kind am Tisch und schlägt es ihn, als widerstehenden Gegner, dann ist das freilich pur anthropomorph, noch nicht einmal das, es ist animistisch. Doch nicht ebenso wird die Kategorie Widerstand objekthaft bezweifelt, sobald sie sich auf ohnehin menschliches oder auch nur organisch-bewußtes Material bezieht. Ein Tier, ein Verbrecher leisten Widerstand, auch beim Geständnis; die unbewußte Sperre gegen die Aufdeckung eines Traumas, daran setzt gerade psychoanalytische Arbeit an. Und hat nicht gerade höchst detektivische Arbeit von Marx dazu gehört, um die Schranken vor der Erkenntnis der jeweiligen historischen Wissensschranken wegzunehmen, vor allem auch, um in der Gegenwart die ideologischen Schuppen von den Augen fallen zu lassen? Gewiß, das bezieht sich alles noch auf Widerstände im selber menschenhaften Bereich; wie steht es aber mit dem erwähnten Tisch, an dem sich das Kind stößt, einem höchst unbelebten Objekt? Ist dessen »Widerstand« – und so derjenige sämtlicher raumsperrenden anorganischen Gegenstände – wirklich nur eine anthropomorphe Falschmeldung, mit nichts als relativer Dichte von Materie im ersten Aggregatzustand dahinter? Zweifellos in diesem Fall: doch wird nicht, gänzlich ohne Kindlichkeiten, gerade im Anorganischen die Kategorie: Widerstand auch legitimer verwendet? Ja so legitim und objektbezogen verwendet wie kaum die Kategorie: – Widerspruch in der Natur, die doch gleichfalls als vermenschlichende verleumdet worden ist? Wie exakt dient gerade der »anthropomorphe« Widerstand zur Bestimmung, ja streckenweise zur kausalen Erklärung physikalischer Vorgänge, der Schalldämpfung durch Gebüsch oder Umhüllungen, vor allem der Stromstärke (Ohmsches Gesetz). Bei konstanter Spannung verhält sich die Stromstärke umgekehrt proportional zum Widerstand des Leiters, und dieser Widerstand resultiert offenbar daraus, daß die Elektronen, sich durch die Moleküle des Leiters ihren Weg bahnend, hierbei durch Reibung einen Teil ihrer Bewegungsenergie verlieren. Das Ohmsche Gesetz, welches den Zusammenhang von Spannung, Widerstand, Stromstärke ausdrückt, ist mit seinem Widerstand also gar nicht »vermenschlichend« und anthropomorph, sondern grundlegend für die Elektrotechnik. Ein weiterer Widerstand, objekthaft, und nur noch für die wirrsten Machisten anthropomorph: Masse ist eine Beschaffenheit des Körpers, die sich darin äußert, daß der Körper jeder Änderung seiner Bewegung Widerstand entgegensetzt. Und zwar wächst dieser Widerstand (=Masse) mit der Geschwindigkeit; bei der Bewegung eines Körpers mit Lichtgeschwindigkeit wäre der Widerstand unendlich groß. Derart ist die Kategorie Widerstand durch ihr psychisch-anorganisches Vorkommen selber vor dem *totalen, total unbesehenen* Anthropomorphismus-Verdacht geschützt. Der Erkenntnistheorie nun ist recht, was der Physik ihrerseits meßbar ist; könnte erstere nur ebenso genau wie letztere angeben, woraus das Hemmende, das Schwierigmachende in ihrem Objekt sich herschreibt. Desto unerläßlicher wird hier also, bevor weiter gegangen wird, die *eigentlich erkenntnistheoretische* Kategorie Widerstand in ihren nun erscheinenden Abwandlungen: »*Sperre*«, »*Schranke*«, zuhöchst »*Problem-Aufwerfendes*«, terminologisch zu klären. (Bezeichnungen wie »Klippe«, »Knorren«, Dickicht, »Hindernis«, »Handicap«, »Crux« und so weiter sind bloße Synonyme für »Sperre«). Unter *Sperre* ist derart die *methodische* Wirkung der Schranke zu verstehen; unter *Schranke* die *Objekt-*, die *Materialbeschaffenheit* eines relativ Unwegsamen, auch Komplizierten im Sinn des nicht oder nur schwierig Einheitlich-Erklärbaren. Zuhöchst das *Problem-Aufwerfende:* es bezeichnet die *unausgetragene Aporie* im Unwegsamen wie Uneinheitlich-Komplizierten; was zugleich wieder auf die Sperre zurückgreift. Denn wie jede Richtung auf etwas sich an einem Hindernis aufwirft, gegebenenfalls staut, so bilden sich die in der Erkenntnisrichtung entstehenden, objektiv stutzenden Probleme letzthin als Zeugen und Zeichen eines noch unüberwundenen, uneingemeindeten, unaufgelösten Widerspruchs *im Material selber.* Das Problem-Aufwerfende vom Menschen her genommen, dem Widerstand gerade widersprechend, zeigt den Widerstand, an dem es aufschäumt, allerdings nicht nur an, sondern kann ein Auftakt sein, den Widerstand zu überwinden, das Sperrende daran zu lösen. Nochmals liegt hier alles Anthropomorphe fern; so wenig wie im (vertraut gewordenen) Begriff des objektiv-realen dialektischen *Widerspruchs* (des doch »von Haus aus« nur zwischen Disputanten üblichen) gilt Anthropomorphes in dem (bisher weniger ausgeführten) Begriff eines *Widerstands* im erkennbaren Objekt. Gleichmäßig zugleich ist die Tragweite dieses Begriffs vom *Agnostizismus* (mit absoluter Nacht statt relativer Schranke) und vom *Panlogismus* (mit absolut lösendem Licht einer fertigen Weltidee) entfernt. Der Panlogismus Hegels mußte den Widerstand daher leugnen; in dem so berühmten Satz, der Hegels Berliner Antrittsvorlesung beschließt: »Das verschlossene Wesen des Universums hat keine Kraft in sich, welche dem Mute des Erkennens Widerstand leisten könnte, es muß sich vor ihm auftun und seinen Reichtum und seine Tiefen ihm vor Augen legen und zum Genusse bringen.« Jeder Widerstand im Erkennbaren wird vom Panlogismus, auch vom dialektisch noch so vorangestoßenen, darnach abgelehnt, ist freilich in den wichtigsten Begriffen des Hegelsatzes vorausgesetzt und eben nur um des Panlogischen willen unwahr gemacht. Denn wieso ohne

Widerstand ein *Mut* des Erkennens, ein *Verschlossenes* im Universum, ein erzwungenes *Muß* und das im *Auftun* seiner? Wieso verlangt Hegel an anderen Stellen »Anstrengung des Begriffs«, um einer Welt, die doch angeblich nur aus fleischgewordenen Begriffen besteht, *einschließlich der Antithesen*, erkenntnismächtig zu werden? Indes Hegel untersucht in seiner »Logik« bei der Kategorie Endlichkeit aufs sublimste auch die *Schranke*, und zwar nicht nur als »Grenze, die am Etwas überhaupt ist«, sondern als das Etwas, das sich, als bewegend, an seiner Grenze anstößt (was die Schranke wahr-nimmt, hat sie bereits überschritten). Die Schranke ist also logisch nur da, indem das Etwas nicht mehr ruhig gleichgültig neben ihr als seiner bloßen *Grenze* liegt, sondern sich bewegend diese Grenze zugleich, mit negierendem Bezug auf sie, als *Schranke* setzt. Und indem die Grenze in dieser ihrer weitergehenden Bestimmung »selbst als Schranke ist, geht etwas damit über sich selbst hinaus« (Logik I, Philos. Bibl. S. 120), um damit die Schranke, indem das bewegende Etwas sie setzt, zugleich bewegend aufzuheben. Aus all dem erhellt allerdings, daß es gerade auch das Interesse der Bewegung war, der dialektisch aufsteigende Energie und Lebendigkeit, und nicht nur das Interesse des Panlogismus, welcher bei Hegel den Widerstand, in seiner erscheinenden Abwandlung: Schranke, dermaßen auskreiste, beziehungsweise zum bloßen vorübergehenden Moment einer jeweiligen dialektischen Entwicklung machte. Das Interesse der Bewegung hat ja auch das »Widersacherische«, das in der Negation sperrt, sogleich und durchgängig zur vorwärtstreibenden, immer wieder aufgelösten Antithese einbezogen. Aber der entscheidende Beweggrund, warum Hegel überall mit der Kategorie Widerstand geizt, liegt eben doch im Panlogismus: wo alles Begriff ist, gibt es kein Sperrendes, wo alles Äther des reinen Gedankens, gibt es mindestens per saldo, sub specie finiti nicht jenes Dickicht, durch das die Forschung wie das Objekt der Forschung (im Prozeß) sich den Weg bahnen muß. Eine Philosophie hingegen, die *anders als der fertige Panlogismus* die Welt gerade verändern will, mittels Résistance gegen das Resistente, spürt auch in ihrer Erkenntnistheorie den zu überwindenden Widerstand, das ist: ebenso ein realiter Schwieriges in der als Prozeß anhängigen

Weltsache. Résistance gegen das Resistente ist folglich sogar *doppelte Ausgabe von Widerstand*: ein aktiv-Widerstehendes gegen Druck und Dunkel, ein ausschließlich repressiv-Widerstehendes in diesem Druck und Dunkel selber. Wie es freilich das aktiv-Widerstehende (das ja sonst weder zu sein brauchte noch sein könnte) in der Welt erst hervorruft. Dies Doppelte steckt ja bereits im Aufwerfenden des Problem-Aufwerfenden, so aber, daß das aktiv-Widerstehende dann, wenn die *Welt selber* ihr *Problemhaftes* als *Realbeschaffenheit* hat, nicht nur von ihren Menschen, sondern vom Agens ihres ganzen Prozesses unternommen wird, gegebenenfalls in Lebens- und Lichtsiegen sich partial bewährend. Auch hier aber geht der aktiven Mühe des Prozeßwegs dieses zuvor, daß überhaupt ein Weg genommen werden muß, gar ein mit solchen Schwierigkeiten behafteter, statt eines bereits angelangten oder auch gar keines Wegs – wie in der Welt des Panlogismus, wie im Panlogismus der Welt. Der jedoch vorhandene »Leitungswiderstand« – gerade in reichlich anderen Gebieten als denen der elektrisch-molekularen Reibung – zeigt, daß Hegels Fürsichsein, auch ohne Idee, auch mit Materie, aus der sauren Arbeit noch nicht heraus ist und gar erst Spinozas Substanz noch große Schwierigkeit hat, sich zu einer kristallklaren Welt zu exprimieren.

Es ist darum am wenigsten so, daß alle Schwäche nur an unserem erkennenden Auge läge. Alle Mühe nur an dem mehr oder minder vorhandenen Vermögen, klar an die vorhandenen Dinge heranzugehen und sie aufzufassen. Wonach diesesfalls die rein *erkenntnishafte* Schärfung und Reinigung unseres Blicks ausreichte, die verschiedenen Schleier um die Dinge zu heben. Vorausgesetzt wird bei solcher nicht ebenso *objekt-geladenen* Schranken-Lehre, daß nur die Menschen sich das zögernde Entgegenkommen des Wahren zugezogen hätten. Schuld daran wäre dann einzig mangelndes Beobachten oder mangelnde Regel zur Leitung des Verstands oder auch das Dreinsprechen eines bloß abstrakten Meinens in den konkreten Geistgang der Sache. Auf diese Art sah sich Trubel lediglich in das relative Stilleben der Gelehrsamkeit hereingeschickt. Demzufolge ging die Erkenntniskritik, wie sie mit voller Macht seit Bacon empirisch, seit Descartes rationalistisch einsetzte, wesentlich auf die

Seite des Erkennenden gezogen, nur ihm zu Lasten. Sei es, daß das erkennende Organ – bei Bacon – einem Spiegel verglichen wird, der erfahrungsgetreu zu reinigen ist, sei es – bei Descartes und Spinoza – einem lumen rationale, das nach mathematischem Muster völlig evident zu leuchten hat. Das dergestalt einer ebenso sauberen, bis auf den Grund klaren, mathematisch durchwalteten, ja deduzierbaren Objektwelt entspricht. Was ihr nicht entspricht, wäre dann lediglich verworren oder inadäquat aufgefaßt und muß zur Reparatur einzig in die Methodologie. Die empiristische Bacon- wie die rationalistische Descartes-Reihe bis Kant hat also – trotz unvermeidbar notierter Cruxbildungen im Erkenntnisstoff – doch dies gemein, daß sich auf ihr keine anderen Hemmnisse als solche des mehr oder minder adäquat funktionierenden Erkenntnisapparats vorfinden sollen. Es finden sich keine genuinen Widerstände aus dem Erkennbaren des Objekts selber (denn das äußerst sperrige Ding an sich Kants ist ja bei ihm kein mögliches Objekt der Erkennbarkeit). Die neuere Philosophie hat zwar die objekthaft hereingeschickten Schwierigkeiten groß-überlieferter, vorab scotistischer Art durchaus als Thema (so das Problem des Besonderen, des Faktischen, der jeweiligen Spezialgesetze, der bloßen Regel, zum Unterschied vom ausnahmslosen Gesetz, des äußeren, mit einer Notwendigkeit noch nicht vermittelten Zufalls und so fort). Jedoch eben, auch diese überwiegend objekthaften Erkenntnis-Aporien wurden in einer überwiegend mentalen Erkenntnistheorie kaum genuin behandelt; sie wurden bei Kant aus der theoretischen Vernunft in die Kritik der Urteilskraft versetzt, bei Hegel in die Nichtmehr-Erkenntnistheorie seiner Ontologie, einer Ontologie des objekthaften Widerspruchs, nicht des objekthaften Widerstands. Deshalb aber sei erneut (vgl. oben Kap. 17: Das Augenlicht und das beleuchtete Gegenständliche) an einen weit älteren, ganz anders beschaffenen Ansatzpunkt des Erkenntnisproblems erinnert, um so mehr, als er am objekthaft gefaßten Widerstandsproblem, als einem von Nacht und Licht, *erst seine ganze Stelle findet*. Ist er doch – qua Nacht-Licht – am frühesten, leider noch am mythologischsten, durch Augustin und seine sogenannte Illuminationstheorie bezeichnet. Denn die Illuminationstheorie (sie wurde nachher von Malebranche erneuert) befaßt sich ja nicht nur mit dem zu bedenkenden *Augenlicht* des Erkennenden, sondern eben mit dem unumgänglichen *Weltlicht*, worin das Erkennbare als Erkennbares objektiv zu stehen hätte. Dies Weltlicht allerdings kommt bei Augustin, dem neuplatonisch beeinflußten Patristiker, von einem Urlicht Gott, aber es wirkt nicht nur auf die Erleuchtung des menschlichen Geistes, sondern außer dem Methodischen des Erkennens wird gerade auch das Objekthafte des Erkennbaren heliozentrisch bezogen. Derart nennt diese Illuminationstheorie ihr Nachtvertreibendes, den Johannistag der Wißbarkeit Bildendes die »Sonne der Geister«, also auch der kategorialen Seinsformen, »da in ihm und von ihm aus und durch ihn alles Geistige erstrahlt, was da geistig erstrahlt« (Augustin, Soliloquia I, 1, 3). Wichtig daran ist und bleibt also die bei Kant so sorgfältig vergessene (obwohl erkenntnisimmanent erreichbare) Fragestellung nach objekthaftem Logos und seinem Gegenteil. Die Fragestellung mithin: wie nicht nur der Erkenntnisapparat, sondern die objekthafte Welt der Erkenntnis erkenntnisgemäß beschaffen sein müßte, damit überhaupt die mathematisch, naturwissenschaftlich, gesellschafts-, kulturwissenschaftlich gegebene und gegliederte Durchdringung der Objekt-Aporien »möglich« sei. Außerdem klingt das Problem eines objekthaften Widerstands freilich auch, außer der Augustinischen Illuminationstheorie, in Fichtes – bezeichnenderweise energischer – Erkenntnis-Reflexion an, zusammenhängend mit »Entdisparatmachung« des »Nicht-Ich«. Jenes Nicht-Ich oder Gegen-wurfs, Ob-jekts, wie es nach Fichte vom theoretischen Ich selbstbeschränkend gesetzt wird, als Wider-stand, um vom praktischen Ich als »versinnlichtes Material der Pflicht« bearbeitet und sittlich durchdrungen zu werden. Jedoch dieser Widerstandsbegriff hebt sich als scheinbar objektiv-realistischer, vom »Gegenwurf« oder Objekt hereingeschickter, am idealistischsten wieder auf, indem es ja Fichtes zentralste Angelegenheit ist, gerade diese »Schranke des Nicht-Ich« besonders restlos aus der an sich hemmungslosen, an sich un-endlichen Produktivität des Ich zu deduzieren. Der Widerstand kommt hier keinesfalls also aus einem Realdickicht der Objekte selber; denn alle diese »Schranken des Nicht-Ich« sind ja einzig »durch die autonome Selbstbeschränkung des Ich gesetzt« (System der Sittenlehre, Einl., 6). Derart steht also gerade das *Problem-Aufwerfende*, qua Widerstand im *wirklichen Objekt*, neu und immer wieder zur Diskussion; sowohl als methodisch differenzierendes wie als selber in der erkennbaren harten Weltbeschaffenheit noch unbehaustes. Und zwar, wie jetzt die zwei Seiten des Problem-Aufwerfenden qua Widerstand zu bezeichnen sind: sowohl als das *wissenschaftliche Staunen im Subjekt* wie als das *wissenschaftliche Rätsel am, wo nicht im Objekt*. Das Staunen, nach Platon bekanntlich der Anfang des Philosophierens, vertritt hier die subjektiv-tätige Seite des Problemaufwerfens (aber auch dieses Subjekt gehört zur objektiven Welt), das Rätsel die objektive Seite, als diejenige, welche das Problemaufwerfen veranlaßt, ja zu ihm durch die tausend Erkenntnisschranken im Objekt-Sein selber zwingt. Beides aber, Staunen wie Rätsel, impliziert hierzu schließlich und gänzlich objekthaft werdend: daß es in der Welt, die, wenn sie nicht im argen liegt, so jedenfalls im Unvollendeten eines Prozesses läuft, die eigenen *Realprobleme* in der Sache an und für sich selber gibt. Das ist das *Sich-selber-Rätsel* der Welt, im Zusammenhang mit dem durchgängig währenden, nur in wenigen Silberblicken aufgelichteten *Selbstproblem des Sinns, Weltsinns* überhaupt. Doch auch im Bescheideneren des Unterwegs und Ringsum: indem noch alle Welt, by Doctor Faust, kein in sich selbst Durchleuchtendes ist, enthält auch ihre Wissenschaft (und gerade die tiefdringende) noch diese Aporien der Sache jederzeit mit. Enthält diese Cruxbildungen im erkennbaren Objekt, jenseits aller psychologischen, soziologischen Grenzen und nun auch jener, die in menschlicher Erkenntniskapazität als solche notiert, isoliert worden sind. Enthält reale Aporien, und zwar, wie jetzt spruchreif wird, solche, deren Widerstand auch nicht ohnehin mit – Widersprüchen leichthin zusammenfällt. Gerade Hegels Dialektik zeigte, daß Widerspruchslehre, noch idealistische, durchaus ohne Widerstandslehre im Universum auskam oder auszukommen schien; der Widerstand dagegen kommt material-materialistisch freilich nicht aus ohne Widerspruch. Beide wären ja nicht, wenn in der Welt nicht etwas wäre, das so nicht sein sollte, wenn eben ihr Prozeß nicht solche Mühe hätte und machte, sich hin zur möglichen Identität eines fernen Sinns zu modellieren, zu exprimieren.

Unterschiede und Verbundenheit
von Widerspruch und Widerstand, kategorialtheoretisch;
Tendenz und Widerstand

Das Wider, das sich im Leben als gegensätzlich setzt, ist nie das einzige. Der Widerspruch allein *erschöpft* das Dagegen nicht, so weithin er auch damit zusammengeht. Ja der Widerspruch hat gleich an dem bedeutenden Anfang, wo er als objektiver entdeckt wurde, den Widerstand – nämlich in ihm selber – verdeckt. So fiel Heraklit in faustische Verzweiflung, weil sein denken allemal antithetisch zerrissen war. Bis ihm die Lösung kam, daß das Seiende selber antithetisch beschaffen sei; das Denken darüber war also gerade als entzweites wahr. Wonach die Schwierigkeiten des Erkennens und dessen, was sie bewirkt, bei Heraklit zugleich begründet und gelöst schienen. Der *Ähnlichkeiten* von Widerspruch und Widerstand sind freilich viele, sie reimen sich im Contra mannigfach aufeinander. Auch der Widerspruch ist ja widerständig in seiner eigenen, wühlenden Art, teilt mit dem Widerstand sogar die doppelte Bedeutung: ein subjektiver und ein objektiver, ein aktiver und ein im Gegenstand selber wirkender zu sein. Der subjekthaft-aktive Widerspruch berührt sich sogar besonders stark mit der Résistance als dem aktiven Widerstand. Nicht ganz so aber sieht die Beziehung von *objekthaftem* Widerspruch und ebensolchem Widerstand aus, obwohl das Problem-Aufwerfende selber die Bruchstelle des Widerspruchs wie die Schranke des Widerstands im Objekt braucht, gebraucht. Indes auf wohlunterschiedene Weise braucht und voraussetzt, der Verschiedenheit von dialektischer *Bruchstelle* und harter *Schranke* gemäß. In die Bruchstelle objekthafter, im Objekt sich entwickelnder Widersprüche (Krise, Krieg, Mißverhältnis zwischen Produktivkräften und Produktionsverhältnissen) kann der aktive Widerspruch einhaken. Kann das Fallende auch noch gestoßen werden, die Negation homogen zum Austrag kommen, zur revolutionären Konsequenz. Die Schranke hingegen, die Klippe des ebenso objekthaften, doch sich nicht im Objekt vermittelt-entwickelnden Widerstands: diese Art von Wider und Negation ist nicht zum *Austrag* bringbar, das heißt zu ihrer vermittelten Aufhebung, sondern einzig zu ihrer blanken *Überwindung*. Aber auch *metaphysisch* sieht sich die Berührung, die allzu starke, der Kategorien Widerspruch und Widerstand gestört, nämlich vom Wesen beider her. Wenn das subjekthaft-Aktive von Widerspruch-Widerstand noch Wühlendes, Unterminierendes, schärfst Kritisches gemeinsam haben mochte, so fehlt das am objekthaft-Widersacherischen des Widerstands ab origine. Denn dieser kommt mächtigen Teils aus einer Stockung und Verhärtung des Geschehens her, nicht, wie der objekthafte Widerspruch, den Hegel mit Grund »Puls der Lebendigkeit« nennt (und wie sehr stimmt Marx dem zu) aus den immer wieder angehenden dialektischen Brechungen der Erstarrtheit. Weshalb eben der objekthafte Widerstand nicht die Auflösung in sich selber bereitet und trägt, wie der objekthafte Widerspruch, sondern an ihn vom subjekthaft-aktiven Widerstand eigens herangebracht wird. Ja überhaupt nicht als *Auflösung*, sondern als *Sieg*, nicht als Negation der Negation, sondern als *Triumph über fruchtlose Nihilismen*. Objekthafter Widerstand insgesamt ist so gerade ein Antidoton par excellence gegen funktionierenden Motor der objekthaften Widersprüche und gegen utopisches Totum im dialektisch-materiellen Prozeß.

Nun erst, nachdem das eingesehen, wird auch der Blick aufs *Ähnliche* im beiderlei Wider tüchtig. Denn ohne alles und jedes Band zwischen Widerspruch und Widerstand wäre der dialektische Weg gerade vom Kampf abgeschnitten, und vom Per aspera ad astra. Verbunden zeigen sich Widerspruch und Widerstand ohnehin stets als subjektive, derart, daß hier Widerstehen als gesteigertes Widersprechen auftreten kann. Besonders verbunden können subjekthaftes Widersprechen und objekthaft noch so harte Widerstände sich dann sein, wenn gerade das Aktive dieses Widerspruchs am Widerstand wachsend in Gang kommt. Sei es, daß durch den hemmenden Druck der aktive Gegendruck immer mehr *quantitativ* gesteigert wurde, sei es aber auch, daß der aktive Gegendruck, vorzüglich gegen Naturwiderstände, durch diese *qualitativ* gesteigert wird. Nämlich zur arbeitenden Überwindung des Widerstands, zur Verwandlung der Schranke in eine Staffel, um höher zu steigen. Dieser Art geschah so Ungeheures wie die Menschwerdung durch Arbeit, das heißt durch Einsatz der subjektiven Antithese gegen das Objekt und siegreichen Gebrauch seiner bis zur Staffel. Ja Schelling geht mit der Indienstnahme eines objekthaften Widerstands sogar so weit, daß er der »anfachenden Tätigkeit« in der Natur selber eine »verlangsamende Hemmung« entgegenstehen läßt, als Echappement in der Weltuhr. Dieser Widerstand muß nach Schellings Naturphilosophie sein, damit aus der »an sich unendlich akzelerierenden Produktivität« der Natur überhaupt endliche, gestaltete Produkte sich bilden können. Sich bilden eben vermöge der repulsierenden, retardierenden, beschränkenden und derart gestaltbildenden Kraft; genau solche »Hemmungspunkte werden für den Philosophen durch Produkte bezeichnet sein« (Schelling, Erster Entwurf, Werke III, 1858, S. 18). Allerdings geht diese Art Gestaltbildungs-, Statuenbildungs-Theorie gemäß gebrauchtem Widerstand ungeheuer über jedes Meißelwerk durch noch so fruktifizierte »Repulsion«, gar Formung durch Tod hinaus; und es bedarf ihrer nicht zur Gestaltengenese. Das synthetisch *Vermehrende* (wovon im nächsten, 29. Kapitel), das Gestaltganzes über die Summe seiner Teile hinaus erweitert, braucht kein Echappement eines Retardierenden, um genau dieses qualitative Mehr zu erklären; das wäre im Gegenteil bei *regierender* Repulsion, Retardierung ganz unverständlich. Zurück aber zur relativen Ähnlichkeit von Widerspruch und Widerstand, wohl geachtet ihrer vordem angegebenen Unterschiede, so erhellt am Ende, daß die Kategorie Widerstand zur Kategorie Widerspruch und der darin fundierten Dialektik zwar eigens hinzukommt, aber nicht selber nur als Fremdkörper, sondern durchaus auch *innerhalb der Dialektik*. Es bleibt gewiß als großer Unterschied: der dialektische Widerspruch entwickelt sich *in seiner* Sache selber, als deren innere Entzweiung, aber der Widerstand ist *der Sache äußerlich*, stößt ihr als Unfall, ja als Nihilisierendes wie kalte Teufelsfaust zu. Dennoch ist diese Trennung, solange menschliche Arbeit läuft und der Prozeß um sie herum weitergeht, noch nicht das letzte Wort, sondern Problem-Aufwerfendes hat überall noch das Wort. Und das letzthin Widersacherische, jene Kiefern des

Nichts, die auch noch das Problem-Aufwerfende vernichten können, dies mythologisch unter Satanischem Gedachte und durch keine Harmonie aus Limonade Ableugbare stemmt sich gänzlich gegen die Auferstehung und das Leben. Mit währender Gefahr, daß das Nichts, das letzthin in jedem Widerstand umgeht, Resultat wird (höchstens noch Tantalushaftes als Widerspruch übrig lassend). Mit ebenso währender, doch tüchtiger fundierbarer Möglichkeit und Perspektive, daß der Widerspruch den Widerstand in sich verschlingen kann oder mit paradoxester Widerstandsdialektik selber ausgedrückt: Der Tod ist verschlungen in den Sieg.

Umkehr: Nicht-Widerstand, helfende Prozeßwelt, Empfang

Falsch und böse angepackt nimmt sich das Leben immer bitterer aus. Aber kluges gutes Tun war doch imstande, den Lauf der Dinge zu Besserem zu ändern. Das menschliche Können dieses Tuns ist keineswegs selbstverständlich, es zeigt aber, daß der Wille dahinter sich so zu halten fähig ist, daß er nicht nachgibt. Ebensowenig selbstverständlich wie unser Verändernkönnen ist das Veränderbare in den Dingen selber (beziehbar auf menschliche Art). Es zeigt aber, daß die Außenwelt sich so zu verhalten fähig ist, daß sie trotz harten Fahrwassers den Willen zum »Ding für uns« (Engels) nicht nur trägt und erträgt, sondern ihm streckenweise (und vielleicht auf Hauptstrecken) mindestens gebrauchsfähig entgegenkommt. Eine Reise ohne Menschen ist längst begonnen, eine Reise gilt es mit Menschen am Steuer fortzusetzen; in ihrer Gegend ist gegebenenfalls Entgegenkommen, *Empfang*. Zum Entgegenkommen gehören vor allem die im Geschehen, in der Strömung der Welt wirkenden Bedingungen, sofern der Mensch deren erkannte Wirksamkeit in Natur wie Gesellschaft für seine Angelegenheit umleitet, kombiniert, also gebraucht. Und das am bewußtesten, aussichtsreichsten in der auf klassenlos-humanen Nutzen zielenden Weltveränderung. Die objektiven Bedingungs-Folge-Zusammenhänge, also *Gesetze,* müssen allerdings vom Subjektiven aktiv gebraucht werden und nicht etwa zuversichtlich, kontemplativ, gesetzesfetischistisch bewundert, gar verdinglicht. So als wäre das Experiment Geschichte gar keines, sondern eine ohnehin gesetzfetischistisch oder auch theologisch *vorkanalisierte* Herdenfahrt, gleich der einer Reisegesellschaft. Mit vorgesehener, vorbestimmter Route, ausgemachten Hotels, wohin die Subjekte, bei richtig gegängeltem Verhalten, klassenlos oder auch himmlisch einfahren. Aber das subjekthafte Gebrauchen-Können, das objekthafte Gebrauchtwerden-Können der dialektisch-materiellen Gesetzhaftigkeit zeigt an: die Welt ist nicht in ewigen, ehernen Kreisen automatisch geschlossen, noch weniger zwar ist sie ein riesig-anarchisches Zufalls-, Würfel-Spiel. Sondern ihr Lauf ist sowohl im Bisherigen wohl determiniert wie nach vorwärts offen; also ist er eben durch aktiven Gebrauch (revolutionäre Befolgung) der fortwirkenden wie vor allem neu entspringenden Gesetze neu determinierbar. Und das – gegen alle verdinglichten Widerstände – in der helfenden Strömung, in der Schwimmrichtung des Prozesses; als welcher nie vergessen läßt, daß alle Gesetze solche der Entwicklung sind, folglich mit deren neuen Bedingungen sich selber variieren. Was anderes eben als *Bedingungen,* unter denen Erscheinungen zustande kommen und ablaufen, bilden Leben wie Thema der Gesetzhaftigkeit? Gesetze in der Wissenschaft sind keine tabuhaften normae agendi von oben her, sondern ausschließlich genetisch-immanente Bedingungszusammenhänge, und mit veränderten Bedingungen variieren bisherige Gesetze. Ebenso treten mit Eintritt, mit der Herstellung neuer Bedingungen neue Bedingungszusammenhänge, also neue Gesetze auf, auch relativ noch überbleibende werden – statt abgelaufene Fetischismen und so eigener Hemmschuh zu bleiben – ohne alles Eherne oder Ewige relativiert. All das aber ist nur möglich aufgrund jener auch helfenden Strömung in der Welt, die objektiv-dialektischen Prozeß bedeutet, statt sperrenden Widerstand allein und seine Statik. Wobei das Bild einer Strömung sogleich durch einen adäquaten Begriff ersetzt werden kann: den der *Tendenz.* Alle Bedingungen sind letzthin durch ein sie Bereitendes, Fällig-machendes jeweils bedingt, und die Gesetze, vorzüglich die organisch-historisch-sozialen, sind als Zusammenhänge solch funktionierender Bedingungen einzig *Tendenz-Gesetze.* Was macht, daß die Gesetze keineswegs, nach Hegel, ein »ruhiges

Reich« darstellen, in das der Geist an den Erscheinungen, als dem bereits »Identischen« in ihnen, hineinblickt. Ebensowenig sind Gesetze – auch nicht als noch so tief reichende Bedingungs-Folge-Zusammenhänge – bereits an sich selber schon Widerspiegelungen des »Wesentlichen in der Erscheinung«. Vielmehr tritt dann, als nunmehr helfender *Anhalt und Halt,* zu dem in der Erscheinung funktionierenden Gesetz noch ein Weiteres, freilich nicht minder der Tendenz verhaftetes, hinzu: die zusammenfassende *Spannungsgestalt, Tendenzfigur, objektive Figuration* von Erscheinungen. Im Gesetz des freien Falls ist nicht der fallende Stein, sondern der freie Fall die Gestalt, und als solche ersichtlich nicht dasselbe wie die Erscheinung: fallender Stein; in den Wertgesetzen des Kapitalismus ist dieser selber die Gestalt oder, wie sich schließlich sagen läßt, die *relative Totalität* ihrer so sich selbst zusammenfassenden Erscheinungen. Erst Gesetze und Spannungsgestalten in Einem drücken darum das jeweils »Wesentliche in der Erscheinung« aus (mit der Einschränkung, daß dies immer nur begrenzt, auch noch vergänglich Wesentliche nicht mit dem noch überall ausstehenden Totum des wirklichen Wesens, der wirklichen Identität der Erscheinungen verwechselt wird). Also auch Gestalten bilden kein »ruhiges Reich«, vielmehr: wie das Gesetz sich in der jeweils bedingungsgemäßen Determinierung eines Tendenz-, Prozeßvorgangs erschöpft, so die Gestalt in der jeweils gehaltausprägenden Figurierung dieses Fortgangs. Als eines fortlaufenden, unabgeschlossenen, neue Bedingungsgesetze, neu versuchte Gehaltsgestalten setzenden – nach Maßgabe der objektiv-realen Möglichkeit. Eben das also im schwierigen Fahrwasser, im widerständigen Experimentraum, der noch offene Welt heißt. Dieses zuletzt, das weiter Betreibbare, die *objektivreale, latente Möglichkeit,* garantiert das offenste Ontologikum, wohin die helfende Strömung des Prozesses, noch unvereitelt, eingeordnet ist. Indem die schlechte Möglichkeit tunlichst geschwächt, die positive dagegen tunlichst befördert und realisiert werden kann, komplettiert sich so die helfende Tendenz und ihre Latenz schließlich gar als *Nicht-Widerstand,* mehr: als eine Art *Allianz* mit dem Licht-Intendierenden kluger Theorie, guter Praxis. Der arbeitende, der die Gegebenheiten tendenzkundig umbildende und überholende Mensch braucht immanenten Segen bei der Sache; vor allem hat jedes Denken, das scharf zum Zweck ist, jede Theorie zur humanen Befreiung ihren Beruf darin, diesen Weltweg der guten Möglichkeit zu erforschen und bereit zu halten. Das zwecks jener Überwindung des Widerstands, die nun entscheidend in barer Realität steht und nicht nur in ihrer Abbildung, kurz, die sich in der *Praxis* einer Theorie zeigt. Auch hier freilich, wenn die Sache nicht recht gelingt, wenn die Freisetzung von Tendenzen ungewöhnlich schwere Geburt ist, gar wenn der Effekt ganz wo anders ankommen läßt, als die moralische Absicht, der theoretische Plan waren, handelt es sich um eine unzureichende theoretische Erhellung, wo nicht um einen falschen Ansatz. Doch selbstverständlich sind die Schwierigkeiten des Heilen noch ganz anderer Art, kommen zentral aus dem Unentschiedenen, Ungelungenen, noch Ungewonnenen des Realprozesses selber und zutiefst aus dem drohend umgehenden Nichts darin. Genau so aber auch, was jeden Silberstreif dieser Schwierigkeiten angeht, aus dem Gewinnbaren, worauf dieser Prozeß als Erhellungsprozeß seines Agens immer noch, immer wieder vor sich geht. Und dies gerade, das Heliotrope, nicht nur Nächtige dieser Materie läßt konkrete Praxis keinesfalls aus Irre im Labyrinth, sondern aus Ergreifen des Ariadnefadens bestehen, und aus Theseus, der ihn zu ergreifen versteht. Es gab genug Werke und Tage, worin nicht Widerstand, sondern seine Überwindung anlief, temporäre, doch unvergessene, den Prozeß mit sich tingierend. »Alles Vortreffliche ist ebenso schwierig wie selten«, sagt zwar der letzte Satz in Spinozas Ethik, – doch das Vortreffliche selber, ist ihm Bahn gebrochen, schwindet selten ganz zurück, bleibt als Mahnung und Kritik, contra Entfremdung und Umsonst. Medusa des Umsonst nihilisiert auch ihrerseits nicht ungestört in einer unheilen Welt; bereits jede genaue Problemstellung, gar Problemlösung, gar nützliche Theorie-Praxis tritt daher allemal als die Probe auf Sieg vor. Vorausgesetzt, daß Bekämpfung, gar dialektische Verschlingung des Widerstands in Kenntnis des Rettenden und der Gefahr zugleich steht.

Nicht immer Fluß

Zwar bewegt sich ringsum gar vieles, ja alles. Aber das ist von
Entstehen verschieden, wenn es diesem auch stets vorausgesetzt
ist. Was sich lediglich bewegt, also lediglich seinen Ort ändert,
kann noch das Gleiche bleiben. Wogegen sich bewegendes Entstehen qualitativ ändert, vor allem auch im Sich-Bewegenden
selber. Es kommt ein Neues dabei heraus, und dies Neue ist, im
weiteren Unterschied zur Bewegung, nicht umkehrbar. Auch
wenn das im Werden Gewordene wieder vergeht, zurückgeht,
wird doch nie der vorige Zustand wieder hergestellt. Ein Ball
kann zurückkehren, als wäre er nie fortgewesen, aber Eier-
kuchen ist nicht zu Eiern umkehrbar. Wird ein Entstehen als
dauernd fortlaufendes gedacht, gar nicht zu etwas anhaltend,
das sich *gestaltet*, so ist das falsch. Kein Werden käme nur fließend zustande, derart, daß sich nichts darin einfaßte.

Gestalten als echt, nicht stilliegend

Solch Anhalten muß aber durchaus nicht stehenbleiben, gar
stocken. Das Wort Gestalt geriet ohnehin in entsetzliche Gegend (wenn es auch gewiß nicht aus ihr kommt). Der Spießer,
der Klischees braucht, vor allem aber der Faschist hat sich seiner,
als eines stockenden, bedient. Das jeweils bereits »Ganze« empfahl sich so besonders an der Gestalt, sie wurde ein Modewort,
wodurch sich alles nähere Eingehen erübrigen sollte. Noch so
Ungenaues erschien derart der Analyse entrückt, noch so Abgestandenes unveränderlich. Schon das an sich folgsame Kind gehört hierher, dann die deutsche Frau, die, sozusagen wesenhaft,
nicht raucht. Und erst recht mit der allgemeinen Stange im allgemeinen Nebel herumfahrend, im blutigen dazu, steht der
»ewige Bauer« da, der »ewige Deutsche«, das »Arbeitertum«
Jüngers, Spanns »wahrer Staat«, lauter »Gestalten« nazisti-
schen Klangs. Aber auch wo das alles hinter uns ruhen sollte, in
wesenlosem Scheine, bleiben weiterhin stehende Klischees, so-

gar mit wirklich vorhandenen äußerlichen Verdinglichungen im Bund, und sie dürfen mit Gestalten nicht verwechselt werden, obwohl sie beide sozusagen gerandet sind. Obwohl beide wie festgemacht erscheinen und so auch Gefahr ist, daß selbst subjektiv-reinliches Gestaltdenken von Verdinglichungen ideologisch umlauert ist. Und darin eben von einem Anhaltenden, das den Fluß streicht und die Quelle nicht kennt, das über einem Gewordenen, als allzu fix de-finiert, das Werden, Weiterwerden seiner vergißt. Darum macht eine *unbesehene* Gestaltlust auch sonst nur Vergipsungen oder bestenfalls, vom faschistischen Gefrierfleisch noch so weit entfernt, logische Verdinglichungen minus Fieri, bis zu starrer »Wesensschau«. Das alles mithin ist dem Stationären verhaftet, hat durch reaktionäre Brauchbarkeit das echte Gestaltdenken warnend umgeben. Gewiß – nun auf reinem Feld –: auch der älteste Begriff von Gestalthaftem nahm dieses als unbewegt, so bei Sokrates. Doch das war nötig als Begriff gegen jedes Vage, Schwankende, wurde freilich durch Platons Ideenlehre auch gegen alles Bewegte, werdend Erscheinende gesetzt, dazu jenseitig angesiedelt. Nur ist die so eingeleitete Ideenschau von jeder späten, einfach nur stilllegenden »Wesensschau« allein schon dadurch abgetrennt, daß es auch in Platons Ideenschau dialektisch, also heraklitisch, nicht einzig eleatisch hergeht. Aristoteles trieb den Entwicklungsgedanken vollends in die Ideen hinein, in die bei ihm weltimmanenten, am Stoff sich ausprägenden. Freilich steht auch hier Morphologisches, als Pinienhaftes, Löwenhaftes einmal Gestalt geworden, in seiner Gattungsstatik fest, entwickelt sich in vorgeschriebenen Grenzen. So jedoch, daß Aristoteles auch nicht zum Austrag gekommene Zielgestalten kennt, ja Bewegung insgesamt als »unvollendete Entelechie« definiert. Dazu vor allem, nun echte »Ganzheit« betreffend, geht auf Aristoteles jene überhaupt noch nicht ausgeschöpfte Einsicht zurück, die ihrerseits gerade der *Analyse* des Gestaltphänomens zugrundezuliegen hat, und die lautet: *Das Ganze ist mehr als die Summe seiner Teile.* Das Problem steckt folglich genau in diesem »Mehr«, ist unplatonisch, daher bei allen heutigen Gestaltplatonikern oder denen, die das sein möchten, zugedeckt. Dies Problem, wieder von Aristoteles auf uns zukommend, ist ein

energisches von Haus aus, keines, das sein Fahrendes, Hinzu-
bringendes, sein Schifflein also bereits im Trockenen hätte. Sei
es mit geschichtsloser Wesensschau oder auch in einem ungene-
tischen Strukturalismus an sich.

Sehe man also zu, wo es unecht, wo es echt mit solcherart
Ganzem hergeht. Nicht grundlos, wie am »ewigen Krieger«,
»heiligen Acker« gesehen, gab es vor 1933 den Rat: »Wo von
Gestalt gesprochen wird, schieße hinein.« Aber das erschöpft
den wissenschaftlichen Sinn vom Ganzen und den Teilen selbstverständlich nicht, sofern darin der Wald die Bäume nicht zu-
deckte. Bei biologischen, psychologischen Forschern wie Gold-
stein, Gelb; Wertheimer, Plessner ist der wissenschaftliche Sinn
ihrer »Gefüge« (statt Aggregate) ziemlich klar. Auch noch bei
Driesch, obwohl er zu viel entelechetisch hermachte, nicht nur,
wie rechtens, bei der Steuerung von Organismen, sondern mit
»Ordnungsformen« um und um. Husserl war, trotz der Verwandlung des logischen Abstrahierens zu einer fertigen Schau,
zu »kategorialer Anschauung«, an seinem ursprünglichen Ort
ideologisch noch wenig brauchbar, das heißt zu interessiert-
Unechtem. Husserls Art Intuition erschien noch als zu scharf-
sinnig und zu weltfremd; Gestalt-Schaudinge wie die »Zwei«,
das »Dreieckhafte«, das »Vertraghafte«, selbst das »Undinen-
hafte« und ähnliche »Wesenheiten« an sich blieben noch lange
im Schatten des phänomenologischen Hörsaals. Das änderte sich
freilich epochemachend, sobald diese »reinen Bedeutungen«,
»zeitlos-ideale Bedeutungsgehalte« sich, wegen ihrer Anti-
Genetik, der sonstigen Restauration sogenannter Ewigkeits-
werte parallelschalten ließen. Die »eidetischen Ganzheiten«
Husserls und vor allem des katholisierenden Phänomenologen
Scheler reproduzierten dann geradezu eine ständische Ordnung
mit lauter Neben- und Übereinander statt entwicklungsge-
schichtlichem Nacheinander, mit hinzunehmendem Wesens-
Schicksal dazu und Eingebundenheit. Genau dieser Übertreibung entsprach auch ein neues Raumpathos in der Geschichts-
betrachtung, anstelle der unerwünscht gewordenen, nämlich
progredierenden Zeitlinie; so bei Frobenius und seinen »Kulturkreisen«, bei Spengler und seinen statisch-autarken »Kulturseelen«. Noch unechte Gestalt besserer Herkunft gibt es sogar

in helleren, deutlich antifaschistischen Gebieten, sogar in humanistischen, eben auf dem Grund eines prozeßlos Statischen – so
bei Feuerbach als das unhistorisch-allgemeine Genus Mensch,
entweder ganz abstrakt oder nur naturalistisch gefaßt, ohne
dauernde Um- und Neubildung durch die Abfolge der Produktionsverhältnisse. Echte Gestalt jedoch, mit dem Menschlichen
nicht als fixierter Eigenschaft, sondern als unabdinglicher Würde, fehlt hier gleichfalls nicht, im Humanismus am wenigsten;
sonst könnte ja vorhandene Entmenschung, Selbstentfremdung
nicht einmal notiert, geschweige kritisiert werden. Nur: Die
Maße dieser echten Menschengestalt sind erst dämmernd latent
im Prozeß, und fixiert gemacht wird auch sie allemal unecht.
Was also insgesamt gegen die Insassen der Gestaltlehre feindlich, bestenfalls mißtrauisch machen könnte; denn historisch-
materialistische Dialektik duldet keine Begriffs- gar Miß-
begriffsstatuen. Indes bei alledem oder nach alledem, mit und erst
recht ohne falsche Ideologie ist das *Ganze mehr als die Summe
seiner Teile; –* und dieses objektive Mehr gibt das *untrügliche
Kriterium echter Gestalt.* Um Haupteslänge ragt so die echte
aus dem belastenden Mißbrauch hervor; wie übrigens bereits
am ersten wissenschaftlichen Erneuerungsort der alten Ganz-
heitskategorie, lange vor Husserl, erkennbar. Denn ganz ohne
jeden möglichen reaktionären Beisinn, völlig aus der Sache heraus hatte Christian *Ehrenfels* um 1890 zuerst wieder energisch
von solcher Gestalt gesprochen, näher von »Gestaltqualität«,
diesfalls am eigentümlich Ganzen einer Melodie, aber auch eines
Akkords, dem keinesfalls nur als Tonaddition bestehenden.
Und solch qualitatives Mehr-Gefüge gibt es suo modo im ganzen Umkreis der Gegenstände, von Zahl und Zahlklassen bis
zum Bau der materiellen Organisationen, die eben immer quali-
fizierter werden, je reicher und gefaßter sie organisiert sind.
Es ist hier nicht möglich, die mannigfachen, auch untereinander
so verschiedenen Gestaltbegriffe mathematischer, chemischer,
physikalischer, dann – bedeutend relevanter werdend – bio-
logischer, psychologischer, soziologischer Art kenntlich zu
machen; sie machen zu viele Gestaltqualitäten, um nicht zu sagen
»Klangfiguren« aus. Doch sei nur an so etwas wie die chemische
Frage des Feuers erinnert, das immerhin eine neue Gestalt dar-

stellt, außer dem, daß zwei Stoffe sich verbinden, verbrennen. An Lebens- und Heilungsvorgänge sei erinnert, wo die »Konstitution« zur Prognose nicht außer acht gelassen werden kann. Wo der Organismus selber bei aller Biochemie als »morphologische Konstellation« rund um seine Teile definiert werden kann und muß. Selbst in der Physik, als dem überwiegenden Reich der Gesetze, fehlt das Morphologische nicht, am wenigsten bei der vollzogenen Umwandlung von Körper- in Lichtphysik. Nicht nur Molekularvolumen, spezifische Wärme, Drehung der Polarisationsebene und mehr zeigen außer dem additiven auch morphogenen Charakter. Sondern die umfassendere Feldtheorie ist über die Hälfte Strukturlehre, wenn auch eine in unanschaulichem, dazu völlig »elastischem« Raum, Riemannschem Raum. Ja bereits das Gefüge des Atomkerns ist keinesfalls die bloße Summe seiner Komponenten, so wenig wie selbst diese ihren Teilcharakter völlig isolieren lassen. Indem vielmehr alle Nukleonen den ganzen Kernbereich füllen, feldförmig schwingend, durchdringen sie sich gegenseitig, ihre Eigenschaften *synthetisch* bestimmend. Also gehört gerade die Kernverbindungsenergie nicht bestimmten, nur additiven Komponenten des Kerns an, sondern diesem nur als Gesamtsystem. Die physische Welt ist so mehr als je nicht faßbar und faßt sich selber nicht, hält man, wie Faust gleich Kepler sagt, »nur die Teile in der Hand« ohne »geistiges Band«, das ist hier: ohne wechselwirkend konturierten Zusammenhang. Und Gestalt in jedem Wissensgebiet kennzeichnet eben das Surplus einer jeweiligen Ganzheit selber, deren relatives Totum die Elemente gerade objektiv-real *zentriert*, zu einer spezifisch ineinanderwirkenden Einheit. Am deutlichsten freilich in unserer »mesokosmischen« Erscheinungswelt, über der subatomaren, unter der makrokosmisch-astronomischen. Was denn Goethe, als Naturforscher hierin immer noch bahnbrechend und nicht abschließend, in seinen »Morphologischen Heften« folgendermaßen vor Augen legt, genau eben auf *echte, nämlich bewegt-wesenhafte Ganzheiten* bezogen: »Der Deutsche hat für den Komplex des Daseins eines Wesens das Wort Gestalt... Betrachten wir aber alle Gestalten, besonders die organischen, so finden wir, daß nirgend ein Bestehendes, nirgend ein Ruhendes, ein Abgeschlossenes vorkommt, sondern daß vielmehr alles in einer steten Bewegung schwankt. Daher unsere Sprache das Wort Bildung sowohl von dem Hervorgebrachten als von dem Hervorgebrachtwerden gehörig genug zu gebrauchen pflegt.« So eben das Goethesche Wort von der »geprägten Form, die lebend sich entwickelt«, kurz: alle echten Gestalten sind gerade als echte das *vermehrend-vermehrte* Mehr über der Summe ihrer Teile *wie ihrer selbst,* sonach einzig *Spannungsfiguren, Tendenzfiguren,* eines Unterwegs, also auch *Auszugsgestalten ihrer selbst.* Anders wiederholt, mit nun vertraut bewährtem Begriff, sie sind *objekthaft-experimentelle Realmodelle jenes wahren Totum,* das erst im Schwange steht. Mit Halten im Fluß, Fließen im Halt, nie also mit Scheinmorphologie eines Stillstands, gar aus Stillstand. Genau im Anhalten als Halt ist vielmehr *Werdendes, das sich faßt,* jeweils mit »Gesicht«. Noch gleich erst, ob sich dies »Physiognomische«, wie Goethe sagt, als Algen, Rosen, Wald faßt oder, im jeweiligen Totum einer Gesellschaftsweise, als Feudalismus, Kapitalismus, Sozialismus oder, beim Überbau von Werkgestalten, als Fuge und Sonate, als Kristallstil (Ägypten) und Transzendenzstil (Gotik), als Religionsweisen der Gebundenheit und der Freiheit. Wäre das Anhalten stationär, dann könnte das Ganze die Summe seiner Teile am wenigsten zu einem synthetischen Mehr zentrieren.

Nochmals Gestalt, im Unterschied von Gesetz

Derart stellt, was immer gestaltet ist, kein Beieinander dar. Auch keine Leine, an die das Beieinander sozusagen gebunden ist. Vielmehr ein In- und Miteinander ging auf; als dieses wird es auch nicht durch ein Verallgemeinern vieler Fälle, sondern zugleich, mit einem Male erfaßt. Solches Erfassen ist methodisch so möglich wie nötig, indem das Zusammen, das Gestalt ist, dies Mit-einem-Male objektiv an sich hat. So steht bei Burckhardt das Zeitalter der Renaissance, dasjenige Konstantins des Großen durchaus, wie er sagt, »koordiniert« da, als »Gesamtereignis«. Solche Epochen haben eine Stileinheit, wenigstens Stilverwandtschaft im Unterbau und Überbau, bilden dergestalt vom gesellschaftlichen Boden bis zu den Türmen und ideologischen Wolkenbildungen dasjenige, was man relative Einheit einer historischen Landschaft nennen kann. Gerade der skeptische Burckhardt lieferte von ihr die ansehnlichsten Abbildungen, aus den eigenen Farben, der eigenen Gestalt des monographierten Stoffs selber bestritten. Auch schon mit angedeutetem Inventarraum für *außereuropäische* Kulturgestalten: »Man möchte sich eine riesige Geisteslandkarte auf der Basis einer unermeßlichen Ethnographie denken, welche Materielles und Geistiges zusammen umfassen müßte und allen Rassen, Völkern, Sitten und Religionen im Zusammenhang gerecht zu werden strebte« (Weltgeschichtliche Betrachtungen, Einleitung). Sträflich isoliert, aus dem Gesamtgeschehen herausgebrochen, konnte zwar derartiges, wie ersichtlich war, zu sogenannten Kulturkreisen, auch Kulturseelen stillgelegt werden, doch eben die Stillegung gehört ja nur zur Gefahr und zum Mißbrauch der Gestaltlehre, nicht zu ihrer Wahrheit. Und historische *Landschaft* betreffend, leitet sich dieser Begriff selber nicht von einer ursprünglicheren, nämlich *geographischen* her? Das gar nicht metaphorisch, sondern oft in reellster Verbindung der historischen mit der jeweiligen Natur-Gestalt. Wie eine Stadt konnte auch eine ganze Kultur, vor der Zeit der Industrialisierung, in die Landschaft eingebaut sein, worin sie entstand; nicht grundlos paßt keine griechische Tempelform unter Eichen und ossianisches Niflheim, ebensowenig eine gotische Domform zu Pinien und halkyonischem Licht. Alexander von Humboldt wird als Geograph (und so freilich als Vertreter der einzigen noch überwiegend qualitativen Naturwissenschaft) nicht müde, gerade Landschaften als wohldefinierte Mannigfaltigkeiten in Gestalt zu fassen. Gerade er suchte hier so farbige wie gerahmte Begriffssprache zum Zweck, »den physiognomischen Charakter der verschiedenen Erdräume anschaulich zu machen«, und in den »Ansichten der Natur« nennt er den allemal eigen bindenden Zusammenhang in Moor, Steppe, Heide, in Hochwald, Flußtal, Wüste, Alpen, am Schilfsee und an Meerküste ein »reales plastisches Ensemble«. Dergleichen aber unterscheidet sich dann genau durch solch »plastische Naturstile« *auch von nur allgemeinen Gesetzen*, sich in sie einreihend oder sie mit einer Art Fazit ihrer Wirkungen versehend: »Jeder Erdstrich bietet die Wunder fortschreitender Gestaltung und Gliederung nach wiederkehrenden oder leise abweichenden Typen dar« (Kosmos II, Cotta S. 53). Auch in solchen Gegenden gibt es also ein In- und Miteinander von Zentriertem, das die durchaus sondernde und besondere Allgemeinheit von Gestalten sich ausgestalten läßt.

Ein anderes aber ist es, wenn statt Miteinander nur Nacheinander beachtet wird. An dem nur sein Verhalten, nicht seine Formung gleich ist und so ausgesagt wird. Kurz, der Begriff der Gestalt erläutert sich weiter – wenn auch keinesfalls e contrario – aus dem nicht notwendig besonderen und niemals plastischen Begriff des Gesetzes. Kategorien des Gesetzes geben insgesamt *Bedingungs*-Zusammenhänge, kompletter: *Bedingungs-Folge*-Zusammenhänge wieder, nicht aber, gleich den Kategorien der Gestalt, *Zentrierungs*-Zusammenhänge. Vom Fallgesetz, den ökonomischen Wertgesetzen bis zu den dialektisch allgemeinsten der Kausalität, der Wechselwirkung, des Umschlags der Quantität in Qualität drücken alle Gesetze Verhältnisse des Wenn–Dann aus, der laufenden Bedingungs-Folge-Verhältnisse. Gestaltkategorien dagegen drücken, wie ersichtlich geworden, das Zugleichsein eines funktionierend ausgeprägten Inhalts aus, welcher eben durch die eigene Ausgeprägtheit sich als einer des errungenen Gehalts kenntlich macht. Das Gesetzhafte, als eines des Bedingungs-Zusammenhangs, läßt sich daher logisch nach Lotzes richtiger Bestimmung (Logik § 65) als allgemeines hypothetisches Urteil formulieren, das bei zureichender Kenntnis und zureichendem Vorhandensein der Bedingungen zur Prognose tauglich ist. Während Gestalthaftes dasjenige, was es mit einem Male ist, kategorisch anbietet, eben als Miteinander-Totum sui, wonach es sich nicht wie ein Gesetz durchsetzt, sondern als das Was, die »Natur« der Sache, das heißt als ihr entelechetisches Bildungszentrum durchschlägt. Dabei implizieren Gesetze, immer weiter verallgemeinert zu werden (am evidentesten in der Physik), sie lieben sozusagen keine Lokalweise, keine Weise einer nicht generell und immer genereller gegründeten Geltung. Gestalten dagegen befinden sich auch im Besonderen wohl, ja – hierin ihrer Anschauung in der Kunst verwandt – charakteristisch wohl; sie zeigen Muster,

Charaktere, Figuren, Signaturen, eine förmliche »signatura rerum« im Erscheinungsgewebe. Weshalb auch Hegel, am Schluß der Phänomenologie, von dieser seiner »Organisation des Geisterreichs«, auch als »einer Galerie von Bildern« sprechen kann, das ist, von Gestalten der begriffenen Geschichte. Ihrer ist das Reich der Konzentrierung, der Zentrierung und nicht der Statik. Auch bleibt es letzthin nicht bei einem Pluralismus, wenn die Gestalten, anders als die Gesetze, sich im Besonderen, nicht in einem Allgemeinen manifester zeigen. Eben wegen der Zentriertheit in ihnen verstehen sie auch zu konvergieren; sie haben nicht den Umfang, der erst in einem universalen Weltgesetz auf seine Rechnung käme, wohl aber den Inhalt, welcher wachsenden Essenz-Gehalt unter den Gestalten markiert, bis zu einer möglichen ontos-on-Gestalt, die es noch nie gegeben hat, noch nirgends gibt. Die Welt ist trotzdem voller Figuren, die aus ihrem Fluß auftauchen, voller Immergenz dieser Art, mit qualifizierendem Mehr-Gefüge über der jeweiligen Summe der jeweiligen Teile. Zugleich aber mit jener *Einheit von genetischem Fluß samt seinen Gesetzen und strukturellen Gestaltqualitäten*, ohne welche Einheit eben es weder Fluß – als Prozeß von etwas – noch Gestalten – als unstatische Prozeßfiguren – geben könnte. Kein echtes Werden also ohne Anhalten, kein echtes Gestalten ohne Zerbrechen und Ge-wissen von Fragment.

Processus cum figuris, Figurae cum processu;
und nun das Vermehrende
als synthetisch-antizipatorische Gestaltung selber

Werden bedeutet immer, daß ein Etwas wird, gestaltet wird. Und Gestalten: es bedeutet schon sprachlich das Zeitwort von Gestalt, sachgemäß ihr formendes Geschehen. Unaufhörlich vermitteln sich so bauende Genese, erbaute Struktur, und in dieser *faßt* sich Werdendes, *schließt* sich nicht. Denn genau das eigentliche Organon des Werdens: der Widerspruch zum unzulänglich gewordenen Erreichten, betreibt seinen Widerspruch schlechthin an, in, gegen das Erreichte als Gestalt – hin zur neuen, inhaltlich adäquateren Gestalt. Derart bekräftigt sich hier aufs entschiedenste, genau vom universalen Gesetz der

Dialektik her: alle Gestalten sind einzig *Spannungs*-Figuren, *Tendenz*-Figuren veränderbarer, ja sprengbarer Art, und sie sind das gemäß der nirgends noch gelegten objektiven Experimentalbeschaffenheit der Welt als Prozeß. Also ist das Gestaltende im Werden allemal auch das dialektisch Umgestaltende, in dem noch nichts gewordenes Gestaltetes auch wirklich gelungen ist; wonach zwar der Prozeß voll mit Figuren steckt, aber erst recht die Figuren mit Prozeß geladen bleiben. Grundfrage an dieser selber geladenen Stelle wird aber nun das konzentrierende *Woher des Überschusses* selber, der die Gestalt so eigen zentriert macht. Also jener *Ursprung* des Mehr steht zum Problem, der eben das Ganze einer Gestalt mehr sein läßt als die bloße Summe seiner Teile. Wie schon betont, weist dies Mehr auf ein *Vermehrendes* zurück, – ohne dessen Funktion ja kein Mehr sein könnte. Genau der erste Dialektiker, Heraklit, hat das wörtlich am Werk gesehen, und zwar bei ihm in der Seele, als dem höchsten »Gemeinsamen« des Feuers; psychēs esti logos heauton *auxōn* (fr. 115), der Seele ist das Gemeinsame eigen, das *mehrt*. Und genau der letzte große idealistische Dialektiker, Hegel, hat diese synthetische Pluswerdung, statt eines bloßen Additiven, implicite in seiner Dialektik des Umschlags von Quantität zu Qualität und weiter im Aufgang von neuer Gestalt. Auch hier Vermehren pointierend, ja sogar, als wäre »nur vermehrend« noch nicht genug, vor allem Surplus eines *Aufspringens:* »Wie beim Kinde nach langer stiller Ernährung der erste Atemzug jene Allmählichkeit des nur vermehrenden Fortgangs abbricht – ein qualitativer Sprung –, und jetzt das Kind geboren ist, so reift der sich bildende Geist langsam und stille der neuen Gestalt entgegen, löst ein Teilchen des Baues seiner vorhergehenden Welt nach dem anderen auf, ihr Wanken wird nur durch einzelne Symptome angedeutet; der Leichtsinn wie die Langeweile, die im Bestehenden einreißen, die unbestimmte Ahnung eines Unbekannten sind Vorboten, daß etwas anderes im Anzuge ist. Dies allmähliche Zerbröckeln, das die Physiognomie des Ganzen nicht veränderte, wird durch den Aufgang unterbrochen, der, ein Blitz, in einem Male das Gebilde der neuen Welt hinstellt.« (Phänomenologie, Vorrede, Philos. Bibl., 1952, S. 15 f.) Hegel selber freilich hat dies Grenzüberschreitende, dies einzig

Schöpferische von E-volutio am Ende doch wieder zur bloßen Aus-wicklung entspannt; das ist der Tribut, den das letzte Glied seiner dialektischen Methode: die Rückkehr zum Anfang, der Platonischen Anamnesis zahlt. Aber bezeichnend bleibt: der Begriff des Vermehrenden ist jeder Prozeßlehre als ebensolcher Gestaltlehre eingeschrieben, ja er macht die so oft zur Reaktion konservierte Gestaltlehre nun entscheidend zur *Entelechetik der Umwälzung:* Das heißt: zur unvollendeten Entelechetik in einer Welt, die immer wieder ihre Töpfe auf dem Feuer stehen hat, die ebenso aber ihr Feuer nur um des zu bereitenden Weltinhalts, des unvorhandenen Zentralfigur-Inhalts willen in Gang hat. Bedeutend freilich ist diese letzte Gestalt, als ebenso höchste Wert-Gestalt (summum bonum), im *Realmodell* einzig als *Realsymbol;* denn alles *Real-Erprobende* meint mit sich das *noch Real-Verhüllte* an sich. Womit das Vermehrende selber das eigene Feuer seines Gestaltenbildens utopisch-nächst umkreist: »Am Ende solcher Signaturen steht daher wieder das durch höchste Realsymbole, wie *Reichs-Figur,* konzentriertest Bezeichnete« (Das Prinzip Hoffnung, 1959, S. 1593). Das alles aber mittels des synthetisch-dialektischen Gangs eines Vermehrenden, das noch in keiner Gestalt seinen Lohn dahin hat. Und doch nur in Gestalten, nicht in Partikeln und Aggregaten, die Proben auf sein ausstehendes Exempel anstellt, herstellt.

Gewiß, wird ein Etwas untersucht, so ist erst vonnöten, es zu teilen. Nur durch forschenden Abbau auf die einfachsten Teile und ihre Bewegungen ist Gewordenes analytisch zugänglich. Nur darf auch bei diesem Aufteilen nicht stehengeblieben werden, so sehr es immer Ganzheiten, gar allzu hohe, kausal anzustechen hat. Seccare naturam, das ist seit Galilei die beste und fortschrittlichste wissenschaftliche Überlieferung, doch geschafft freilich ist damit nur die halbe Sache und nicht einmal die halbe. Genau doch Galilei, der bahnbrechend die »resolutive Methode« lehrte, das ist die Auffindung der einfachsten mathematisch bestimmbaren Elemente der Bewegung, fügte die »kompositive Methode« an, das ist den Nachweis, daß die resolutive Theorie zu denselben Resultaten führt, wie sie in der komplexen Erfahrung vorkommen. Oder wie dann Marx sagt, nun allerdings ganz genetisch-kompositiv, also historisch nachgestaltend: es komme

nicht nur darauf an, die *Elemente* etwa der Religionen aufzu-
zeigen, sondern entscheidender darauf, von diesen Elementen
her den historisch geschehenen Aufbau der Sache kritisch zu
verstehen. In nachvollzogener, denkend abbildender *Entwicklung* also, der Geschichte gemäß, die sich auch in ihren spezifischen Elementen (arbeitender Mensch) und wie sehr erst in
deren Organisierungen dialektisch anreichert. Womit also der
eigentlichste Charakter des Vermehrenden spruchreif wird: es
ist, indem es jede bloße Summierung samt der fertigen Grenz-
setzung *übersteigt,* ein dialektisch-*synthetisches* und dialek-
tisch-*antizipatorisches* zugleich. Synthetisch deshalb, weil sich
das Werden bildend zu Gestalten faßt und darin ein verbundenes Ganzes sich hebt; antizipatorisch aber deshalb, weil dies
synthetisch jeweils Konzentrierende ja nicht nur Gestalten,
sondern damit Neu-Gestalten aus sich entspringen läßt. Das
Vermehrende ist so als antizipatorisch zuhöchst das *Schöpferische,* bewußt geschehend in den großen geistigen Gestaltbildungen der Geschichte, den Kunstwerken, den Philosophien,
mit nie so gewesenen In-formierungen des darin bedeuteten
Inhalts, nie so erhörten Selbstmodellen einer – weit übers Vorhandene hinaus – ausgetragenen Welt. Derart daß der *Zentrierungs*-Zusammenhang utopischer zu einem *Identifizierungs*-
Zusammenhang andringen mag. Das ist, zu einem veritabel
versuchten Namenszug noch latenter Inhalte, schließlich des
Welt-Inhalts überhaupt, als welcher ja an und für sich selber
noch im Noch-Nicht seiner adäquaten Gehalts-Figur läuft. Schon
jetzt aber, schon im Prozeß stehen die materialen Kategorien
der Gestalten senkrecht auf der Zeit, aus deren Fluß sie entspringen, aus dem sie sich doch ebenso gehoben haben. Wobei
aber allemal, gerade in Ansehung des Vermehrenden, wahr
bleibt: Genese ohne Struktur ist blind, Struktur ohne den zu
fassenden Inhalt der Genese ist leer. Erst im sich selber Durch-
dringenden beider kommt die Welt zur begriffenen Metamorphose ihrer Erscheinungen, zur Baukunst ihres Austrags. Der
Prozeß mit geprägten Gestalten, die lebend sich entwickeln,
ist selber experimentelle Baukunst eines adäquaten Gehalts.
Seine Parusie ist nirgends, sein Real-Entwurf: ständig mit End-
figur im Sinn, als Sinn – ist deshalb *tendenziell-latent* die

menschliche *Geschichte, verschlossen-latent* die ihr noch unvermittelte *Natur.* Beide sind geeint im Topos christförmige Materie, gerade was ihre projektiv gedachten Endgestalten betrifft: menschlich die des Summum bonum, naturhaft die einer erst recht nur eschatologisch symbolisierten Sabbatwelt.

ÜBER GLEICHNIS, ALLEGORIE, SYMBOL IN DER WELT

Nichts kommt nur an dem Ort vor, wo es steht. Eins läßt sich durch ein anderes ausdrücken, auf hin und herzielende Art. Merkmale tauschen sich dann aus, hallen, wie echohaft, von ganz anderer Gegend wider. Von einem Tuch wie einem Blick kann so *vergleichend* gesagt werden, sie seien weich. Und das Sprichwort, stille Wasser seien tief oder alle Höhe sei einsam, bedeutet mit dem Tiefen, dem Einsamen bestimmte Menschen. Das Wasser spiegelt sich sichtbarer, die Höhe läßt sich auf sie übertragen. Von einem Ding zum anderen, das mit ihm verglichen wird, verbindet nun sprachlich ein Bild. Was sich so auch im Wort als übertragen kenntlich macht, bedeutsam beziehen läßt. Trotz weit entfernter Orte geht vieles derart verspellt auf.

Nicht als ob hier beliebig mit Eile gebildert werden könnte. Trotz des Sprichworts, das allemal helfen könnte, ist der Gebrauch des Wie nicht leicht. So lebt und gedeiht hier auch das Gesuchte, das Schiefe des Vergleichs oder sogar, umgekehrt, das Abgedroschene, das Abdreschbare. Letzteres bezeichnenderweise gerade dann, wenn die verglichenen Dinge einander ohnehin zu benachbart sind. Wenn also beschneite Bäume wie zuckerbestäubt sein sollen oder die Häuser im Tal wie Spielzeug aussehen oder ein hellbeleuchteter Zug aus dem Tunnel dort unten wie ein Glühwürmchen hervorkommt. Solch kleinbürgerliches Wie hat Polgar, der es sammelte, rasend gemacht, es ist selber »billig wie Brombeeren«. Andererseits weicht das Gesuchte und derart Schiefe dem Abgedroschenen nur aus, indem es sich besonders aufputzt. Hierher gehören Romanphrasen als Bild, etwa von dieser Art: »Das Meer donnerte, wie wenn eiserne Röhren ans Land wollten.« Oder: »Die Minuten gingen so langsam, als wollte jede erst eine Tasse Schokolade trinken, bevor sie an die nächste die Parole gab.« Weit üblicher gehört eine sozusagen fette Blumensprache des Wie hierher, die am würzigsten in Zeitungen wie der ehemaligen »Neuen Freien Presse« in Wien geduftet haben. Karl Kraus preßte und erhielt uns von diesen Blumen lehrreiche Zitate, so etwa: »XY versuchte zwar seinem Stück einige seelische Drucker aufzusetzen, aber damit war die Mache nicht aus dem Konflikt.« Nicht so sehr viel anders gehört die Vergleichskunst in Kathederblüten hierher, mit einem Tropus wie: »Als Hauptwaffe führt Darwin in der Entstehung der Arten den Embryoschwanz ins Gefecht.« Oder sogar literargeschichtlich: »XY hebt das Kind seiner Träumerei aus dem Hypothesenbad und während er es in ein prosaisches Laken hüllen will, gleitet es ihm aus den Händen.« Gar nicht damit vergleichbar freilich ist jenes bewußt Epatierende, pointiert Geschmacklose, das sich der Schiefe zum Vergleich selber bedient. Etwa bei Grabbe: »Die Gläser schäumen, als ob sie tolle Hunde wären« oder, bloß übersteigernd: »So wärmt euch! dort dampft ein Punschvulkan.« Genug davon, man kehre zum einfachen Vergleich zurück, besonders auch, wie erwähnt, dem im Sprichwort; er ist viel merkwürdiger als der gesuchte. »Alle Höhe ist einsam«, dies meint einen großen Mann und: als Berg hallt er wider; täuschend schlicht wird damit Höhe in Mann und Berg getauscht und, als wäre nichts dabei, in eins versetzt. Da ist nicht ein Drittes, Gemeinsames außerhalb, mit dem verglichen wird, sondern dies Tertium springt zwischen den Gliedern selber an. Aber auch: sein Bild deutet noch weniger weiter, als daß es ineinander spiegeln läßt.

Gleichnis, allegorisch vieldeutig, symbolisch eindeutig

Höhere Arten des Wie machen das Spiegeln immer bunter, auch kühner und weiter. Statt des bloßen Vergleichs erscheint das *Gleichnis*, nicht kurz zusammengerafft, sondern als aus seiner Sache blühend. Wobei das gute Gleichnis selten umhin kann, kraft seines Wie fernhintreffend zu sein. Es wirkt dadurch bestürzend, equilibriert nicht; links und rechts von sei-

nem Wie wirkt es als asymmetrisch. Die beiden Seiten sind wie
eigens auseinandergerückt, und dann erst geht das Spiegeln an.
So selbst in diesem Bild bei Ramuz: »Das gute Land, wo der
Wildbach schweigend dahinzog, ganz ruhig inmitten der Wie-
sen, wie ein weidendes Tier.« Julien Green übersteigert, das
heißt übersteigt im »Treibgut« folgenden Blick eines Mädchens auf den Kamin: »Vor ihren halbgeschlossenen Augen
strahlte der Rost mit den glühenden Kohlen wie eine mit ungeheuren Edelsteinen gefüllte Kiste.« Gottfried Keller aber,
dessen Adjektive mehr Gleichnisse in den Fingerspitzen haben
als andere Substantive im Kopf, behandelt, wo es nur angeht,
gerade seine stärksten Anschaulichkeiten mit einem förmlichen
Wettstreit zweier Sehfelder übereinander, was optisch Glanz,
poetisch Ausfahrt in der Nächstbeschreibung selber ergibt. So
führt ein Gleichnis Kellers, im »Verlorenen Lachen«, besonders
waghalsig das Gesicht eines bösen alten Weibs aus, buchstäblich: er führt es aus, hinweg und im Echo wieder zurück, »das
große, viereckige gelbliche Gesicht, in welchem Neid, Rach-
sucht und Schadenfreude über gebrochener Eitelkeit gelagert
waren wie Zigeuner auf einer Heide um ein zusammengebro-
chenes Feuer«. Wäre ein solches Gleichnis nicht schon hundert
Jahre alt, und wären seine Teile daher nicht noch ungebrochen
und kein Scherbenhaufen: man könnte die hier niedergeschla-
gene Bedeutungsbewegung eine der expressionistischen, gar
surrealistischen Montage nennen, eine Hochzeit aus Bruch-
stücken oder ein Kombinat des Fernsten mit dem Nächsten, aus
lauter gekündigter Nachbarschaft von bisher. Doch ist die Heimat des extravaganten Gleichnisses viel weniger die moderne
Montage als die romantische *Analogie,* zurückgehend auf die
spätmittelalterliche, dann die barocke *Allegorie.* Letztere erst
gibt dem Gleichnis seine sozusagen maßgebliche Form, samt
den Umfängen, in denen seine Bedeutungen angesiedelt wurden. Als weit auseinanderliegende Beispiele treten hier, zeit-
weilig, kurzweilig, Balzac vor und, überall, Jean Paul. Auch das
Zweideutige im engeren, nämlich pornographischen Sinn
schreibt sich in literarischer Gestalt von der so geschulten Ver-
tauschbarkeit her, bereichernd eben in Balzacs »Contes drola-
tiques«. Wo das Rabelaissche Rezept steht, daß auch der stili-

stische Liebhaber »aus zwei Dingen tausend macht, wenn er kann«. So finden sich, mit Balzacs Kunst, die Allegorien »Stall und Pferd« oder: »Eine Frau, deren Verstand länger ist als die Nase ihres Mannes« oder gar »Das Oratorium unserer lieben Frau, worin die Abendandacht gehalten wird« und eben tausend oder tausendunddrei Analogiezüge mehr aus dieser Art Zweiheit längs durch die Welt. Der Bogen von hier zu Jean Paul ist groß, und doch bleibt er als der der Allegorese, gleich ob diese im sonderlichen Dual des Sex oder im Plural sämtlicher Weltdinge ausschweift. Denn echt Metaphorisches will überall die Erscheinungen lesen, als wären sie ein Palimpsest, mit anderer Schrift noch dahinter, oder besser, als wären sie lauter wirkliche Beiwohnungen, Alterierungen, Alternierungen, sich durchdringend. Unerschöpflich derart der letzte große Allegoriker, Jean Paul, in seinen arkadischen wie titanischen Gegenerleuchtungen, Wie-Bildungen an jedem Punkt. Wenn »silbern das Horn des Mondes vertönt«; wenn »die Alpen standen wie verbrüderte Riesen der Vorwelt und hielten hoch der Sonne die glänzenden Schilde der Eisberge entgegen« (so im »Titan«); wenn ein Luftschiffertraum so hoch steigt, daß ihm das Himmelblau verschwindet und die Sterne in der Schwärze, die Sonne aber wird »der Riese der Nacht, der uns mit einem einzigen feurigen Auge ansieht«. Hier sind überall metaphorische Spiegel aufgestellt und jene alte, im Barock plazierte »Emblematik« aus Allegorien zugleich, die Jean Paul selber als sein »wahres Schauhaus« definiert, voll »Nachdrücken und Naturspielen und redenden Wappen der wirklichen Dinge« (in »Auswahl aus des Teufels Papieren«). Auch Mythos ist in Gleichnissen solcher und anderer Naturleuchte am Werk, mit einem Paradox freilich, das erst eines geworden ist und im Mythosbild an Ort und Stelle noch nicht war. Das Feuer als Zunge der Götter, der Meeresschaum als Netz der Todesgöttin, der Blitz als Aura der Gedanken eines Erzengels und viel dergleichen macht hier einen uralten, archetypischen Hintergrund. Einen Hintergrund aus Zeiten oder diese beschwörend, wo die Objekte angeblich noch durchsichtiger und weniger abgegrenzt erschienen als heute und von daher einen metaphorischen Doppelblick freigaben. Zweifellos also kommt eine Menge gar der heute überstiegen, vor allem echt paradox erscheinenden Gleichnisse aus der animistischen Zeit des Mythos und ihrem Bildvorrat; selbst der wundervolle Vers des Aischylos von den Wellen als »dem unzählbaren Lächeln des Meeres« hat mythischen Atem dazu. Ja hier reicht – wegen der Götterwelt – noch ein Bogen bis in die maßlosen Prachtvergleiche des höfischen Panegyricus, auch der barocken Galanterie. Aber auch das wirklich bedeutend Fremdartige oder Paradox, womit Gleichnisse aus Mythosbildern noch auftreten können, nachdem der Mythos verschwunden ist, war das nicht an Ort und Stelle, und entscheidend: der mythische Inhalt ist an sich nicht der des echten Gleichnisses, als eines Echos *offener* Bedeutungen mit Incipit vita nova darin. Ist doch dieser mythische Gleichnis-Inhalt nicht zuletzt deshalb abgelaufen, weil er nichts noch Schwebendes in sich hat, weil er sich als fertig ausgemacht gibt, hoch droben bei gegossenen Göttern. Das genuine Gleichnis dagegen zeigt gerade einen *Wettstreit* der Sehfelder, Überspiegelungsbilder auch im kämpfenden, expeditionshaften Sinn, wie er dem Mythos ganz fremd ist, und zwar einen *ungelegten Wettstreit,* einen, dessen Gleichnisse nirgends schon ins Gleiche gestellte, also angelangte Gleichungen sind. Von daher, nicht von einem mythischen Hintergrund, mit festem Gold um die Erscheinungen, kommt also letzthin dem Gleichnis sein echtes Paradox (je stärker, je bedeutender es ist), ebenso der keineswegs ruhende Glanz.

Was immer noch weiterdeutet, kann und soll auf seinem Weg nicht weilen. Das gute, also treffende Gleichnis ist ein Zeichen dessen, was sich selber noch ein Zeichen ist und nicht schon mehr ist. Daher geht es im Spiegel bloßer unangelangter Bedeutungen nicht nur analogisch zu, sondern, wie bemerkt, allegorisch, und das, wohlverstanden, im ursprünglichen Sinn der Allegorie, geltend bis ins Barock. Das klassizistische Mißverständnis, das die Allegorie als »Versinnlichung abstrakter Begriffe« und so als »frostige« ausgab, ist seit Benjamins Berichtigung in seinem »Ursprung des deutschen Trauerspiels« wohl abgetan. Allegorie ist zugleich tiefer wie weniger begrifflich präzis; denn gerade indem ein Gleichnis das Eine durch ein Anderes ausdrückt, dieses Andere aber weit *gestreut* ist, ja beliebig viel »Anderheit«, Alteritas sein kann, ist es allegorisch. Die

Ehre und die eingehaltene Linie der Allegorie ist ja genau dies bedeutend »Mehrdeutige«, ist das notwendig noch Schwebende im Gleichnis, ist die noch während Streuungsreihe des dem Bedeuten »Entsprechenden«, vielmehr: der Entsprechungs-Gestalten in der Welt. Das nun freilich unterscheidet, im Gleichnis selber, das Allegorische vom *Symbolischen,* und zwar so, daß letzteres zwar ebenfalls, qua Gleichnis, auf ein Anderes deutet und von ihm zurückhallt, in diesem Anderen aber jenes *Eine,* als *Ontos On,* bedeutet sein will, in dessen Bedeutung das Bedeuten weder eine weitere Wahl hätte noch endlos in Alteritas weiterginge. Also lautet die Formel des Unterschieds hier so: Das Allegorische schickt metaphorisch immer wieder herum, das Symbolische versucht metaphorisch zu landen. Derart läßt der Tauschverkehr im Symbol nach oder hört fast gänzlich auf; sein Wie läßt nicht, wie das allegorische, quer durch die Erscheinungen Vergleichsbilder wählen und finden, es bleibt vielmehr in der Richtung schmal, unablenkbar. Zwei große Beispiele machen diese Unterschiede sogleich deutlich: zwischen dem allegorischen Bilderreigen, wie er nicht nur ausschwärmend, auch bizarr sein mag, und dem symbolischen, der mitten darin die Straße seiner Affinität zieht, auch fanatisch sein kann. *Allegorisch*-bedeutend läßt Goethe seine Stella rufen, nach abgewendetem Selbstmord: »Da solltest du, Verwesung, wie ein liebliches Kind, diese über-füllte, drängende Brust aussaugen«; – so wird Leid zu Milch, Verwesung zu Kind, aber es könnten auch andere, weniger bizarre Gegenstände das Bedeuten tragen, weitertragen. *Symbolisch*-bedeutend läßt Goethe den Epimetheus Pandora als die ihm einzige eingedenken, gegen schwebende Fülle: »Pandora zeigt und nannte mir die Schwebenden . . . / Da rief ich aus: Vergebens glänzt ein Sternenheer, / Vergebens nachgebildet wünschenswerter Trug! / Du trügst mich nicht, Pandora, mir die einzige«; so können nun keinerlei andere, kreuz und quer vergebbare Gegenstände das symbolische Bedeuten tragen, als selber kein schwebendes, sondern unnachlaßliches. Wozu kein Epimetheus, sondern ein Prometheus selber uns in Leonardos Zentralsatz der Richtung anblickt: »Non si volta chi a stella e fisso«, der an einen Stern gebundene kehrt nicht um. Gewiß gibt es – bei Strafe der Fixation statt Orientation – auch noch eine Vielheit dieser Gleichnis-Symbole selber, doch einmal sind sie – wenn auch mit sehr variierendem Abstand – alle rund um das Ontos on umhergestellt, sodann geht aber diese Vielheit nicht so weit, daß sie, wie bei den Allegorien, ihren Reichtum mehr in der Breite besäße und der *Alteritas*, statt, wie bei den Symbolen, in der Tiefe und ihrer *Unitas*. Der Ort des *Allegorischen* ist daher vorzugsweise in der breit anspielenden, immer wieder zur Weltbreite transparenten *Kunst*, der des *Symbolischen* dagegen vorzugsweise in der *Religion* und in *jener Kunst*, die sich der religiösen Symboltiefen bedient oder gar sich zu ihnen hinwendet. So eben in »Pandora«, voll in der »Göttlichen Komödie« mit dem Symbol der Himmelrose zuletzt, im zweiten Teil des »Faust« mit den Müttern und Helena, mit lauter Symbol-Umkreisungen des Chorus mysticus zuletzt. Autochthoner Ort des Symbolischen aber bleiben die Religionen, auch die polytheistischen, bei vorhandener, doch immerhin konzentrischer Vielheit der Symbole; sobald eben deren Gleichnis-Symbolik nicht in den abgeriegelten Bedeutungen, den bereits als statisch abgemacht erscheinenden der Mythologie stecken bleibt. Vor allem aber, zentral und nun *gänzlich entscheidend:* es sind Allegorisches und Symbolisches im *Fundus* des ihrem Bedeuten »Entsprechenden« verschieden, das ist, im metaphysischen Gehalt, worin ihre Gegenstände vergleichbar, mit Abstand, korrespondieren. Eine Liebesgeschichte als allegorische Schachpartie dargestellt, wie im spätmittelalterlichen »Roman der Rose« (aus dem freilich »la Dame Raison«, die spätere Göttin Vernunft herkommt) ist durch die Wechselwelt ihrer »Entsprechung« selber getrennt von einer Liebesgeschichte als symbolhaft unausweichlicher Todespartie, wie in »Tristan und Isolde«. Jede »Entsprechung« überhaupt gründet sich, nach klassisch-scholastischer Definition, auf die »Identität« eines essentiellen Wesens, das in ähnlichen Gegenständen eine mehrfache, obgleich variierende Realexistenz hat. Die Variation hierbei stammt aus den verschiedenen Daseinsweisen des Wesens in Zeit, Ort und Zusammenhängen, berührt aber eo ipso nicht seine »Identität«. Genau diese »Identität« jedoch – mit der entschiedenen Hinzufügung, daß es nicht eine bloß formale, sondern eine materiell beisichseiende, folglich noch nirgends ganz gelungene ist – genau dies überall *utopische Totum* also fundiert, je nach abstandhafteren oder zentraleren Manifestierungen seiner, auch den Unterschied der hier allegorischen, dort bereits symbolhaft-tieferen »Entsprechung« und ihres Gehalts. Das Gleichnis, wurde oben gesagt, ist ein Zeichen dessen, was sich selber noch ein Zeichen ist, das soll heißen: was in den Objekten selber noch nicht sich enthüllt, mit sich ganz identifiziert, ohne Rest realisiert ist. Indem aber die Welt dergestalt in solcher Unfertigkeit steht, eben in solch währender Experimental-Beschaffenheit ihres noch nicht wahrhaft-wirklich herausprozessierten Wesens, nehmen hier die *Bedeutungs-Allegorien*, dort die *Bedeutungs-Symbole* – mit letzter Unterscheidung ihrer – an dem durchaus objekthaften *Fortbedeutungs-* oder aber *Ziel*-Charakter der Weltzustände und Weltgestalten teil. Derart *gibt es in den Gestalten der Welt selber,* je nach dem minder oder mehr entschiedenen Surplus ihrer Verwesentlichung, *Allegorien und Symbole,* nämlich *Real-Allegorien* und *Real-Symbole.* Als solche, wie eine Wirklichkeit sie führen mag, und wie sie im alten Problem einer »Signatura rerum« gedacht waren, einer selber noch vieldeutigen oder aber einer selber schon Identisches umkreisenden. »Schau! im zweifelhaften Dunkel / Glühen blühend alle Zweige«: diese Goetheverse ergreifen das Problem von *Real-Allegorien*; sie haben Unruhe in Alteritas. »Geheimer Chiffern Sendung / Beschäftige die Welt, / Bis endlich jede Wendung / Sich selbst ins Gleiche stellt«: diese Goetheverse ergreifen das Problem von *Real-Symbolen* in sich; sie haben »Über allen Gipfeln ist Ruh« in Unitas. So steht der Vorrang des Symbolischen vorm Allegorischen, gemäß dem verschiedenen Gradstand von utopischer Identität, der, freilich im Symbol, wegen seines hohen Anspruchs, erst recht noch äußersten, letzten.

Allegorisches, Symbolisches, nur für uns oder auch für sich real weiterdeutend

Es bleibt aber alles Bildern vor Ort noch so, daß es gärt. Unausgetragen spiegelt das treffende Gleichnis nicht nur, sondern es wetterleuchtet darin. Und es wetterleuchtet nicht so, als zeige der Bildschein nur einen Lichtblitz, der in der Ferne bereits entschieden vor sich ginge. Mithin als wäre im Symbolischen nur etwas für uns Verhülltes, sich zeigend und verbergend zugleich, und nicht eben ein *Sich-Verhülltes in der Sache selber*, genau in dieser, die es »ausdrückt«. Gediegen Symbolisches steht so auch außer den Falten, die eine bloße noch unzureichende Fassenskraft hineinschlägt, und außer den Irrgängen mit versteckstem Ausgang, die der bloßen tappenden Aneignung zugehören. Es ist auch im Objekt noch Sache im Zustand von Rätsel, von noch nicht gefundener Enthüllung. Derartiges kann sich bereits als sozusagen *schlicht* erlebt melden, als betroffene Art etwa, »wie diese Pfeife daliegt oder wie sich sonst ein Unscheinbarstes plötzlich gibt, daß das Herz stockt und das stetig Gemeinte sich endlich anzublicken erscheint« (Geist der Utopie, 1923, S. 248). Und *gestaltet* gibt es für solch symbolisches Chiffersein gerade in neuerer Malerei die empfindlichsten Zeugnisse, so in einem Stadtbild bei van Gogh: »Es ist zwar immer noch sichtbares Gewühl, immer noch Geländer, Unterführung, Eisenbalken, ziegelsteinerne Mauer, aber das überschneidet sich plötzlich sonderbar, der verworfene Eckstein schlägt mit einem Male Funken, und das Gezeichnete in allen Erscheinungen, das unbegreiflich uns Verwandte, uns Verlorene, Nahe, Ferne, Saishafte der Welt tritt in van Goghs Bildern wie sonst nur noch bei Strindberg ans Licht« (l. c., S. 41). Wird aber für Geistesohren tönend der neue Tag geboren, so ist diesem als Puppenstand, Symbolstand *Musik* das durchtönendste Subjekt-Objekt-Signal: »Der Ton geht mit uns und ist wir, nicht nur so wie die bildenden Künste bloß bis zum Grab mitgehen, die doch vorher so hoch über uns hinaus ins Strenge, Objektive, Kosmische zu weisen schienen, sondern wie die guten Werke auch noch übers Grab hinaus mitgehen und zwar gerade deshalb, weil das Erhabene in der Musik, das neue, nicht mehr pädagogische, sondern reale Symbol in der Musik so sehr niedrig, so sehr nur feuriger Ausbruch in unserer Atmosphäre scheint, obwohl es doch ein Licht am fernsten, allerdings innersten Fixsternhimmel, das Selbst- und Wirproblem selber ist« (l. c., S. 192 f.). Das alles freilich hat trotz der überwiegenden Objektseite seines Symbolhaltigen ein bloß für uns Eingehülltes noch keineswegs ganz verlassen, ist gemengt mit bloßen Symbolzeugnissen aus künstlerisch-religiöser Aneignung ihrer, wenn auch – wie durchdringend im van Gogh-Exempel – auf Realsymbolisches im Objekt selber scharf bezogen. Ein anderes bleibt die noch so betroffen-betreffende *Berührung* des Sich-erst-Bedeutenden, ein anderes dessen *Selbstfigur* als *eigene Chiffer*. Daher ist auch bei der künstlerisch-religiösen Umkreisung immer wieder partial zu betonen, was dem nur Mythologischen gegenüber schlechthin gilt: Umrechnung ist vonnöten, Selbstberichtigung der Gleichnisse, gemäß der objekt-realen Möglichkeit, auf die alles betroffen-betreffende Ins-Gleich-Stellen (zur letzthinnigen »Identität« hin) utopisch aufgetragen ist. Trotzdem ist genau die reale Welt in ihren Gestalten voll dessen, was immer wieder von Paracelsus bis Leibniz als Signatura rerum bezeichnet war. Und jetzt als eine Signatur aufgeht, deren Bedeutung und Chiffer über die der gegebenen Objektgestalt in ihr selber allegorisch, erst recht symbolisch hinausweist. Die Welt tritt so, an ihren *eigenen Modellen* beachtet, in einer Prozeßreihe immer wieder emergierender, immer wieder dialektisierter Real-Allegorien, Real-Symbole auf, – ein experimentierendes Gleichnisbilden nicht nur des Vergänglichen, sondern genau auch des relativ Ausgestalteten in ihr. Das bringt also auch in dieser Sicht dem Modellbegriff neue Tragweite und zuverlässig mehr, als sie den Positivisten lieb ist, soll heißen: entelechiehaftere Kriterien der Verifizierung, als sie dem ursprünglich rein operativ beengten Modellbegriff philosophieferner Art zugeordnet werden konnten. Das eben, weil nun die Welt, wie bemerkt, nicht nur in Tatsachenkenntnis dessen aufgeht, was jeweils der Fall ist, sondern in Prozeßkenntnis dessen, was in der Weltretorte an Tendenzgestalten, Prozeßfiguren sich bildet. Als Proben aufs versuchte Exempel, als jene *unvollendeten Entelechien* mithin, die jede Real-Allegorie, Real-Symbolik *selber als ihre Bedeutung hat.* Erst freilich müßte überhaupt wieder erkannt werden, daß die Welt voll bewegter Figur ist. Voll organischer Arten und ihrem Habitus; voll historischer Epoche-Einheiten und ihrem Stil, ihrer antagonistischen Homogeneität; voll großer Landschaftstypen in einer endlich auch qualitativ aufgefaßten Natur, mit Heide, Meer, Hochgebirge, Wüste und jenem Sternhimmel darüber, der von Kepler bis Kant das latente Korrelat zu seiner Erhabenheit immerhin ahnen ließ. Bedeutungen genug, um sie auch aus dem riesigen Abstand der bereits gegebenen Natur-, gar Menschengeschichte zu ihren Allegorien, gar Symbolen zu ermessen. Die Bedeutungen bedeuten weiter, und das nützlichste Gleichnis der Welt, in der Welt ist offenbar dieses, daß sie wie ein Haus ist, das sich erst bilden läßt, ein Prozeßbau aus Pfuschwerk, Fragmentwerk, Utopiewerk, worin der siebte Tag besonders erst in Symbolen klingt. Und das mitten in einer Weltgeschichte, die so schwierig ist, weil sie bestenfalls erst in heftigen Versuchen läuft. Und die so offen ist, weil diese Versuche sowohl den Stachel einer unabdinglichen Unruhe hinter sich spüren wie die Richtung gerade auf unvorhandene Heimat noch forschend und bildend vor sich haben können.

31   ÄQUIVOKATIONEN IM BEGRIFF METAPHYSIK

Dunkelmänner im Dunkeln

Was gemeint ist, muß sich wenigstens sagen lassen. Das steht freilich fest, keinesfalls rangiert das angeblich Unsagbare ohne weiteres höher. Meist reichen nur die individuellen Sprachmittel und der individuelle Verstand nicht aus, das treffende Wort, einen treffenden Begriff an die Sache zu setzen. Ist das Letztere geschehen, so hört jener Nebel auf, worin nichts nebelt als unsere eigene Ohnmacht und Faulheit. In ihnen ist die Sache dann nicht durchgedacht, nicht auseinandergesetzt und geschieden. Also sieht sie drein als dilettantischer Mischmasch; sie ist das Trübe, das Ungefähre nicht für sich, sondern nur in der unfähigen Aussage. Oder aber, der Nebel ist künstlich zu Betrugszwecken hergestellt, damit unerwünschter Verstand narkotisiert, eine völlig klare Sache verhüllt werde. Das ist dann der ideologische Gebrauch des falsch Irrationalen, das richtige Opium des Volks. Die ausgebeutete Klasse soll ihr eigenes Interesse nicht erkennen, mit ihresgleichen sich nicht vereinen; so wird geschäftstüchtige Finsternis fabriziert. Aber nichts ist gerade aussagbarer und verständlicher geworden als diese Art gefälschter Irratio selber. Die in feineren Kreisen gemehrte Scheu-, Schreck-, Mysteriums-Munkelei ist trotz ihres angeblich kohlschwarzen oder auch schlechthin transzendenten Inhalts der ökonomisch-sozialen Analyse zugänglich wie nie zuvor. Was hier orphisch orgelt, das ist auch das, was die Aufklärung Priesterbetrug genannt hat. An den faschistischen Dunkelmännern bleibt diese damals zu generell zurückdatierte Kategorie spezifisch und wahr. Ebenso laufen die Dunkelmänner von heutzutage genau so als das herum, was die Aufklärung, ja der Vulgärmarxismus unter einem Mystiker und Metaphysiker sich vorstellen. Es muß also in dem als Mystik oder Metaphysik Bezeichneten etwas darin sein, was den Geschäften der Dunkelmänner entgegenkommt. Die Aufklärung könnte höchstens zur Plattheit sinken, sie konnte auslaufen als der »Abspülicht vom Aufkläricht«, wie Engels über die Vulgärmaterialisten seiner Zeit spottet. Aber die Aufklärung konnte auch in ihrer Vollkommenheit kein Verbrechen ideologisieren. Sie legte einen noch progressiven Kapitalismus frei und gewiß, als dieser Auftrag verschwunden war, den Bildungsphilister, aber sie ist ab ovo fremd zur betrügerischen Tiefstapelei. Die Aufklärung hatte als Gefahr das sonnenklare Gewäsch in sich à la Friedrich Nicolai und so weiter, auch die Verkalkung, worin der Gedanke stockt und alle Probleme verabschiedet sind. Aber die Mystik, die Metaphysik als Haltung haben gezeigt, daß das Unleugbare ihrer möglichen Tiefe bis zu einer Mördergrube pervertiert und umgelogen werden kann. Dagegen die Aufklärung war ein erleuchteter Raum, ohne Hinterlist, Hintertüren, Hinterwelt; in diesem Raum ward Befreiung von Furcht und Unwissenheit gelehrt. Befreiung von den ideologischen Illusionen, soweit sie dem bürgerlichen Verstand selber durchschaubar waren, und Aufhebung des mythologisch transponierten Scheins. Das ist viel, das ist in Zeiten des blutrünstigen Zaubers viel Gutes, es zeigt Mystik und Metaphysik, wenn sie solchen Zauber dulden, ja, enthalten und befördern können, als Feind. Darum sagt der junge Engels: »Wir wollen das, was sich als übernatürlich und unmenschlich ankündigt, aus dem Wege schaffen und dadurch die Unwahrheit entfernen.« Der gleiche Tenor ist noch in diesem Satz, wie in den Briefen Spinozas gegen den Gespenster- und Geisterglauben und gegen all die nobleren mythologischen Hypostasen: »Man darf sich nicht darüber wundern, daß diejenigen, die verborgene Eigenschaften, intentionelle Species, substantielle Formen und tausend andere Narrheiten vorgebracht haben, Gespenster und Geistererscheinungen angenommen und alten Weibern geglaubt haben, um die Autorität des Demokrit zu schwächen, dessen guten Namen sie so sehr beneideten, daß sie alle seine Schriften, die er mit so großem Ruhme herausgab, verbrannten« (60. Brief). Und noch intensiver gegen Metaphysik als sublimiertes Ammenmärchen: »Hören Sie auf, unsinnige Irrtümer Mysterien zu nennen und vermengen Sie nicht auf schmähliche Weise das, was uns unbekannt oder noch nicht entdeckt ist, mit dem, was als widersinnig bewiesen ist, wie die gräßlichen Geheimnisse dieser Kirche, von denen Sie glauben, daß, je mehr sie der Vernunft widerstreiten, sie eben desto mehr über die Erkenntnis hinausgehen« (74. Brief). Das ist Aufklärung in ihrer frischesten Gestalt, ist Physik, die vor Metaphysik sich hütet. Und ihre eigenen Schranken: die des bürgerlichen Rationalismus, das heißt, das kalkulatorisch-quantifizierende Verstandeswesen, das nachher die Welt mechanistisch verengte, diese Schranken haben immerhin dazu gedient, daß sie statt des Jenseits der Wahrheit die Wahrheit des Diesseits etablieren ließen, wie Feuerbach sagt. Des Diesseits freilich, das die Wahrheit und die Veränderung gemäß der erkannten Wahrheit so dringend braucht. Viel Mystik dagegen riß vor dem Diesseits aus, schlug einen hohlen, weltfreien Bogen zwischen der Seele und ihrem Gott. Sie suchte zwar diesen Gott aus dem Jenseits in den Menschen einzusetzen, ihm zu einen, wobei jedoch ihre Spannung gerade darin besteht, daß sie ein Jenseits voraussetzt (und was für eines, was für ein Über und Über an Transzendenz), um sich mit ihm gerade subjektnah zu verbinden. Metaphysik andererseits: ihre Spekulation war, wenn nicht immer, wie gerade der Spinozismus zeigt, so doch sehr häufig die letzte Stütze der Theologie. Anders wäre die Aufklärung nicht so entschieden dagegen angegangen, anders hätten sich die positiven Wissenschaften seit dem Anfang des achtzehnten Jahrhunderts nicht so entschieden vom metaphysischen Schein getrennt. Anders wäre es nicht möglich gewesen, daß die Metaphysik schal wurde; daß bei den Leibniz- wie nachher übrigens auch bei den Hegel-Epigonen nichts mehr als Spintisiererei Platz griff. Daher sagt Marx von dieser Art Nachlaß: »Der ganze metaphysische Reichtum bestand nur noch in Gedankenwesen und himmlischen Dingen, gerade als die realen Wesen und die irdischen Dinge alles Interesse in sich zu konzentrieren begannen.« Weiter, in der »Heiligen Familie«, schreibt Marx, dieser ganzen historischen Metaphysik einen Totenschein, auch heute nützlich zu lesen: »Man stellte die Philosophie der Metaphysik gegenüber, wie Feuerbach, bei seinem ersten entschiedenen Auftreten wider Hegel, der trunkenen Spekulation die nüchterne Philosophie gegenüberstellte. Die Metaphysik des siebzehnten Jahrhunderts, welche von der französischen Aufklärung und namentlich von dem französischen Materialismus des achtzehnten Jahrhunderts aus dem Felde geschlagen worden war, erlebte ihre siegreiche und gehaltvolle Restauration in der deutschen Philosophie des neunzehnten Jahrhunderts. Nachdem Hegel sie auf eine geniale Weise mit aller seitherigen Metaphysik und dem deutschen Idealismus vereint und ein metaphysisches Universalreich gegründet hatte, entsprach wieder, wie im achtzehnten Jahrhundert, dem Angriff auf die Theologie der Angriff auf die spekulative Metaphysik und auf alle Metaphysik. Sie wird für immer dem nun durch die Arbeit der Spekulation selbst vollendeten und mit dem Humanismus zusammenfallenden Materialismus erliegen.« Hier also ist das Ende der Metaphysik prophezeit, wobei freilich diese selber – was festzuhalten – nicht des mindesten beschimpft wird; schon der Name Hegel bei Marx schließt das aus. Die ahnungslose Beschimpfung ist nachmarxisch, besonders Bernstein tat sich darin hervor. Verachtet ist bei Marx einzig das Epigonengewäsche der frömmelnden Metaphysik, und gehaßt wird der theologische Muff, der sich darin, mit einem Schwindel von apologetischer Vernunft, konserviert. Marx hat jene auch methodisch irrationale Fratze des Irrationalismus nicht erlebt, die sich heute Metaphysik nennt. Das Pathos des Irrationalen wird das schlimmste, wenn es das Irrationale gar noch mit irrationalem Verfahren erhalten will, statt es mit Erkenntnis zu überziehen, soll hier heißen: mit dem Krieg der Erkenntnis. Wonach die Vernunft ins Unbekannte einrückt und dort humanes Licht schlägt. Mithin das Gegenteil von dem, was man zur Zeit so Mystik nennt und üblicherweise unter Metaphysik versteht.

Vor Tische las man's anders

Aber nun, warum dauernd das Gestern von heute her beurteilen? Dergestalt daß man überhaupt nicht mehr weiß, was bedeutende Worte einmal waren, bevor die Trüben, Trügenden sie ruinierten. Auf der linken Seite wurde in dieser Hinsicht sogar die Rechtschreibung verlernt, man schreibt so etwas wie Mystik, sozusagen witzigerweise, nur noch, als käme es von Mist her. Und Metaphysik wäre, wenn man an den magischen Pendel, an Tischrücken, Geistersehen und Verwandtes glaubt. Auch in manchem Kopf, der sonst zum fortgeschrittensten Bewußtsein gehört, stehen diese Dinge ganz abenteuerlich beisammen. Sind so ziemlich ein und dasselbe: Nebel, Schwefel, Schwindel, Jenseiterei, nichts sonst. Das sagte freilich der Spießer der achtziger Jahre nicht anders, er sagte es auch gegen Hölderlin. Und diese Fußspuren schrecken, der auf die Füße gestellte Hegel paßt sicherlich in sie nicht hinein. Es gibt mystischen Nebel, doch ebenso gibt es einen Nebel der Unwissenheit, dem alles, was er nicht versteht, bereits mystisch vorkommt und damit abgetan ist. Die Sache muß daher, damit sie mit Fug aufgehoben werde, nicht eine fast ungekannte sein.

Was Mystik auch einmal war, als Vereinfachung, in der Laienbewegung

Nie wurde beispielsweise von einem ehrlichen Mann etwas künstlich verdunkelt. Er hatte nicht den Drang, im Trüben zu fischen, auch dann nicht, wenn er im Drüben fischte. Gewiß, was Mystik angeht, so kommt dies Wort von »myein«, die Augen schließen. Aber der Absicht nach nur, um gleich dem blinden Seher desto heller zu sehen; Krampf, Besessenheit, Schaum vorm Mund wurden schamanisch, nicht mystisch genannt. Mystik im präzisen Sinn der Sache, wie er bei Eckart am leichtesten kenntlich ist, wurde auf einer Höhe der Vernunft inauguriert. Entstand auf einem der Höhepunkte der Philosophie, bei und durch den letzten großen antiken Denker: Plotin. Ist hier gedacht als »haplosis«, das ist als höchste Vereinfachung der Seele, die sich auf ihren mit dem Ureinen wesensgleichen Grund zurückzieht. Auch dabei fällt allerdings das Bewußtsein aus, wie in den orgiastischen Verzückungen, jedoch um eines vermeintlich noch höheren Lichts willen, und nicht um in Krämpfen, Nebel, Blutschein zu landen. Die Plotinische »haplosis« diente zur Freilegung aller späteren *christlichen* Mystik; weder Dionysios Areopagita noch Meister Eckart sind davon abgewichen. Es sei denn, was Eckart angeht, das gerade für die sozialistische Beurteilung sehr Entscheidende, daß bei ihm die ketzerische Laienbewegung gegen die Kirche Sprache fand. Die Einheit des Seelengrunds mit dem Weltgrund, das »Trachten in die Erstigkeit«, das »Eilen nach der ersten Lauterkeit«: das alles ist neuplatonisches Erbe, aber es wurde folgenreich mit dem Überspringen der Sakramentskirche verbunden und schließlich jeder Obrigkeit. So wurde Eckarts Mystik verdammt; die päpstliche Bannbulle hebt eigens hervor, er habe »vor dem gemeinen Volk vorgetragen, was geeignet sei, den wahren Glauben zu verdunkeln«, und seine Lehre müsse ausgerottet werden, »damit sie nicht ferner die Herzen der Einfältigen vergifte«. Wie das in der Tat, gemeinsam mit der Mystik Joachims di Fiore, in den Revolutionen der beiden nächsten Jahrhunderte fortgeschah. Bei den Hussiten, bei Thomas Münzer im deutschen Bauernkrieg, bei Ereignissen mithin, in denen ideologisch zwar nicht Klarheit herrschte, der mystische Nebel dennoch nicht eben der Herrenklasse half. Man kann diesen Nebel bedauern, aber man kann den Nebel, der einen Huß und Münzer barg, schwerlich unbedingt, sozusagen a priori reaktionär nennen. Es wurde oben gesagt, daß die Mystiker, wenn sie den Gott in den Menschen setzten, ebenso ein Jenseits (und zwar ein in sich selbst noch übertranszendiertes) voraussetzten, zwar die Welt überspringend, doch immerhin den Menschen selber, in höchster Paradoxie, nämlich subjektnah und gerade immanent, mit einem noch so Jenseitigen vereinend.

Die Paradoxie ist also hier, daß die ganze Jenseiterei am Ende ebenso wieder umgestandpunktet wird, nämlich um des verborgenen Menschen willen und rein zu ihm hin. Man kann, je nach der Beschaffenheit seiner selbst und seiner Zeit, das in diesem Gedanken vorliegende Lichtgefühl als das unsinnigste oder als das gediegenste erfahren, man kann es verstehen oder in voller Fremdheit nicht verstehen. Eines jedenfalls steht fest: Auslöschung vor einem Jenseits des Menschen predigt dieser Sermon nicht. Sondern selten oder nie wurde von der anima mea, anima nostra, so hoch gedacht; wie hoch und wie unangenehm für alle Tyrannen, das haben die revolutionären Täufer, diese Eckart- und Taulerschüler, praktisch nachher bewiesen. Ein Subjekt, das sich in Personalunion mit dem höchsten Herrn dachte, gab, wenn es damit Ernst machte, einen äußerst schlechten Leibeigenen ab. Und die Paradoxie dieser umgebogenen Transzendenz hat viele Jahrhunderte später noch überraschende Wiederholungen gefunden: bis zum irreligiösen Umschlag wenigstens beim jungen Hegel und gänzlich später in Feuerbachs anthropologischer Kritik der Religion. Der junge Hegel suchte »die Schätze, die an den Himmel verschleudert worden sind, als Eigentum der Menschen, wenigstens in der Theorie, zu vindizieren.« (Die Positivität der christlichen Religion, 1800.) Und die »Phänomenologie des Geistes« hatte noch den Programmsatz: »Es kommt nach meiner Einsicht alles darauf an, das Wahre nicht als Substanz, sondern ebensosehr als Subjekt aufzufassen und auszudrücken« (Werke II, S. 14). So viel hier über Mystik, die also nicht ganz mit Tischrücken oder Altweiberkohl zusammenfällt. Oder auch mit Nebel, so als ob Eckart, wenn er etwas klarer geschrieben hätte, als er es ohnehin schon tat, kein Mystiker gewesen wäre. Daß menschliche Schätze an die Illusion eines existierenden Himmels veräußert worden sind, diese erste, nach außen dringende und so sich manifestierende Einsicht in menschliche Selbstentfremdung kam jedenfalls nicht ohne einigen mystischen Beitrag zustande.

Nicht viele Denker versuchten, sich ins angegebene oder angebliche Innen zu versenken. Aber fast alle, sicher alle großen, haben abgesehen vom Insichsein ein umfassenderes Staunen übers Sein selber entwickelt. An ihm beginnt eine nicht nur geäußerte, sondern wahrhaft *externe* Grübelei, so steht sie nicht nur im mystischen Gemüt. Bei Jakob Böhme, im Licht der Glaskugel über dem Werktisch, hat sie sich auch in mystischen Zügen fortbewegt, doch dieses ist ihr nicht notwendig. Kurz, es handelt sich beim externen Staunen übers Warum, Woher, Wozu, Wohin der Dinge nicht um Mystik, sondern um Metaphysik. Ist deren Grübeln und Forschen freilich nicht doch überfliegend und so nicht von dieser, sondern jener Welt? Keineswegs. Definiert man nämlich alle Metaphysik allein als Wissenschaft vom Hintersinnlichen, dann trifft man nur einen Teil von ihr, einen oft fehlenden, nie wesentlichen. Sie ist Jenseiterei am wenigsten von Haus aus; ihr Name ist da noch mehr irreführend als sie selber. »Meta ta physika«, »Nach oder Hinter dem Physischen«, das ist bekanntlich eine Art Buchbinderbezeichnung in der nachträglich veranstalteten Ordnung der Aristotelischen Schriften. Metaphysik heißen diejenigen Aristotelischen Untersuchungen, die denen über Physik nachfolgen. Und ihr Gegenstand ist nicht das Hintersinnliche oder gar nur das Übersinnliche, sondern das Seiende als solches: »Die Prinzipien und Ursachen des Seienden suchen wir, aber, wie wir wissen, sofern es ein Seiendes ist« (Aristoteles, Metaphysik VI, 1); und die untersuchten Seinsprinzipien heißen hier recht immanent, fast empirisch: Stoff, Form, Zweck, Ursache. Metaphysik ist so von Aristoteles her Wissenschaft der Formbezeichnungen des Seins; so fällt sie zusammen mit Ontologie. Es ist hier nicht der Ort, auch nur andeutungsweise die Sinnverschiebungen anzugeben, die der Begriff Metaphysik im Lauf zweier Jahrtausende, während so verschiedener Gesellschaftsordnungen, erfahren hat. Nur soviel sei bemerkt: selbst die scholastische Metaphysik differenziert und ordnet sich primär nicht nach der so oder so beschaffenen Aussage über transzendente Gegenstände. Sondern sie ordnet sich, aus einem in ihr selbst vorhandenen Gesichtspunkt, nach der Aussage über die Realität oder Nicht-Realität der Allgemeinbegriffe (Universalien), mithin auch hier nach einem Problem der Ontologie. Und die Metaphysik der bürgerlichen Neuzeit gibt sich sogar, von Descartes an, als besonders reine Vernunftswissenschaft ontologischer Art. Leibniz unterschied vérités éternelles oder reine Vernunftswahrheiten, deren Gegenteil undenkbar ist, von den vérités de fait, den empirisch begründeten Wahrheiten, die er auch zufällige nannte. Und zu der ersten, ewigen Wahrheitsklasse der logischen Notwendigkeit gehören nach Leibniz so die metaphysischen wie die geometrischen Urteile: beide sind aus reiner Vernunft und ausschließlich aus ihr ableitbar, beweisbar. Hier fällt also gerade der stärkste Rationalismus mit Metaphysik und ihrer Ontologie zusammen; sie sollte, wenn auch stets im Zusammenhang mit der Erfahrung, eine demonstrierbare Wissenschaft par excellence sein. Oben allerdings wurde durchaus daran erinnert, wie auch die noch so rationalistische Metaphysik eine Stütze der Theologie sein konnte. Solche Jenseiterei war, obzwar nie primär, auch bei Leibniz der Fall, um von der ancilla theologiae im Mittelalter zu schweigen; die vérités éternelles rücken unverkennbar aus der Welt in eine überweltliche, wenigstens vorweltliche Schicht. Sie enthalten als Inhalt auch sämtliche Angelegenheiten der sogenannten Vernunftreligion: Unsterblichkeit der Seele, Beweise fürs Dasein Gottes, sogar himmlische Genien als Glieder, gemäß der lex continui, zwischen Mensch- und Gott-Monade. Insofern also ist selbst bei dem dichten Bündnis, ja, Einswerden von Rationalismus und Metaphysik, wie Leibniz das anstrebte, eine Menge theologischer Hypostasen vorhanden. Aber trotzdem ist dieser theologisierende Teil an der Metaphysik eben nur Teil, und niemals einer, der ihr, als Ontologie, wesentlich ist. Die Aufklärung hat sich mit unbedingtem Recht gegen diesen Teil gewandt, sie schloß sich hierin weit mehr an Bayle oder die totale Skepsis an als an Leibniz oder die totale Vernunft-Ontologie. Aber führte nicht gerade die totale Skepsis, bei Bayle, wie erst vor ihm bei Pascal und Poiret, zur Religion zurück? Während die Leibnizsche Vernunft-Metaphysik, bei aller Apologetik, doch die Religion durchaus zum Problemgebiet machte, das heißt, sie der Ratio so auslieferte wie verband? Und hat nicht – mit ganz anderer Gegensätzlichkeit als die Aufklärung – die Orthodoxie sich gerade gegen die Metaphysiker von Avicenna bis Hegel gewandt? Sie spürte das Unkorrekte, Untheologische an diesen genuiner als die Aufklärung; so hat die Orthodoxie des Mohammedanismus alte Schriften seiner Metaphysiker vernichtet, der Dogmatismus der katholischen Kirche nicht bloß Spinoza, auch Leibniz und Hegel lange genug auf den Index gesetzt. Insgesamt macht der Anteil eines Theistisch-Jenseitigen nicht das wesenhaft Metaphysische an Philosophie aus. Dieser Anteil ist bei Leibniz, wenn nicht gering, so doch nirgends überwältigend, bei Bruno, Spinoza, beim ersten Schelling, bei Schopenhauer fehlt er ganz. Es ist also nicht viel Besseres als terminologischer Schlendrian, wenn Metaphysisches mit Überweltlichem, das Gebiet der Metaphysik schlechthin mit dem der Transzendenz verwechselt wird. Gerade auch der Kampf, den die spätere, die nach Leibniz erwachsene Hume-Kantische Skepsis gegen die Metaphysik führte, richtete sich primär gegen den Dogmatismus der Ratio in der Metaphysik und dadurch, danach erst gegen eine Überwelt, die dieser Ratio zugeordnet worden war. Kam danach allerdings, auf neuer Grundlage, auf der der historisch-prozeßhaften, nicht mehr der mathematischen Erzeugung, die Metaphysik bei Hegel wieder. Aber dieser wiederum ist nicht deshalb, seiner eigenen Definition nach, ein metaphysischer Erneuerer, weil er Jenseiterei gesetzt hätte; in diesem Punkt ist der Nichtromantiker Hegel so unromantisch wie möglich. Sondern er ruft Metaphysik auf als »Glauben an die Vernunft«, als Mut gegen den Agnostizismus: »Das verschlossene Wesen des Universums hat keine Kraft in sich, welche dem Mute des Erkennens Widerstand leisten könnte.« Der geborene Feind der Metaphysik ist Agnostizismus und Positivismus, zwei Erkenntnnis-, besser: Ignoranztheorien, zu denen der Marxismus sonst keine Beziehungen unterhält. Und es war nur konsequent, wenn Positivisten am Ende auch noch den Materialismus als Metaphysik denunzierten, den dialektischen gar als die ärgste. Obwohl diesem doch nun die Jenseiterei wirklich fehlt, von Opium ganz zu schweigen, dagegen eben nicht Ontologie fehlt: als umfassender Wirklichkeitsblick durch die Oberfläche des unmittelbar Gegebenen hindurch. Will man freilich an der überlieferten Definition der Metaphysik als einer Lehre vom Überweltlichen festhalten, so wäre für diese Lehre Theologie ausreichend. Wogegen Metaphysik Ontologie war, meist idealistische, oft hypostasenhafte, gewiß, aber bei alldem doch erstrebte Grundwissenschaft vom Sein. Als Ontologie ante rem, das heißt als angeblich subsistentes Reich von Seinsbestimmungen vor der Welt oder über der Welt hat Metaphysik im Materialismus gänzlich ausgespielt. Aber doch auf etwas andere Weise ausgespielt als Animismus, Okkultismus, Anatomie der Engel, Physiologie der himmlischen Dreieinigkeit. In diesem Sinn kann man über den Bestand wie über die Auflösung der Metaphysik beruhigt sein; auch außerhalb der Naturforschung. Die borniert Denkweise, Positivismus genannt, ist ein gewisserer Feind für den Materialismus als die idealistische Metaphysik der Vergangenheit; denn er versperrt das Reale, während jene es größtenteils nur verdeckte oder überflog.

Ende der Metaphysik; konkrete Utopie

Gewiß läßt sich sagen, ein fetischhaft gewordener Name sollte nicht mehr verwendet werden. Er erweckt sonst falsche, verwechselnde Meinungen, falsche Freunde und überflüssige Arbeit, sie wegzuschaufeln. Aber der Name Metaphysik, indem er ja keineswegs mit Übersinnlichem eo ipso zu tun hat, könnte durchaus auch vor einer neuen Ontologie bestehen, vor einer nirgends idealistisch bleibenden und noch weniger starren, abgeschlossenen, nochmals verdinglichten. Das Metaphysische beträfe ja dann gerade das Offene, Unabgeschlossene im dialektischen Prozeß, wie vor allem auch in dessen Substrat. Worin dann genau die Kategorie Geheimnis, als das an und für sich selbst noch nicht Gelöste zutreffend wäre, ein mithin durchaus immanentes und keineswegs übersinnliches Geheimnis. Und diese veränderte Haltung, die Erkenntnis von Utopie, Noch-Utopie als einzig essentieller Seinsbestimmtheit verändert auch die prozeßhaften Seinsbestimmungen entscheidend: Ontologie des Noch-Nicht-Seins ergibt durchgehend eine andere Ontologie überhaupt als die in der Metaphysik bisher behandelte. Denn deren Ontologie war überall eine des Fertig-Seins, der totalen Vergangenheit, bestenfalls, bei Hegel, des nur pädagogisch sich entwickelnden Prozesses im Kreis. Genau in der Ontologie des Utopischen aber, in der des unablässig sich mitteilenden Noch-Nicht-Seins ist das Ganze der Welt alles andere eher als res bene peracta, res bene finita; ohne daß diese Ontologie jedoch aufhörte, Metaphysik zu sein, nämlich im Sinn eines zu notierenden, zu lichtenden Realgeheimnisses im Prozeßsubstrat selber. Utopische Ontologie hat als solche der Front und des Novum Unentschiedenheit, also Kampf vor sich, das durchaus noch ungelungene Reale des »ontōs on«, des wahren, wirklichen Seins steht in ihr offen. Das ist, menschliche Arbeit, menschliche Hoffnung haben in der Tendenz und der Latenz des Prozesses durchaus ein objektives Korrelat: das Korrelat der objektiv-realen Möglichkeit eines wirklich wahrgewordenen Seins. Und das Positivum dieser – wenngleich nur utopisch vorhandenen – Totalität teilt sich der gesamten Ontologie der prozessualen Daseinsweisen mit. Selbst die offenkundigen Gefahren dieser ontologischen Utopie sind völlig andere als die angegebenen der alten Metaphysik. Es ist nichts darin, was den Geschäften der Dunkelmänner entgegenkommen könnte, nichts in der utopischen Tiefe, was bis zu einer Mördergrube pervertiert und umgelogen werden könnte. All diese Entstellungen von Metaphysik sind der Utopie fern, sind ihr selbst dort fern, wo sie noch nicht ihr Niveau erreicht hat. Die Gefahr der unentwickelten, auch der dilettantischen Utopie ist weit harmloser, sie ist bezeichnet durch abstrakt bleibende Träumerei, durch privat bleibendes wishful thinking, durch den Typ Jean de la lune. Sie ist durch Flucht aus der Gegenwart bezeichnet, hinüber zu Phantasmen, durch eine Antithese, der die Gegenwart nur kalt, lieblos ist und die Zukunft nur blau, reich, glänzend. Aber sogar dann wurde das Phantasma doch in keiner noch so illusionären Utopie als vorhanden und statisch gesetzt, es sei denn in romantischen, rückwärtsgewandten Utopien, die eben deshalb, weil ihnen das Ungewordene fehlt, keine echten sind. Und Phantasma überhaupt ist ausgeschieden aus der *konkreten* Utopie, aus der docta spes, die sich auf den realen Prozeß versteht. Die sich aber auch auf das Niveau versteht, das einmal von der Metaphysik gehalten worden war, auf das Niveau, ohne das Seinserfassung in Totalität undenkbar ist. Ontologie des Noch-Nicht-Seins steht auf dem Niveau der alten Metaphysik, mit völlig verändertem Gebäude; neue Metaphysik und konkrete Utopie sind dergestalt Synonyme, geeint in *Transzendieren ohne Transzendenz.*

Item: jedes Ding kann genauer, kann besser gedacht werden als es schon ist. Werden wäre ein sinnleerer Begriff, wenn das, was herauskommt, schon da wäre. Der Nerv des rechten historischen Begriffs ist das Novum, des rechten philosophischen das bessere Novum. Der utopische Tenor in so vielen, wenn nicht den meisten Wesenslehren ist nur deshalb verdeckt, weil die »Lösung« aller Dinge als eine vorhandene und nun endlich aufgezeigte dargestellt wurde. Das Prinzip, von dem alles abhängt oder zu dem alles zustrebt, ist dann fertig da, es ist nur für die Menschen noch verhüllt. Aus den Proben aufs Exempel wird so das Exemplum selbst, aus den Experimenten des Wesens wird schiere Ontologie des Wesens selbst, ohne Vor-Schein, gar Vor-Schein eines objekthaften Vor-Scheins. Der Betrachtungscharakter so vieler Philosophien konsumiert eine höchste Vorhandenheit, obwohl sie als vorhanden nur behauptet wurde. Der Konsumtionscharakter macht aus der Artikulierung des Wesens ein bloßes Verkehrsproblem, das ist, ein bloßes Problem des Hinkommens zu vorhandenem Ziel. Methode wird zum bloßen Weg, Resultat zum Palast am Ende des Wegs, Metaphysik zur fertigen Palastaufschrift. Statt daß sie als gezieltes Schaffen an dem so sehr ausstehenden Sinn-Wesen des Seins arbeitet, des Seins als eines Prozeßseins der Welt, das sein Sinn-Resultat selber noch nicht herausgebracht hat. Auf unserer dunklen, suchenden, schwierigen Erde mit so viel Gefahr des Zunichtewerdens kann metaphysische Frage eine der Wahrheit sich nähernde Antwort immer nur in einem Neuen erreichen, eben als Aussage über das Zentralste, also gerade Immanenteste, das noch nicht ist. Dessen Gemeintes im weiterarbeitenden Fragen wie im Weltprozeß selber immer noch erst aufdämmert, – ein auch für sich noch nicht gelöstes Realproblem, auch für sich noch verhülltes Realsymbol von Sinn.

Reiz der Schwelle

Es ist nicht alles neu, was beginnt. Zwar gibt sich jeder Morgen als scheinend frisch. Jede Knospe im Frühling wirkt jung und spricht so. Doch wie oft ist es mit dem Neuen in beiden Fällen nicht so weit her. Der Wecker ruft zu einem Tag, der in den meisten Fällen einer ist wie jeder andere auch. Die Knospe verspricht einen Frühling und Sommer, der, wenn die Menschen nichts Besonderes in ihm anfangen, großenteils vom Grün des vorigen Jahres sich nicht unterscheidet. Statt alles, alles zu wenden, wie es im Lied heißt, bewirkt der Frühling dem Angestellten nur, daß der Wecker bereits bei Taglicht klingelt. Auch die Schwelle des neuen Jahres führt in eines, das vom alten meist nicht so ganz verschieden ist. Und doch ist der Anfang von etwas seit je dazu geeignet, zu verführen, wie nichts sonst. Er ist das Versprechende schlechthin und der Trost gegen das Abgestandene, daß es nicht bleiben muß. Zarte wie feurige Farbe trägt der Anbruch gleich leicht; zarte als Knospe, Kind, Braut, feurige als Morgenröte, als Frühling, der rings anglüht, als Umsturz. Das Merkwürdigste aber ist, daß dieser Anfang, sobald er geschichtlich erhofft ist, in einer fernen Spätzeit gedacht wird. Nicht das einzelne, wohl aber das geschichtliche Leben gibt sich dann so, als wolle und könne es erst im Alter jung werden. Das macht, viel Leid ist hier vorausgesetzt, viel Eis, um zu schmelzen.

Phönix, Renovatio, Reformatio

Daß neues Leben möglich ist, dies war nie selbstverständlich. Am wenigsten in ruhenden Zeiten, in gebundenen Gesellschaften, wo alles zu sein und zu bleiben schien, wie eh und je. Doch auch dann floß dem Menschen die Zeit ab, das heißt, sie floß nach abwärts, sobald er die Mitte seines Lebens überschritten hatte. Als wenigstens organische Erneuerung findet sich darum der Effekt eines Jungbrunnens im Märchen. Auch im Bericht aus fernen Ländern: zahlreiche Fabeln dieser Art liefen über Indien, auch über Florida um. Bezeichnend war, im Zusammenhang mit der statischen Gesellschaft, daß die Wiedergeburt insgesamt nur durch Wunder oder Wunderdinge erwartet wurde. Und das eigentliche, das den ganzen Menschen verwandelnde Wasser des Heils floß nicht aus natürlichen Brunnen, es sollte durch mysterische Taufen und Tinkturen gespendet werden. Hierdurch erschien erst die rechte Abspülung vom Schmutz der Sünde, von den Werken des Tods. Wobei weiterhin auch das Feuer, dies gründlichste Element der »Läuterung«, eine nicht erst durch den Parsismus vermittelte Bedeutung gewann. Als Allegorie der Wiedergeburt bot sich hier der morgenländische Phönix an, der sich selbst verbrennende und aus seiner Asche wieder auferstehende. Ein Lehrgedicht des Ovid (Metam. 15) zeigt, wie lebendig die Phönixsage, als eine der Wiedergeburt, später auch Renaissance genannt, im Zeitalter des Augustus geblieben und geworden war. Die Natur selber wird zur »rerum novatrix«, so erneuert sich in ihr Rom, so wurde der Phönix nachher, vor allem durch Albertus Magnus, der ihn aus dem Naturleben insgesamt in die mystische Theologie wirft, ein Sinnbild jeder Erneuerung – trotz der Selbstverbrennung und durch sie. Aber die dramatische, nicht nur allegorische Prozedur des Stirb und Werde geschah eben in den Mysterien, als den geglaubten Anstalten des Crescens zum Novum. Zur Besprengung mit Wasser, zum Sprung durchs Feuer, zur Bemalung mit magischen Siegeln trat der gleichfalls uralte Verwandlungsvorgang des Mysten durch »Nachahmung« des auferstandenen Mysteriengotts. Die orphischen Mysterien führten in den Tod und die Auferstehung des Dionysos; zur gleichen Mit-Wiedergeburt hin waren die spätantiken Isismysterien, die syrischen des Attis-Adonis gebildet. Oft war die »Nachahmung« so wörtlich, daß – wie in primitiven Kulten – die Maske des Mysteriengotts angelegt wurde. Bis in die Sprache des Paulus, ins Geheiß, den alten Adam auszuziehen, um sich mit Christus zu bekleiden (Eph. 4, 22; Kol. 3, 10), reicht die dramatisch-symbolische Wiedergeburts-Zeremonie. Bonus intra, melior exi, als guter Mensch tritt ein, als besserer gehe fort, lautet die Inschrift auf dem Mosaikboden eines afrikanischen Äskulaptempels: in den Mysterien regierte die Parole der vollkommenen Wiedergeburt im auferstandenen Gott – ego sum Osiris. Und das Christentum trug das Pathos: renovatio, reformatio weiter durch die Jahrhunderte (wenn auch inhaltlich gewiß nicht als Wiedergeburt = Rezeption der Antike). Ja, in der Bibel beginnt, von den Propheten herab, ein Verjüngungsstrom ganz eigener Art. Er hat sich bei Paulus streckenweise mit den Mysterien vereinigt, doch fast nur zum Schein, um nicht zu sagen, zur Propaganda. Das selber Neue im christlichen Mythos ist dieses, daß keine Auferstehungsgötter aus uralter Zeit nachgeahmt werden, sondern daß die Auferstehung und das Leben, als völliges Novum der Geschichte, jetzt erst entsprungen sein sollen. Erst der gestorben-lebendige Jesus öffnete seinen Gläubigen die Erneuerung des inneren Menschen, von Tag zu Tag (2. Kor. 4, 16), fundierte den Christen die Worte vom neuen Himmel und der neuen Erde (Jes. 26). Erst der vorher nie erschienene Stern, der den Magiern den Weg gezeigt hatte zu einem vordem noch nie gesehenen Ereignis, beleuchtete die Vision des Apokalyptikers vom neuen Jerusalem und das total umwälzende Wort seines Stadthaupts: Siehe, ich mache alles neu (Off. Joh. 21, 5). So kam schließlich nur durch die Bibel eine so öffentlich wie zentral entspringende Vorstellung des Incipit vita nova in die Welt, obzwar noch keineswegs sein Begriff. Der Jungbrunnen des Märchens sprang hier nicht seit eh und je in einem fernen Raum oder in einer erinnerten Urlegende Osiris oder Attis. Er tauchte vielmehr selber erst auf, ein Novum in der Zeit, als hätte es vor Jesus überhaupt kein wirklich Neues gegeben, nur Sehnsucht danach, Hinweise, Erwartung. Wie das noch ein später Mystiker formuliert hat: »Der ungewordene Gott wird mitten in der Zeit, / Was er nie ist gewest in aller Ewigkeit« (Silesius, Cherubinischer Wandersmann, IV, 1). Das Incipit vita nova nahm so selber, fürs christliche Bewußtsein, in der Geschichte seinen datierten Anfang, sub Pontio Pilato. Um am Ende der Geschichte, wenn der Paraklet erschienen ist (Joh. 16, 7), die Renovatio dermaßen ganz zu beginnen, daß kein Stein auf dem anderen bleibt. Auf diese Weise veränderte sich auch der Begriff der Schöpfung zum Sinn einer zweiten Schöpfung, in re, nicht ante rem. Sie rückte, als Genesis des Rechten, bei den Evangelisten mitten in die Geschichte, beim Apokalyptiker an ihr Ende.

In novitate vitae ambulamus
(Röm. 6,4)

Allerdings gehört es zum Tag selber, daß er als ein Morgen anfängt. Und zwar, sobald er geschichtlich gedacht wird, im doppelten Sinn: als der Morgen und als das Morgen. Als das frisch Eintretende, das die Nacht vertreibt, und als das Kommende, das hinter dem Heute, in der Zukunft liegt. Derart wurde eingangs das Merkwürdige betont, daß der Anfang, sobald er geschichtlich erhofft ist, in einer fernen Spätzeit gedacht wird. Denn er hat etwas gutzumachen, ein Leid gutzumachen, wie es sich im Lauf der Geschichte erst anhäuft. Durch Nacht zum Licht, per aspera ad astra, post nubila Phoebus, Gewitter und Regenbogen: diese gegensätzlich gespannten Archetypen drücken überdies, in mythischer Gestalt, das Bewußtsein einer dialektischen Beziehung aus. Aber was die Ferne der Spätzeit selber angeht, so drückt sich darin auch Schwäche aus, Schwäche der Rettung Verlangenden, Schwäche, die statische Gesellschaft als eine innerzeitlich veränderbare aufzufassen. Es sei denn, wie bemerkt, durch ein Wunder, durch Wunderdinge oder aber durch einen am Ende erscheinenden Wundermann, Wunderkönig. Wobei das Wunder hier nicht nur Unterbrechung des gewohnten Weltlaufs bedeutet, sondern außer diesem Formalen auch inhaltlich ein Wunder sein will. Das Wunder, inhaltlich gefaßt, kann zwar auch negativ, als Strafwunder gedacht werden, den vorhandenen Zustand sehr verschlechternd. Doch allermeist blüht es in der Legende positivst schlechthin, der Inhalt des Wunders ist dann das Wunderbare oder das Novum als absoluter Heilsraum, als Heilsstoff. Sofern dieser lediglich durch einen Retterkönig von oben herab, einen keineswegs aus dem Fundament umwälzenden, gebracht werden soll, findet sich allerdings auch außerhalb der Bibel der Morgen als das Morgen am Ende. Ja, das Judentum hat diesen *Rahmen* von Messianismus erst während und nach der babylonischen Gefangenschaft übernommen. Also Ägypten wie Babylon kannten Erwartungen eines Wunderherrschers der Endzeit; Persien hat nicht nur Sagen, sondern im Ganzen seiner Erlösungsreligion einen wiederkehrenden Zoroaster als Retter eingebaut. Er scheidet endgültig das Licht von der Finsternis, eröffnet den Sieg des guten Gotts Ormuzd über den mächtigen Ahriman. Heilserwartungen des Endes und sogar des nahen Endes gingen auch durch die römische Antike seit Augustus, stets aber so, daß sie sich auf Augustus selber, als Friedenskaiser, bezogen. Wieder haben persische, auch ägyptische Eschatologien hier das Rettungsbedürfnis mit Königsbildern ausgestattet; so am deutlichsten in der berühmten vierten Ekloge Vergils, der nachher von der Kirche auf die Geburt Christi bezogenen: »Nun ist das letzte der Zeitalter gekommen, von denen die Cumäische Sybille spricht, und es beginnt eine neue große Ordnung der Weltalter. Nun kehrt die Jungfrau wieder und das Reich Saturns« (das goldene Zeitalter), »nun wird vom hohen Himmel her ein neues Geschlecht gesandt.« Insofern also war das Incipit vita nova selber, wie es das Evangelium fast zur gleichen Zeit den Hirten auf dem Felde durch einen Engel ankündigen läßt, der außerbiblischen Welt als »Erfüllung der Zeit«, als Ultimum der Zeit vertraut. Und noch die Bußpanik, Glückspanik, die Johannes der Täufer verbreitete, mit dem Himmelreich, das nahe herangekommen, – sie kommt mindestens ebenso von mandäisch-persischen Messiasbildern her als von jüdischen. Eine Fülle Enderwartung mithin, so viel davon, daß die Vorstellung der eschatologischen Schöpfung gar keine biblische Besonderheit zu sein scheint. Sie ist es auch nicht, was eben den *Rahmen* des Messianismus angeht, wohl aber ist sie es entscheidend, in der Bibel wie in deren Nachwirkungen, was den *Inhalt der vita selber* im Incipit vita ultima betrifft. So daß auch hier gilt, was bei den christlichen Angleichungen an die Mysterienbilder, Mysterienliturgien zu bemerken war: ein *eigener Strom*, Verjüngungsstrom, hat sich mit den außerbiblischen Messianismen berührt, aber sie bald verlassen.

Denn es ist ein gedrücktes Volk, das als solches hier nach Neuem begierig ist. Keine müden, blasierten, übersättigten Herren und Genießer sehen sich in der Bibel nach ganz Anderem um. Für die Römer, zu denen Vergil sprach und die ihn lasen, mag in der Folge, wie die Phrase lautet, der Trank des

Erdenlebens immer schaler geworden sein. Für die Mühseligen und Beladenen hatte es von diesem Trank ohnehin sehr wenig gegeben, und es befiel sie auch kein Unbehagen an der Kultur. Sondern das Neue, das sie erwarteten, war Aufhören der Knechtschaft, und zwar hier auf der Erde. Insofern sollte dies Neue wirklich sprengend sein, Ketten sprengend, nicht ein Schatz luxuriöser oder spiritueller Frissons. Wiederherstellung des alten Davidglanzes war gewiß zur Zeit Christi ein nationalrevolutinäres, obwohl nicht von der jüdischen Oberschicht mitgemachtes Motiv, doch gründlich wirkte im damaligen Incipit vita nova nicht der wiederkehrende Retterglanzkönig, sondern der nie vergessene utopische Archetyp des Zugs aus Ägypten nach Kanaan, nach der nie erfüllt gewesenen Verheißung. Und dieser Archetyp ist weit älter als der persische Herrenmessianismus, mit dem er später zusammentraf, und mit dem er keinen Inhalt teilt. Vor allem entsteht so in dem End-Äon, den der Messias zu eröffnen hatte, nicht wieder eine Klassengesellschaft. Wie das trotz der Anrufungen des goldenen Zeitalters in der Augustus-Ekstase Vergils der Fall ist, gar im Herrenhimmel der ägyptischen, babylonischen, auch persischen Rettungsbilder. Der Bringer der Endzeit war statt dessen ein Menschensohn, der nicht weiß, wohin sein Haupt zu legen, und die Antwort der herrschenden Klasse auf seine Botschaft war das Kreuz. Nicht Caesar, sondern sein Gegenteil gründet das neue Reich, folglich nicht als Imperium, sondern als mystische Demokratie. Und nur als diese hat das Ecce nova facio omnia der Apokalypse fortgewirkt, bei allen Ketzern wider die »große Babel«, mit dem ganzen Spielraum und der Tragweite der Stimme von Patmos in den Ohren des Volks klingend, sehr lange ungedämpft und selbst noch, bei dem Tribunen Cola di Rienzo, in den unaristokratischen Ursprüngen der klassischen Renaissance. Wie sehr erst bei Joachim di Fiore und seinen Weissagungen, bei Thomas Münzer: er hat mit diesen Weissagungen – als denen der Kommune und des in sie aufgelösten Christus – Ernst gemacht. Rief doch der rasende Zorn der Offenbarung Johannis selber die Katastrophe herbei, wodurch die Tyrannei, unter den Trümmern des ganzen Weltalls erschlagen, dem niederfahrenden Jerusalem Platz macht. Aber genau dergleichen Wesenseinheit des Endes mit *Sprengung* wäre in den außerbiblischen Herren-Eschatologien unmöglich gewesen; trotz des auch in ihnen befindlichen Gewitter-Regenbogen-Archetyps. So eben findet sich die gründliche Genesis, als Genesis des menschlich Adäquaten, nur bei den Propheten des Alten und des Neuen Testaments. Nur hier unterscheidet sich der neue Aeon vom alten durch das Aufhören der Knechtschaft. Und eben nur in diesem Zeichen lief der Messianismus durch die folgenden Zeiten; Befreiung von Druck und Muff, Durchbruch in frische Luft und große Weite, Beförderung humaner Zukunft samt Humanismus der Natur, das macht ihn zum Apriori jeder revolutionär geschehenen Wieder-, Neugeburt, auch der buchstäblich so genannten, die Renaissance heißt. Incipit vita nova, diese Dantesche Parole eröffnet die Neuzeit; ihre Wurzeln sind modern-ökonomisch, aber der Quell, der die Wurzeln ideologisch treiben ließ, ja der überhaupt nur den Namen »Neuzeit« finden ließ und weiter möglich macht, kommt zweifelsohne vom unabgegoltenen Pathos eines neuen Aeon her, eines immer noch christlich erwärmten.

Treue zur Hoffnung

Das Erneuern muß vom Leben des Neuen durchaus unterschieden werden. Im Ersten steckt ein Rückgriff auf Gewesenes, wenn auch ein zum seitdem Gewordenen noch so feindlicher. Im Zweiten wirkt ein Vorgriff auf noch nie Erschienenes, wenn auch ein geschichtlich-dialektisch noch so vermittelter. Das Erste aber umgab sehr oft das Zweite; die sogenannte Wiedergeburt gab dann der Geburt einen regredierenden Zug. Das auch dort, wo bloße Beschwörung eines Längstvergangenen gar nicht in Frage kam, wo vielmehr autochthone Quellfahrt stattfand, Renaissance, nicht Restauration und Romantik. So hatte zwar der Ruf: Retourner à la nature beispielsweise von Haus aus keinerlei Hifthorn an sich und führte zu keinem urheidnischen Maskenball. Rousseaus Ruf traf vielmehr eine junge Klasse, die aufsteigende Bürgerklasse, kämpfend gegen die gewordene »Unnatur«: also sollte die Geschichte von neuem begonnen werden. Aber indem sie vom Irrweg der »Unnatur«

an den Ausgangspunkt »unverfälschte Natur« zurückgeführt wird, deckte das Sentiment eines verlorenen Paradieses doch weithin die eigenen Inhalte eines Neubeginns wieder zu. Natur wurde beim revolutionären Genfer gewiß ein Kampfruf, einer zum unentstellten Menschen, zu einer Zukunft, die nicht den Bourgeois, sondern den Citoyen beinhalten mochte. Denn gerade die Schaffung des Eigentums, die dadurch bewirkte Arbeitsteilung und Klassenbildung gehören ja nach Rousseau zur »Degeneration«, als der Entfremdung von der Natur. Jedoch nicht minder wurde die Zukunft, so in der »Neuen Heloise«, zu einem Schäferidyll entspannt, mit der Farbe eines ländlich Unbewußten überzogen, all das eben auf Grund des »Retourner«, seiner regredierenden Sentiments, mitten in der »Perfectibilité«. Und Rousseau selber hat, mit dem Begriff des sündenlosen Schöpfungsmorgens, auf die kirchliche Urstandslehre zurückgegriffen, das heißt auf die Prävalenz der Erinnerung in der Hoffnung. Im Sinn der glücklichen Erinnerung (Überliefertheit) einer ungewesenen Vollkommenheit, verglichen mit der alles Folgende Entstellung ist, hervorgerufen durch den Sündenfall. Darin ist schließlich noch Nachklang der revolutionären Sektentheologie, mit den dunklen urkommunistischen Erinnerungen, wie sie sich in der Paradieslegende erhalten hatten. Gar wo keinerlei Revolution, sondern nur fehlerfreie Reformation gesucht war, gegen »Mißbräuche« und »Auswüchse«, dort tauchte die Vita nova, ja ultima ganz in eine umgekehrte Wiederherstellung des Paradiesstands. Bernhard von Clairvaux, der Renovator zu »reinem Christentum«, ein Rufer zur Einfachheit, faßt das starke Novum doch ebenso entschieden als Restauratio: die durch den Sündenfall und die historischen Werke der Sünde gekrümmte Seele, die anima curva, kehrt wieder in die uranfängliche similitudo Dei zurück, wird durch Gnade wieder die gleiche anima recta, die sie am Schöpfungsmorgen schon war. Hier sind die Linien vorgezeichnet, in denen sich – mit zweifellos völlig verschiedenem Auftrag und Inhalt von anima renata – auch noch die »Wiedergeburt« einer Antike, das »Retourner« zu einer Urnatur teilweise vollzog. Und letzthin sind es, philosophisch verstanden, überall die Linien einer Platonischen Anamnesis, das ist jener erzstatischen Lehre, die nicht bloß das

Lernen, sondern auch das Schaffen als »Wiedererinnerung« auf-faßt. Wonach es also gar keine Schöpfung eines Neuen geben kann, sondern nur eine Enthüllung des Verschütteten, ein Schleier-Wegziehen vom Uralten; mithin: das Neue ist dann nur für die auffassenden Menschen neu, nie in der Sache selbst. Wie aus der Geschichte der Menschheit erhellt, war aber das ausschließliche Pathos der Anamnesis nicht zu halten, es zerbrach an der steigenden Prävalenz der Hoffnung. Ihr Korrelat nach vorn rückte auch in das gedachte höchste Wesen ein, nicht nur in die Erziehungsgeschichte des Menschengeschlechts durch die-ses Wesen und zur Erfassung dieses Wesens. Die novitas vitae, von der Paulus spricht, sollte ja gerade in dem innergöttlichen Ereignis einer Herabkunft Gottes selber geschehen, im Un-erhörten einer Menschwerdung der Usia. Zuletzt von ganz anderer Seite her rückte die neuzeitliche Erzeugungs-, dann Pro-zeßphilosophie, welche der wachsenden Entfesselung der Pro-duktivkräfte entspricht, gegen die bloße Restitutio in integrum vor. Und die »Reprise« der anfänglichen Thesis durch die der Antithesis folgende Synthesis, diese scheinbare Rückkehr-For-mel der Hegelschen Dialektik konnte zwar in die Anamnesis als in eine Gefahr abgleiten, aber sie treibt ebenso aus ihr her-aus, ja, ist ihr wesenhaft selber antithetisch. Denn das gesamte Anliegen der Dialektik ist prozeßhaft und produktiv: auch die »Wiederherstellung der Freiheit, Gleichheit, Brüderlichkeit der urkommunistischen Gentes«, von der hernach Engels spricht, bringt keinerlei Primitive ans »Reich der Freiheit«, an dies nie gewesene Novum auf der Höhe völlig entwickelter Produktiv-kräfte. Das Reich der Freiheit blickt auf die unentwickelte Ur-kommune nur freundlich-weit zurück, es schließt sich mit ihr nicht kreishaft, als Rückkehr in einen prähistorischen Ort, zu-sammen. Gibt es einen Anfang, in den der Blitz des Endes ein-schlägt, dergestalt, daß das letzte Neueste das erschlossene erste Älteste wäre, dann ist dieser Anfang gerade das dunkelste Pro-blem selber und nicht eine vorweggenommene Lösung; er ist überhaupt nicht ein lang Zurückliegendes, sondern in jedem Augenblick des Seins so treibend wie noch verschlossen. Und wird weniger metaphysisch, mehr im sichtbaren Rayon des materiell herausgestaltenden Prozesses gedacht, so ist das unter

Goldenem Zeitalter Gedachte, trotz Urkommune, selbstverständlich keine vorgeschichtliche, sondern eine selber noch utopische Bestimmung. Trotzdem ist unleugbar: die Kategorie des Novum ist bis heute noch mit der ihr uneigentlichen der Renovatio verschlungen, verbunden.

Woher kommt das und ist doch noch anderes als Falsches in diesem Band darin? In der Tat, es ist auch Wahres darin, nur darf der Rückgriff nicht auf Vergangenes bezogen werden. Auf Vergangenes, das als so fertig und gelungen dreinsieht, daß nach ihm und von ihm eigentlich kein Fortgang hätte zu geschehen brauchen. Der *echte* Rückgriff geht vielmehr auf das noch Zukünftige, also *Ungewordene im Vergangenen,* und er geht damit letzthin auf das *selber noch unentsprungene Entspringen* alles dessen, was geschieht. Er geht auf das treibende Daß oder den intensiven Ursprung, woraus und weshalb Leben geschieht. Darin allein liegt der Rechtsgrund der Verschlingung von Renovatio und Novum, ein äußerst schmaler, ja genau nur punktueller Rechtsgrund, wie ersichtlich. Er liegt *einzig in der letzthinnigen Einheit des spätesten Was-Gehalts mit der ursprünglichsten Daß-Intensität des Weltseins.* Die Substanz des Was ist in der Tat das gleiche wie die – am »Ende der Geschichte« – aufgeschlossene Intensität des Daß, das als Realisationsfaktor in der Welt treibt. Aber dieses einschlagende Aufschlagen des Daß-Gehalts, mit der *Realisierung des Realisierenden selber* als endgültigem Novum: dieses utopisch-radikale Novum hat mit einer rezipierenden Renovation von irgendeiner bereits *geschehenen* und lediglich *verlorenen Gewesenheit* nichts gemein. Die Verbindung von Novum mit Renovation bezieht aus der möglichen Fruchtwerdung der Wurzel nur die Möglichkeit, überhaupt eine Verbindung des Letzten mit dem Ersten behaupten zu können. Doch die Wurzel des Erscheinenden selber ist keine Gewesenheit oder auch Landschaft eines bereits golden gewesenen Zeitalters oder irdischen Paradieses; denn sie hat noch nie in Erscheinung ihrer selbst geblüht. Und Incipit vita nova, gar ultima rezipiert keinerlei schon strahlend gewesenen Anfang zuguterletzt, am Ende, sondern bedeutet konträr das Ende eines Anfangs, das ist seiner Frage, Fragwürdigkeit, Dunkelheit. Einzig zu dieser Frucht hin – mit strengster Überraschung – intendieren die historischen Keime, blühen die historischen Unterwegs-Gestalten, verführen selbst die Trosterfindungen eines gewesenen, wiederzufindenden Paradieses. Die allein wahre Rückkehr im Neuen ist mithin die zu dem immer Gemeinten, noch nie Gewordenen. Sie gibt auch noch den scheinbaren Reprisen des Kulturerbes die Produktivität, das heißt, den Trunk aus dem unablässigen Quell Eunöe, Eingedenken. Diese Erinnerung, als die radikale, ist dann allerdings das gleiche wie die Treue – aber zur Hoffnung; sie ist das Ceterum censeo utopiam esse historice creandam. Sowohl die Parole: Es ist erreicht, wie die gemildertere, weit weniger selbstgefällig-banale: Es war erreicht – setzen Abfall von dieser Treue. Die geschichtlich werdende, fortentspringende Welt geht ebenso von ihrer Geschichte fort, und auch die Sonne Homers (Hegels, Marxens) leuchtet, als nichtphysische, nur dann, wenn sie in jeder geschichtlichen Morgenzeit neu aus dem weiten Meer aufgeht.

Macht der Einfachheit

Gibt sich der Morgen allemal als bewegt und vielfältig? Es scheint so, indem er mit der erregten Jugend eines Menschen, einer Zeit zusammenfällt. Auch war ja gerade diejenige Renaissance, die man künstlerisch besonders eine nennt, durch Blick für Erscheinungsfülle ausgezeichnet. Indes, bereits was die Jugend angeht, so will sie sich nicht bloß umsehen und möglichst vieles erfahren, sie will vor allem doch mit Richtung wissen, worauf es ankommt. Darum haben auch alle Erneuerer mit dem Wust aufgeräumt, der bis dahin um sie herum sich mit falscher Fülle angehäuft hatte. Neues Leben heißt hier ein solches ohne Ablenkung, ist auf *das Eine* gerichtet, was in aller Alteritas, durch sie und durch sie hindurch nottut. Weshalb genau dessen Weise auch der Reife, als einer kraftvoll überblickenden, genuin angestanden hat, und sogar Alterselemente, das ist hier: Weisheitselemente, den Zeiten des Incipt vita nova, auf Grund ihres aufräumenden Lakonismus, nicht gefehlt haben. Dem jugendlich Fanatischen entspricht so im Alter das Konzentrierte, es entspricht ihm der gefaßte Geist, der mit wachsender Todesnähe selber wachsend aus der Bewegung zur Stille, aus dem Rauschen der Vielheit zur feinen Strenge, aus Erscheinendem zu Wesentlichem übertritt. Auch darin und daran bewährte sich die Vorrückung des besten Novum auf die Höhe der Geschichte, mit der gesamten bisherigen Geschichte als »Vorgeschichte«. Nachdem sich die Zeiten in allem umgetan, ist es Zeit, daß die große Vereinfachung beginnt. Daß die Intention ohne Sucht und Irre, die wesentliche Intention des Wesenhaften in das utopische Endelement einzieht, dem sie durch ihr Leben die ganze Weltgeschichte hindurch zugeordnet war. So zeigen gerade Renaissancezeiten eben nicht nur den Blick für Erscheinungsfülle, für goldenen Überfluß der Welt, sie zeigen auch Reduktion. Von hier aus begriffen erscheint die Erfrischung durch antike Natur, wie sie der italienischen Renaissance zugeschrieben, fast als Vorwand für den eigenen Jugend- und gleichzeitigen Reife-Beginn. Die wirkliche Antike, besonders in ihrer damals nächstliegenden römischen Gestalt, war ja keinesfalls von solcher Frische, auch nirgends von der feinen Herbe, entronnenen Strenge, wie die Frührenaissance, freilich nur sie, das zeigt, vor allem in ihrer Architektur. Diese besteht, verglichen mit der Spätgotik und dem Barock, aus den reinsten euklidischen Verhältnissen, ja sie trägt ein unbegreiflich Trostreiches an sich. Sie ist aus der Fülle der Vielheiten und Situationen ausgespart, sie bezeugt einen Morgen des Maßes, nicht der Bewegung. Andererseits ist sie, kraft ihrer Jugend und Schlankheit, von aller ägyptischen Schwere des Kristalls entfernt. Es war eine kurze Stellvertretung, und sie soll nicht selber, durch Übertreibung, aus ihren bescheiden-vornehmen, obzwar recht symbolischen Maßen gerückt werden. Aber der Morgen zeigte an ihr sehr sinnfällig, daß er außer der Umwälzung auch Auslassung, außer den Sturmsignalen auch Korrektive aus Ruhe zu enthalten weiß. In unvergleichlich anderer Schicht haben spätmittelalterliche religiöse Reformbewegungen solch echt »katharischen« Sinn vom Incipit vita nova gezeigt; was diesesfalls sogar einem regressiven Zug einen eigenen Akzent gibt. Denn in ihm war ja auch, wie zuletzt bei Tolstoi, die Zentralbetonung des »reinen Evangeliums« enthalten, als eines von Herren wie vom Wust der Zeremonien und Ideologien freien. So war hier Er-

neuerung intendiert als Probe auf das eindringlichste Einfachheitsexempel, auf den moralisch-religiösen Lakonismus des
Urchristentums. Anfang also setzt hier Auferstehen aus der
Verwirrung und ihren falschen Vielfältigkeiten. Solch letzthinnige, das Ganze durchschlagende Einfachheit macht sich derart geltend, ein stärkstes Echtheitsmerkmal im Incipit vita nova,
im utopischen Gewissen des allemal Einen, das nottut, im utopischen Eingedenken jenes Ontos on und Überhaupt, das immer erst noch im Vielen des Prozesses ist. Mit Umkreisung,
auch Zeugen und Zeugnissen von unterwegs, doch so, daß keine
Erscheinungsfülle und auch keine vorhandenen Nahziele die
menschliche Intention, die welthafte Tendenz auf das immer
erst im Schwange befindliche Element des Endzustandes verlegen sollen. Meine Rechte, sagt der 137. Psalm, soll verdorren,
wenn ich dein vergesse, Jerusalem; es ist die Einfachheit, worin
für die daran Glaubenden nichts übrigbleiben mochte als diese
letzte Stadtfigur. Ein erzsymbolischer Archetyp für alle revolutionär-religiösen »Generalreformationen« ad Ultimum optimum, und das bezeichnenderweise in jener Endzeit, die die Zeit
doch gerade erfüllen sollte. Auf der so bezeichneten Linie regiert offensichtlich die entschiedenste vita nova, ohne Alteritas
und ihre zeiträumliche Inflation gedacht; *konzis wie Ding für
uns*. Das ist der einfachste Grenzbegriff und Grenzinhalt des
Novum; kein Wunder, daß er selber nur als Wunder bisher
auskam.

NÜTZLICHES MASS
FÜRS UND DURCHS ULTIMUM

Was aber nur fern und hoch ausgeht, ist nicht ohnehin wichtig.
Es gibt hier die Frage: Was geht mich das an?, und ihre private
Enge ist sehr menschlich. Auch kann sie durch allzu weite *zeitliche* Ferne des besseren Novum provoziert worden sein. Besonders sichtbar dann, wenn wir lebenden Menschen für ein
Après-nous verheizt werden sollen, das gar nichts anderes im
Künftigen beinhaltet als jenes Behagen, das im Gegenwärtigen
geopfert werden soll. Dies ist etwa der Fall bei der zwar hoch
erhobenen, aber inhaltlich platten Zielsetzung vulgärmarxisti

scher Art. Derart frage einer namens Ssanin, in einem gleichnamigen Roman Artzibaschews, nach der verunglückten russischen Revolution von 1905 erschienen, selber recht vulgärmaterialistisch: Weshalb soll ich mich aufhängen lassen, damit die Arbeiter des 32. Jahrhunderts keinen Mangel an Nahrung und Geschlechtsgenüssen haben? Ssanin sagte das, nachdem seine früheren Genossen ihm sein Desinteressement, seine wohllebige Entscheidung vorgeworfen hatten. Diese Entscheidung ist zweifellos falsch, doch auch dann nicht so glatt widerlegbar, wenn in die Ferne, außer Nahrung und Geschlechtsgenüssen für alle, eben ein *besonders hochliegendes* Postumum gebracht wird. Als Reich der Freiheit jenseits aller Entfremdung, als erhoffbares Einigseinkönnen der Menschen mit sich und ihrer Welt, – doch wessen Leben paßt gerade dann, bei der Kürze unseres Lebens, in solch mächtige Umfänge, Inhalte hinein? Das ist und bleibt eine vernünftige Frage, um so mehr, als ja nicht nur ein Ssanin oder epikurischer Anarchismus und, ganz solipsistisch, Stirners »Einziger und sein Eigentum«, sondern umgekehrt revolutionärer Elan selber, indem und sofern er Verstand hat und wirkliche Menschenliebe dazu, die Gegenwart opfert, um, wie Iwan Karamasow sagt, die künftige Harmonie zu düngen. Verbrecherische Besessenheit mag so handeln, der der Zweck die Mittel heiligt, während eher ihre Mittel ihren Zweck entheiligen, aber auch bei geringerer Düngung stehen die Menschenliebe oder der »Mensch im Mittelpunkt« bekanntlich auf einem anderen Blatt. Und was den revolutionären Verstand angeht, so versteht dieser die obige vernünftige Frage nach dem Hineinpassen unseres Lebens in lauter Fern- und Hochziele insofern recht gut, als die Frage genau aus dem Existentiellen ins Objektive selber variieren kann. Denn *lediglich Fern- und Hochziele*, unter Überspringung aller Zwischenglieder und Nahziele, wurden doch nur von der abstrakten Utopie proklamiert, nicht von der konkreten, der mit ihrer Epoche immanent verbundenen. Solch verbundenes Incipit vita nova ehrt also die Nahziele theoretisch-praktisch: sowohl indem sie in die erfahrbare Spanne eines Menschenlebens fallen, wie indem sie ebenso eine Gesellschaft ohne Selbstentfremdung, als Fernziel, in Perspektive zu halten haben. In hilfreicher, nicht vergewaltigender, in begeistender, nicht mediatisierender Perspektive, mit Ideal ohne Überspringung des Wegs, mit Weg ohne Abdankung des Ideals. So weit, so gut und auch voll einer gewissen Beherzigung jener Art von Vernünftigkeit, die sich gegen zu viel Après-nous und schließlich Sans-nous richtet. Nun aber hat viele eine Fehlentwicklung gerade in den Konkretionen eines sozialistischen Incipit vita nova auch das konkrete Fernziel wieder als abstrakte Utopie ausgeben lassen, dergestalt, daß es bei solcher Art von Konkretionen nicht im 32. Jahrhundert, sondern am St.-Nimmerleins-Tag zu liegen scheint. Ja selbst wenn eine Diskreditierung des Ostparadieses nicht eingetreten wäre, wenn Kritik und Reform bis auf veraltete, vor allem bis auf hemmende Prämissen im Marxismus verfolgt worden wären und nun die wirklichen Ansätze zum Reich der Freiheit um die Ecke lägen: selbst dann käme die erhöhte Ssanin-Frage wieder. Sie beruft ja auch jenes gewisseste Empirikum, schlagendste Metaphysikum, das *individueller Tod* heißt. Und dessen Hieb auch das Fernziel um die Ecke nicht persönlich erleben, ja selbst noch seine Erreichung nicht ausleben, nicht erschöpfen läßt. »Darum laßt uns essen und trinken, denn morgen sind wir tot« (Jes. 22, 13; I. Kor. 15, 32): dieser von der Bibel so verworfene Spruch ist dem redressierten Ego auf den Leib geschrieben, auf den doppelt sterblichen Leib. Gar in einer Welt des Absurden, worin nicht nur das einzelne Leben, sondern auch die Addition aller künftig einzelner Lebensläufe, Lebenswerke im Un-Sinn des außermenschlichen Seins zunichte gehen soll. Bei solchem Ineinander aus Eintagsfliege und Sisyphus überhaupt helfen auch freidenkerisch-matte Säkularisierungen der alten Unsterblichkeit wenig: etwa ein Fortleben in den Kindern, ein Zurücktreten des einzelnen Blattsafts in den bleibenden Baum der Menschheit oder auch ein sterbendes Verschießen in die allgemeine Natur. Die kalte Schulter, welche gerade die Natur unseren individuellen wie letzthin unseren historischen Zweckreihen insgesamt zu zeigen scheint, von unserer einsam-eisigen Verlassenheit im Weltall bis hin zum Totalbegräbnis durch kosmischen Kältetod: das entwertet dem existentiellen Solipsismus jedes Großziel samt seiner Höhe zuletzt. Mit unleugbarem Ernst gegen eine mögliche Überstiegenheit im Übersteigen; mit sonderlichem Menetekel gegen abstrakte Utopie. Und: gegen jeden Seinsbegriff im Incipit vita nova, der faktizistisch, also statisch ist, also jedes Noch-Nicht-Seins in Perspektive und Fundus ermangelt. Aber selbst ein perspektivisch voller Seinsbegriff und gerade er: wird er die angegebene Ssaninfrage in allen ihren Weiterungen selber ohne weiteres erledigt haben? Allzu individuell wird mit ihr doch auch auf die noch währendste Bestimmung im möglichen Heilungs- oder Heilsprozeß unserer Welt hingewiesen, dem so wenig garantierten: auf die Kategorie der Gefahr. Gar bei sehr fernem und hohem Ziel auf dies Möglich-Vergebliche weisend, das Beckett als »Warten auf Godot« vorspielt, und das nicht nur allzu Individuelles in metaphysische Gefopptheit setzt.

So weit, so schlecht, wenn es nichts gibt, woran man sich halten kann. Nun aber die Gegenfrage: kann ein jeweils Einzelner so herausgelassen sein, wie es ihm vorkommt? Er selber steht immer im Schnittpunkt zwischenmenschlicher Beziehungen, und sind diese dürr oder schal geworden, dann spiegelt das austretende, gar ausgetriebene Ich über die Hälfte diese, nicht sich selber. Und könnte es weiter eine Leere, eine Losgelassenheit, eine disparate, gar absurde Schranke auch noch spüren, wenn keine Bewegung in ihm wäre, die an die Schranke stößt? Die sie dadurch implizite auch mehr überschreitet, als es der schalen Zufriedenheit lieb ist, wie sie im Westen ohne Experimente, im Osten mit ungelungenen Experimenten verordnet wird? Die Akte des Überschreitens selber lassen sich jedenfalls nicht nihilisieren, nicht einmal dort, wo die *härteste Gegenutopie:* der Tod jedes irdische Dunkel so unermeßlich überbietet, unterbietet. Ohne Zweifel: dagegen ist kein erlangtes Kraut gewachsen, es sei denn, man nehme für solch zentralste Intention eines Incipit vita nova die gehabten Wunsch- oder auch Willensbilder in den Religionen. Es gibt, noch in Lessings »Erziehung des Menschengeschlechts«, den uralten Mythos einer Seelenwanderung, und die Kirche lehrt den Mythos von der Auferstehung Christi, als der erstmalig geschehenen und seitdem den Tod vermittelnden. Das ist Glaubenssache geworden und mehr als je eine solche geblieben, aber geblieben ist auch, gerade hier, das Rütteln an den Stäben eines Verhängnisses, des undurchschautesten, ja des in den bekannten Prozeßgang am stärksten uneingegangenen. Daher die Vorsicht noch möglicher Aussagen wie dieser: »Der Kern des Existierens hat sich noch nicht in den Prozeß begeben, wird infolgedessen auch von den Vergänglichkeiten des Prozesses nicht betroffen; er hat dem Tod gegenüber den Schutzkreis des Noch-Nicht-Lebendigen um sich ... Item erstens: der Kern des Existierens ist, als noch *ungeworden,* allemal exterritorial zum Werden und Vergehen, von welch beiden unser Kern eben noch gar nicht erfaßt ist. Item zweitens: der Kern des Existierens, wäre er geworden und darin zugleich, als herausgebracht gut geworden, so wäre er in dieser *Gelungenheit* erst recht *Exterritorialität* zum Tod; denn dieser selbst wäre mit der prozeßhaften Unzulänglichkeit, wozu er gehört, abseitig und abgestorben« (Das Prinzip Hoffnung, 1959, S. 1391 f.). Berührt sich diese Vorsicht und Vor-Sicht mit dem Anliegen, dessen einzig die Religionen bisher sich angenommen haben, so gilt zugleich, daß hier, in diesem Punkt, Entmythologisierung nötig wäre, bis zur Religion in Hoffnung. Kein Zweifel aber auch: nichts in überlieferter Religion übersteht den Ernstfall des Nietzscheschen: Gott ist tot; nämlich das, was selber zu den Schätzen gehört, die Rost und Motten und vor allem das Scheidewasser der Analyse fressen. Die Reflexe und Hypostasen, die die abgelaufene Herr- und Knechtgesellschaft in ihren Himmel geworfen hat, sind durchschaubar und ist in diesem Betracht kein entscheidender Unterschied zwischen den »Heidengöttern« Baal oder Zeus und dem Thronhimmel, selbst Gerechtigkeits- oder Gnadenthron in den noch heteronomen Regionen der Bibel. Wonach *genau dieses Sinns* der Satz zuständig ist: Nur ein Atheist kann ein guter Christ sein; und folgerichtig, ahnungslos über die Bedeutung, nannten die Römer die ersten Christen Atheoi. Freilich aber bleibt der Topos, in den selbst die rein ideologischen Götterbilder hinein imaginiert, hypostasiert worden sind, in den gar die unverwechselte Futurum-Religion der Bibel zog, die des Exodus und des Reichs. Und die Hoffnung tritt gerade als die exzitierende vor, als die pionierhafte Gegenkraft gegen die manipulierte Angst und Entwürdigung zu einer ideologisch brauchbaren Versicherungsanstalt. Diese Gegenkraft hat gerade erst Bauplatz, wenn die Garantie der Zuversicht nicht mehr Opium macht, mit ihrem Fixum hoch droben, das genau die Unwahrheit ist, und das beim geringsten Bruch seiner den Nihilismus vermehrt. Ist doch nur die offene menschliche Pioniergeschichte voll creator spiritus, das ist, voller Vor-Scheine, harter, schwieriger Durchbrüche und Extensionen, über das Gewordene hinaus und über die immer wieder entsetzlichen Abgründe der Bestialität. Als Versuch des wirklich noch nicht Gelungenen, des ganz Bejahungswürdigen, Bewohnbaren; mit der einzig »präsentischen Eschatologie«, die schöpferische Erwartung heißt. Dazu sagt ein allzu spekulativer Theist (aber er sagt es vom Christentum her): »Es ist ein Grundvorurteil der Menschen, zu glauben, daß das, was sie eine künftige Welt nennen, ein für den Menschen erschaffenes und vollendetes Ding sei; das ohne ihn besteht wie ein gebautes Haus, in welches der Mensch nur einzugehen braucht, während doch jene Welt ein Gebäude ist, dessen Erbauer er selber ist und welches nur mit ihm erwächst« (Franz Baader, Werke, 1851 bis 1860, VII, S. 18). Bei allem derart Aufgehenden ist freilich stets das Weltsein selber als mögliches Im-Aufgang-Sein zu erforschen, als Materie, die objektiv sich aus ihren eigenen Entfremdungen heben ließe, gehoben werden könnte. Der Halt ohne eigene virtus hat kein Aufrechtes, hat ohne vermittelte Natur ebenso keinen Boden; beides ist zugleich noch ein Unterwegs. Und tüchtiges Incipit vita nova braucht sowohl seine rechte Zeit in der menschlichen Geschichte wie seinen rechten Platz in der Welt, die disparat wäre, wenn sie nicht selber Perspektive wäre. Dadurch gilt auch am *Ausgang* der Philosophie die Weltformel: S ist noch nicht P; kein Subjekt hat bereits das ihm adäquate Prädikat; die Seinsgeschichte selber ist der experimentelle Identifizierungsversuch ihres zu lichtenden Anstoßes und Ursprungs. Besonders Incipit vita nova impliziert derart, im gleichen Tendenzzug, die Prädizierung des dunklen Existere in allem zu dem Was seiner noch ungefundenen Essenz, ja zu noch unvorhandenem Unum, Verum, Bonum seines Sinns. In diesem Tendenzzug zieht – mit Nahzielen im Fernziel und beim Ernstfall ebenso mit Fernziel im Nahziel – die Hoffnung. Gerade diese, sofern sie mit einer Welt verbunden ist, die nicht entsagt, fällt weder zur Verzweiflung noch aber auch zu quietistischer Zuversicht zusammen; dafür hat das Incipit vita nova noch zu viel – Anfang. Freilich auch im nicht mehr zurücknehmbaren Sinn dieses Anfangs: fordernd zu sein. Mit jenem Abscheu vor Not und sozialer Versklavung, der trotz allem nicht mehr rückgängig zu machen ist; mit jener Vermissung von Halt, Sinn und Tiefe im Lebensziel, die auf die Dauer nicht mehr verdeckbar ist. Beides: die Sache mit moralischem Hintergrund, dann die Sinnsache, die in die Phantasie greift, kann getrennt marschieren, doch nur vereint schlagen. Der Anfang des *moralisch Ersten,* als Wille zum besseren Leben mit aufrechtem Gang, setzt die Einsicht: die alten Abhängigkeiten sind neukapitalistisch nur gepolstert und verschmiert, staatssozialistisch nur vereist und umgetauft, nicht erledigt; das Reich der Freiheit kommt auch nicht mit stufenweiser Verbesserung von Gefängnisbetten, sieht anders drein. Der Anfang des *metaphysisch Zweiten* wiederum, als Wille zur Einheit, Halt und Tiefe, setzt die Einsicht: konkrete Utopie ist das Signum dieser Zeit, der Begriff der Docta spes, ihrer Dimension und ihres Postulats, wird, einmal erfaßt, die Welt nicht mehr verlassen. Die Aura des stets bedrohten, ungeheuren Versuchs eines Heilenden, Geheuren lebt in der Tendenz-Latenz des Weltprozesses, solange dieser überhaupt dauert und dauern kann. Das noch Offene hält ihn dialektisch in Gang, kritisiert alle seine Entfremdungs- und Fremdgestalten, speist die wichtigsten Quellen des Lebensmuts, über den Tod hinaus, läßt den Horizont des Wohin und Wozu produktiv noch hinreichend unverstellt, auch für Aufgang. Die so beschaffene Aura hat noch nicht mehr, doch auch nicht weniger als einen Vor-Schein von Tag; was sie derart der Welt verspricht, haben die Menschen der Welt zu halten. Letzteres bemüht den *subjektiven* Faktor des Möglichen, aber sein zugeordneter *objektiver* heißt im Vorhandenen reale Möglichkeit von Ding für uns. Daher ist Prometheus nicht nur als Rebell und als Entweder, sondern als Wendbarkeit wirklich der vornehmste Heilige im philosophischen Kalender; und dies Wendbare macht eben auch den mit sich fertigen Nihilismus – voreilig, genau so wie einen panpatriotischen

Optimismus. Sich aufrichtender Mensch und noch nicht aus-
determinierte reale Möglichkeit, das sind für die Entwicklung
unseres Lebens, unserer Literatur, Philosophie, Praxis sicher
die unabdingbarsten Kategorien. Sie offen zu halten, das möchte
diese Einleitung in etwas gezeigt haben, im Experiment Mensch,
Experiment Welt. Nicht ohne die Mahnung des alten Spruchs:
Principiis obsta, das ist, Treue zum Anfang, der seine Genesis
erst noch hat.

REGISTER

Zusammengestellt von Burghart Schmidt